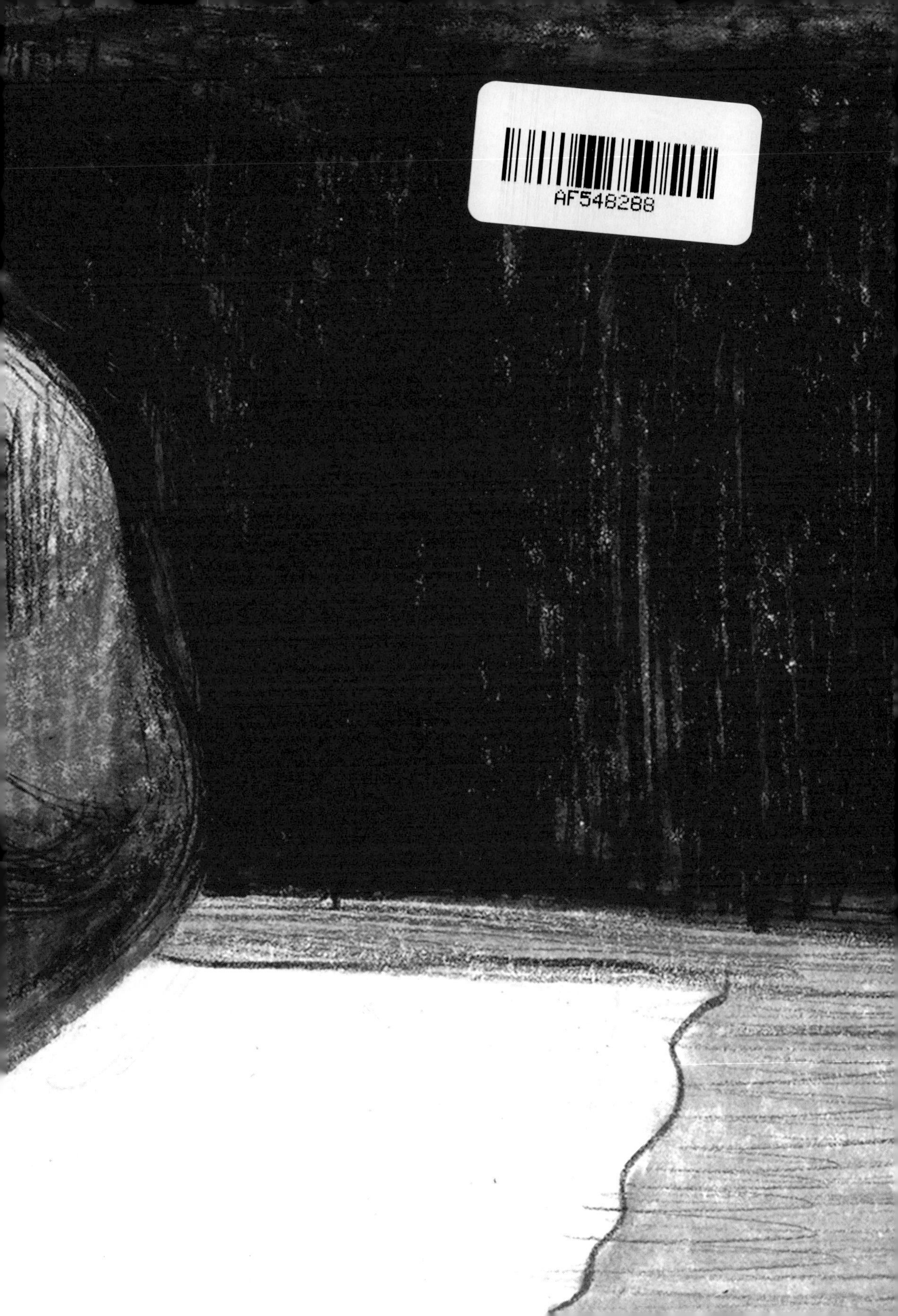
AF548288

Fernando González Viñas & José Lázaro

ALLES IST DADA

Emmy Ball-Hennings

avant-verlag

ALLES IST DADA
Emmy Ball-Hennings

Texte: Fernando González Viñas
Zeichnungen: José Lázaro Marcos
Übersetzung aus dem Spanischen: André Höchemer

ISBN: 978-3-96445-034-0
Originaltitel: El Ángel Dadá
Text © Fernando González Viñas, 2017
Zeichnungen © José Lázaro Marcos, 2017
© El Paseo Editorial for the original Spanish edition, 2017
© für die deutsche Ausgabe – avant-verlag GmbH, 2020

Redaktion: Johann Ulrich & Benjamin Mildner
Lettering & Herstellung: Thomas Gilke
Herausgeber: Johann Ulrich
Special Thanks: Charlotte Veit

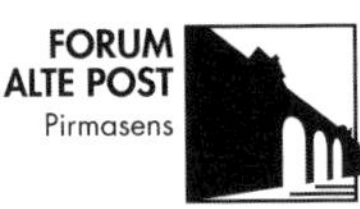

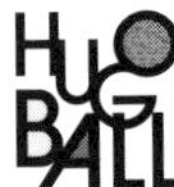

Diese Publikation entstand mit der großzügigen Unterstützung durch Forum Alte Post und der Hugo-Ball-Gesellschaft in Pirmasens. Herzlichen Dank!

avant-verlag GmbH · Weichselplatz 3–4 · 12045 Berlin
info@avant-verlag.de

Mehr Informationen und kostenlose Leseproben finden Sie online:
www.avant-verlag.de
facebook.com/avant-verlag

Inhalt

1. KAPITEL: Emmy 6

2. KAPITEL: Die Boheme 43

3. KAPITEL: Der blaue Reiter über die Brücke 78

4. KAPITEL: Hugo Ball 107

5. KAPITEL: Vom Dandysmus der Armen 128

6. KAPITEL: Cabaret Voltaire 153

7. KAPITEL: DADA ist nicht DADA 174

8. KAPITEL: Siddhartha in den Wolken 203

1. KAPITEL: Emmy

ICH WAR 16 JAHRE ALT, ALS MEIN VATER STARB. DAS WAR 1901. ER MOCHTE ES, WENN ICH IHM EIN LIED ÜBER ENGEL VORSANG.

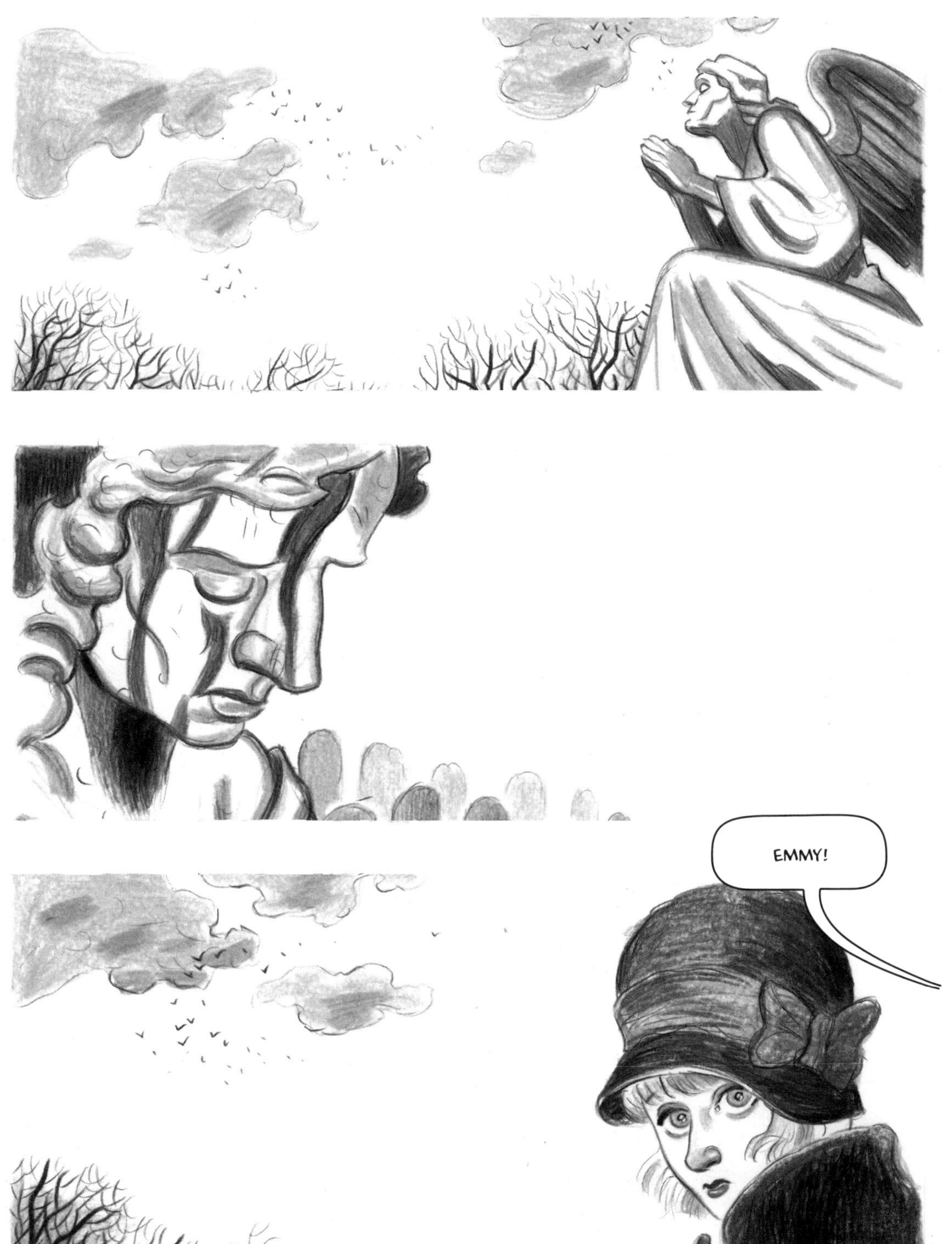

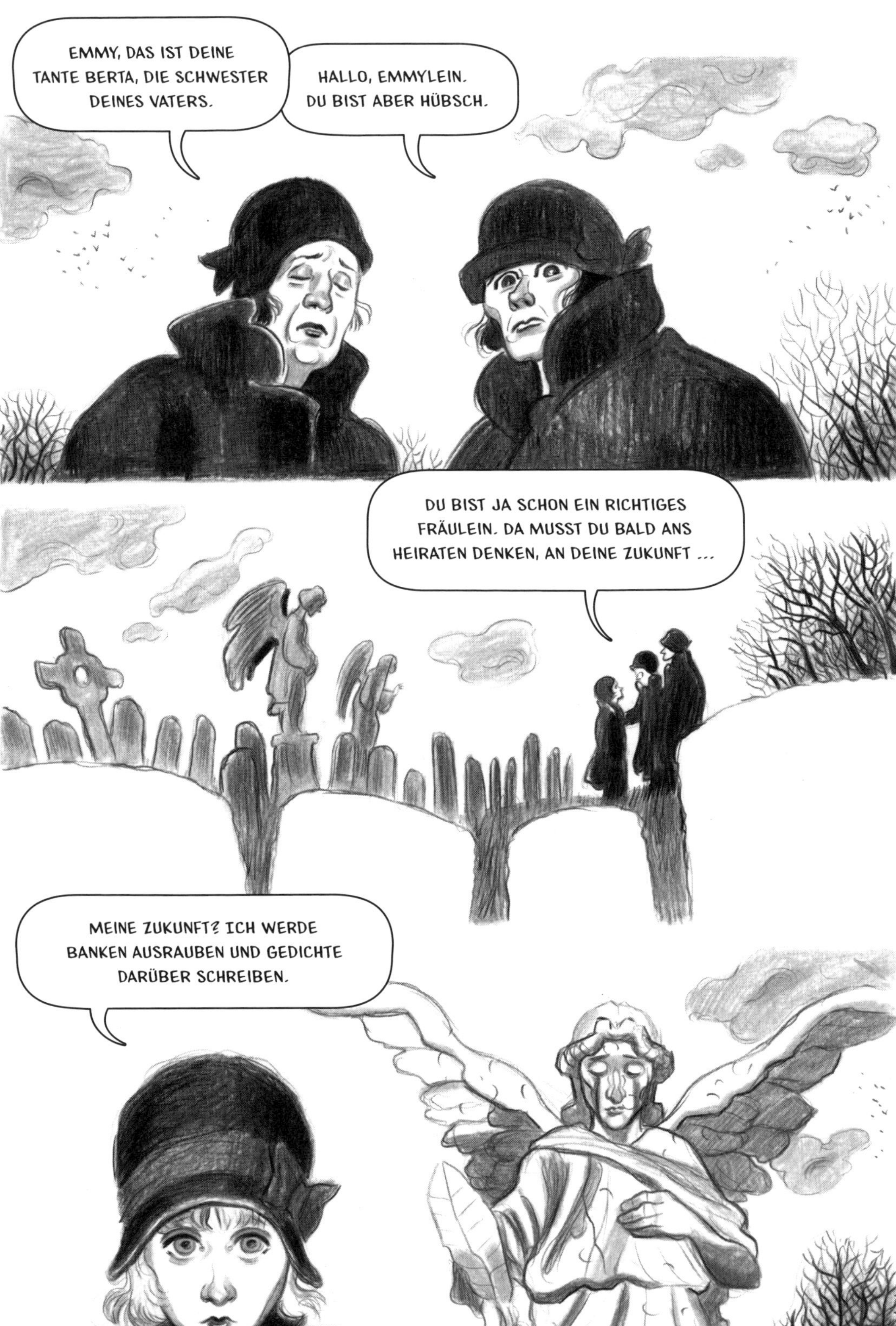
EMMY, DAS IST DEINE TANTE BERTA, DIE SCHWESTER DEINES VATERS.
HALLO, EMMYLEIN. DU BIST ABER HÜBSCH.
DU BIST JA SCHON EIN RICHTIGES FRÄULEIN. DA MUSST DU BALD ANS HEIRATEN DENKEN, AN DEINE ZUKUNFT ...
MEINE ZUKUNFT? ICH WERDE BANKEN AUSRAUBEN UND GEDICHTE DARÜBER SCHREIBEN.

ICH WURDE AM 17. JANUAR 1885 UM 14 UHR IN FLENSBURG GEBOREN, NAHE DER DÄNISCHEN GRENZE, UND IN DER EVANGELISCHEN MARIENKIRCHE GETAUFT. IN DIESEM JAHR WURDE AFRIKA AUF DER KONGOKONFERENZ VON EUROPA WIE EIN OBSTKUCHEN AUFGETEILT.

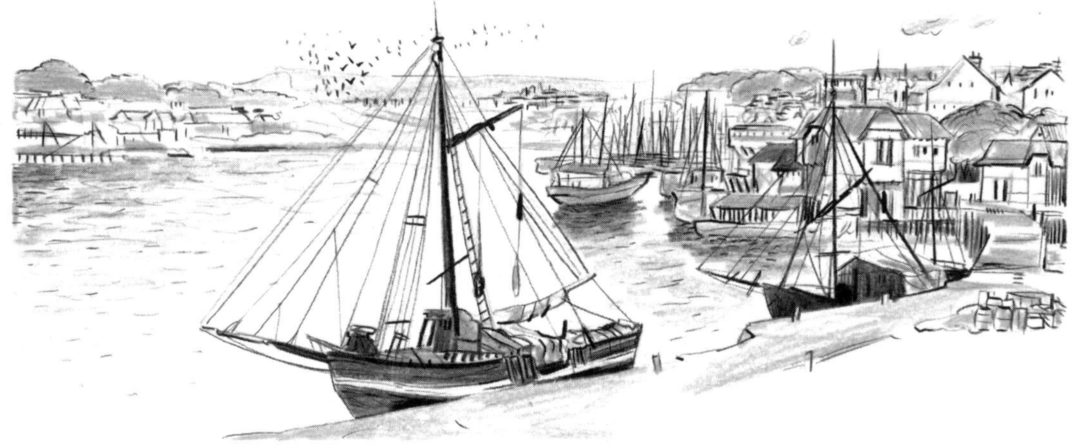

MEINE ELTERN WAREN SCHON MAL VERHEIRATET GEWESEN.
MEIN VATER BRACHTE EINE TOCHTER AUS ERSTER EHE MIT. ER WAR SEEMANN UND ERZÄHLTE MIR VON SEINEN FAHRTEN, VON DER UNERMESSLICHKEIT DER WELLEN.

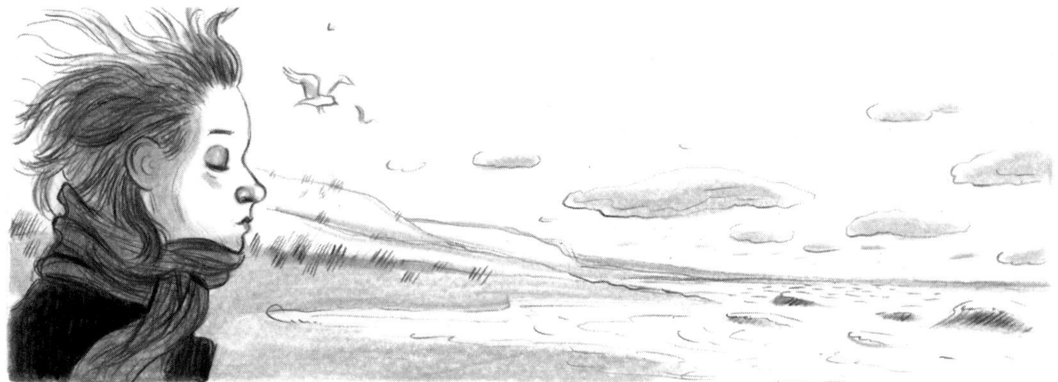

UND VOM KRAKEN, DEM RIESIGEN OKTOPUS, DER DIE BOOTE AUS REINER, DANTESKER LUST ZERSCHMETTERTE. MEINE MUTTER HATTE IHREN BRUDER UND IHREN ERSTEN MANN AUF SEE VERLOREN. SIE WOLLTE NICHTS VON SCHIFFEN ODER MONSTERN WISSEN.

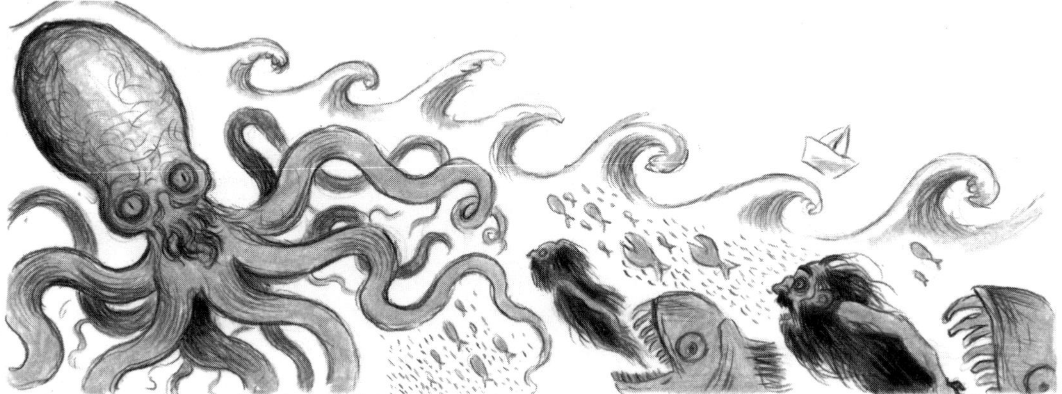

WENN MEIN VATER IN SEE STACH, HATTE ICH ANGST, IHN NIE WIEDERZUSEHEN. TROTZDEM LIEBTE ICH DIE WELLEN, ALS WÄREN SIE MEIN EIGENES BLUT.

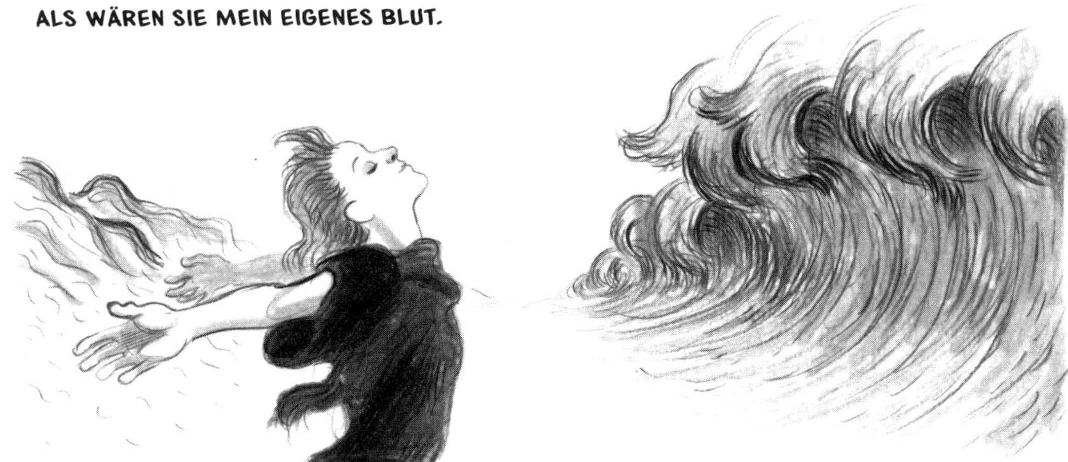

DAMALS HIELT ICH DIE WOGEN DES MEERES FÜR DIE SCHLÄGE EINES GLÄSERNEN HERZENS, DAS MICH LIEBTE: ES SPRUDELTE NUR SO. MIR SCHIEN, ALS WIEGTEN SICH DIE SCHIFFE IM ATEM DER GÖTTER UND ALS WÄREN IHRE SEGEL DIE FLÜGEL REISENDER ENGEL.

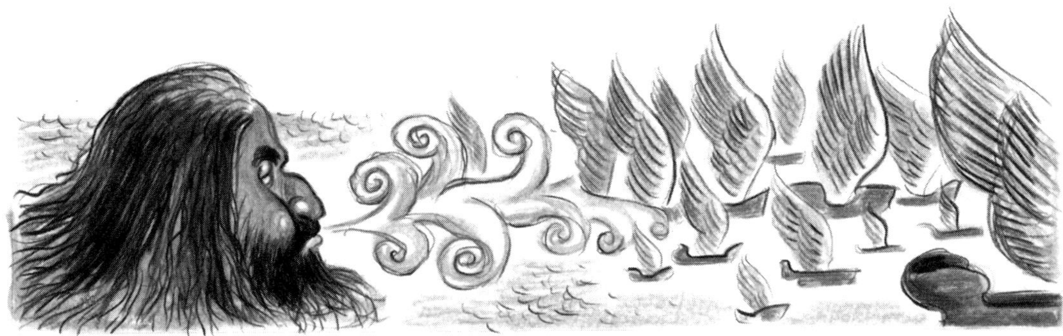

AUCH ERSCHIEN MIR DAS LEBEN WIE DIE GISCHT, DIE BEIM AUFPRALL DES MEERES AUF DEM SAND ENTSTEHT. DER TOD MEINES VATERS OFFENBARTE MIR DIE SCHRECKLICHE DÜSTERNIS DES OZEANS.

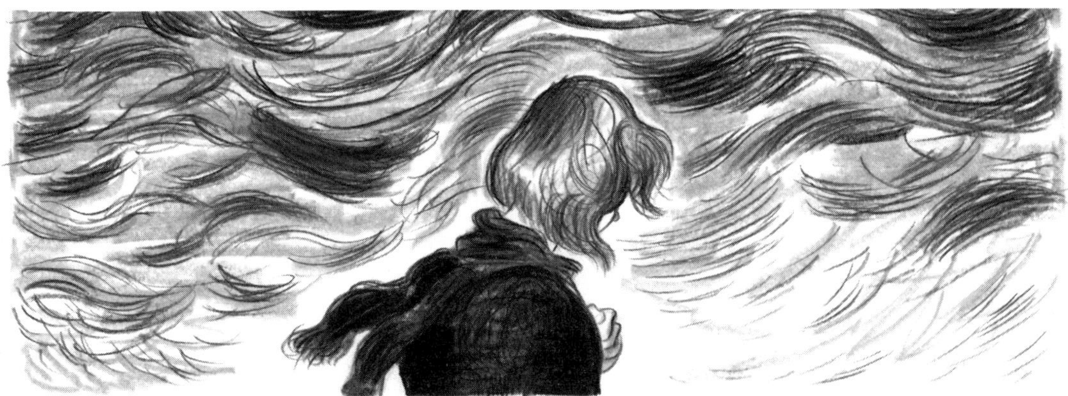

FLENSBURG WAR EINE WOLKENVERHANGENE STADT. ALS KIND KANN MAN SICH GUT DER WOLKEN BEDIENEN, UM MIT DEN VÖGELN ZU FLIEGEN.

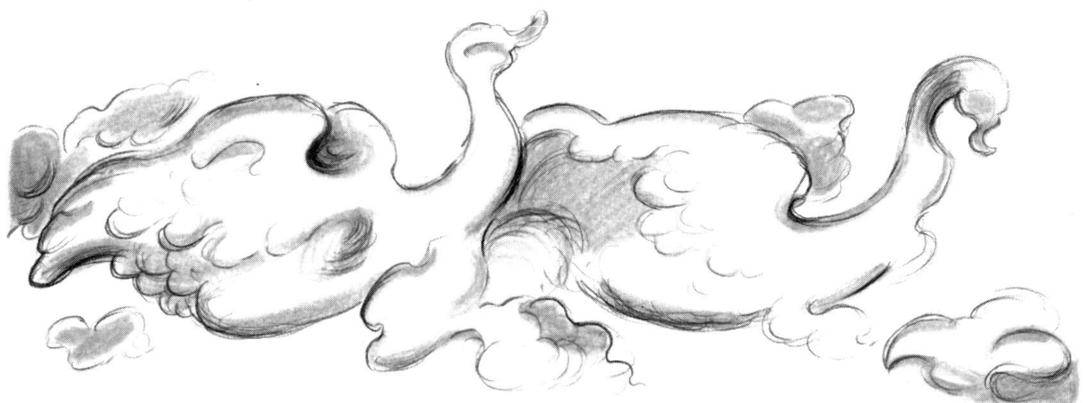

„ES GIBT WOLKEN, DIE WEISSE SCHWÄNE SIND UND SICH DANN IN EIN BOOT VERWANDELN, DAS EINE WEILE IM BLAUEN SCHWIMMT, UND DANN IST PLÖTZLICH ALLES FORT. SIEHT MAN NACH OBEN, IST ALLES WEICH UND WEISS, FLIESSEND UND BLAU." [1]

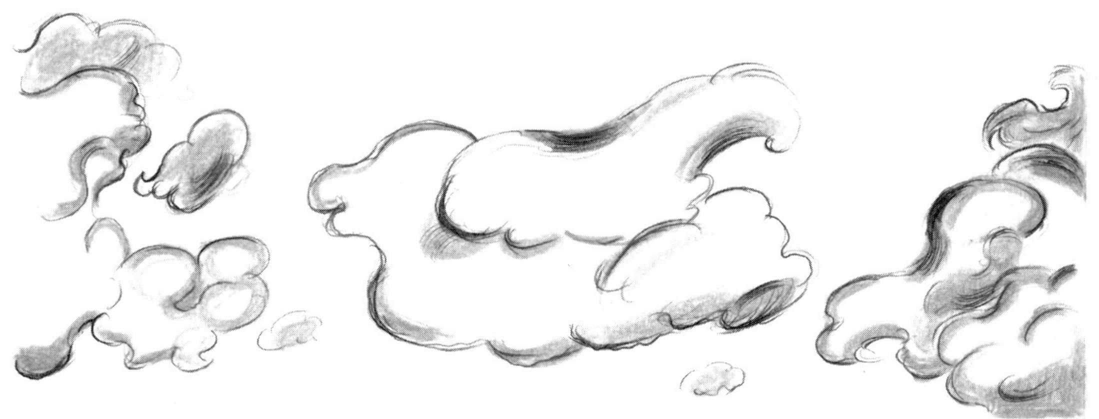

DAS LEBEN LÄSST UNS DIE FREUDE, SICH ZWISCHEN WOLKEN ZU WIEGEN, ALLZU SCHNELL VERGESSEN.

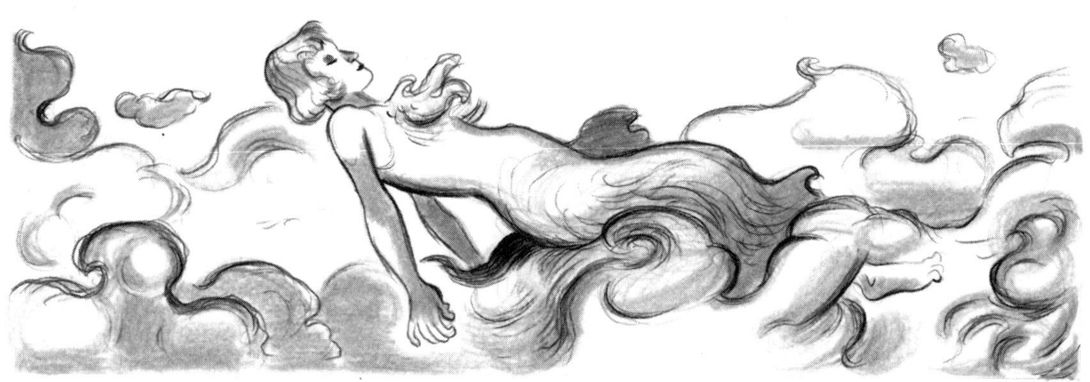

[1] *AUS EMMY HENNINGS' BUCH „BLUME UND FLAMME"*

ALS MEIN VATER STARB, ENTSCHIED ICH, SCHAUSPIELERIN ZU WERDEN. FÜR MEINE MUTTER WAREN SCHAUSPIEL, GESANG UND TANZ VOR PUBLIKUM GLEICHBEDEUTEND MIT PROSTITUTION.
FÜR MEINE MUTTER, UND AUCH FÜR DEN REST EUROPAS.

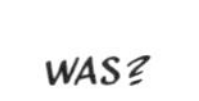

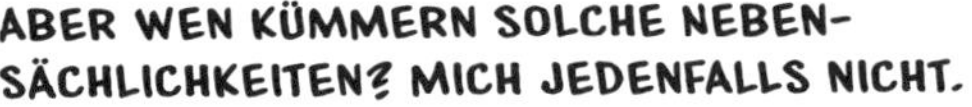

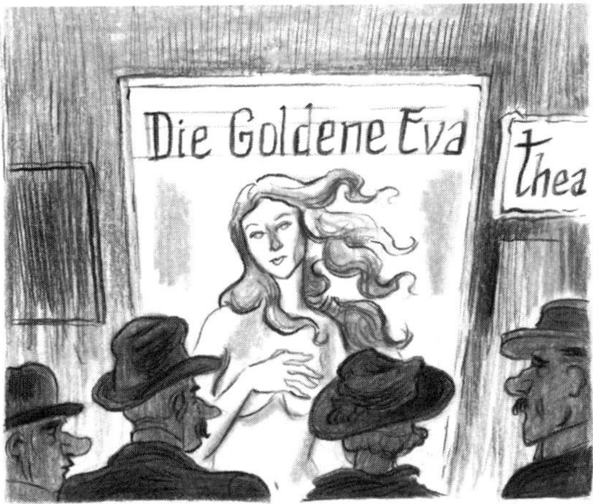

MEINE ERSTE HAUPTROLLE WAR „DIE GOLDENE EVA" AM TIVOLI-THEATER IN FLENSBURG.

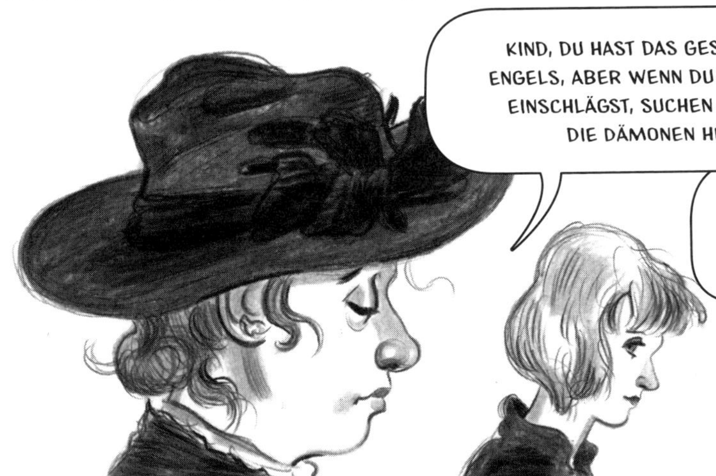

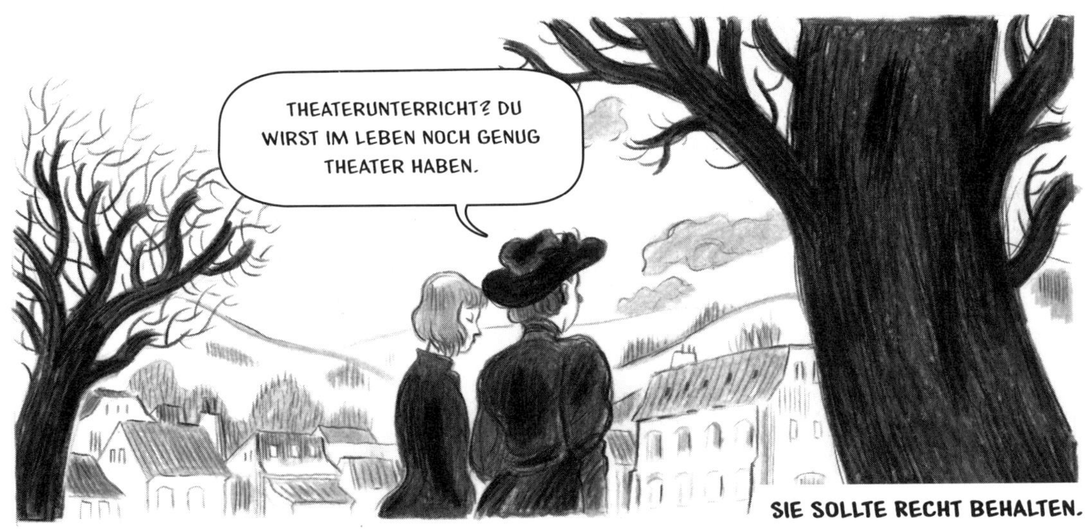

SIE SOLLTE RECHT BEHALTEN.

BEI EINER PROBE VERLIEBTE ICH MICH HALS ÜBER KOPF.
ER WAR LAIENSCHAUSPIELER, EIN RESPEKTABLER BÜRGER MIT POTENZIAL.
WIR HABEN SOFORT GEHEIRATET. DAS WAR 1904.

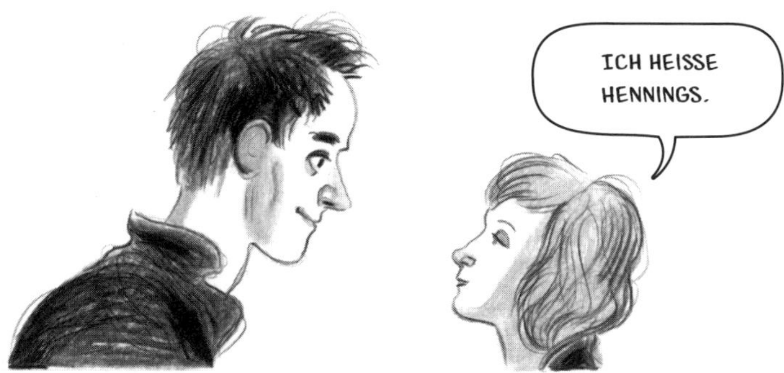

ICH HÄTTE SIGMUND FREUDS BUCH LESEN SOLLEN, DAS IM GLEICHEN JAHR ERSCHIEN, „ZUR PSYCHOPATHOLOGIE DES ALLTAGSLEBENS". ABER ZU SPÄT, ICH WAR SCHON SCHWANGER.

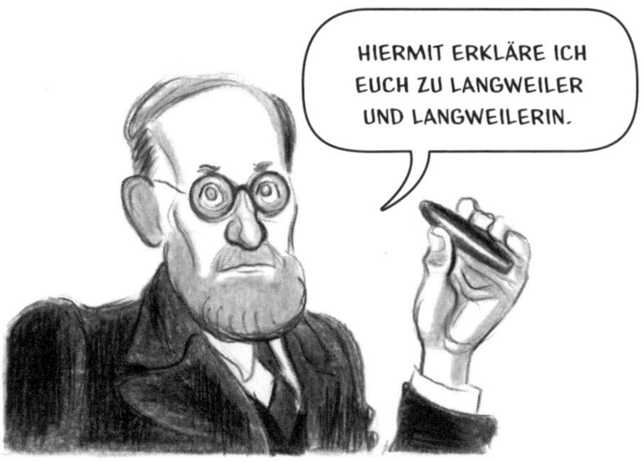

ZU HAUSE LASEN WIR GOETHE UND HEINE.

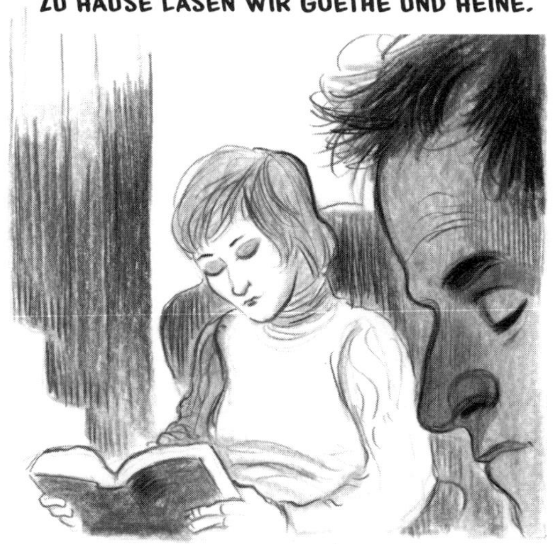

EIN JAHR SPÄTER WAR UNSER SOHN JOSEPH FERDINAND BEREITS GESTORBEN UND MEIN MANN HATTE DAS WEITE GESUCHT. OB ICH GEWEINT HABE? ICH WEISS ES NICHT MEHR.

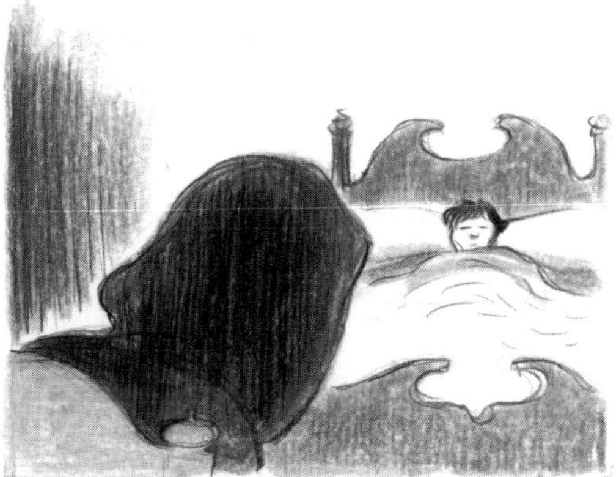

EIN TOTES KIND MEHR ODER WENIGER, WEN KÜMMERT'S? VIELLEICHT WAR ES EIN ZEICHEN GOTTES, DAMIT WIR NICHT DEM SPIESSBÜRGERTUM VERFIELEN.

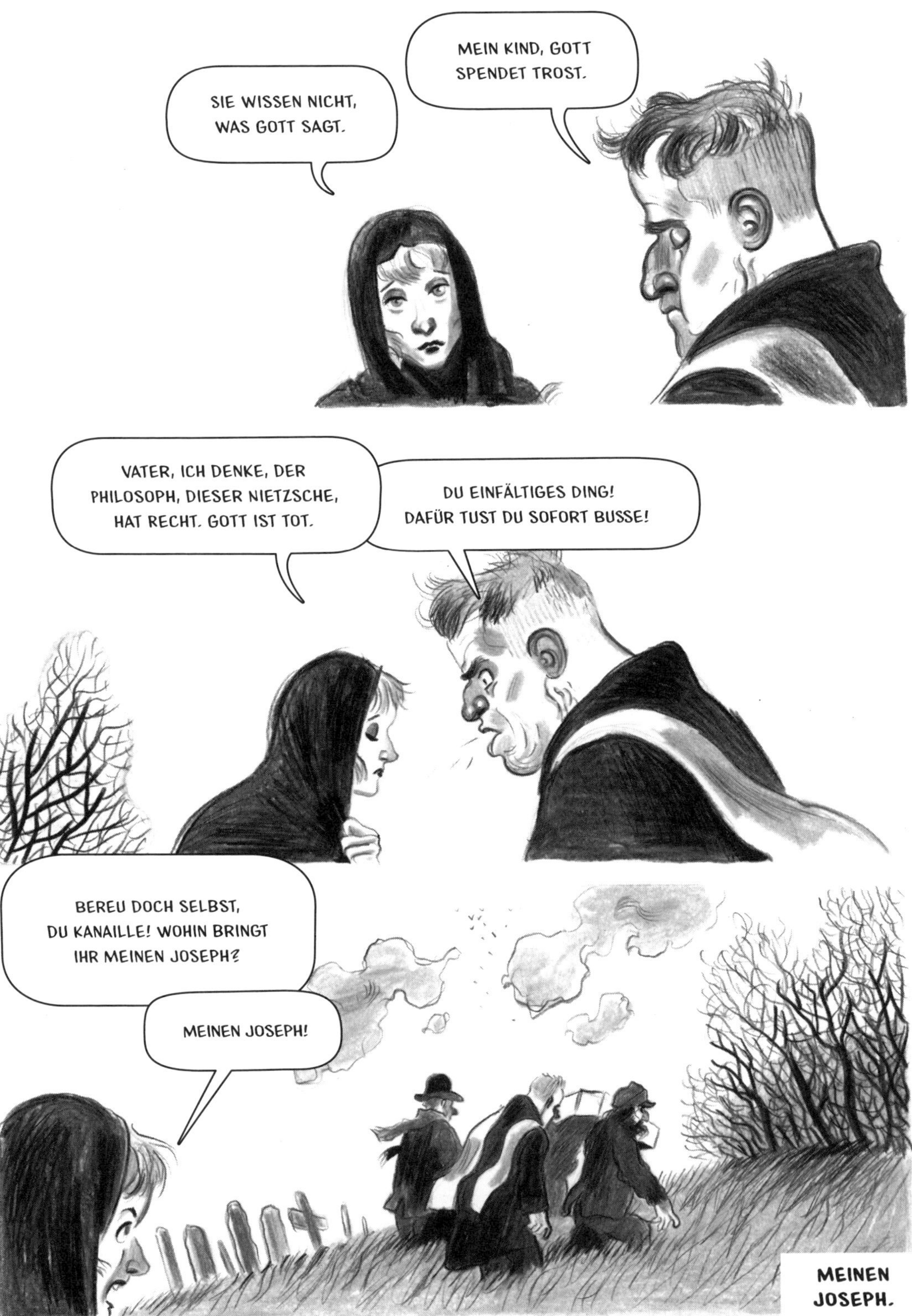

ABER DAS LEBEN GEHT WEITER. ALS MEIN JOSEPH STARB, WAR ICH BEREITS VON EINEM ANDEREN MANN SCHWANGER.

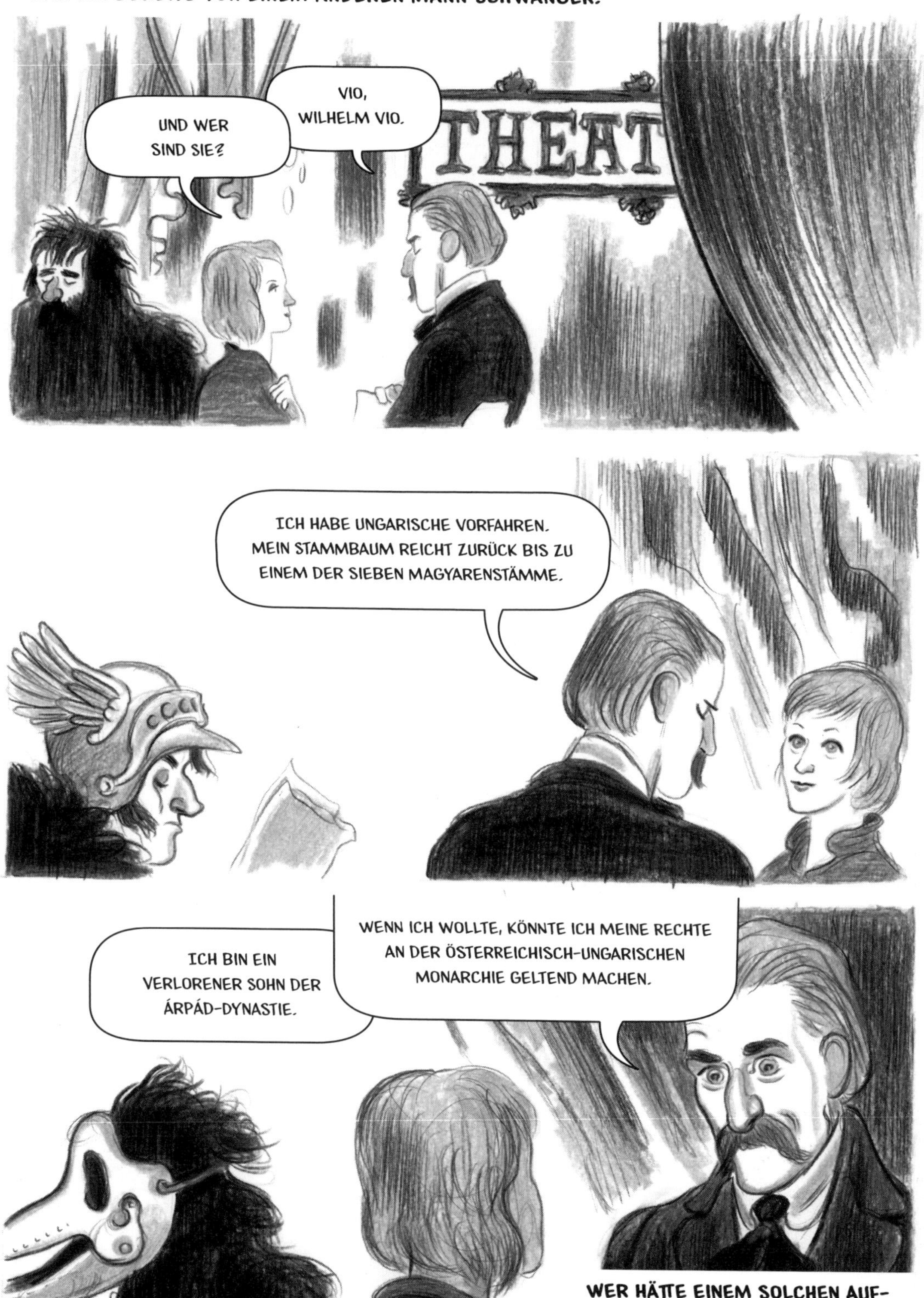

WER HÄTTE EINEM SOLCHEN AUFSCHNEIDER WIDERSTEHEN KÖNNEN?

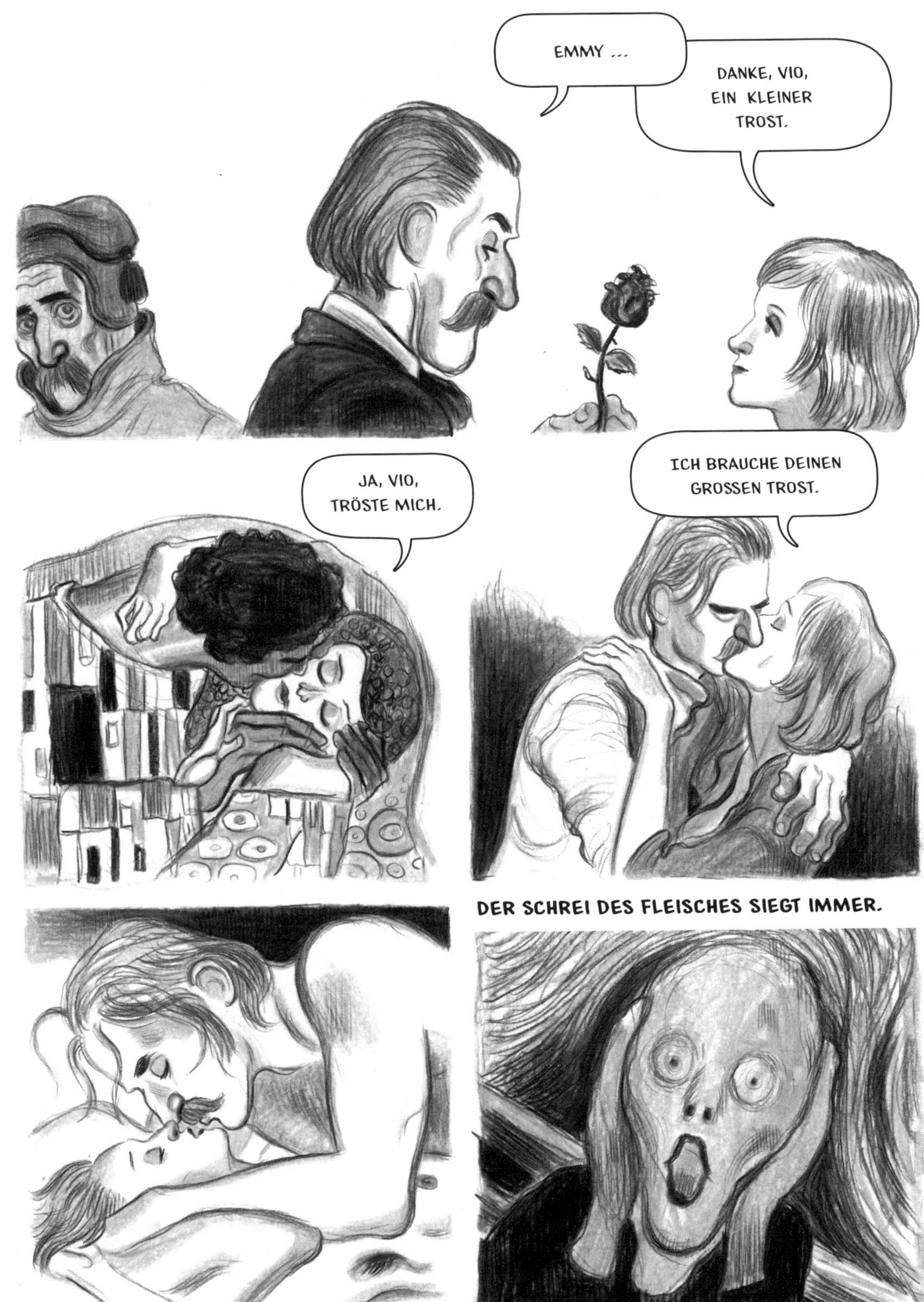
VIO. JOSEPH. DAS FLEISCH UND DER TOD GEHEN HAND IN HAND.
EMMY ...
DANKE, VIO, EIN KLEINER TROST.
JA, VIO, TRÖSTE MICH.
ICH BRAUCHE DEINEN GROSSEN TROST.
DER SCHREI DES FLEISCHES SIEGT IMMER.

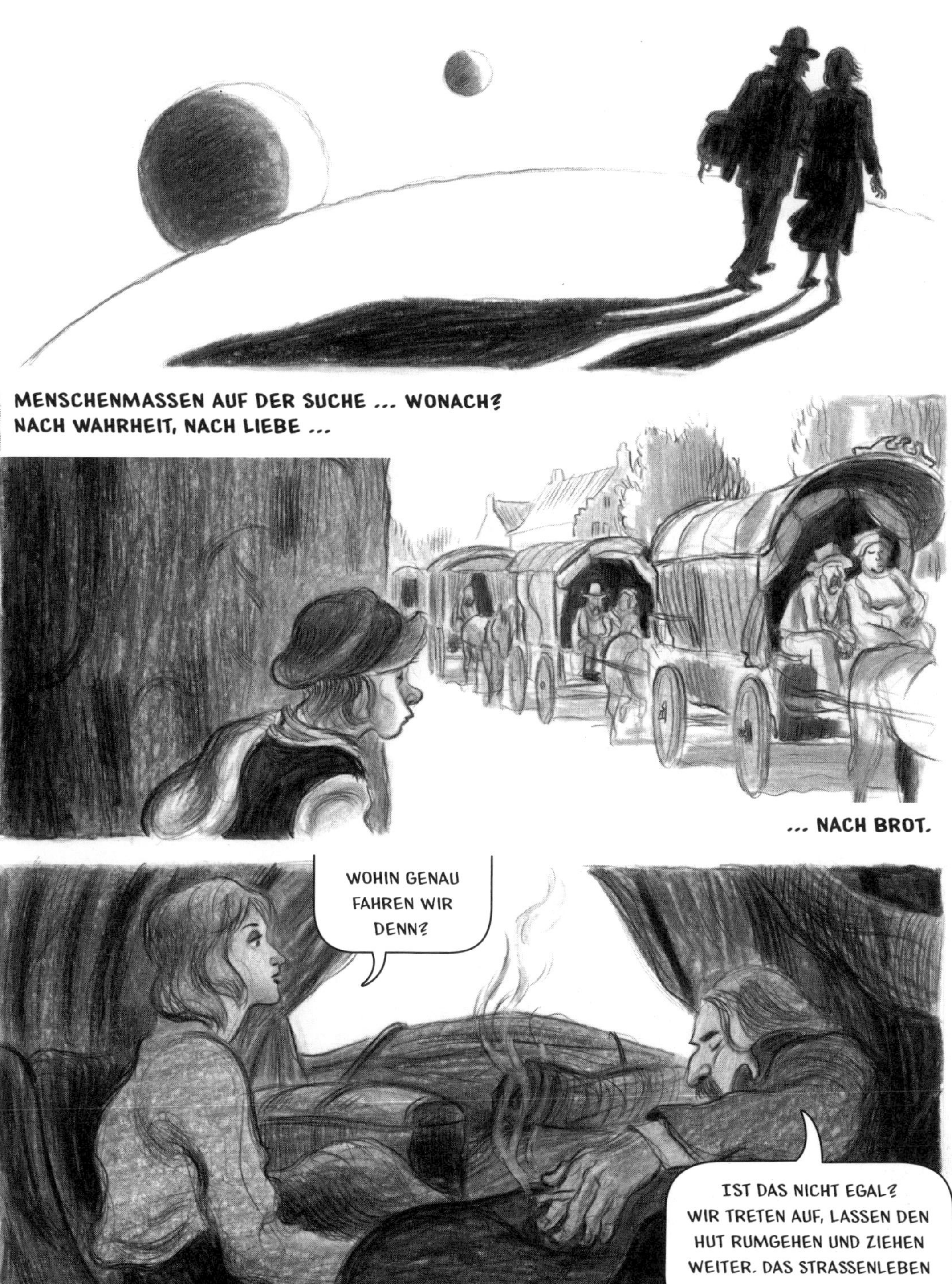
MIT VIO BEGANN MEIN NOMADENLEBEN. DIE WELT HÖRT NICHT AUF, SICH ZU DREHEN.
MENSCHENMASSEN AUF DER SUCHE … WONACH? NACH WAHRHEIT, NACH LIEBE …
… NACH BROT.
WOHIN GENAU FAHREN WIR DENN?
IST DAS NICHT EGAL? WIR TRETEN AUF, LASSEN DEN HUT RUMGEHEN UND ZIEHEN WEITER. DAS STRASSENLEBEN HAT KEIN ZIEL.

VIO HATTE RECHT. DAS STRASSENLEBEN HAT KEIN ZIEL.

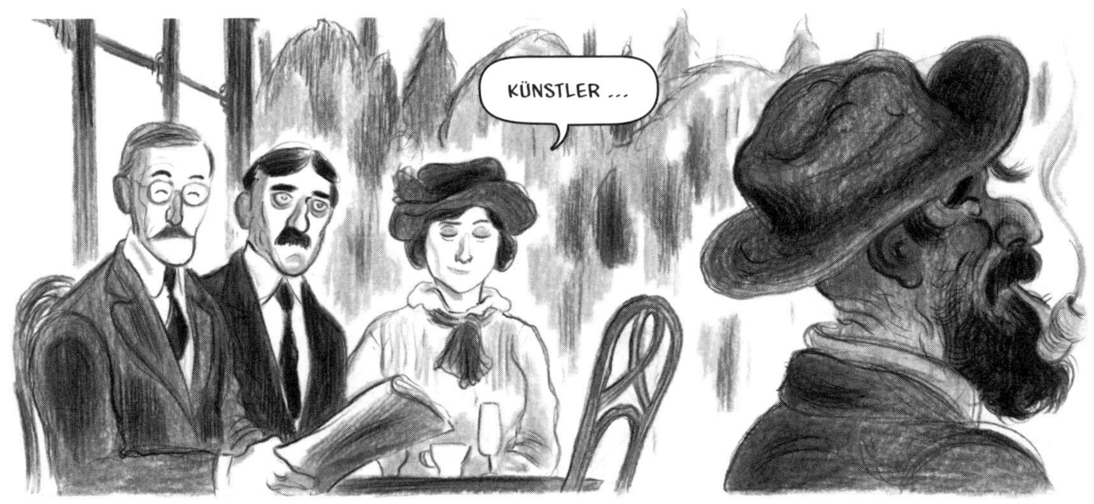

ES HAT NIE EINS GEHABT.

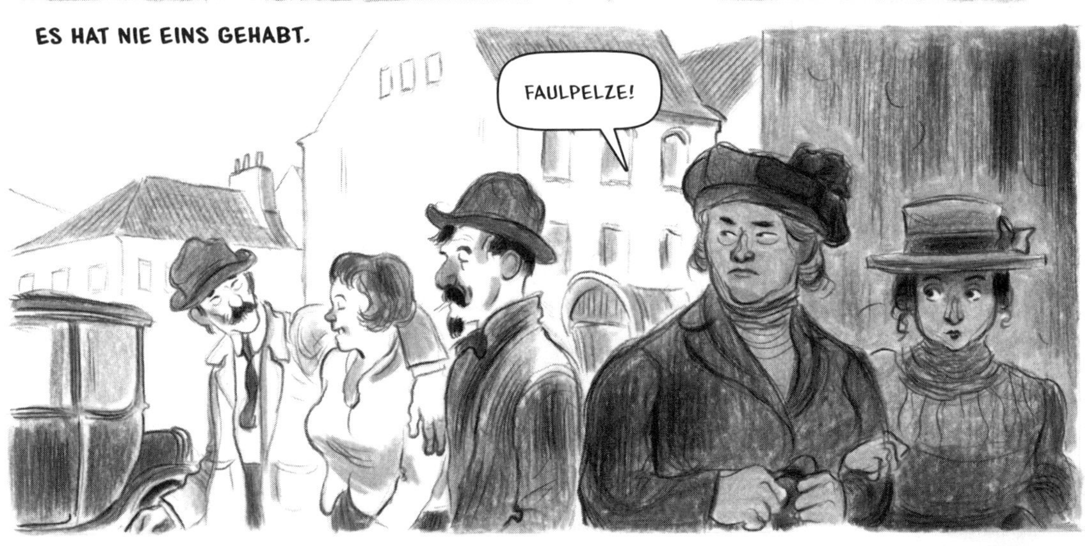

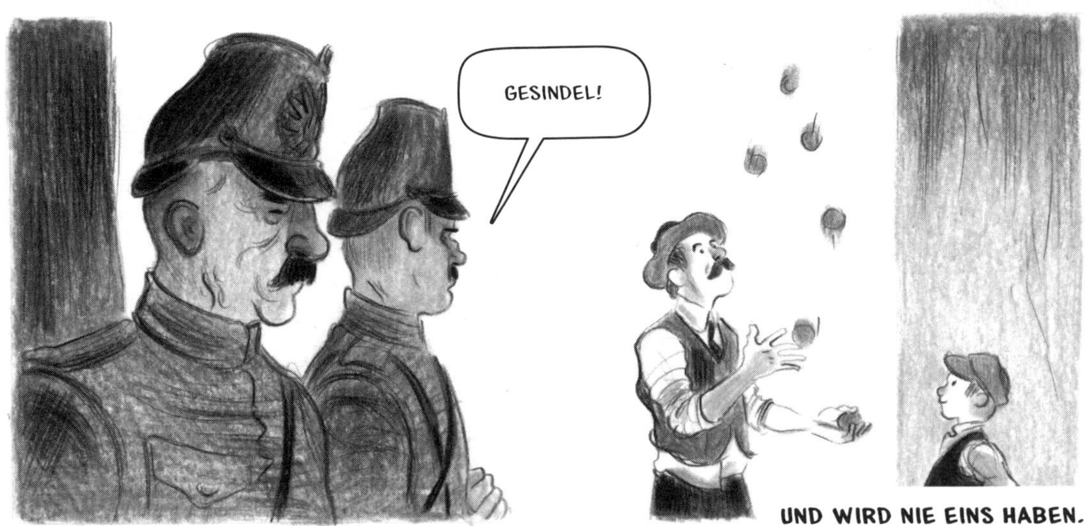

UND WIRD NIE EINS HABEN.

ICH GLAUBE, ES WAR IM WINTER 1905/1906.

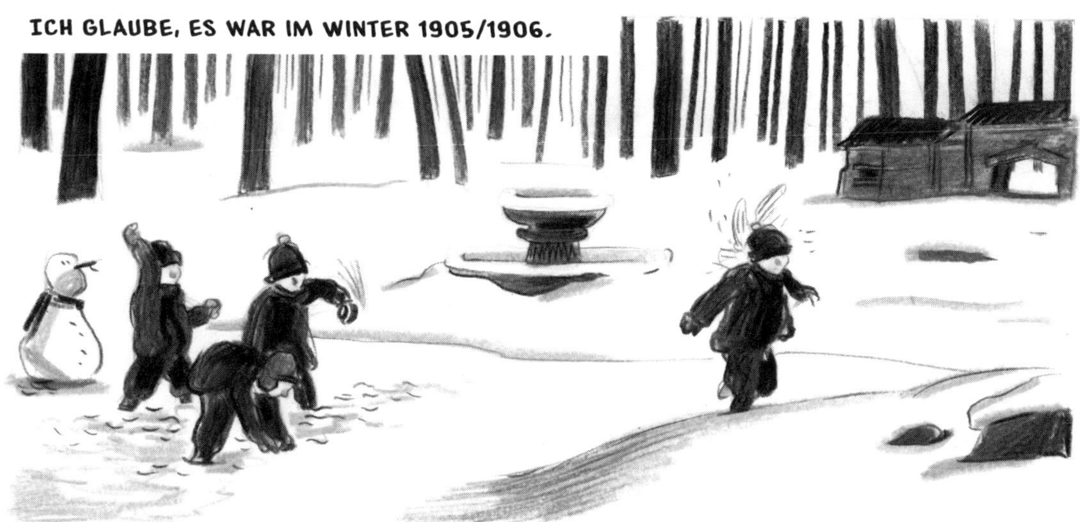

WÄHREND UNS VIELE MENSCHEN ALS HUNGERLEIDER VERACHTETEN ...

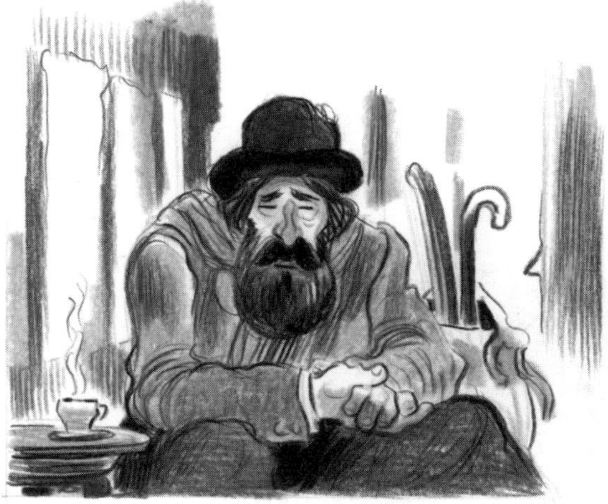

... FÜHRTEN WIR DIE KOMISCHE OPERETTE „DIE FLEDERMAUS" VON JOHANN STRAUSS AUF.

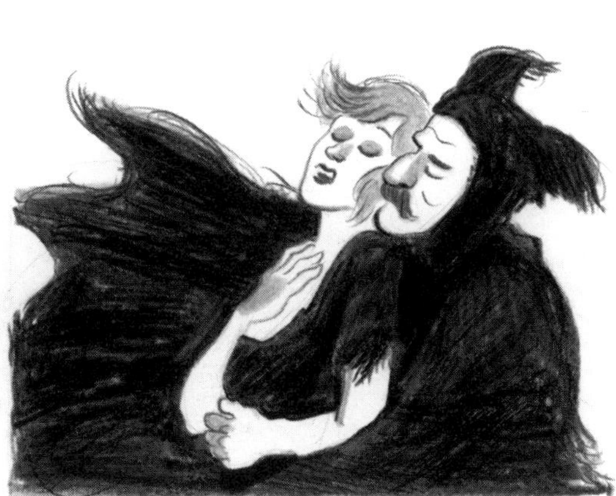

MAN SOLLTE KEINE PERLEN VOR DIE SÄUE WERFEN.

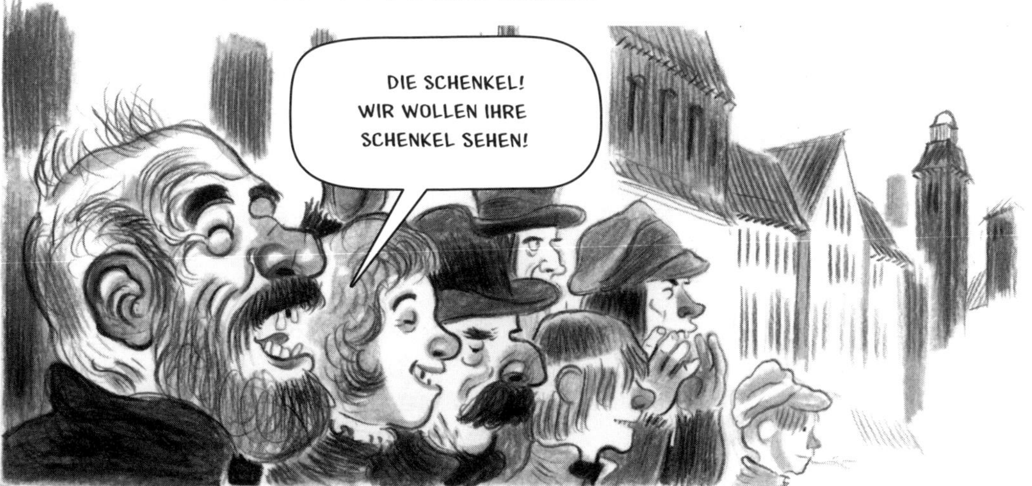

WANN WURDE MEINE TOCHTER ANNEMARIE GEBOREN? UND WO? ICH WEISS ES NICHT MEHR. ICH WEISS NUR, DASS SICH UNSERE GRUPPE VON LEBENSKÜNSTLERN ANFANG DES SOMMERS 1906 AUFLÖSTE.

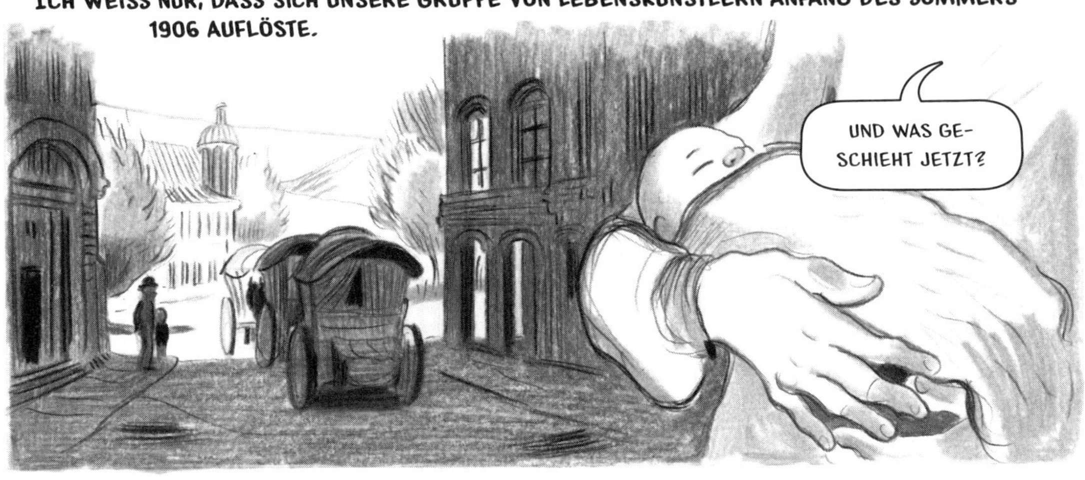

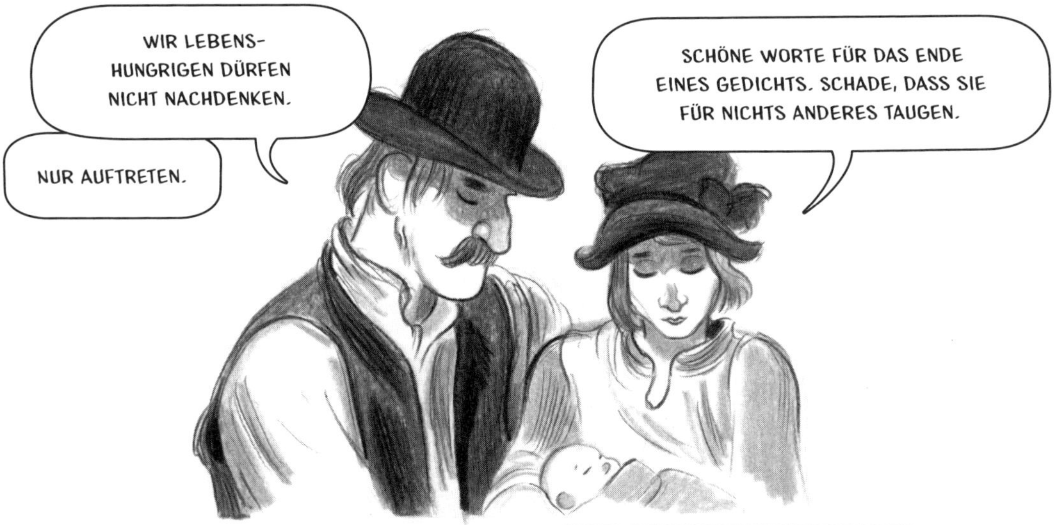

WIR LEBENSHUNGRIGEN DÜRFEN NICHT NACHDENKEN.

NUR AUFTRETEN.

SCHÖNE WORTE FÜR DAS ENDE EINES GEDICHTS. SCHADE, DASS SIE FÜR NICHTS ANDERES TAUGEN.

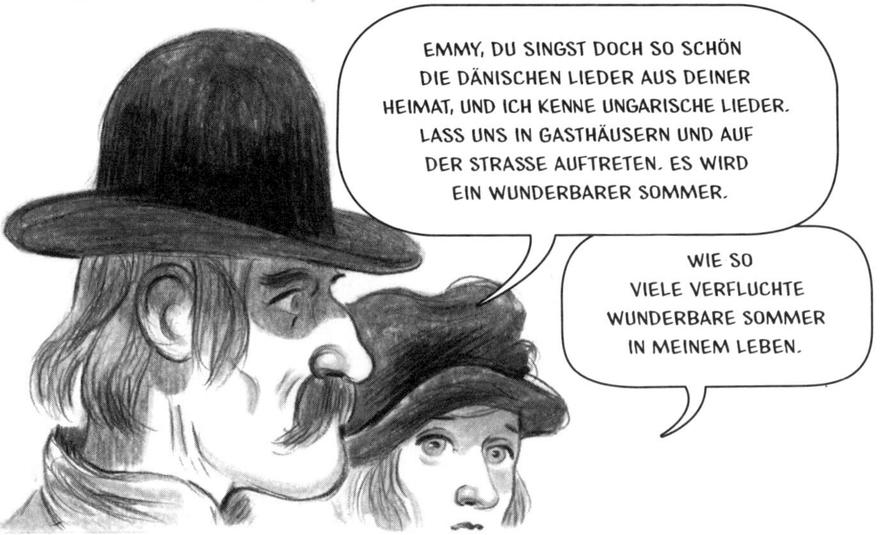

EMMY, DU SINGST DOCH SO SCHÖN DIE DÄNISCHEN LIEDER AUS DEINER HEIMAT, UND ICH KENNE UNGARISCHE LIEDER. LASS UNS IN GASTHÄUSERN UND AUF DER STRASSE AUFTRETEN. ES WIRD EIN WUNDERBARER SOMMER.

WIE SO VIELE VERFLUCHTE WUNDERBARE SOMMER IN MEINEM LEBEN.

UND SO VERSTRICH JENER WUNDERBARE SOMMER.

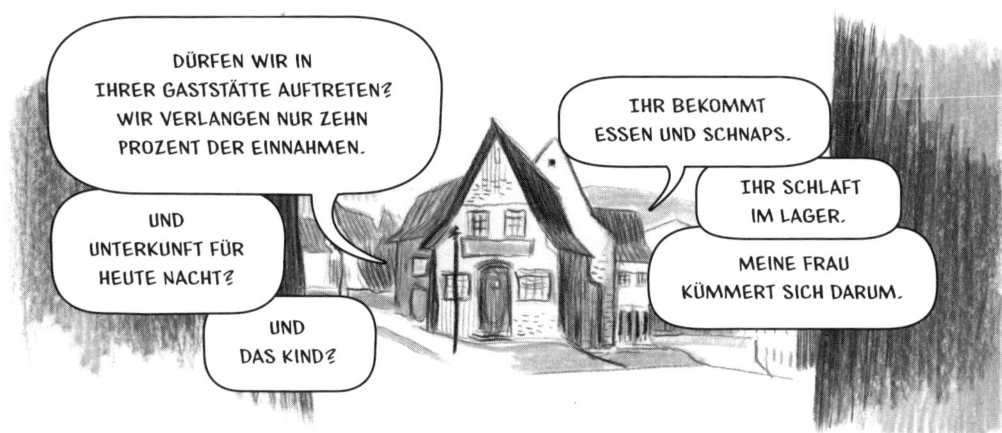

JENER SOMMER MACHTE AUS DER THEATERSCHAUSPIELERIN EINE SINNLICHE SÄNGERIN FÜR DIE SÄUFER ...

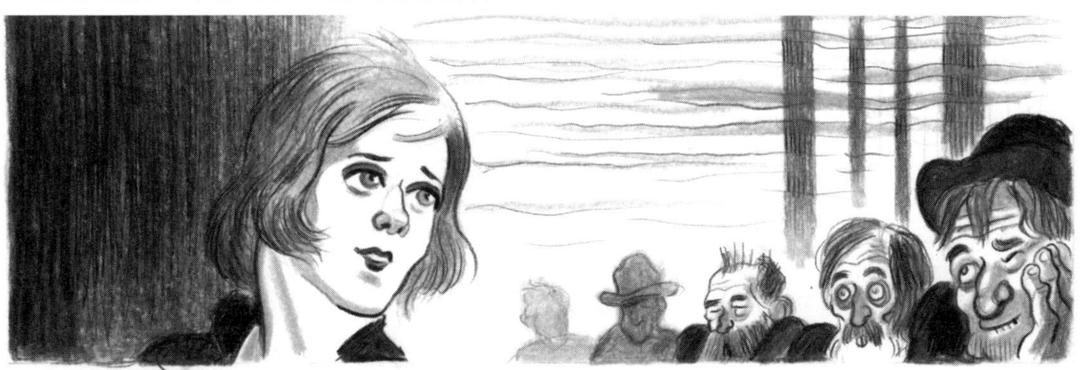

... UND AUS DEM UNGARISCHEN PRINZEN EINEN NOSTALGISCHEN RHAPSODEN SEINES VERMEINTLICHEN KÖNIGREICHS.

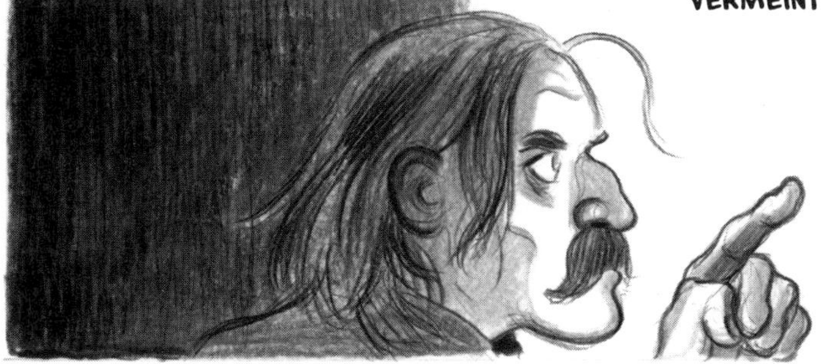

DIE REALITÄT VERFORMT UNS, BIS UNSERE TRÄUME NICHT MEHR ZU ERKENNEN SIND.

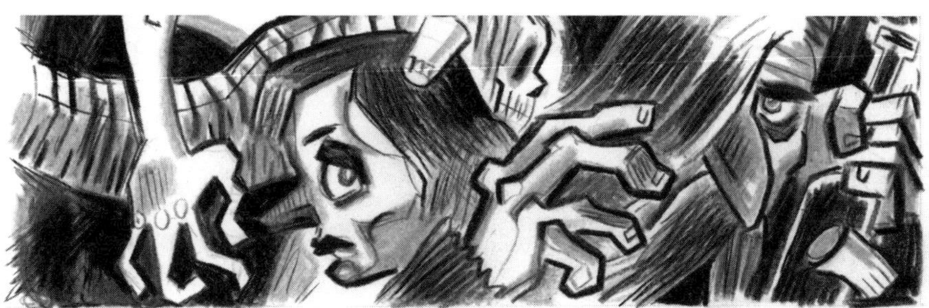

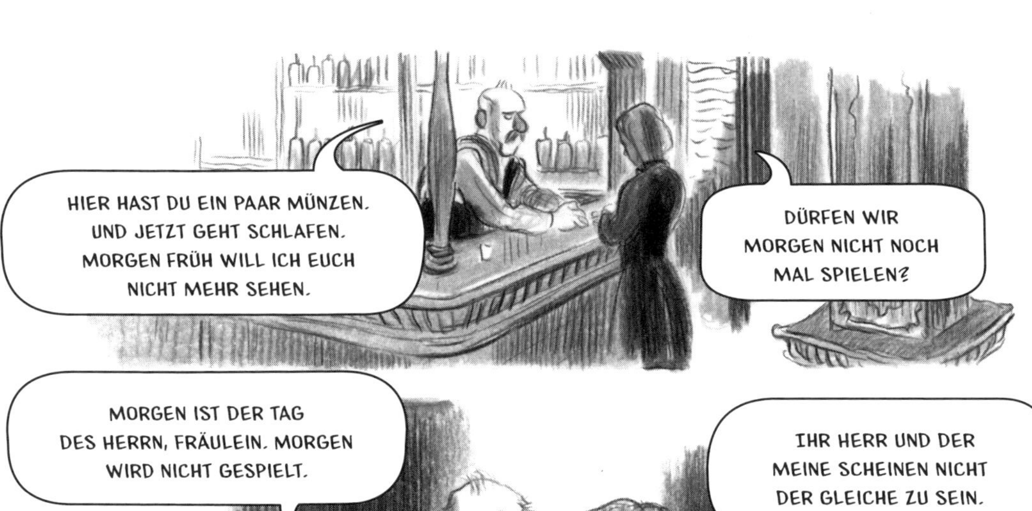
HIER HAST DU EIN PAAR MÜNZEN. UND JETZT GEHT SCHLAFEN. MORGEN FRÜH WILL ICH EUCH NICHT MEHR SEHEN.
DÜRFEN WIR MORGEN NICHT NOCH MAL SPIELEN?

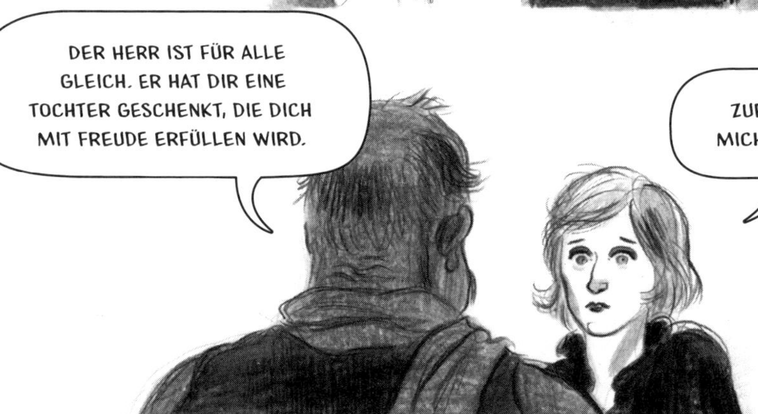
MORGEN IST DER TAG DES HERRN, FRÄULEIN. MORGEN WIRD NICHT GESPIELT.
IHR HERR UND DER MEINE SCHEINEN NICHT DER GLEICHE ZU SEIN.
DER HERR IST FÜR ALLE GLEICH. ER HAT DIR EINE TOCHTER GESCHENKT, DIE DICH MIT FREUDE ERFÜLLEN WIRD.
ZURZEIT ERFÜLLT SIE MICH NUR MIT SORGEN.

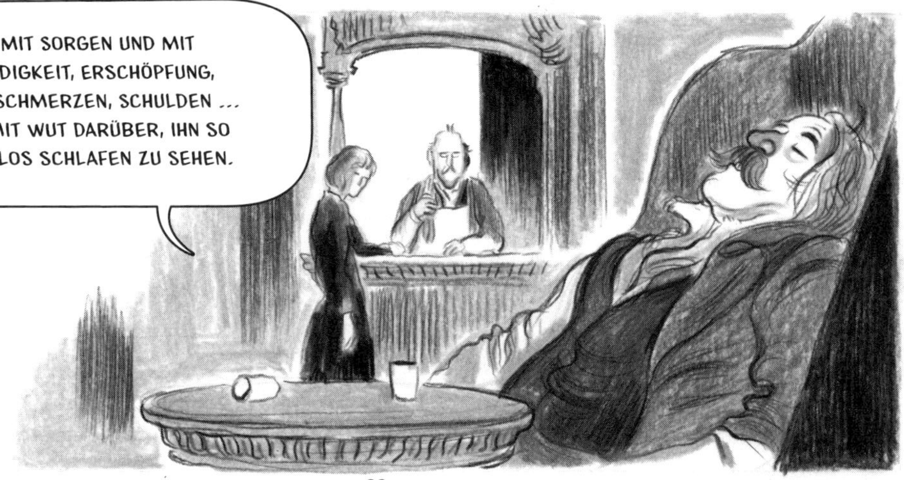
MIT SORGEN UND MIT MÜDIGKEIT, ERSCHÖPFUNG, BRUSTSCHMERZEN, SCHULDEN ... UND MIT WUT DARÜBER, IHN SO SORGLOS SCHLAFEN ZU SEHEN.

DER GROSSARTIGE SOMMER 1906. ZUR GLEICHEN ZEIT, ALS PICASSO MIT „LES DEMOISELLES D'AVIGNON" BEGANN UND SEIN IBERISCHES „BILDNIS GERTRUDE STEIN" FERTIGSTELLTE, ALS SANTOS-DUMONT SEIN FLUGZEUG „14-BIS" VORBEREITETE UND SICH SO DIE ZUKUNFT ANKÜNDIGTE ...

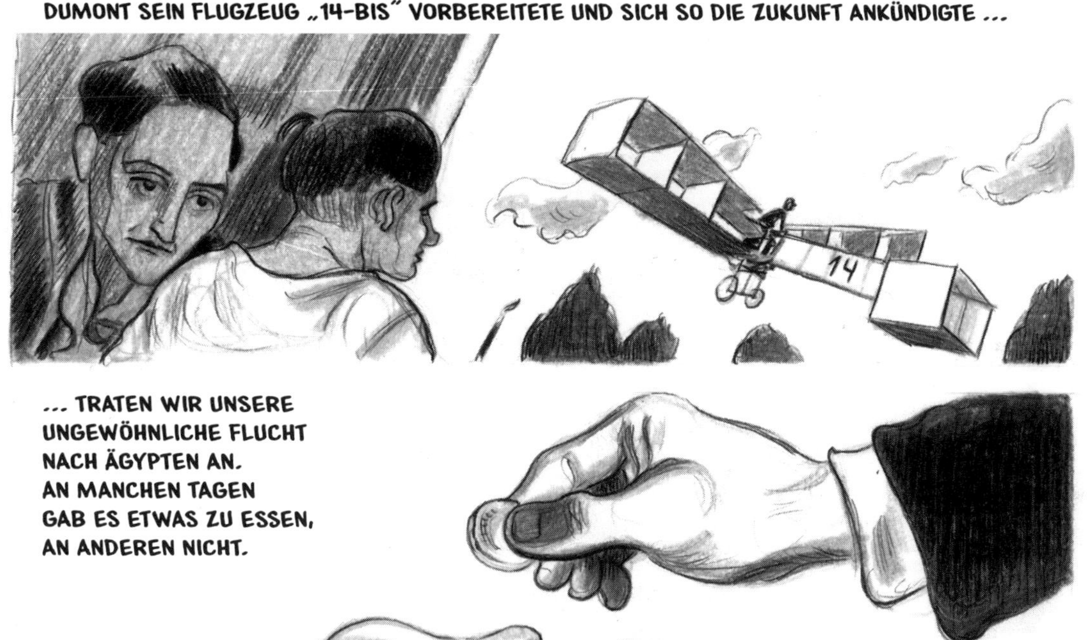

... TRATEN WIR UNSERE UNGEWÖHNLICHE FLUCHT NACH ÄGYPTEN AN.
AN MANCHEN TAGEN GAB ES ETWAS ZU ESSEN, AN ANDEREN NICHT.

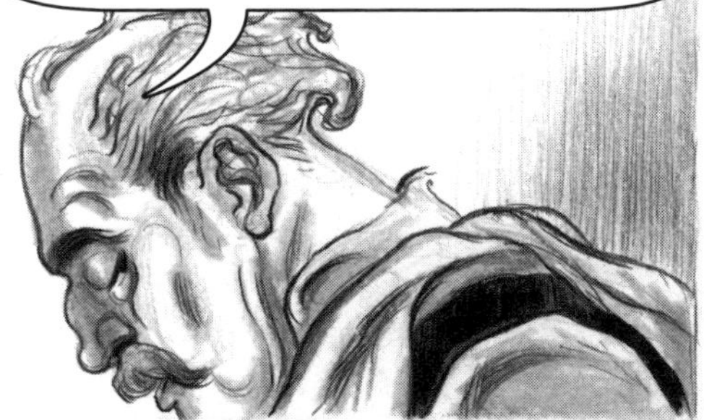

MANCHE NÄCHTE VERBRACHTEN WIR IN STÄLLEN, ANDERE IM FREIEN.

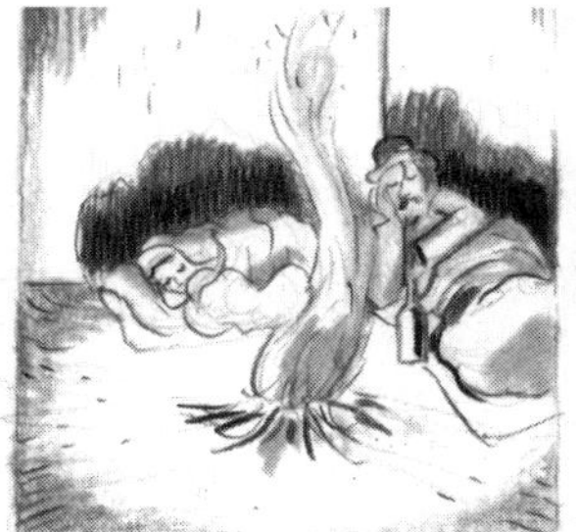

AN MANCHEN TAGEN DURFTEN WIR SINGEN ...

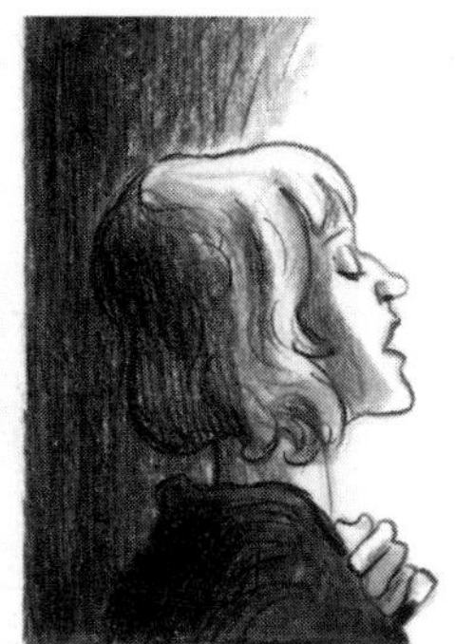

... AN ANDEREN MUSSTE ICH WIE EINE BETTLERIN AN TÜREN KLOPFEN, WÄHREND VIO ÄPFEL AUS DEM GARTEN STAHL.

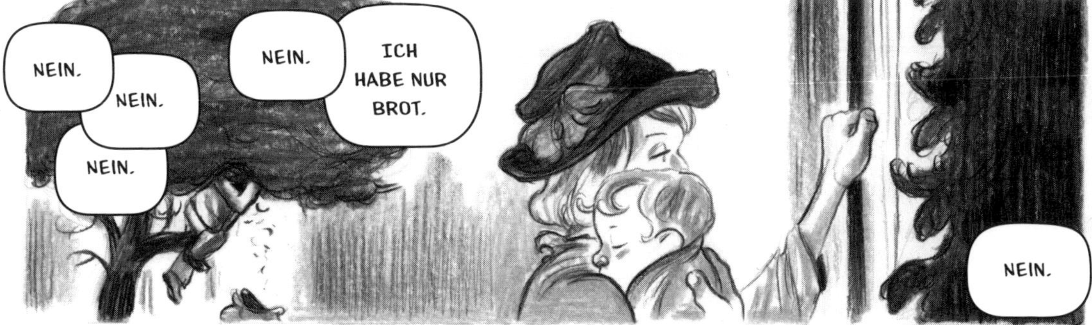

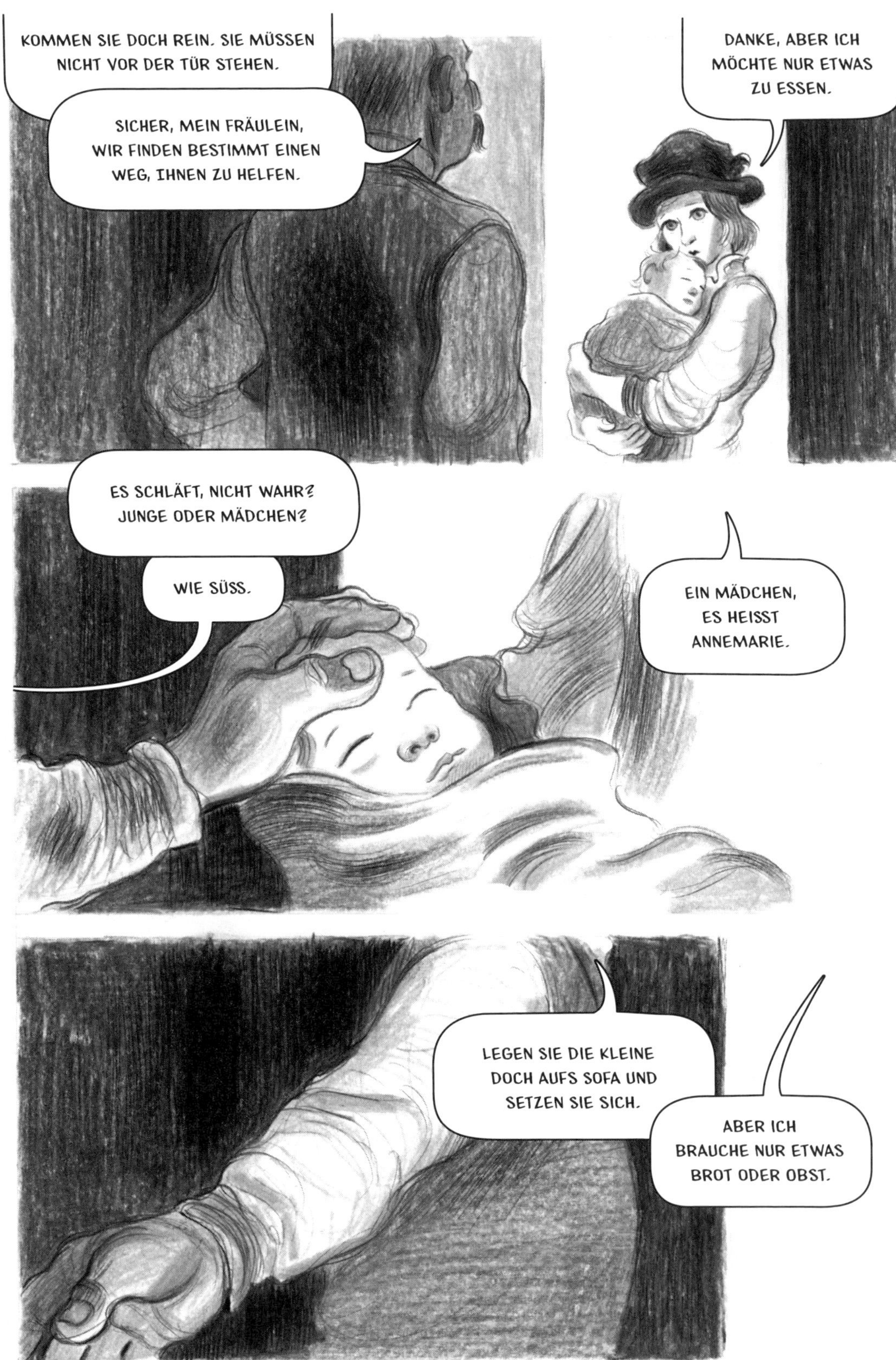
KOMMEN SIE DOCH REIN. SIE MÜSSEN NICHT VOR DER TÜR STEHEN.
SICHER, MEIN FRÄULEIN, WIR FINDEN BESTIMMT EINEN WEG, IHNEN ZU HELFEN.
DANKE, ABER ICH MÖCHTE NUR ETWAS ZU ESSEN.
ES SCHLÄFT, NICHT WAHR? JUNGE ODER MÄDCHEN?
WIE SÜSS.
EIN MÄDCHEN, ES HEISST ANNEMARIE.
LEGEN SIE DIE KLEINE DOCH AUFS SOFA UND SETZEN SIE SICH.
ABER ICH BRAUCHE NUR ETWAS BROT ODER OBST.

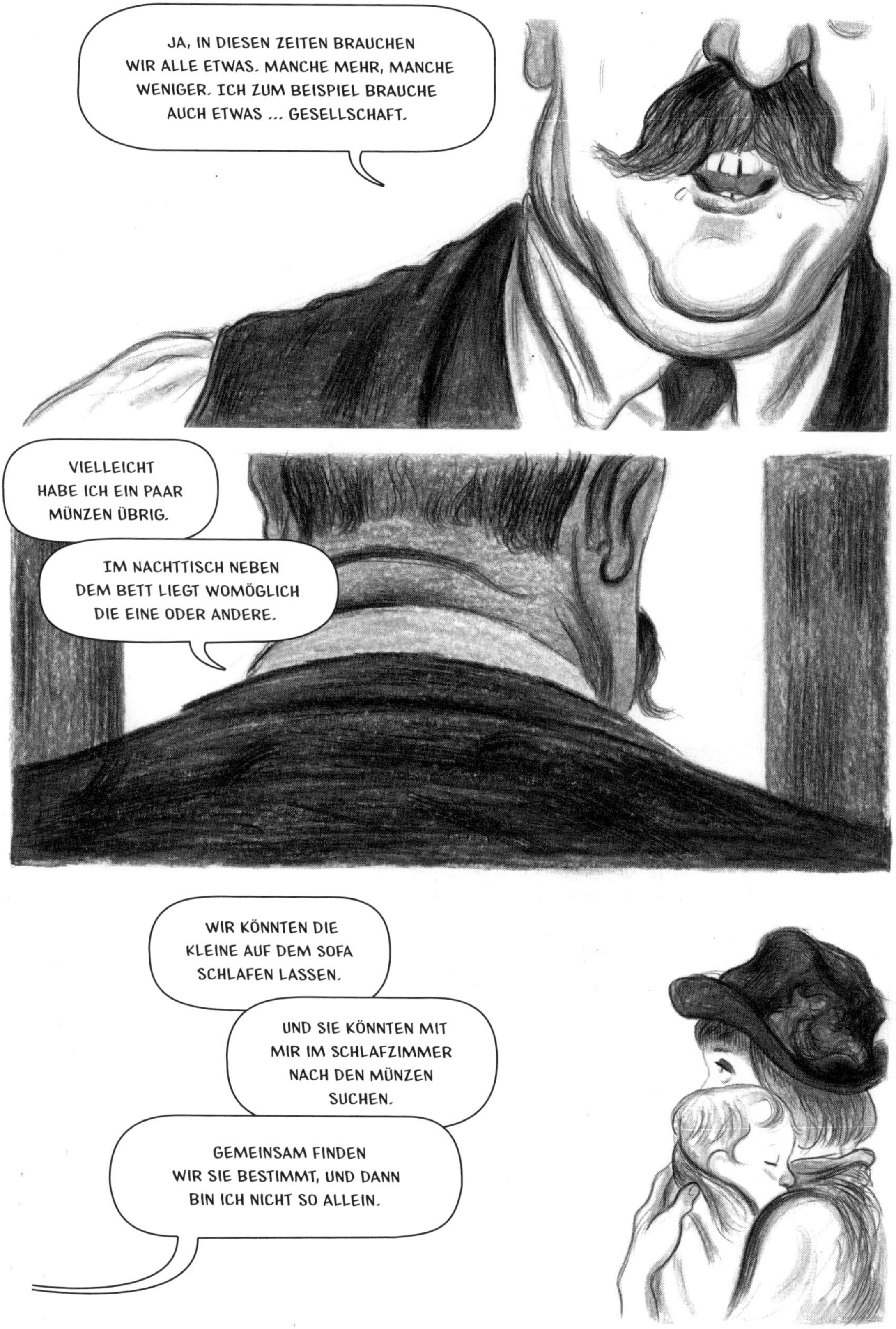

JA, IN DIESEN ZEITEN BRAUCHEN WIR ALLE ETWAS. MANCHE MEHR, MANCHE WENIGER. ICH ZUM BEISPIEL BRAUCHE AUCH ETWAS ... GESELLSCHAFT.

VIELLEICHT HABE ICH EIN PAAR MÜNZEN ÜBRIG.

IM NACHTTISCH NEBEN DEM BETT LIEGT WOMÖGLICH DIE EINE ODER ANDERE.

WIR KÖNNTEN DIE KLEINE AUF DEM SOFA SCHLAFEN LASSEN.

UND SIE KÖNNTEN MIT MIR IM SCHLAFZIMMER NACH DEN MÜNZEN SUCHEN.

GEMEINSAM FINDEN WIR SIE BESTIMMT, UND DANN BIN ICH NICHT SO ALLEIN.

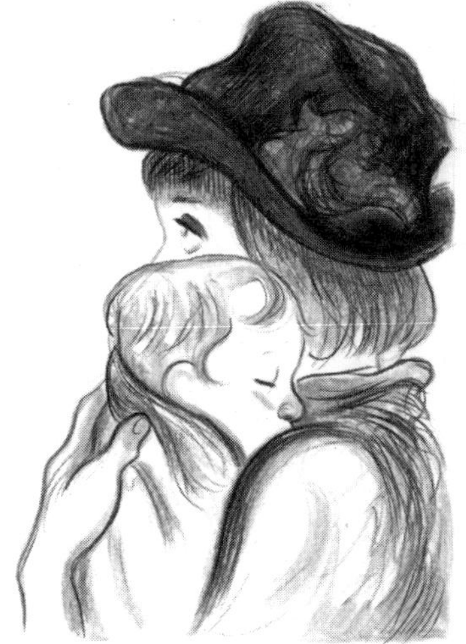

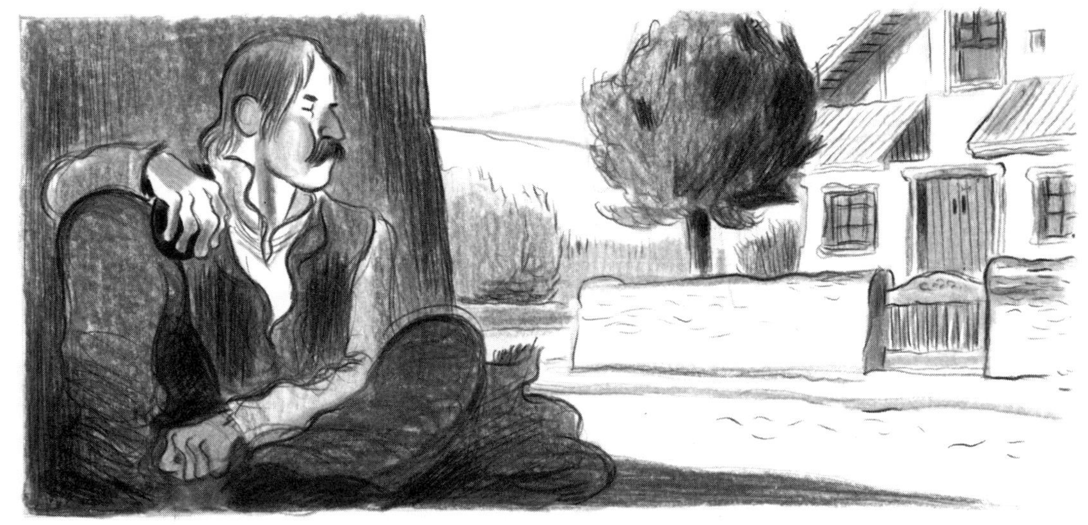

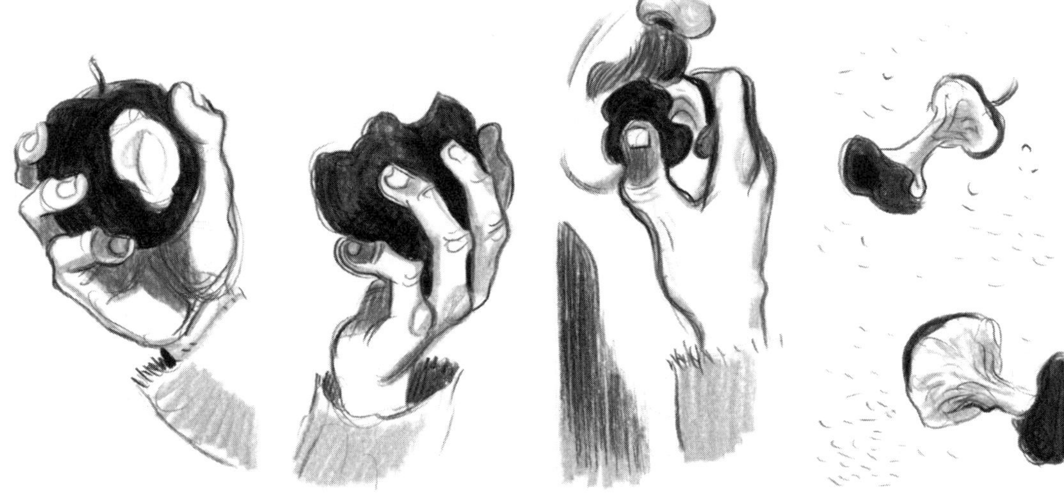

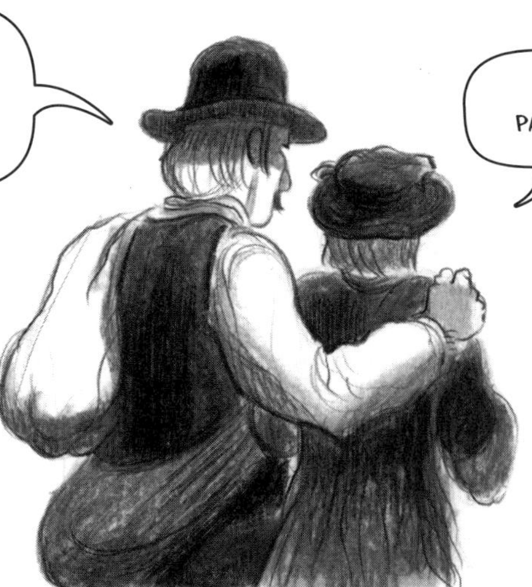
WIESO HAST DU DENN SO LANGE GEBRAUCHT? SIEH MAL, ICH HAB EIN PAAR ÄPFEL.
UND ICH EIN PAAR MÜNZEN.
GROSSARTIG, EMMY, DU BIST EIN ENGEL.

HUNGER KENNT KEINE SKRUPEL. AM ENDE DES SOMMERS BIN ICH NACH FLENSBURG ZURÜCKGEGANGEN. VIO WOLLTE NICHT MITKOMMEN.

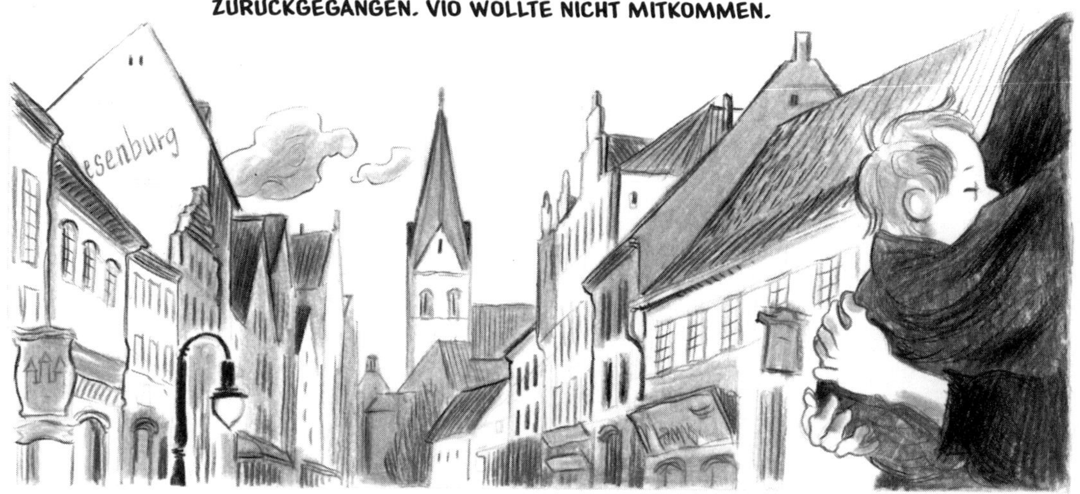

MEINE MUTTER ERKANNTE MICH KAUM WIEDER. WIE HÄTTE ICH IHR VON MEINEN SCHICKSALSSCHLÄGEN ERZÄHLEN KÖNNEN? ODER DAVON, WER VIO UND WESSEN KIND DAS WAR?

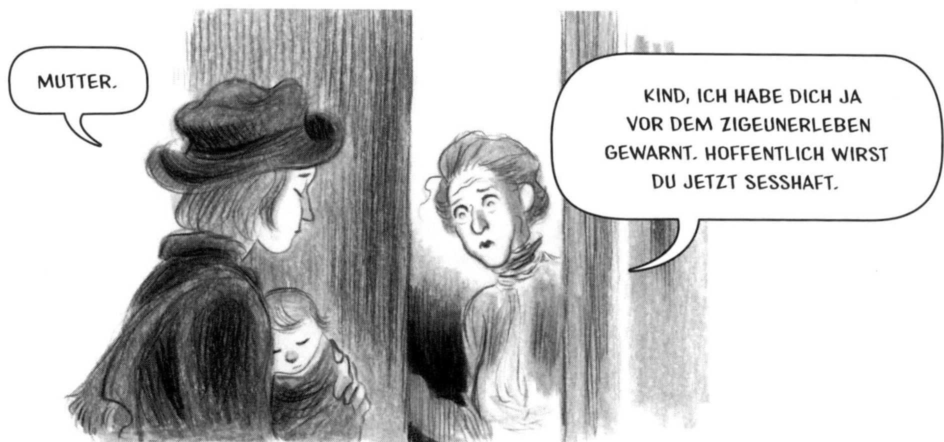

ICH BLIEB SO LANGE, BIS SICH ANNEMARIE AN SIE GEWÖHNT HATTE.
EIN PAAR WOCHEN SPÄTER LIESS ICH SIE BEI MEINER MUTTER UND ZOG WEITER.
DAS LEBEN WARTET NICHT AUF EINEN, MAN MUSS IHM HINTERHERLAUFEN.

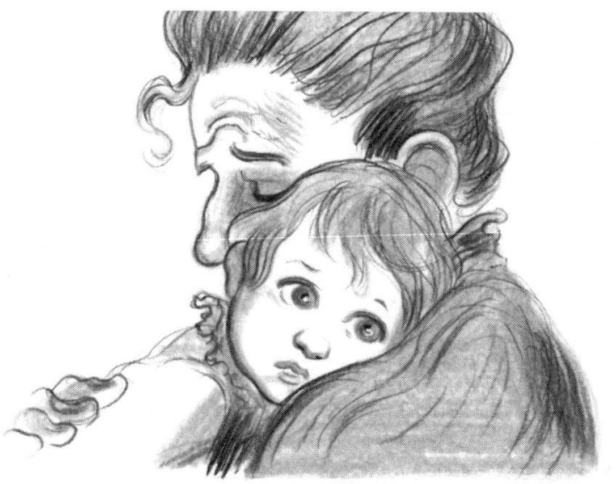

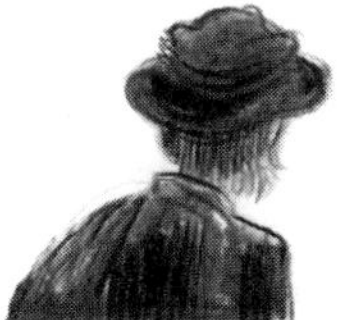

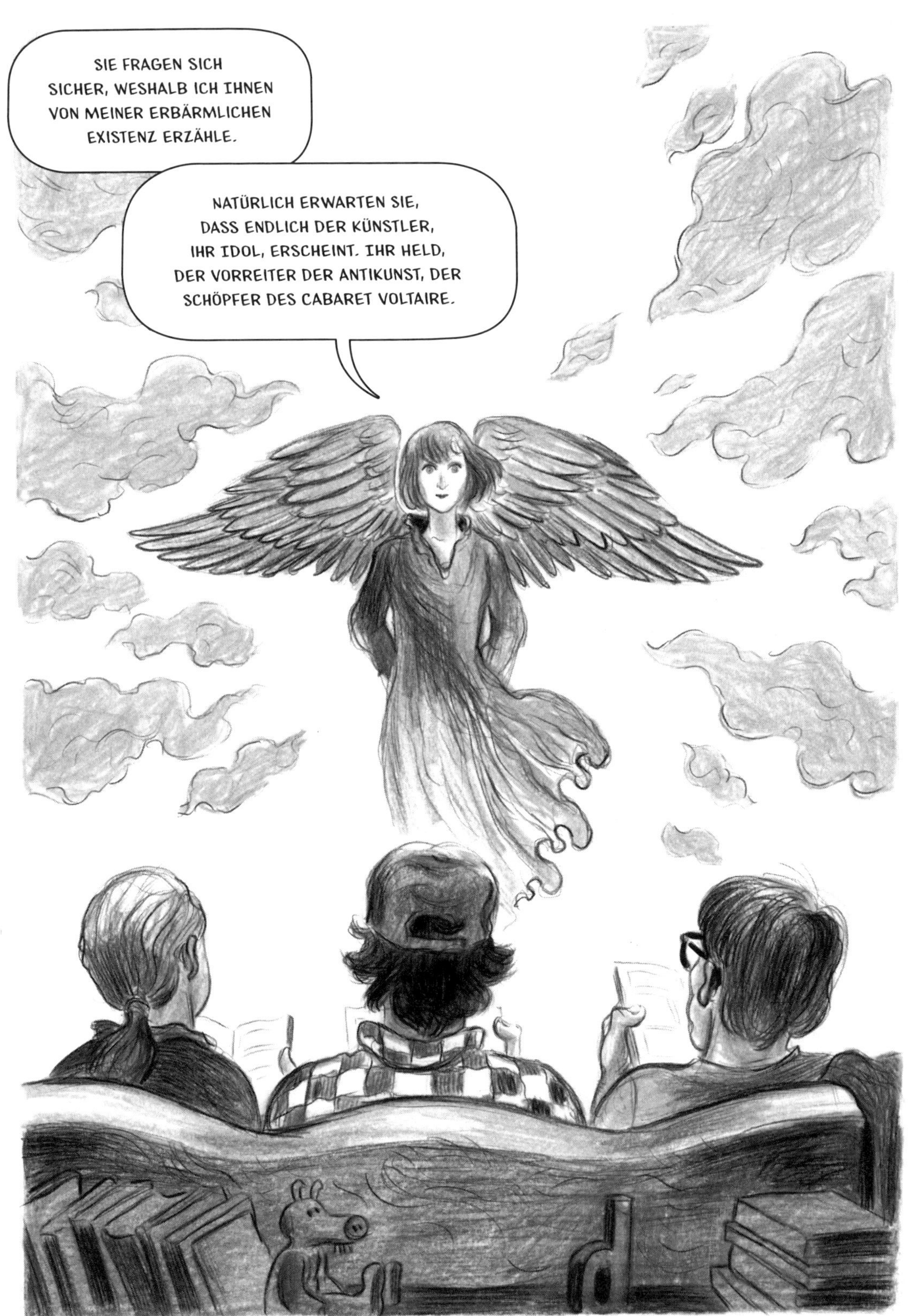
SIE FRAGEN SICH SICHER, WESHALB ICH IHNEN VON MEINER ERBÄRMLICHEN EXISTENZ ERZÄHLE.
NATÜRLICH ERWARTEN SIE, DASS ENDLICH DER KÜNSTLER, IHR IDOL, ERSCHEINT. IHR HELD, DER VORREITER DER ANTIKUNST, DER SCHÖPFER DES CABARET VOLTAIRE.

DER IN KEINE SCHUBLADE PASSENDE HUGO BALL.

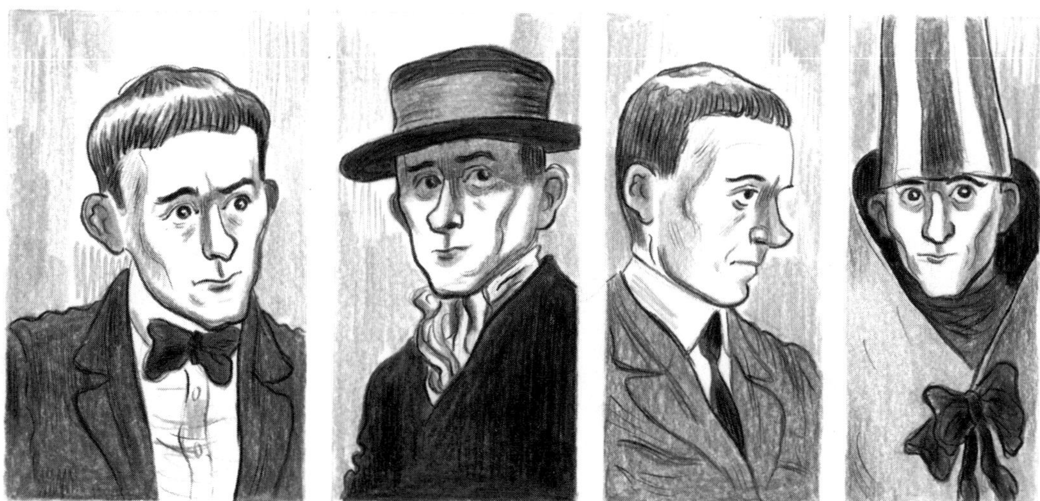

NICHT SO HASTIG. LASSEN SIE MICH IHNEN ETWAS SAGEN: WENN SIE HEUTE DEN DADAISMUS VEREHREN UND SICH AN DAS CABARET VOLTAIRE ERINNERN, DANN IST DAS MIR, EMMY BALL-HENNINGS, GEBORENE EMMA MARIA CORDSEN, TOCHTER VON ERNST FRIEDRICH MATTHIAS CORDSEN UND ANNA DOROTHEA, ZU VERDANKEN.

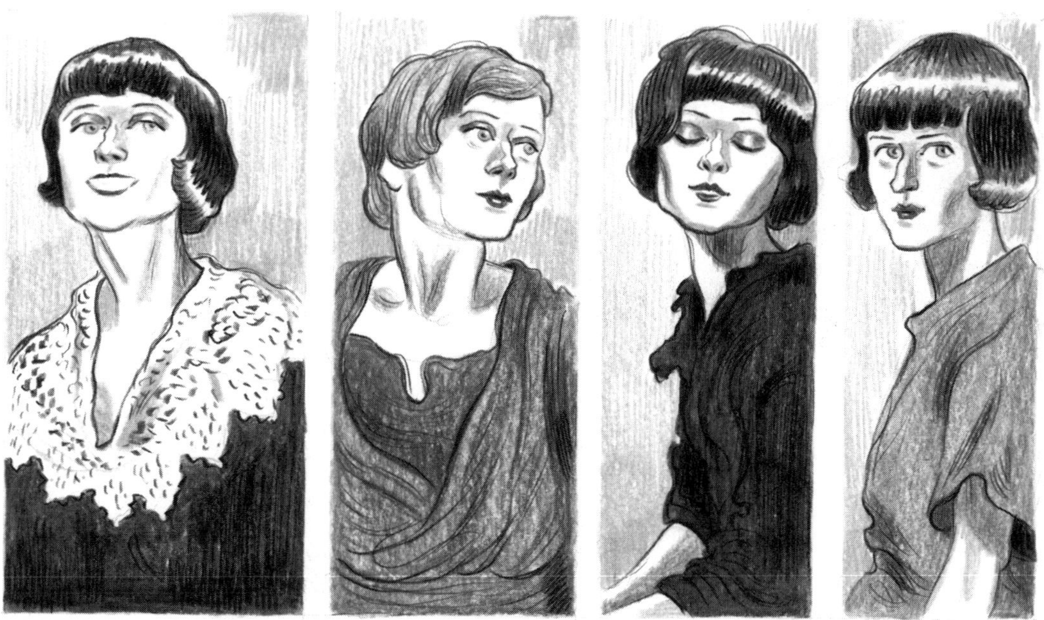

WENN SIE DAGEGEN EREIGNISREICHTUM UND ZÜGELLOSIGKEIT SUCHEN, DANN SIND SIE DENNOCH RICHTIG. DAVON GAB ES REICHLICH IN MEINEM LEBEN VOR DEM 5. FEBRUAR 1916, ALS WIR DAS CABARET VOLTAIRE GRÜNDETEN. UND DANACH NOCH MEHR.

BEGLEITEN SIE MICH AUF MEINER REISE ZUM CABARET VOLTAIRE. ES WAR EIN WEG, AUF DEM SICH HIMMEL UND HÖLLE OFT VERMISCHTEN. ALS ICH WIEDER AUS FLENSBURG FLOH, GING ICH NACH BREMEN. ICH WOLLTE NOCH IMMER EINFACH NUR EINE KÜNSTLERIN SEIN.

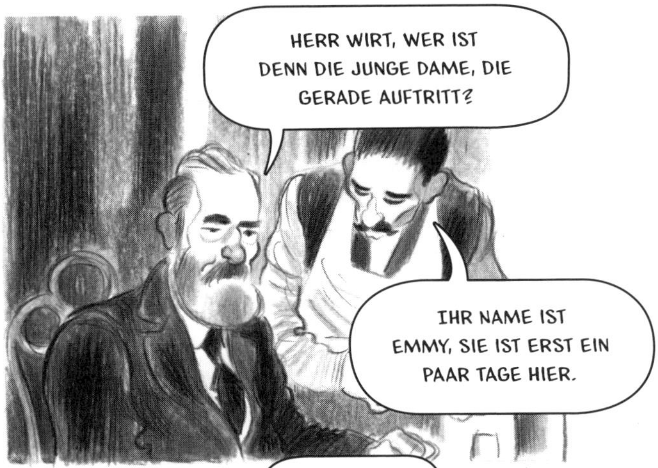

HERR WIRT, WER IST DENN DIE JUNGE DAME, DIE GERADE AUFTRITT?

IHR NAME IST EMMY, SIE IST ERST EIN PAAR TAGE HIER.

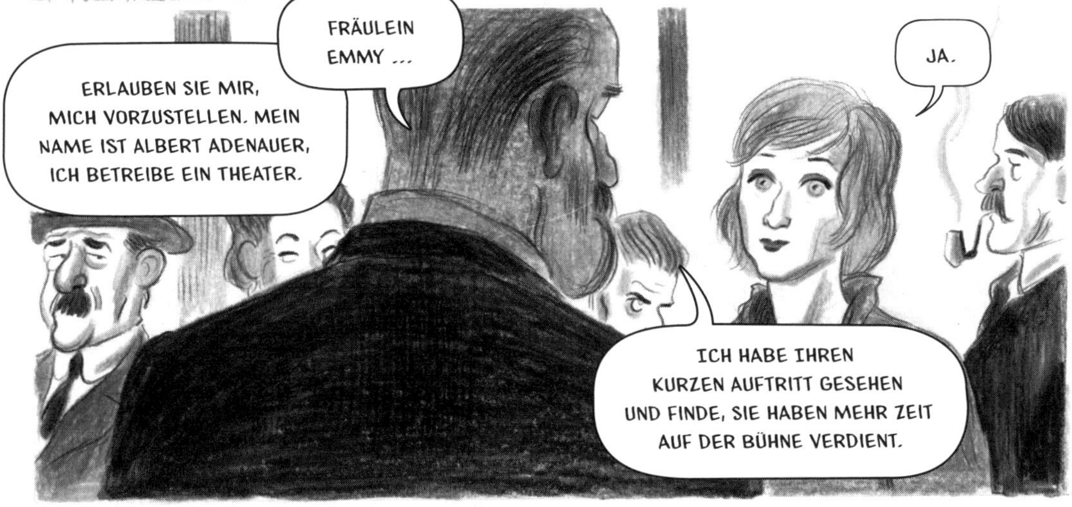

FRÄULEIN EMMY ...

ERLAUBEN SIE MIR, MICH VORZUSTELLEN. MEIN NAME IST ALBERT ADENAUER, ICH BETREIBE EIN THEATER.

JA.

ICH HABE IHREN KURZEN AUFTRITT GESEHEN UND FINDE, SIE HABEN MEHR ZEIT AUF DER BÜHNE VERDIENT.

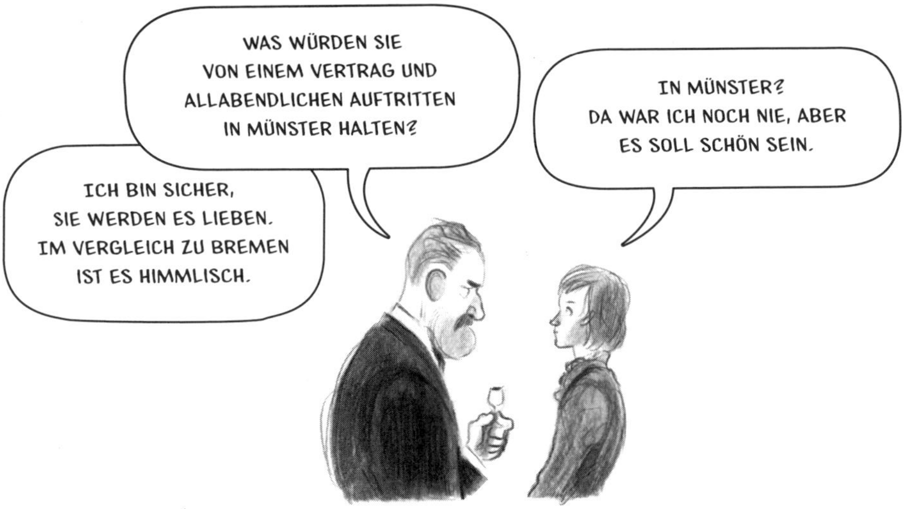

WAS WÜRDEN SIE VON EINEM VERTRAG UND ALLABENDLICHEN AUFTRITTEN IN MÜNSTER HALTEN?

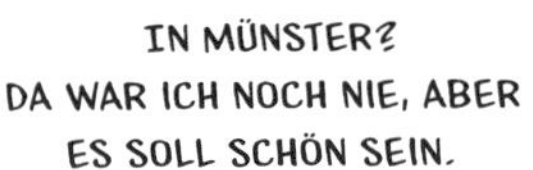

ICH BIN SICHER, SIE WERDEN ES LIEBEN. IM VERGLEICH ZU BREMEN IST ES HIMMLISCH.

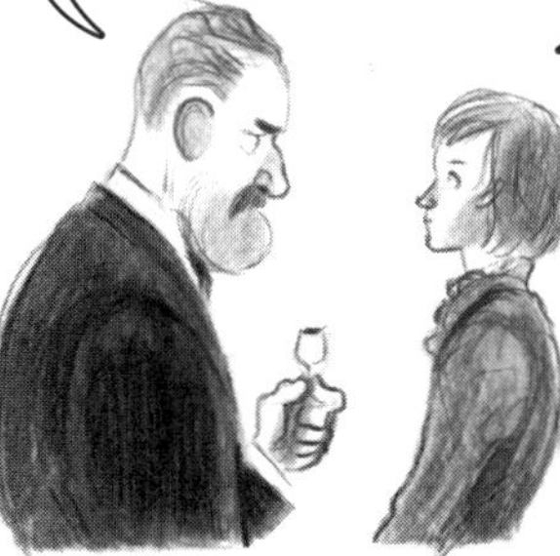

JA, MÜNSTER WAR SCHÖN. UND JA, ES GAB EINEN VERTRAG, ABER DEN HATTE FAUST JA AUCH. WIE ES SCHIEN, HATTE ICH IHN EBENFALLS MIT MEPHISTO ABGESCHLOSSEN.

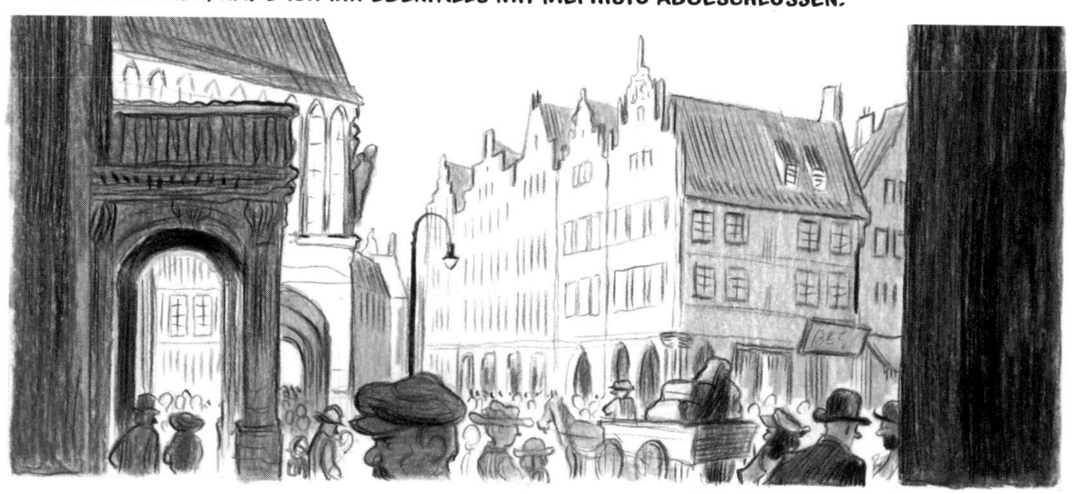

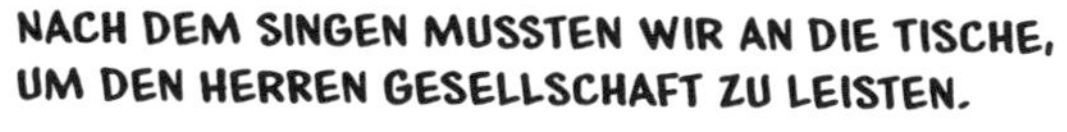

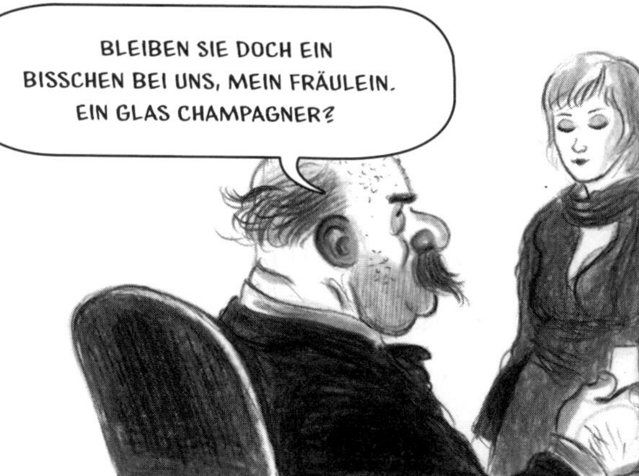

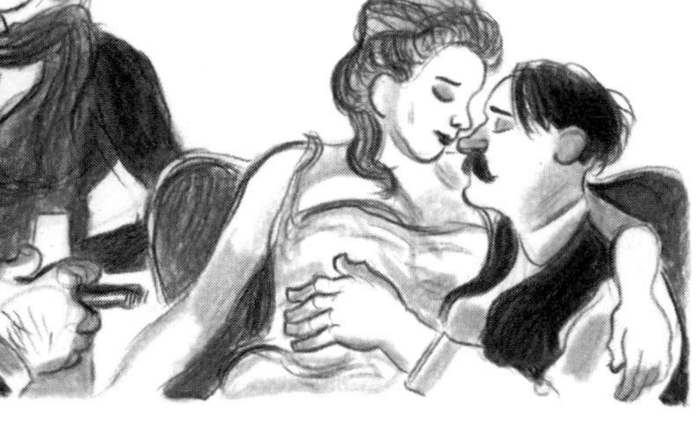

SIE SIND NEU HIER.

ICH BIN IMMER ÜBERALL NEU.

SIE SINGEN RECHT FEIN, SIND SEHR HÜBSCH, MÖGEN CHAMPAGNER UND GUTE GESELLSCHAFT. SIE HABEN ZWEIFELLOS EINE GLÄNZENDE ZUKUNFT VOR SICH.

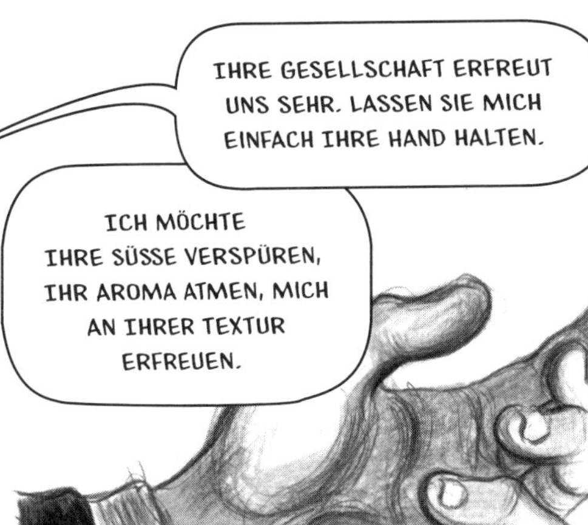

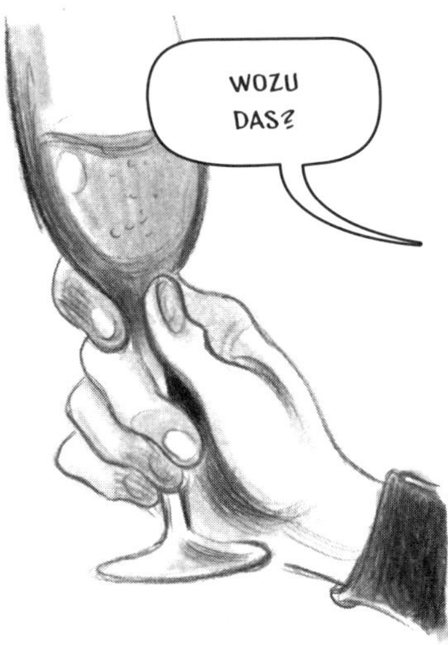

FÜRS HÄNDCHENHALTEN GAB ES EIN PAAR MÜNZEN ...

FÜRS LIEBKOSEN UND FÜR KÜSSE AM HALS BLUMEN UND HIN UND WIEDER EINEN SCHEIN.

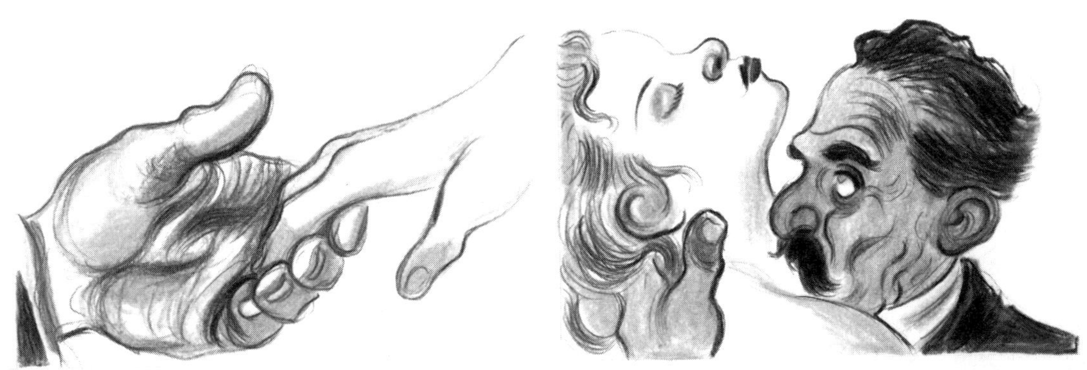

DIE PRIVILEGIERTEN DURFTEN UNS IN DER GARDEROBE BEIM UMZIEHEN ZUSCHAUEN.

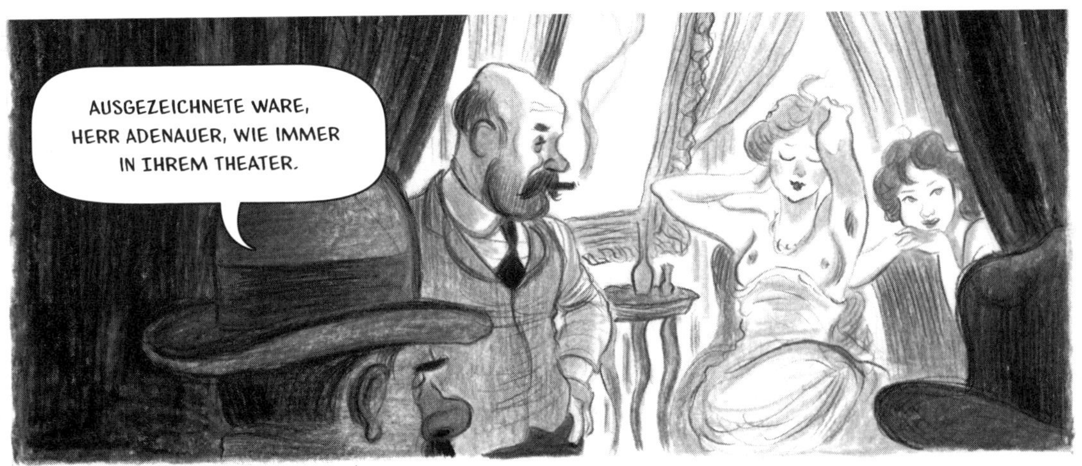

MANCHMAL GAB ES EIN SCHILLERNDES KLEID FÜR DIEJENIGE, DIE BESONDERS ZÄRTLICH WAR.

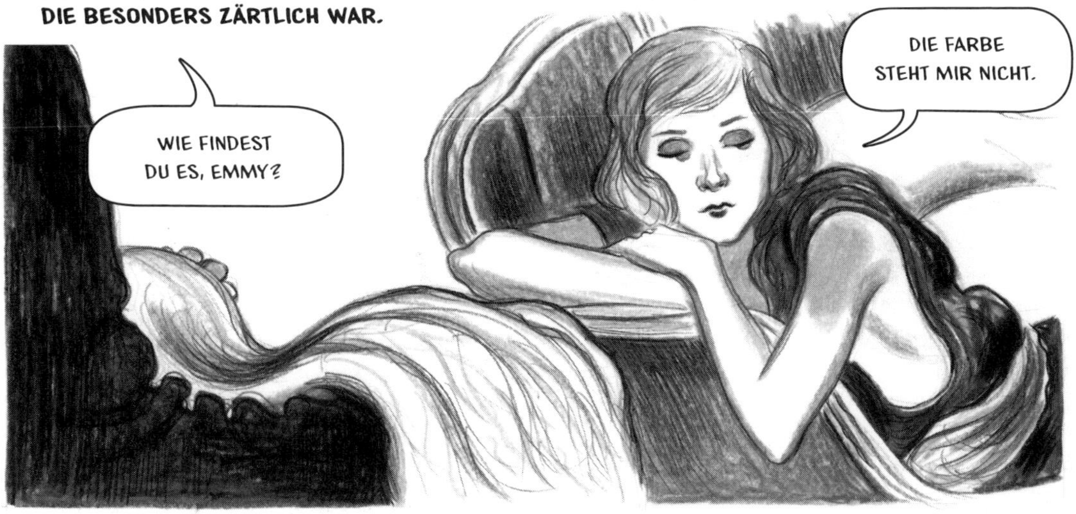

WIE FINDEST DU ES, EMMY?

DIE FARBE STEHT MIR NICHT.

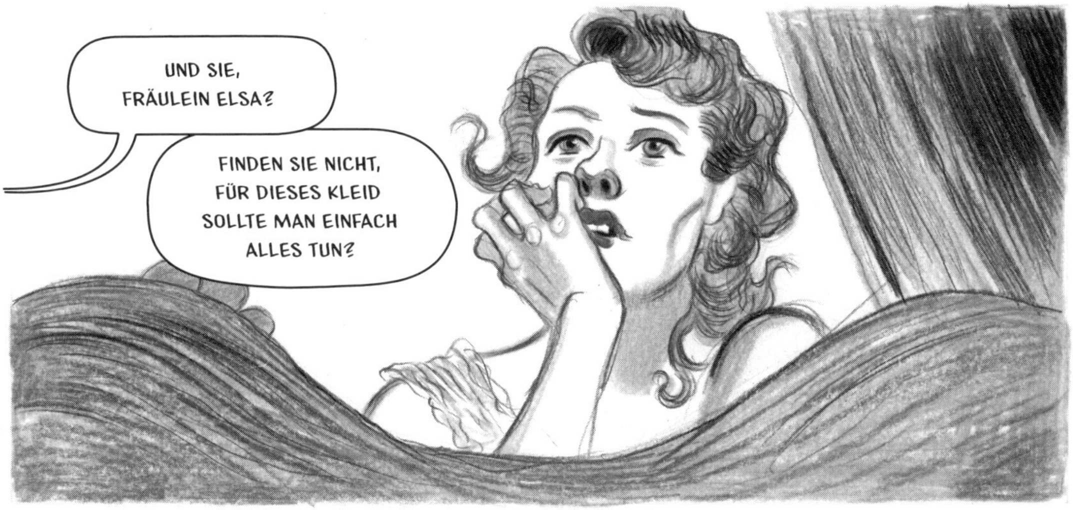

UND SIE, FRÄULEIN ELSA?

FINDEN SIE NICHT, FÜR DIESES KLEID SOLLTE MAN EINFACH ALLES TUN?

ELSA TAT NICHT VIEL FÜR DAS KLEID. IM GRUNDE NUR DAS, WAS WIR AUCH SONNTAGS IN DER KIRCHE TATEN.

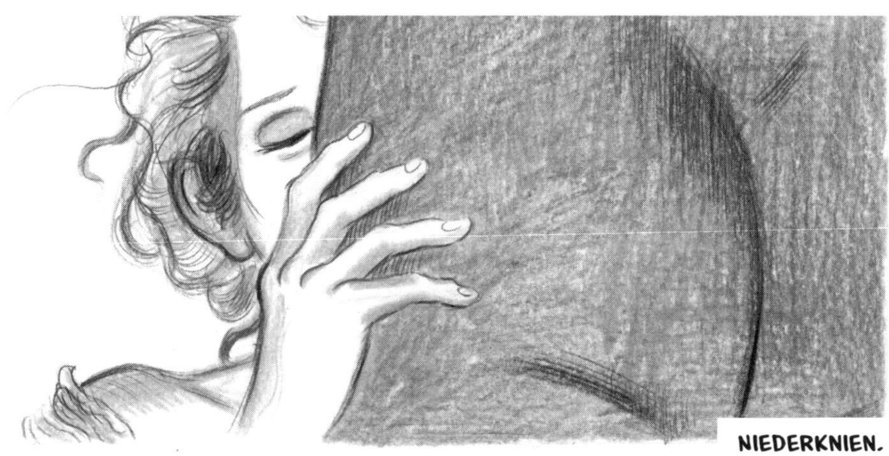

NIEDERKNIEN.

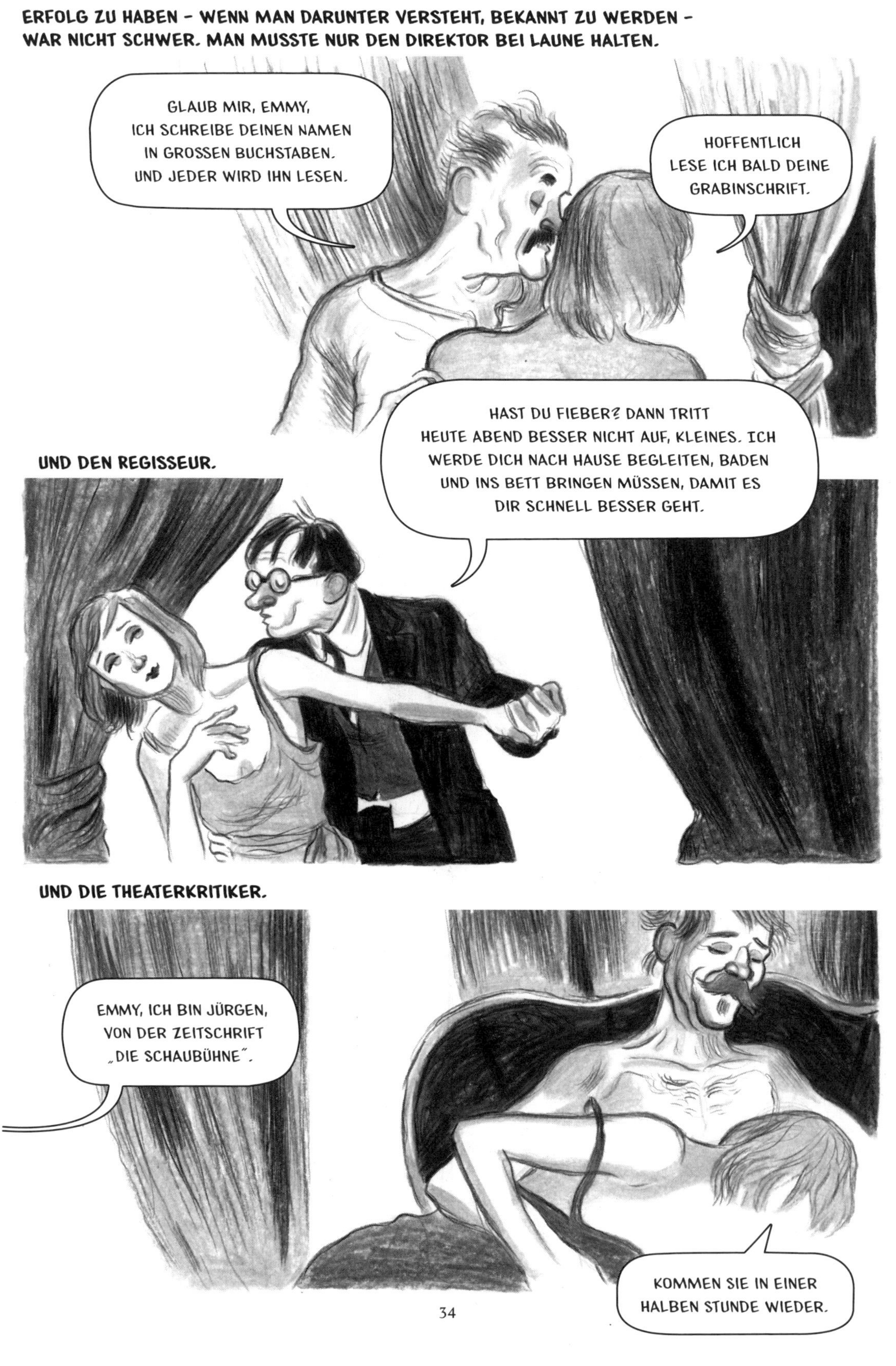

ERFOLG ZU HABEN – WENN MAN DARUNTER VERSTEHT, BEKANNT ZU WERDEN – WAR NICHT SCHWER. MAN MUSSTE NUR DEN DIREKTOR BEI LAUNE HALTEN.

GLAUB MIR, EMMY, ICH SCHREIBE DEINEN NAMEN IN GROSSEN BUCHSTABEN. UND JEDER WIRD IHN LESEN.

HOFFENTLICH LESE ICH BALD DEINE GRABINSCHRIFT.

UND DEN REGISSEUR.

HAST DU FIEBER? DANN TRITT HEUTE ABEND BESSER NICHT AUF, KLEINES. ICH WERDE DICH NACH HAUSE BEGLEITEN, BADEN UND INS BETT BRINGEN MÜSSEN, DAMIT ES DIR SCHNELL BESSER GEHT.

UND DIE THEATERKRITIKER.

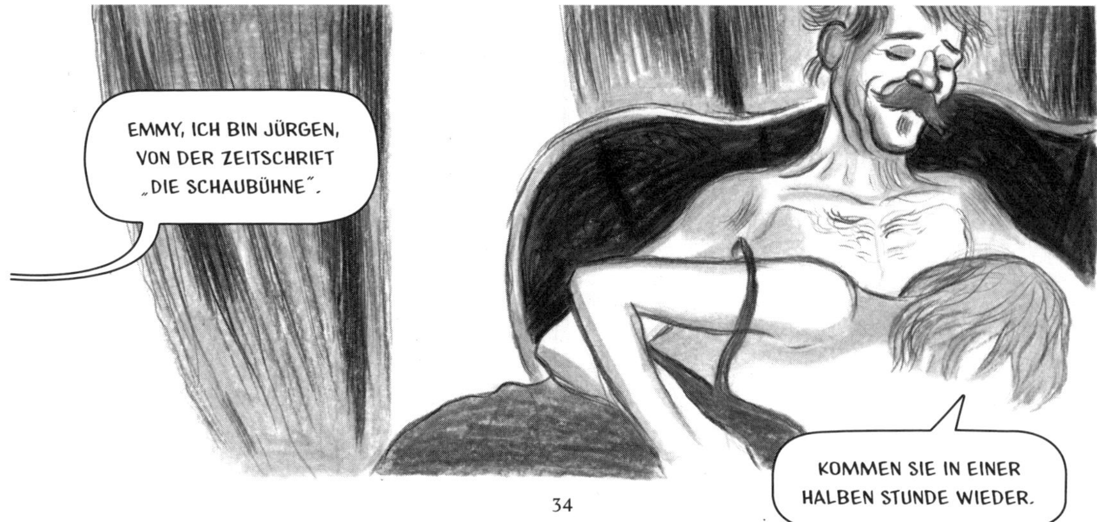

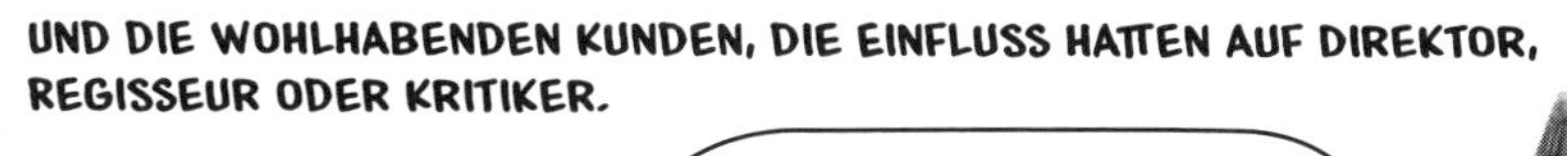

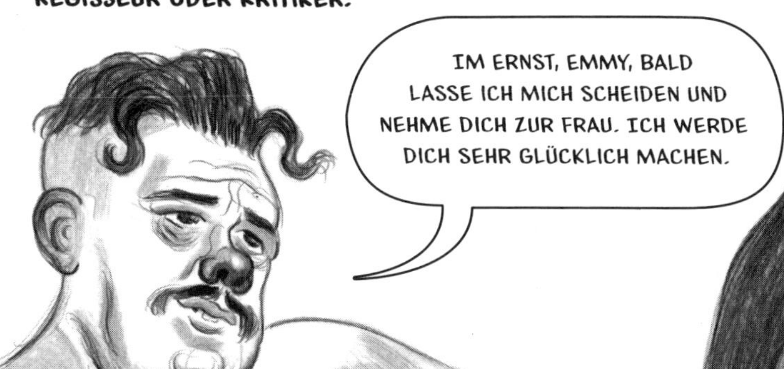

DIE SCHEIDUNG WÜRDE VOR ALLEM DEINE FRAU SEHR GLÜCKLICH MACHEN.

UND DIE BOHEMIENS, ANGESEHENE SCHRIFTSTELLER UND DICHTER MIT EINFLUSS AUF DIREKTOR, REGISSEUR ...

WOHER KENNST DU PARIS, DU VERLAUSTER MISTKERL?

IN PARIS TOBT DAS WAHRE LEBEN, MEINE KLEINE WILDBLUME. KENNEN SIE BAUDELAIRE?

UND DIE POLIZEI, DIE EINEN AUF DEM HEIMWEG WEGEN ANGEBLICHER SITTENWIDRIGKEIT VERHAFTEN KONNTE.

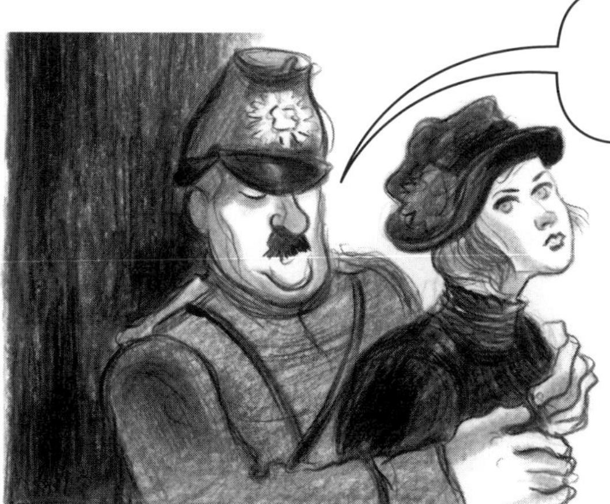

DAS KÜNSTLERLEBEN, EINE EINZIGE LEKTION IN ANATOMIE.

DAS WAR DER PREIS FÜR BROT UND CHAMPAGNER, UND MAN TAT BESSER DARAN, IHN ZU ZAHLEN.

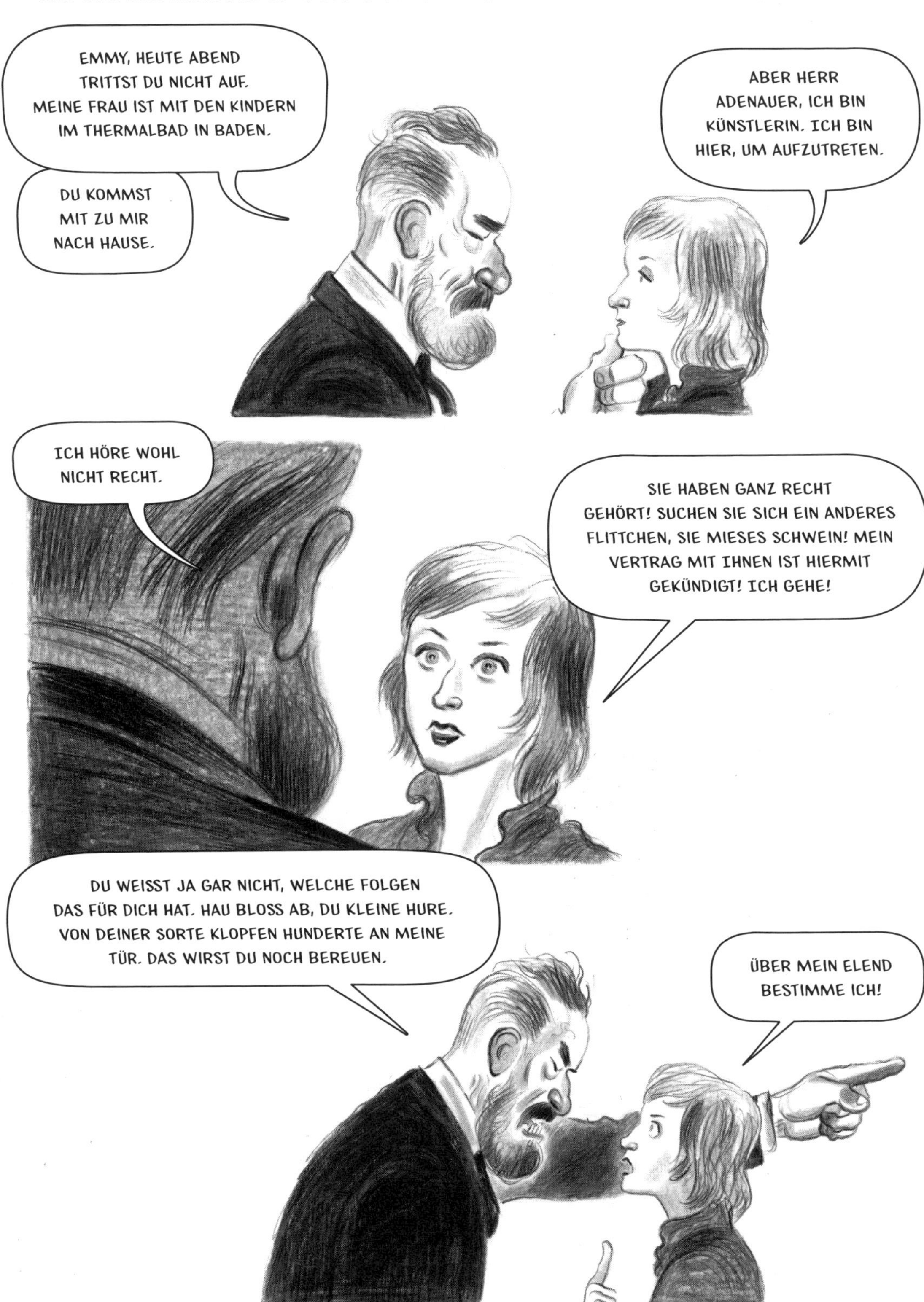

ÜBER MEIN ELEND BESTIMME ICH? ICH MERKTE SCHNELL, WELCHEN PREIS ICH FÜR SOLCH HOHLE RHETORIK ZAHLEN MUSSTE. ALLE TÜREN IN MÜNSTER BLIEBEN MIR VERSCHLOSSEN. DER VERTRAGSBRUCH HATTE SCHRECKLICHE FOLGEN.

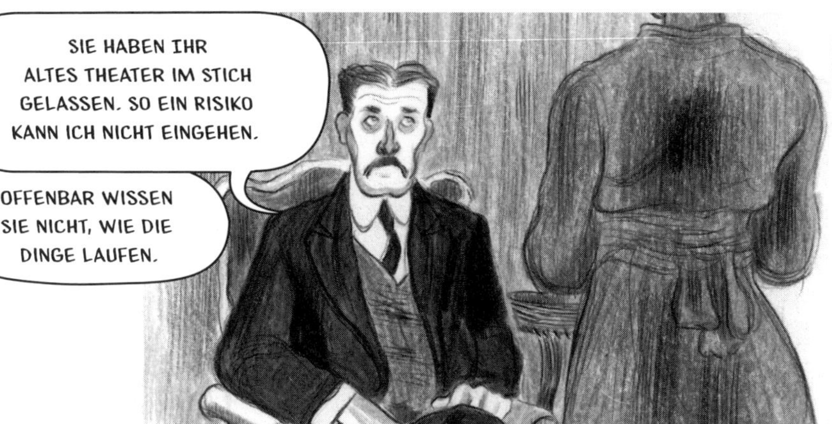

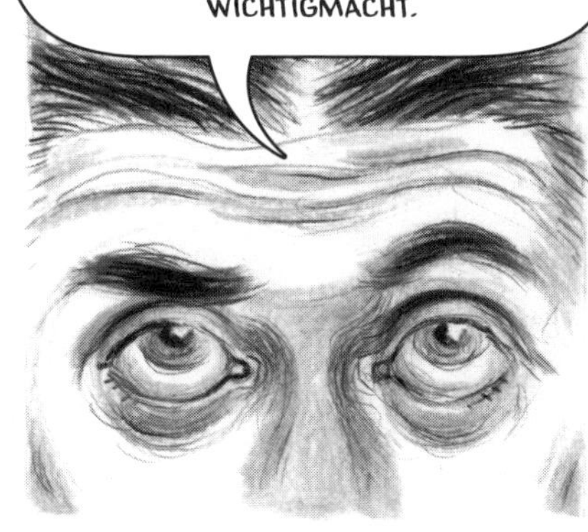

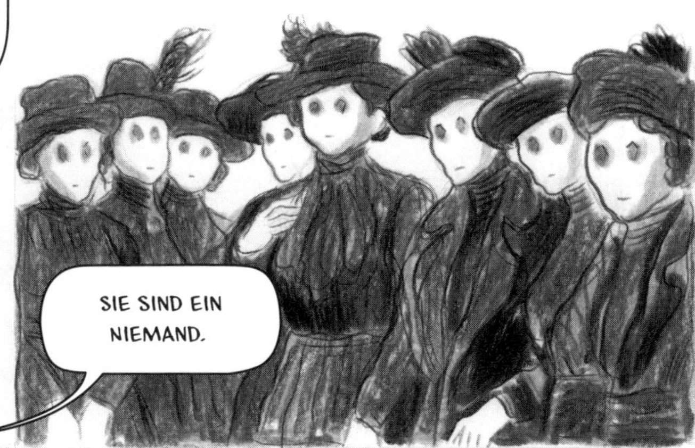

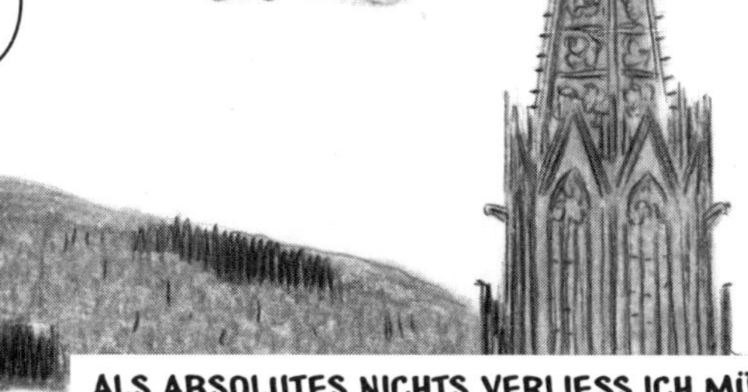

ALS ABSOLUTES NICHTS VERLIESS ICH MÜNSTER.

UND GING NACH KÖLN. OB ICH GLAUBTE, DER RHEIN WÜRDE MEIN UNGLÜCK FORTSPÜLEN?

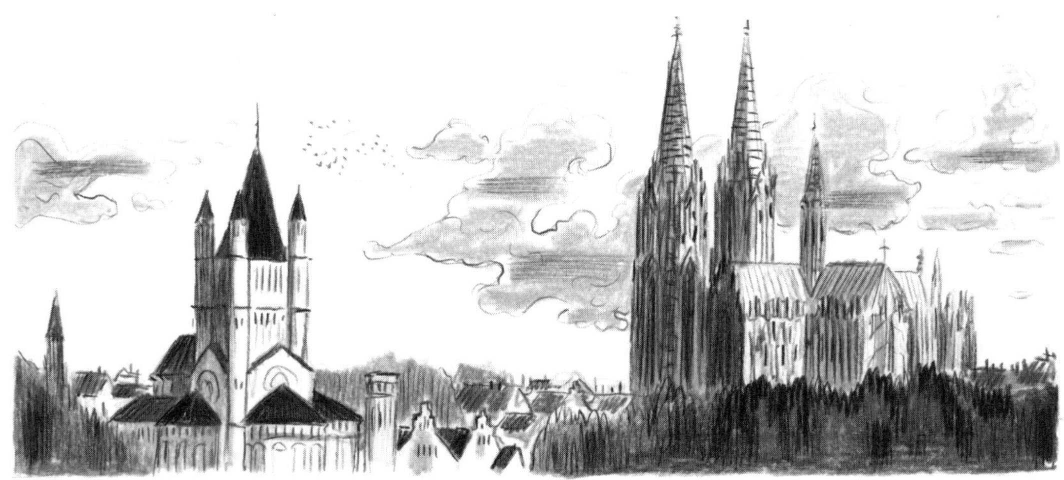

WIE MEIN LANGER AUFENTHALT IN KÖLN VERLIEF? LETZTENDLICH HABE ICH DAS GLEICHE GETAN WIE IN MÜNSTER.

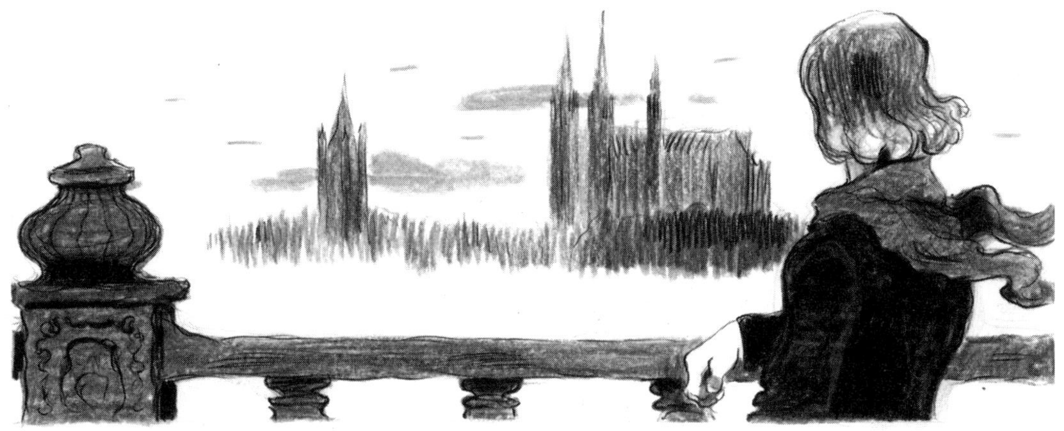

NUR OHNE
SCHAUSPIELEREI.
UND OHNE GESANG.

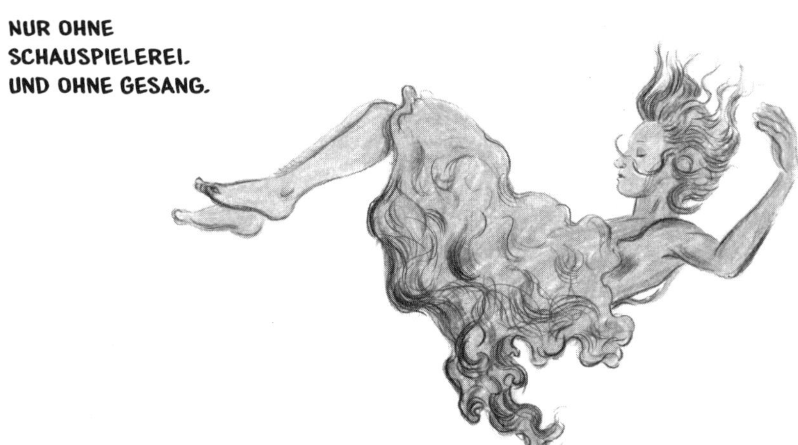

ERTRUNKEN IN STÜRMISCHEM GEWÄSSER.

BIS MICH EINES TAGES IM JAHR 1909 JOHN HÖXTER RETTETE.

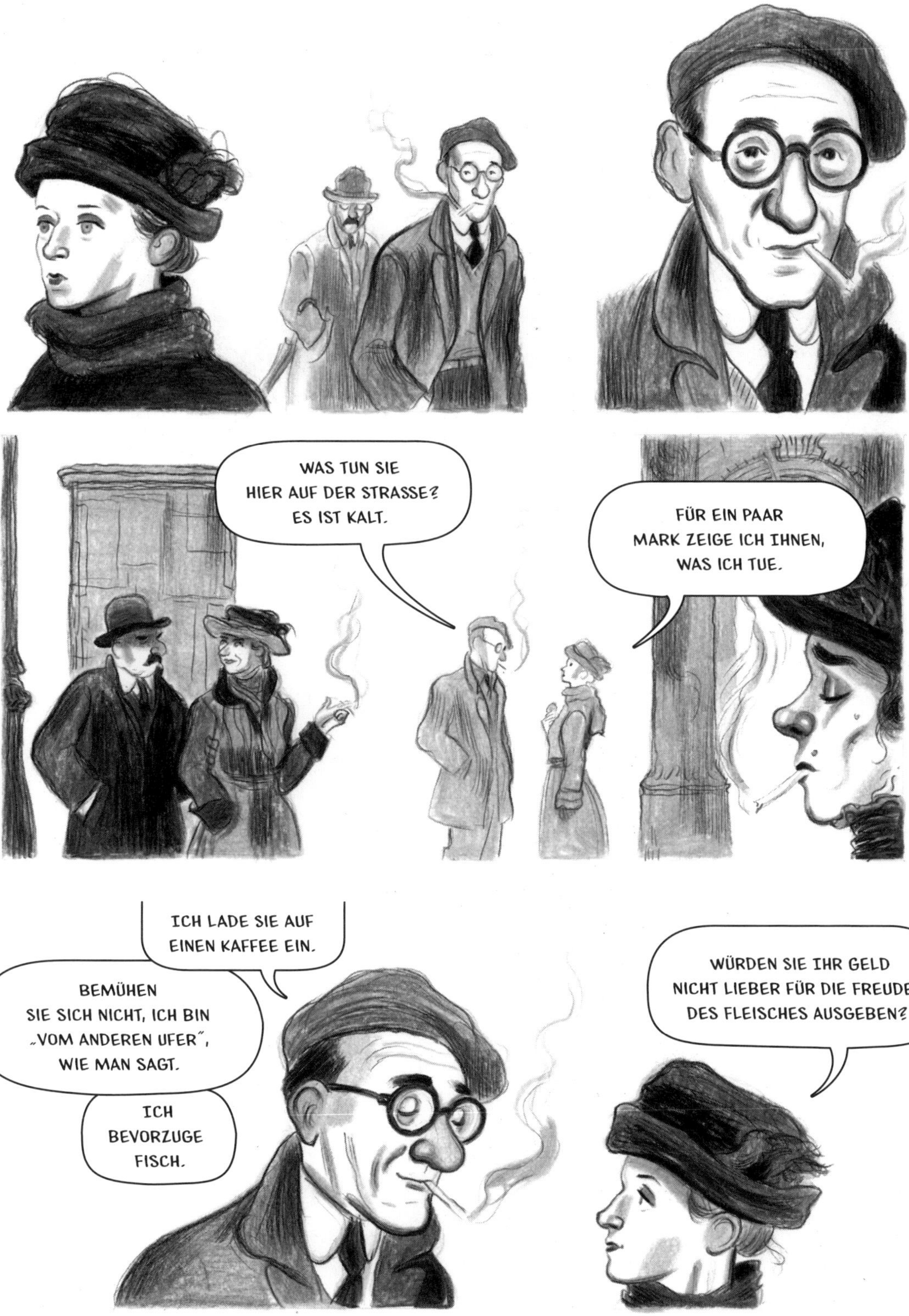

WAS TUN SIE HIER AUF DER STRASSE? ES IST KALT.

FÜR EIN PAAR MARK ZEIGE ICH IHNEN, WAS ICH TUE.

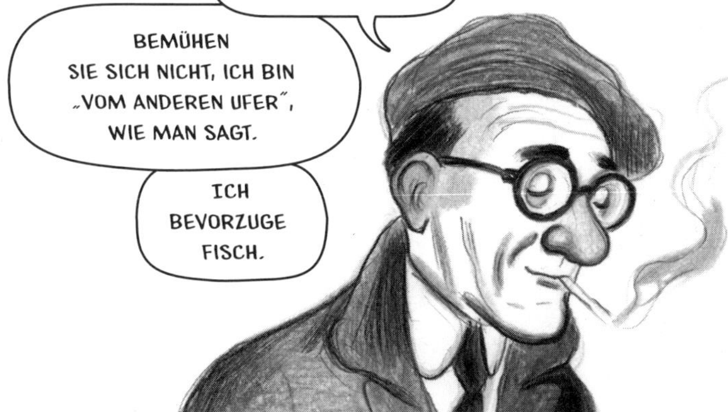

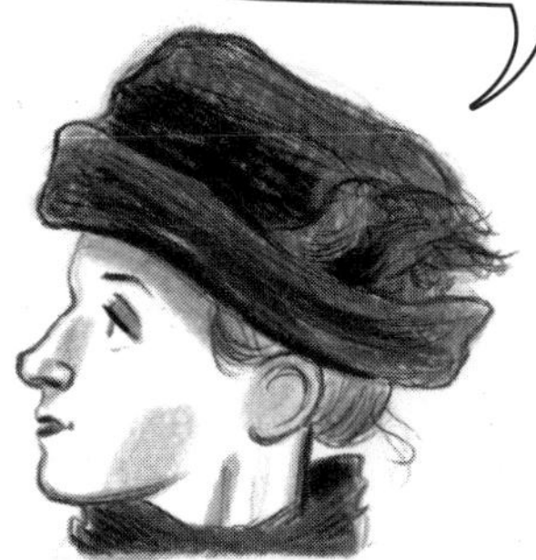

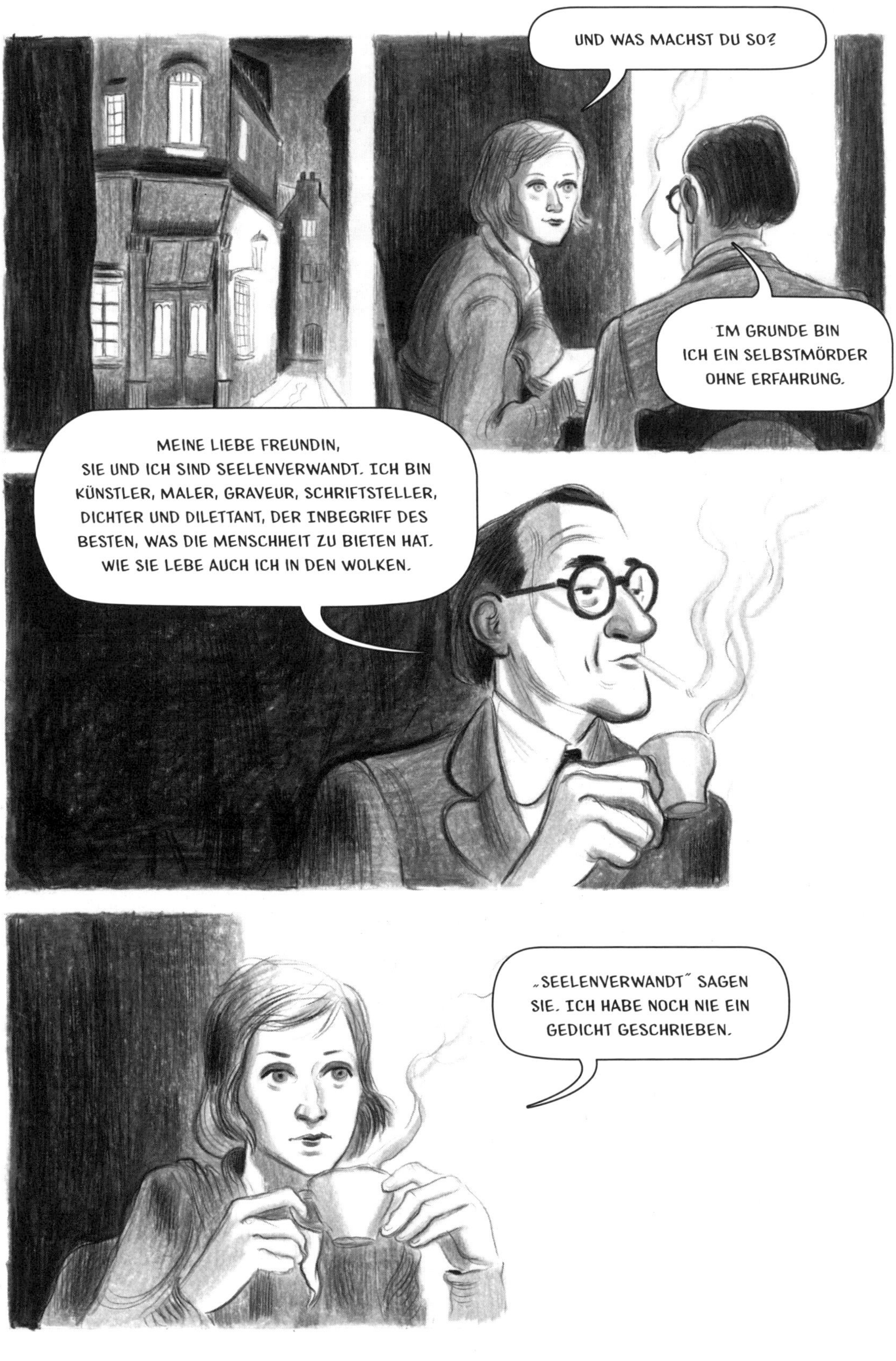

UND WAS MACHST DU SO?

IM GRUNDE BIN ICH EIN SELBSTMÖRDER OHNE ERFAHRUNG.

MEINE LIEBE FREUNDIN, SIE UND ICH SIND SEELENVERWANDT. ICH BIN KÜNSTLER, MALER, GRAVEUR, SCHRIFTSTELLER, DICHTER UND DILETTANT, DER INBEGRIFF DES BESTEN, WAS DIE MENSCHHEIT ZU BIETEN HAT. WIE SIE LEBE AUCH ICH IN DEN WOLKEN.

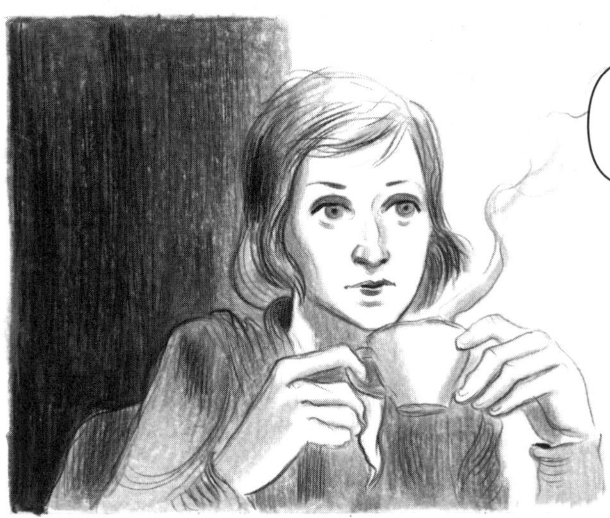

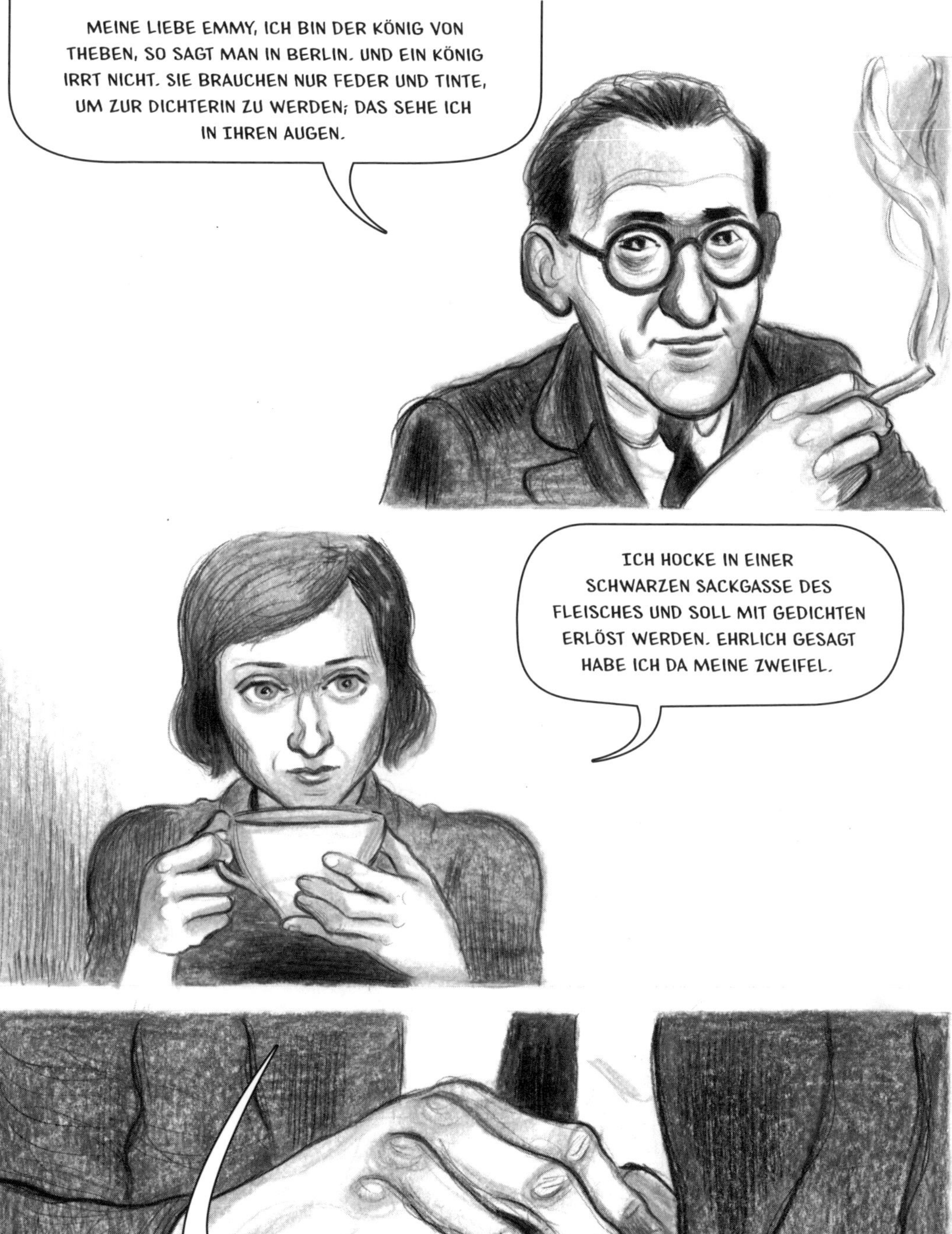
MEINE LIEBE EMMY, ICH BIN DER KÖNIG VON THEBEN, SO SAGT MAN IN BERLIN. UND EIN KÖNIG IRRT NICHT. SIE BRAUCHEN NUR FEDER UND TINTE, UM ZUR DICHTERIN ZU WERDEN; DAS SEHE ICH IN IHREN AUGEN.
ICH HOCKE IN EINER SCHWARZEN SACKGASSE DES FLEISCHES UND SOLL MIT GEDICHTEN ERLÖST WERDEN. EHRLICH GESAGT HABE ICH DA MEINE ZWEIFEL.
VIELLEICHT SEHEN SIE HIERMIT IHRE ZUKUNFT KLARER, MEINE LIEBE.
WAS IST DAS?

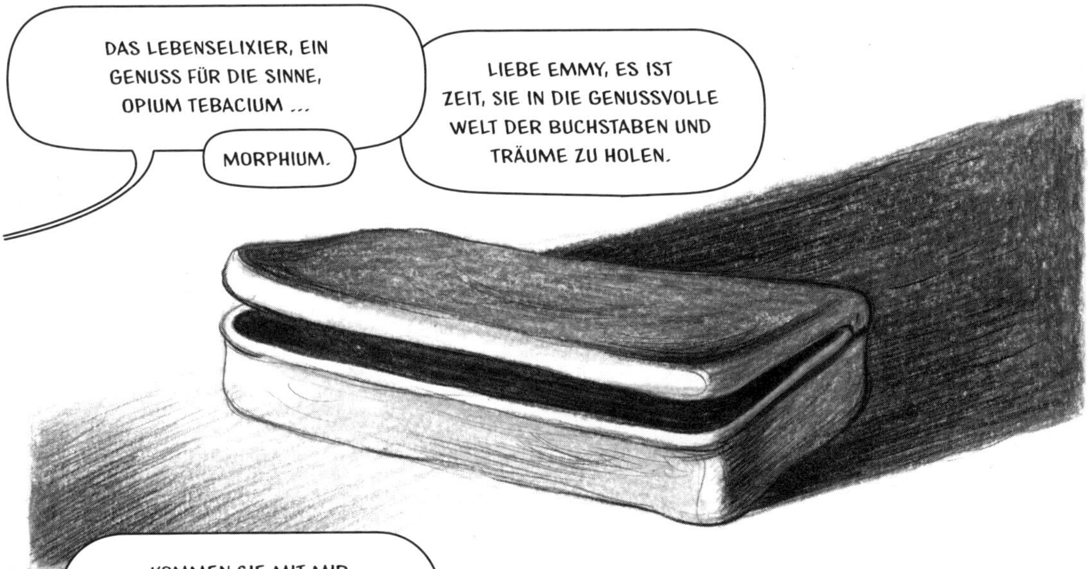

DAS LEBENSELIXIER, EIN GENUSS FÜR DIE SINNE, OPIUM TEBACIUM ...

MORPHIUM.

LIEBE EMMY, ES IST ZEIT, SIE IN DIE GENUSSVOLLE WELT DER BUCHSTABEN UND TRÄUME ZU HOLEN.

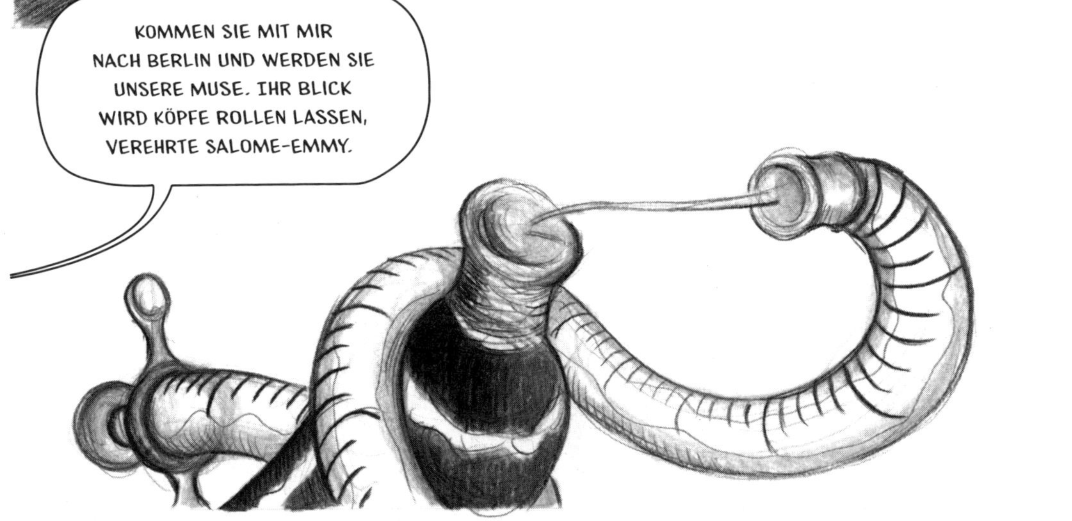

KOMMEN SIE MIT MIR NACH BERLIN UND WERDEN SIE UNSERE MUSE. IHR BLICK WIRD KÖPFE ROLLEN LASSEN, VEREHRTE SALOME-EMMY.

AN DER HAND HÖXTERS, MEINES CHARONS, MACHTE ICH MICH AUF NACH BERLIN. ICH KEHRTE NIE WIEDER NACH KÖLN ZURÜCK.

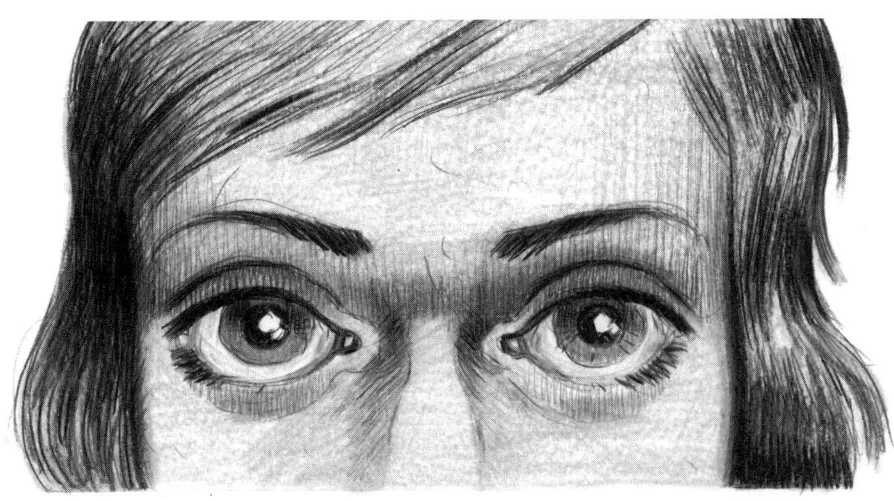

ENDE DES 1. KAPITELS

2. KAPITEL: Die Boheme

HÖXTER BRACHTE MICH NACH BERLIN UND FÜHRTE MICH IN DIE WELT DER BOHEME EIN. MOCHTE MEIN LEBEN AUCH GLEICH BLEIBEN, MEINE BEDÜRFNISSE ÄNDERTEN SICH FÜR IMMER. DER HIMMEL ÜBER BERLIN WAR GOLDEN.

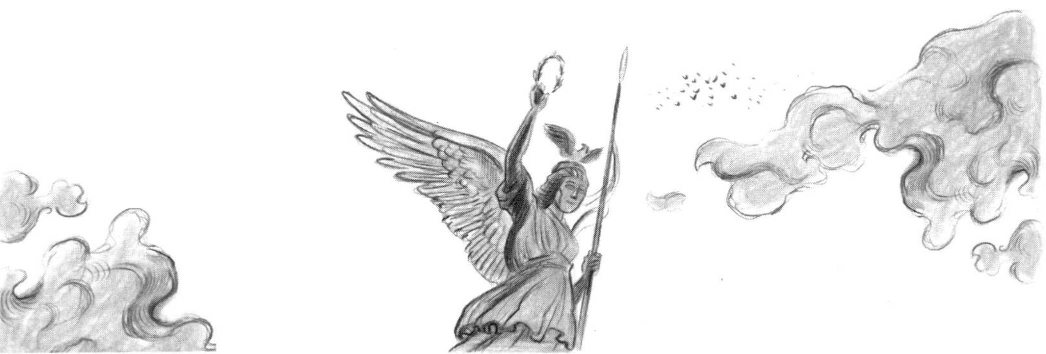

UND DIE WORTE WAREN ENGELSMUSIK.

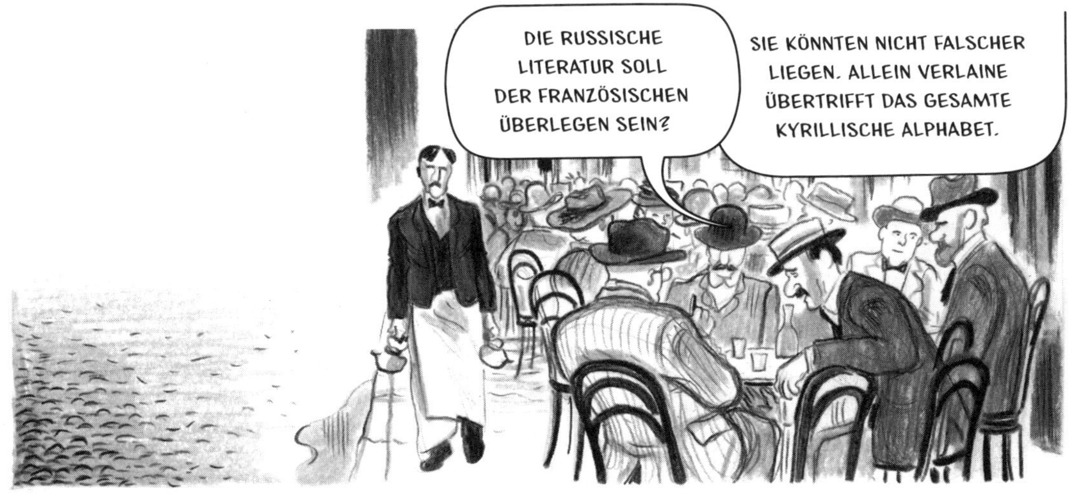

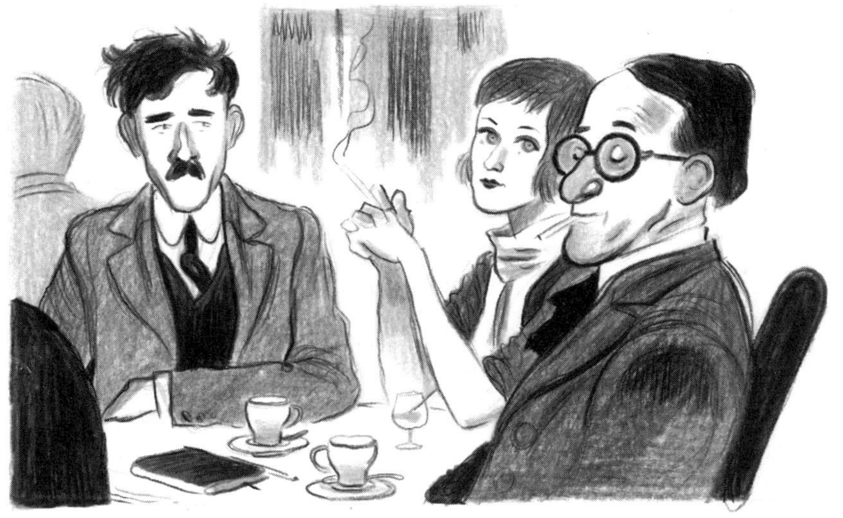

ACH, HÖXTER ...

HÖXTER, HOMOSEXUELL, JÜDISCH. IM BERLIN DES JAHRES 1910 WAR DAS KEIN PROBLEM. JAHRE SPÄTER SOLLTE ES EINER VERURTEILUNG GLEICHKOMMEN. IM „ROMANTISCHEN CAFÉ" UND IM „CAFÉ DES WESTENS" LEBTE ER UMGEBEN VON JOURNALISTEN, SCHRIFTSTELLERN, KÜNSTLERN, PROSTITUIERTEN, REVOLUTIONÄREN …

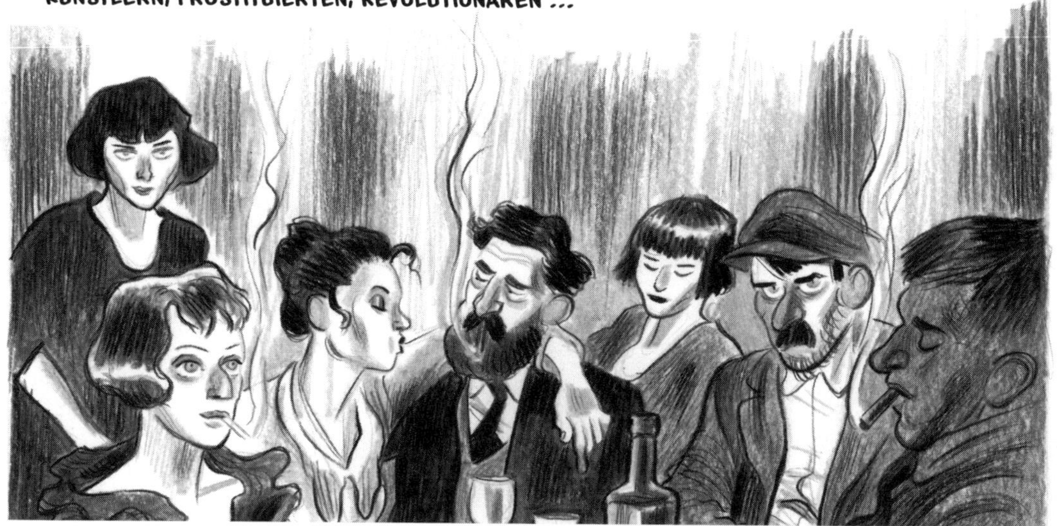

ER WAR MITARBEITER DER EXPRESSIONISTISCHEN ZEITSCHRIFT „DIE AKTION" UND GRÜNDETE 1919 DAS DADAISTISCHE MAGAZIN „DER BLUTIGE ERNST". ICH FÜHLE MICH ALSO IN GEWISSER WEISE MITVERANTWORTLICH. „DER BLUTIGE ERNST" WURDE SPÄTER VON CARL EINSTEIN UND GEORG GROSZ GELEITET, ZWEI SÄULEN DER DEUTSCHEN KULTUR.

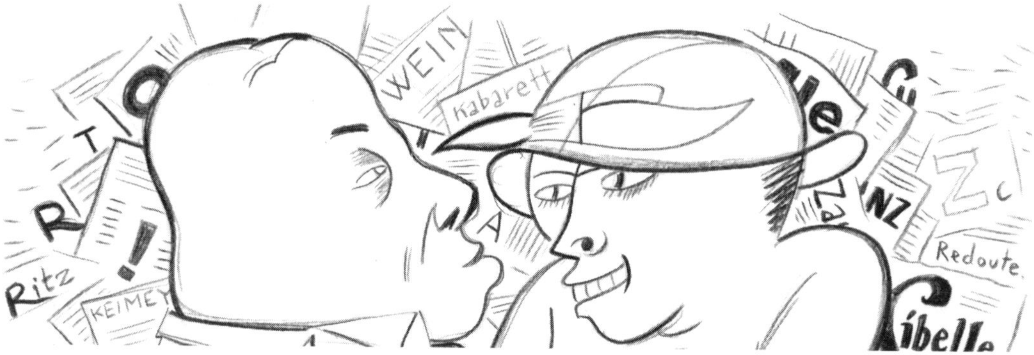

ALS DIE BRAUNHEMDEN AN DIE MACHT KAMEN, WURDE HÖXTER DER ZUTRITT ZU DEN CAFÉS VERBOTEN. SIE BERAUBTEN EINEN GROSSEN DICHTER SEINER SEELE. BEVOR MAN IHM AUCH NOCH DAS LEBEN RAUBEN KONNTE, BEGING ER, DER SELBST ERNANNTE „SELBSTMÖRDER OHNE ERFAHRUNG", 1938 SELBSTMORD.

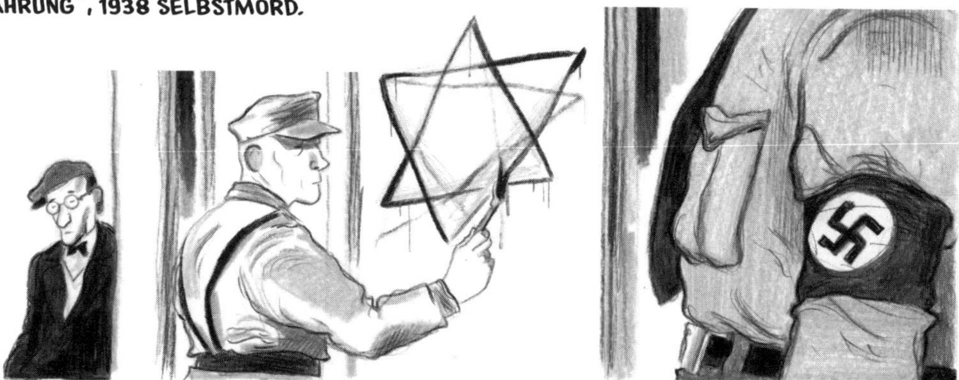

MAN FAND SEINE LEICHE MIT AUFGESCHLITZTEN ADERN IN EINEM WALD IN POTSDAM. FÜR DIE NAZIS WAR ES EIN JÜDISCHER DICHTER WENIGER, DER VERGAST WERDEN MUSSTE.

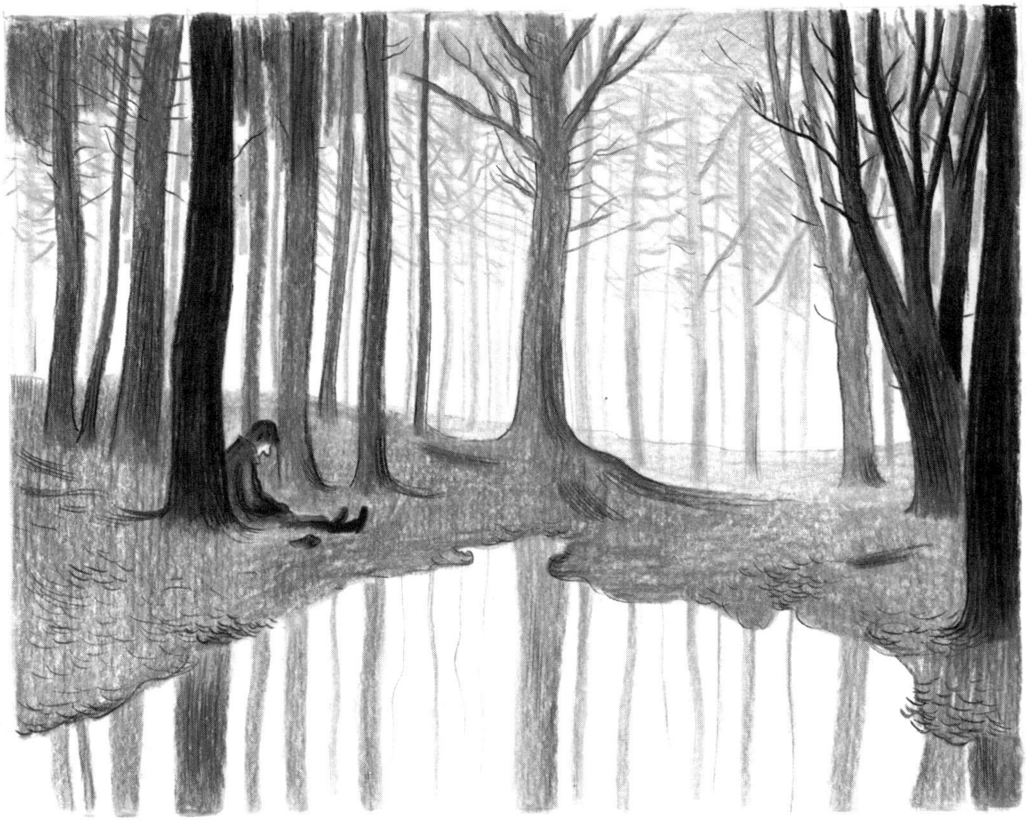

DOCH IM ERSTEN VIERTEL DES 20. JAHRHUNDERTS DREHTE SICH IN BERLIN DAS LEBEN, DIE INTELLIGENZ UND DIE BOHEME UM JOHN HÖXTER, DEN KÖNIG VON THEBEN, DEN MORPHIUMLIEFERANTEN, DEN DIE GESCHICHTSSCHREIBUNG ALS EXPRESSIONISTEN UND DADAISTEN BEZEICHNET.

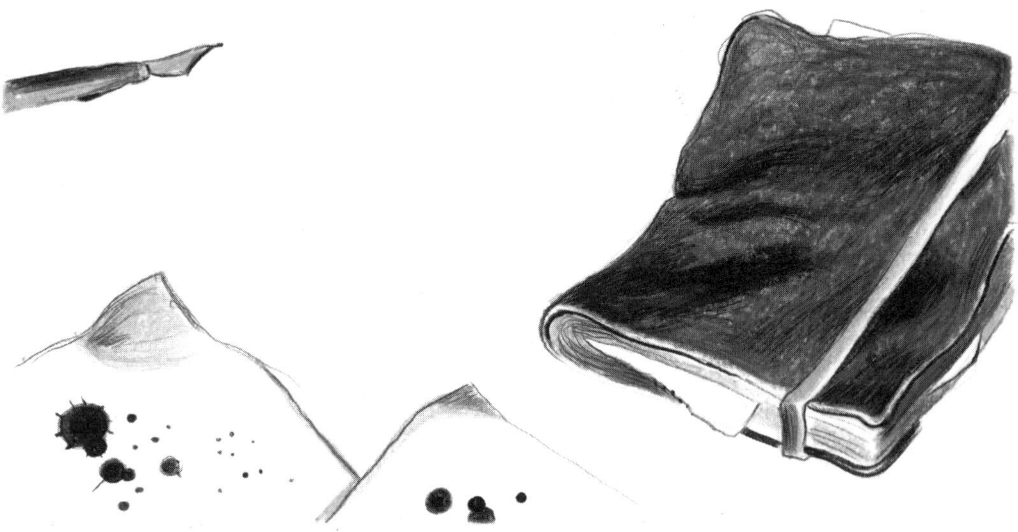

ICH MACHTE MIR LANGSAM EINEN NAMEN ALS SÄNGERIN UND SCHAUSPIELERIN UND TRAT IM „OLYMPIA-VARIETÉ“ AUF. DAS LEBEN EINER BOHEMIENNE UNTERSCHEIDET SICH VOM NOMADENLEBEN DARIN, DASS MAN SICH NEBEN BROT AUCH LUXUS WIE KOGNAK UND ZIGARETTEN LEISTEN KANN.

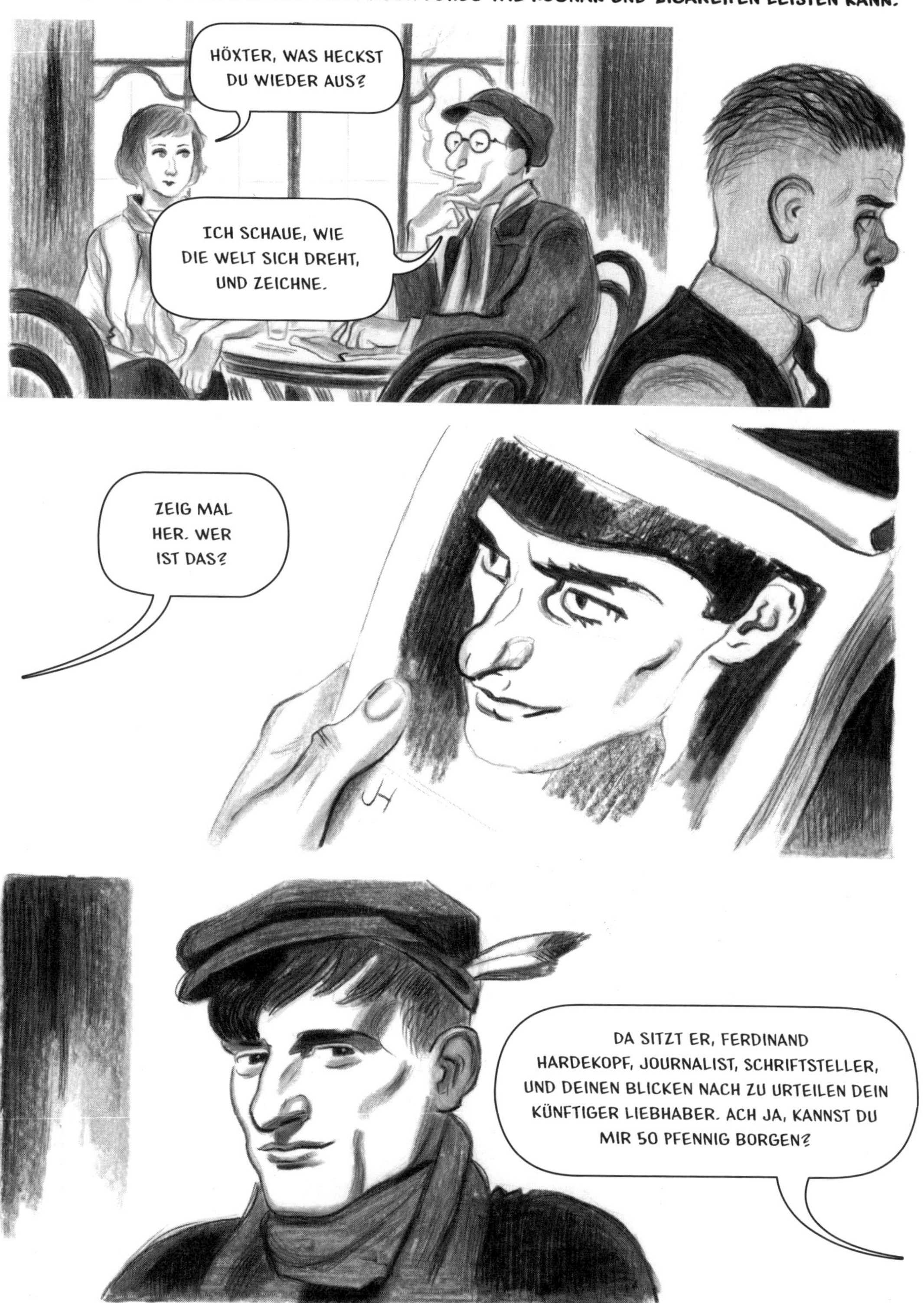

HARDEKOPF ... MEIN LIEBHABER? JA, NATÜRLICH; ER UND NOCH EINIGE ANDERE. IM BERLIN DER BOHEME HERRSCHTE DAS PRINZIP DER FREIEN LIEBE, WENN AUCH NICHT IMMER.

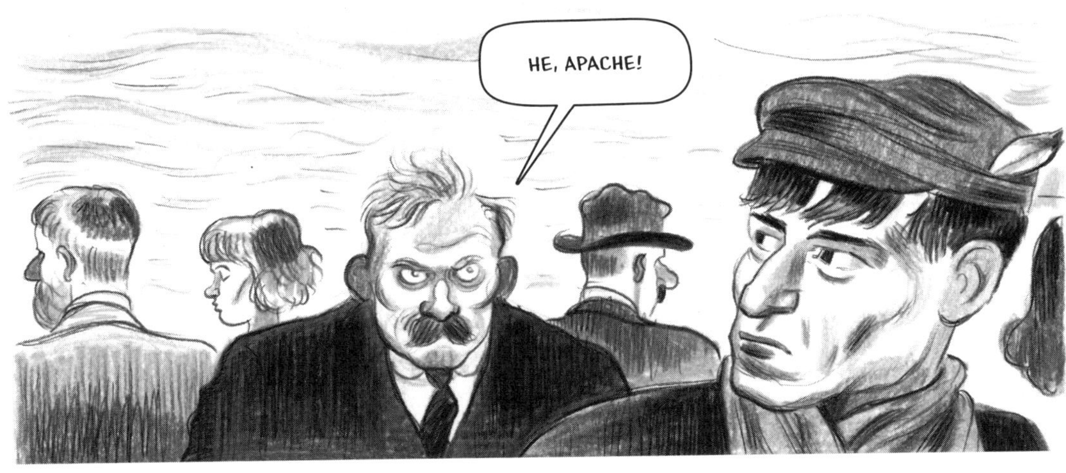

HARDEKOPF KONNTE GUT MIT WORTEN UMGEHEN.

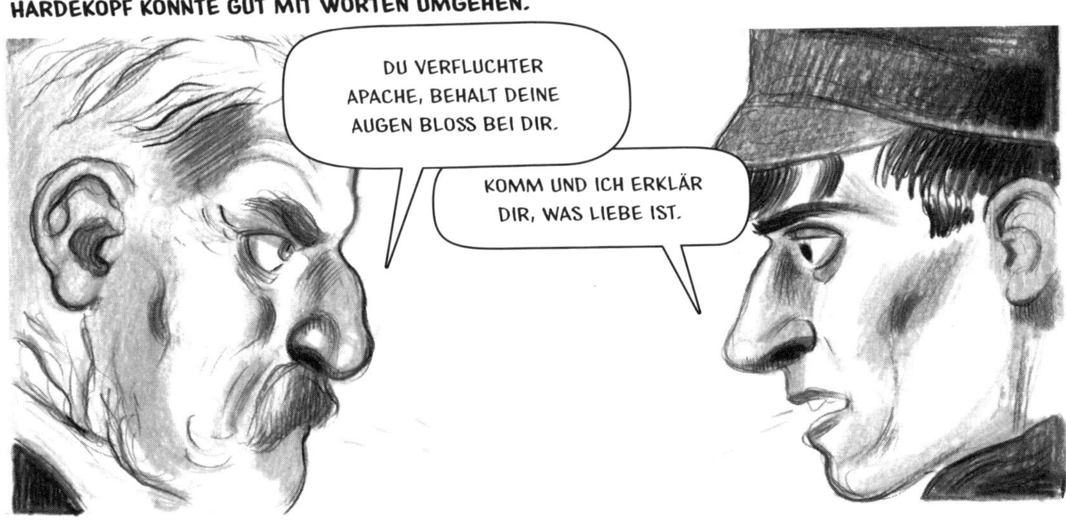

DIE APACHEN? DAS WAR EIN STAMM VON BOHEMIENS, KLEINKRIMINELLEN UND GESINDEL JENER ZEIT. HARDEKOPF WAR EINE SEELE VON EINEM MENSCHEN. VON EINEM APACHEN HATTE ER NUR DIE FEDER AN DER MÜTZE.

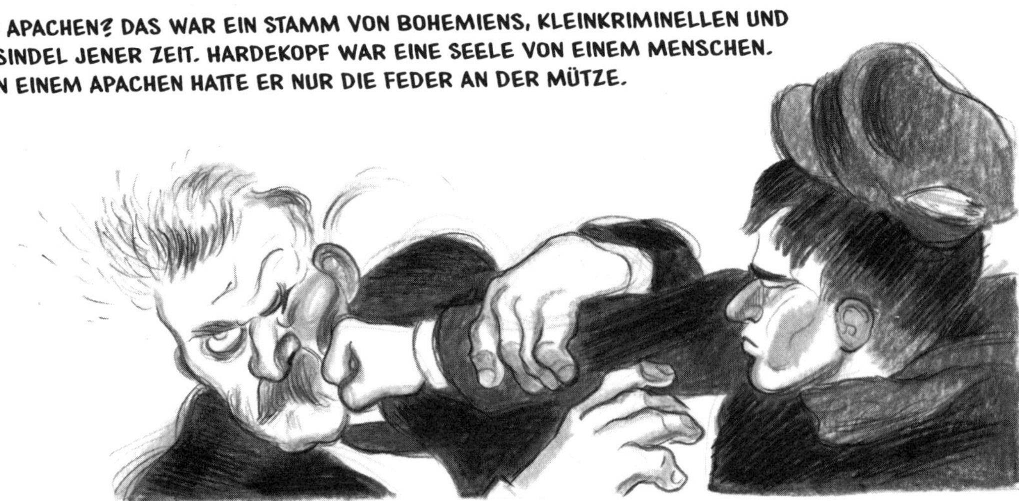

AN JENEM ABEND GEWANN HARDEKOPF ALLE SCHLACHTEN.

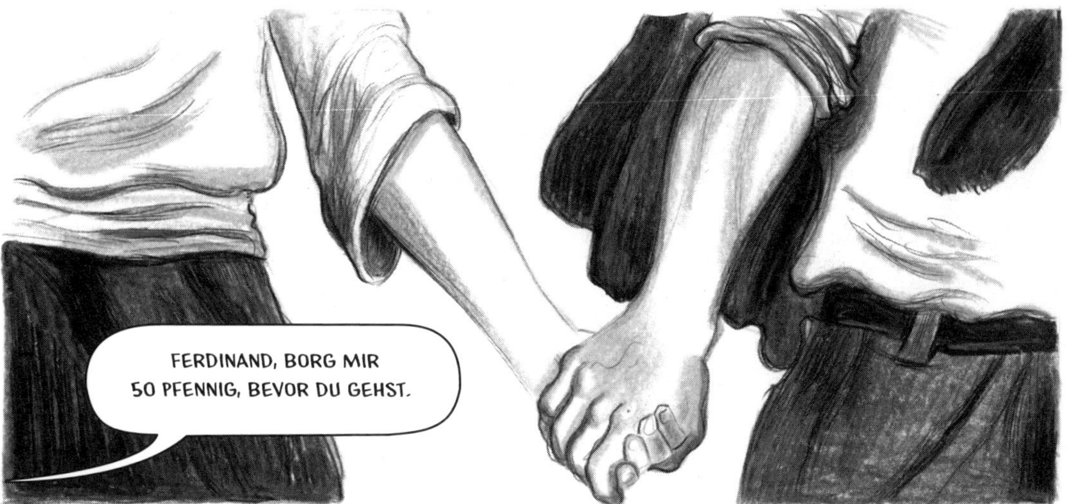

HARDEKOPF WAR THEATERKRITIKER DER RENOMMIERTEN ZEITSCHRIFT „DIE SCHAUBÜHNE" UND MITARBEITER DER EINFLUSSREICHEN ZEITSCHRIFT „DIE AKTION". SEINE EXPRESSIONISTISCHEN GEDICHTE UND SEINE FINGER ... ACH, SEINE FINGER ...

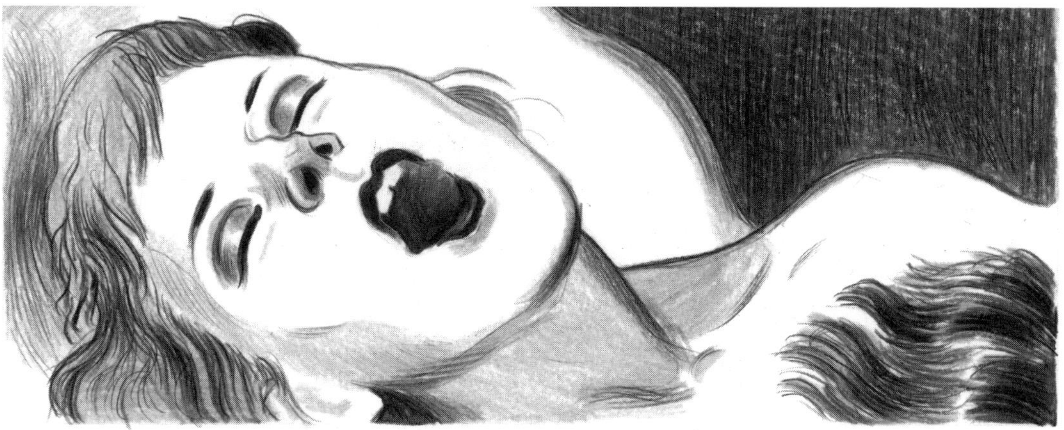

WAS SOLL MAN ÜBER DIE FINGER EINES REICHSTAGSSTENOGRAFEN SAGEN?

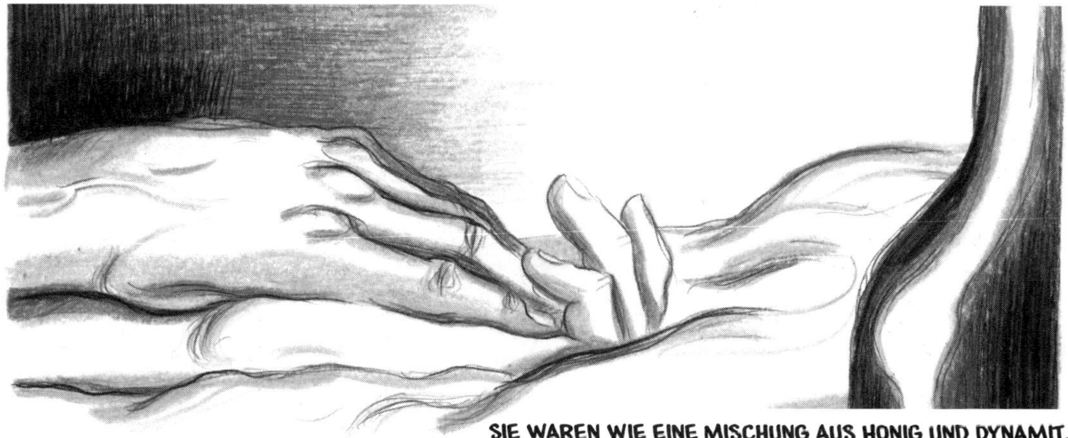

SIE WAREN WIE EINE MISCHUNG AUS HONIG UND DYNAMIT.

HARDEKOPF KOMBINIERTE MORPHIUM MIT ÄTHER. ANSTATT ES ZU INHALIEREN ODER MIT ABSINTH ZU MISCHEN, TRÄUFELTE ER EIN PAAR TROPFEN ÄTHER AUF SEINE ZIGARETTEN.

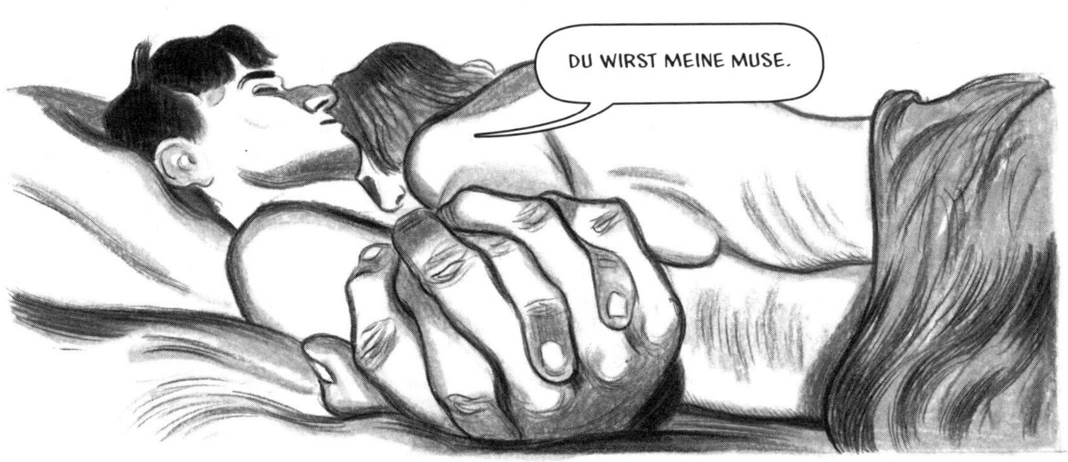

ER HATTE IMMER EINE SCHACHTEL MIT SEINEN SPEZIALZIGARETTEN ZUR HAND.

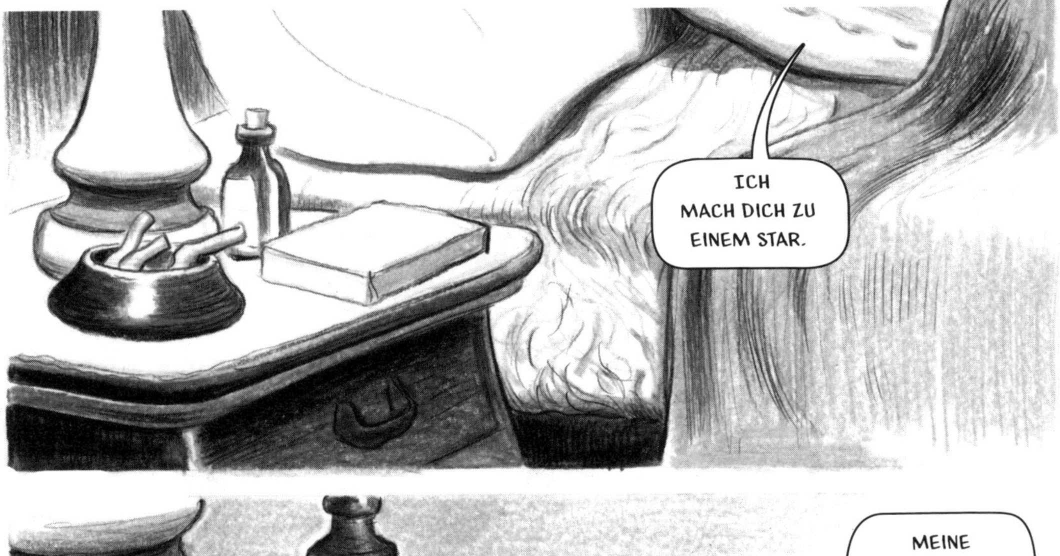

ICH MACH DICH ZU EINEM STAR.

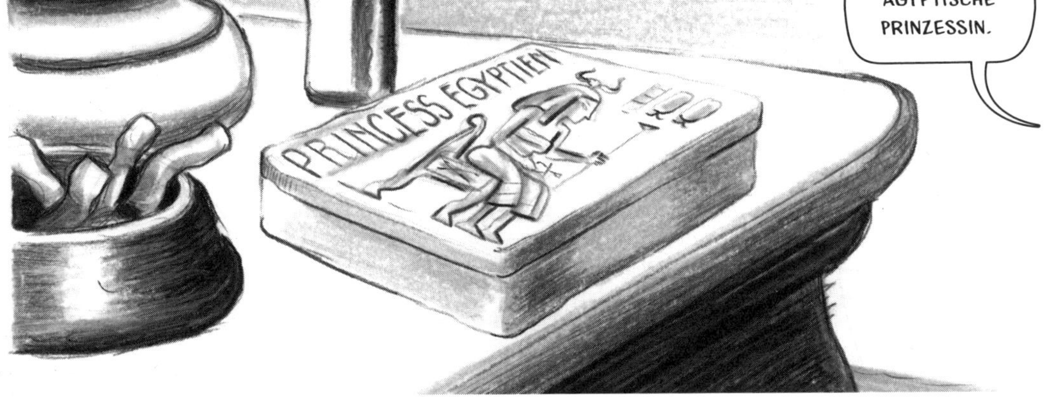

MEINE ÄGYPTISCHE PRINZESSIN.

PRINCESS EGYPTIEN

WARUM VERSPRECHEN MÄNNER IMMER SO VIEL, WENN SIE MÄNNER SEIN WOLLEN?

HÖXTER, HARDEKOPF, MORPHIUM, ÄTHER, DAS WAREN MEINE NEUEN FREUNDE. ICH ZWEIFELTE NOCH, OB ICH ZU DIESER WELT GEHÖRTE, IN DER MAN SICH VON DER REALITÄT LOSSAGTE.

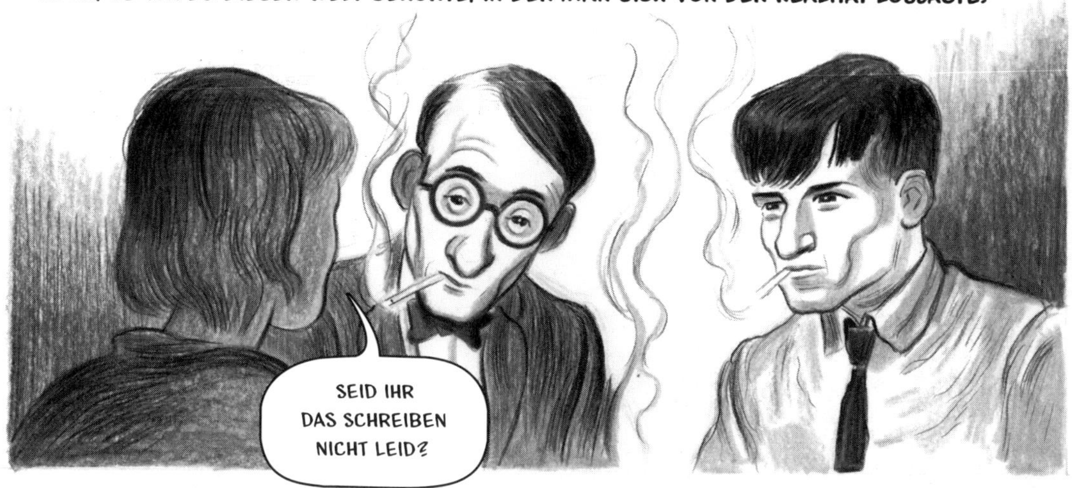

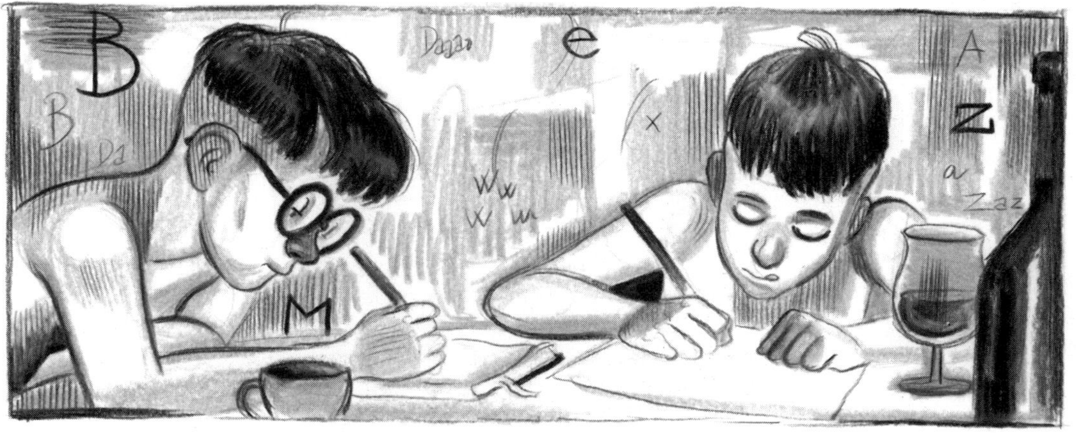

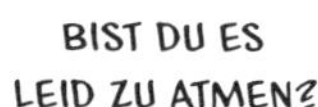

IHR SEID VERRÜCKT.

AN MANCHEN ABENDEN KAM HARDEKOPF INS „OLYMPIA-VARIETÉ", UM MICH SINGEN ZU SEHEN. ICH GLAUBE, ER GENOSS ES, DASS ANDERE MICH BEGEHRTEN.

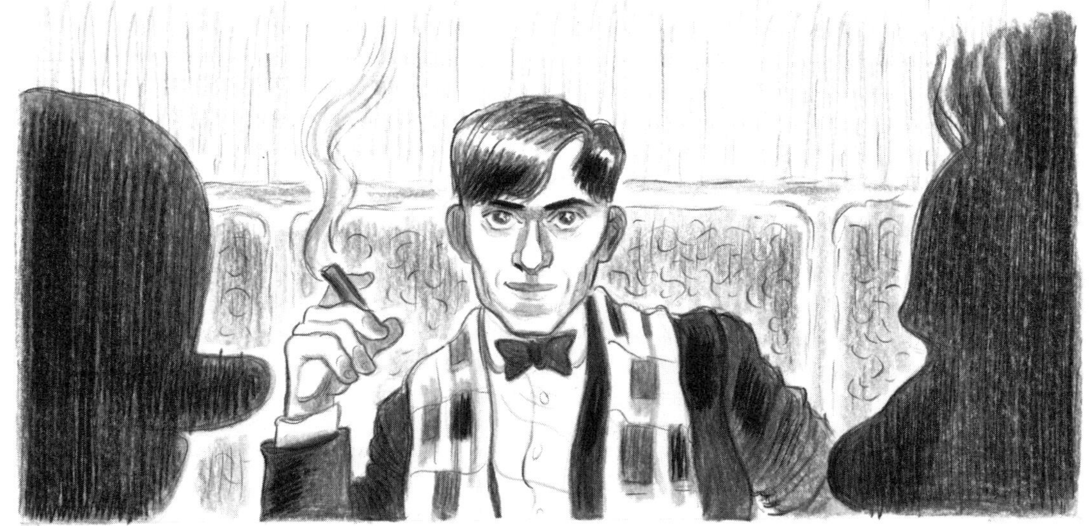

AUF GEWISSE WEISE HAT ER MIR GEHOLFEN. ER WOLLTE SEIN WORT HALTEN UND MICH ZUM STAR MACHEN. DESHALB ÜBERSETZTE ER FÜR MICH AUS DEM FRANZÖSISCHEN LIEDER VON ARISTIDE BRUANT, DER VON TOULOUSE-LAUTREC VEREWIGT WORDEN WAR. ÜBER SEINE KONTAKTE VERSCHAFFTE ER MIR AUCH EINE STELLE IN BERLINS WICHTIGSTEM LOKAL, DEM „LINDEN-CABARET".

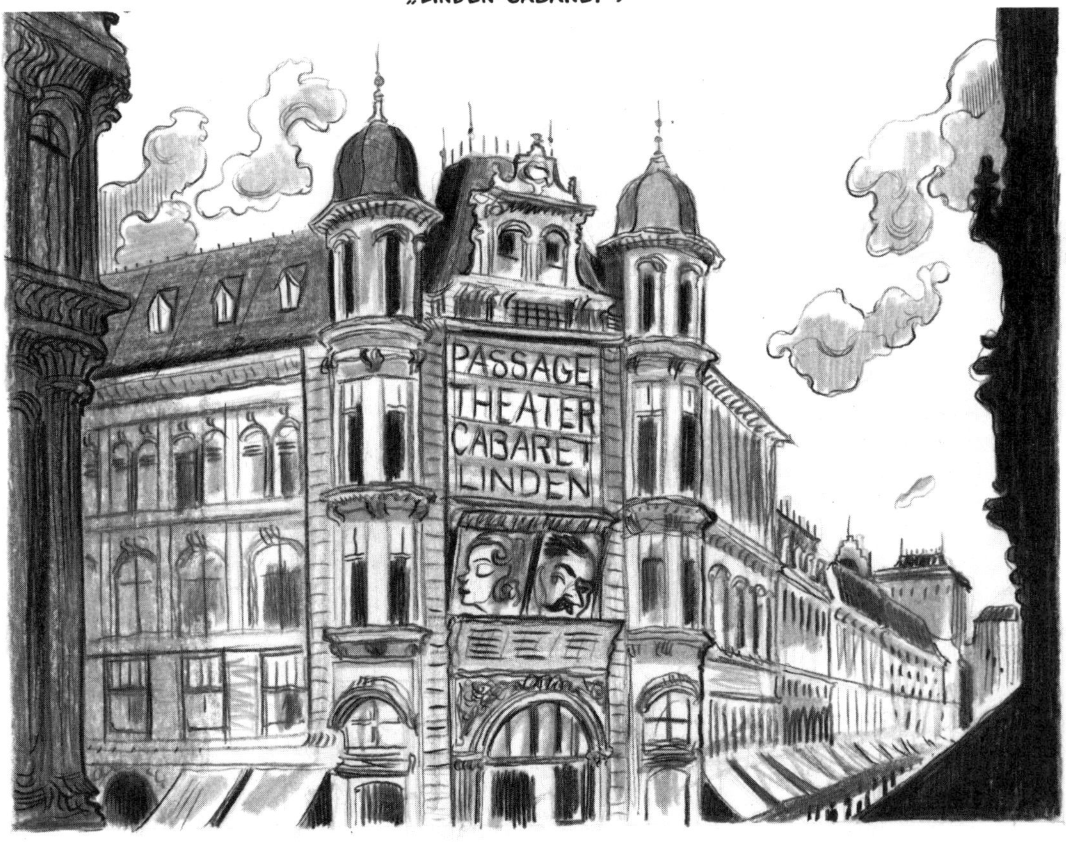

DAS LINDEN-CABARET LAG AM BOULEVARD UNTER DEN LINDEN. DIESE BÄUME SÄUMTEN DAS ZENTRUM DES DEUTSCHEN REICHS.

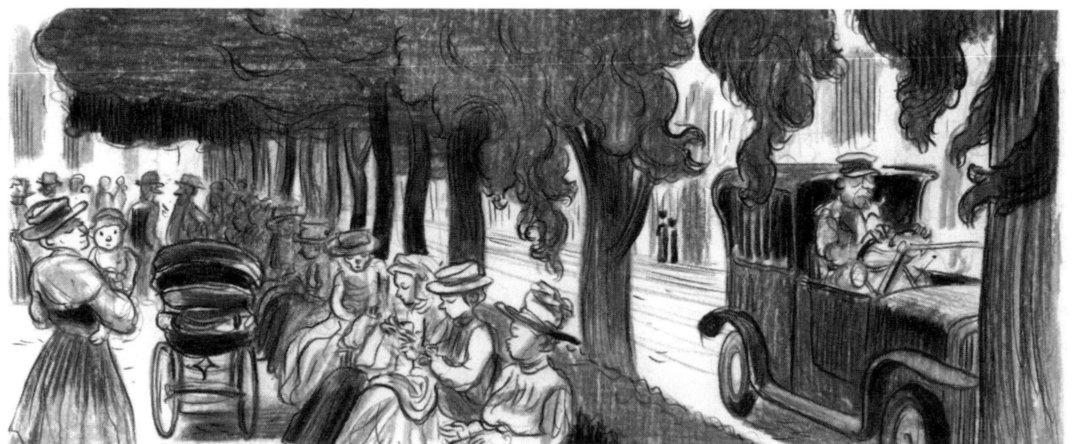

AUS THEATER UND VARIETÉ ENTSTAND DAS KABARETT, DAS SEINE GROSSE ZEIT ZU BEGINN DES JAHRHUNDERTS UND VOR ALLEM IN DER ZWISCHENKRIEGSZEIT HATTE UND DEM DAS CABARET VOLTAIRE SO VIEL ZU VERDANKEN HATTE. DOCH DER URSPRUNG VON ALLEM WAR DAS „LE CHAT NOIR" IN PARIS GEWESEN.

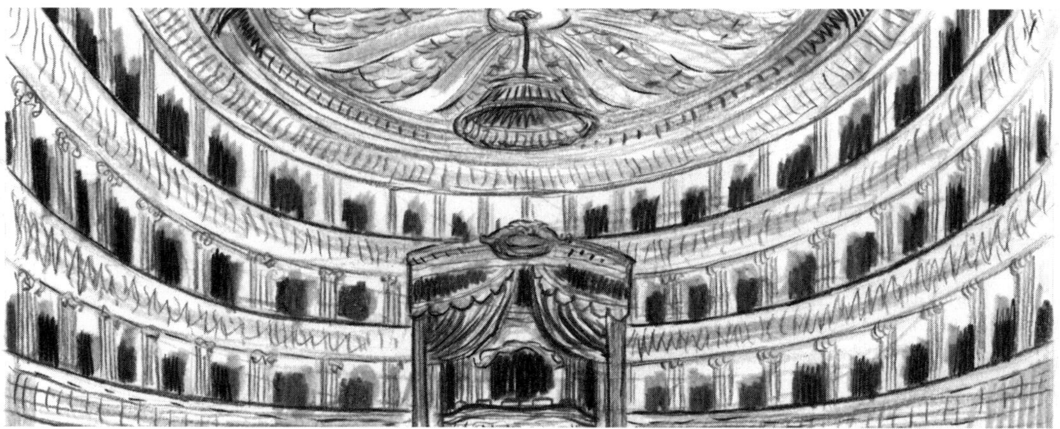

ICH HATTE DAMALS NUR EINE KLEINE ROLLE, ABER DIE AUFTRITTE IM LINDEN-CABARET ERÖFFNETEN MIR EINE WELT JENSEITS MEINER MÖGLICHKEITEN.

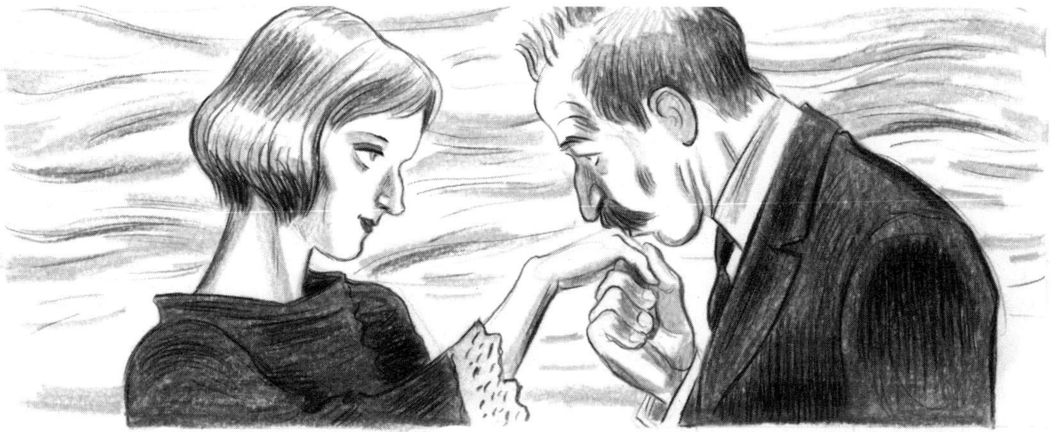

EINE WELT VOLLER OPULENZ, SCHEIN, MACHT UND INTRIGEN. NACH MEINEM AUFTRITT LUD UNS ALFRED KERR, REDAKTEUR DER ZEITSCHRIFT „PAN“, ZU CHAMPAGNER EIN.

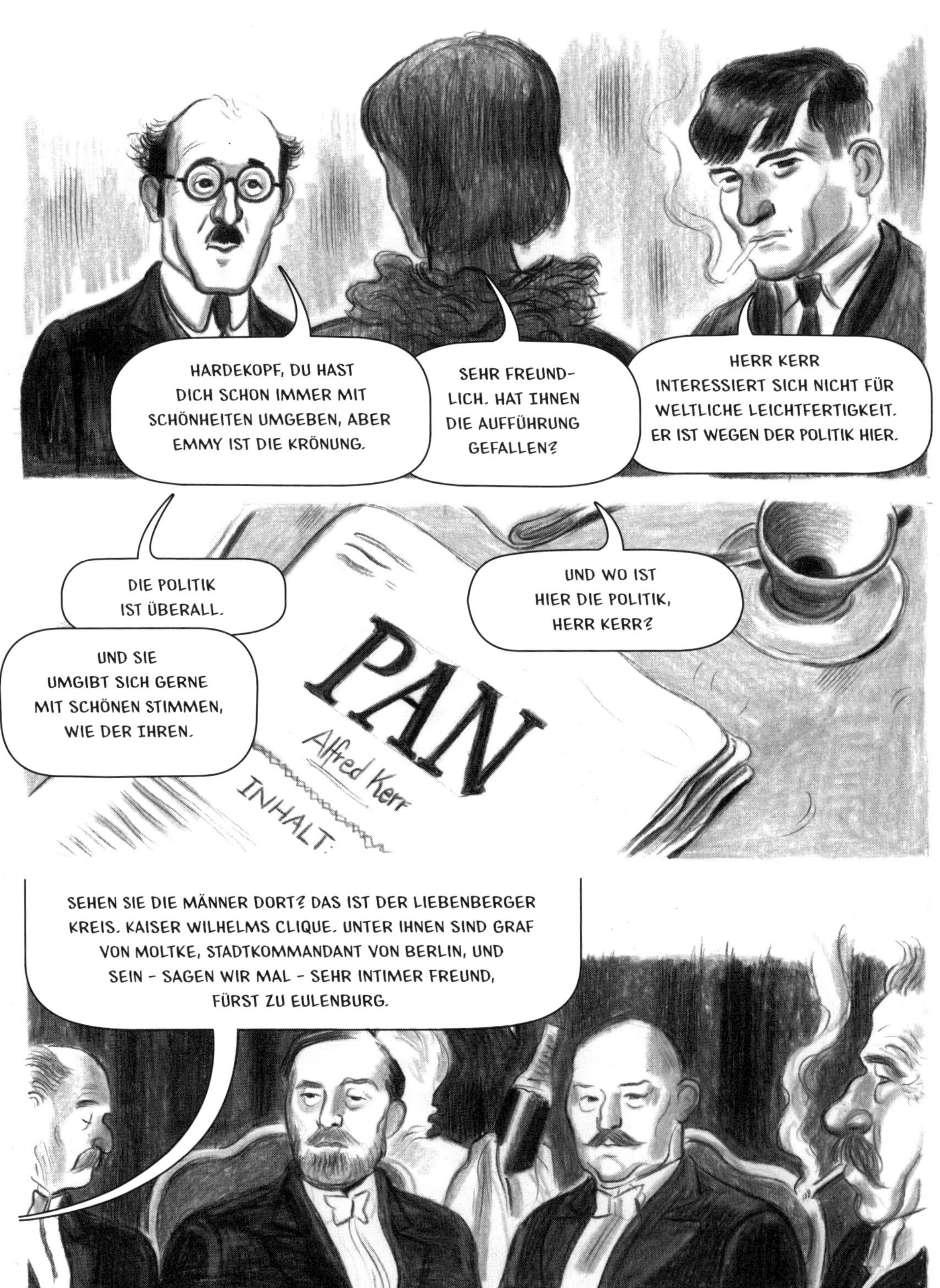

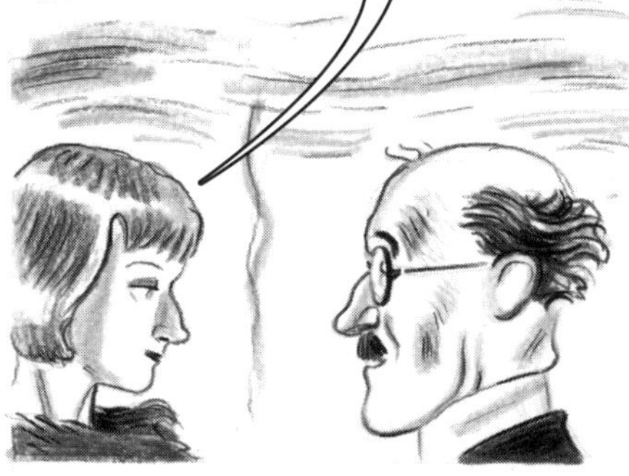

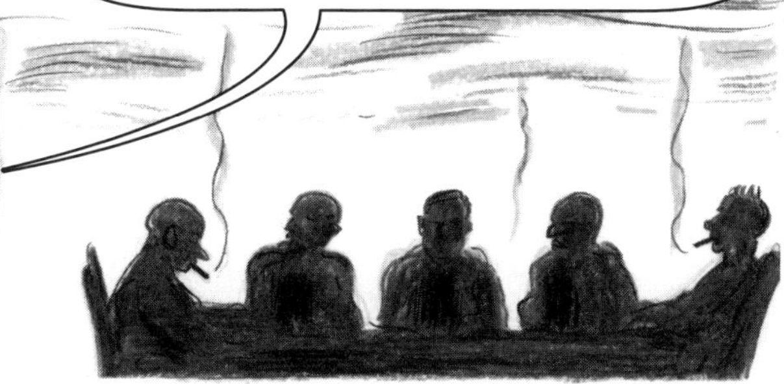

DEN FRANZOSEN MUSS GEZEIGT WERDEN, DASS WIR EIN REICH SIND. WIR MÜSSEN DAS KANONENBOOT „PANTHER" NACH AGADIR SCHICKEN UND NORDAFRIKA FÜR UNS BEANSPRUCHEN.

WENN FRANKREICH UNSERE ANSPRÜCHE IN NORDAFRIKA ABLEHNT, WIRD ÖSTERREICH-UNGARN AN UNSERER SEITE KÄMPFEN. UNS EINT DER DREIBUND-VERTRAG.

UND ITALIEN?

ICH TRAUE ITALIEN NICHT.

♫ ES WEHT DURCH DIE GANZE HISTORIE, EIN ZUG DER EMANZIPATION. VOM MENSCHEN BIS ZUR INFUSORIE, ÜBERALL WILL DAS WEIB AUF DEN THRON ... ♫

DAS KAISERTUM ÖSTERREICH WIRD BOSNIEN-HERZEGOWINA JEDERZEIT ANNEKTIEREN. DAS OSMANISCHE REICH KANN SICH NICHT WIDERSETZEN, ES GEHT UNTER.

UND DIE SERBEN? WERDEN SIE NICHT BOSNIEN BEANSPRUCHEN? RUSSLAND WÜRDE SICH VERPFLICHTET FÜHLEN ZU HELFEN. SLAWISCHE BRÜDER NENNT ES SIE. SOLCHE IDIOTEN!

RUSSLAND, FRANKREICH UND VIELLEICHT DER VETTER DES KAISERS UND SEIN BRITISCHES REICH. SIE STEHEN AUF DER ANDEREN SEITE DES BRETTS.

♫ VON DEN AMAZONEN BIS ZUR BERLINER RANGE BRAUST EIN RUF WIE DONNERHALL DAHER: WAT DIE MÄNNER KÖNNEN, KÖNNEN WIR SCHON LANGE ♫

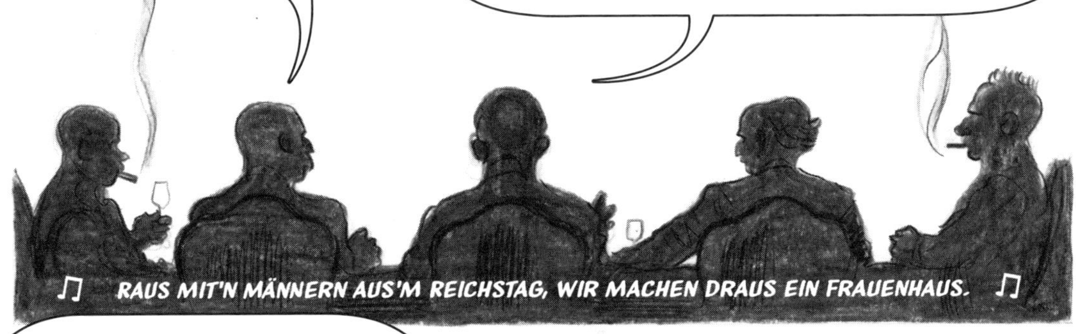

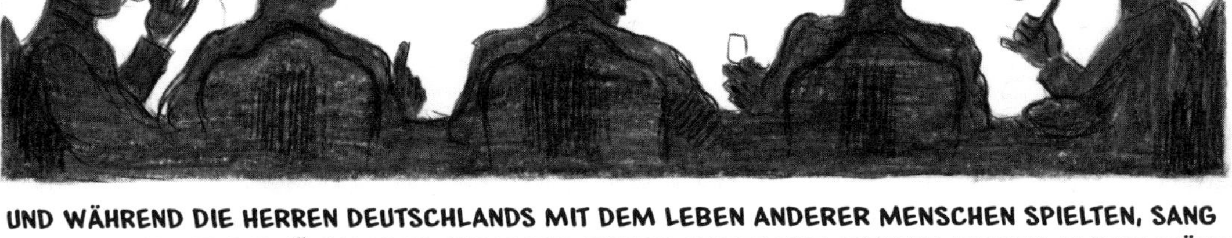

UND WÄHREND DIE HERREN DEUTSCHLANDS MIT DEM LEBEN ANDERER MENSCHEN SPIELTEN, SANG CLAIRE WALDOFF, DIE KÖNIGIN DES KABARETTS, DIESER BANDE VON AUFGEBLASENEN, IN IHRE MÄNNLICHEN WERTE VERLIEBTEN KERLEN IHR EIGENES LEID MITTEN INS GESICHT.

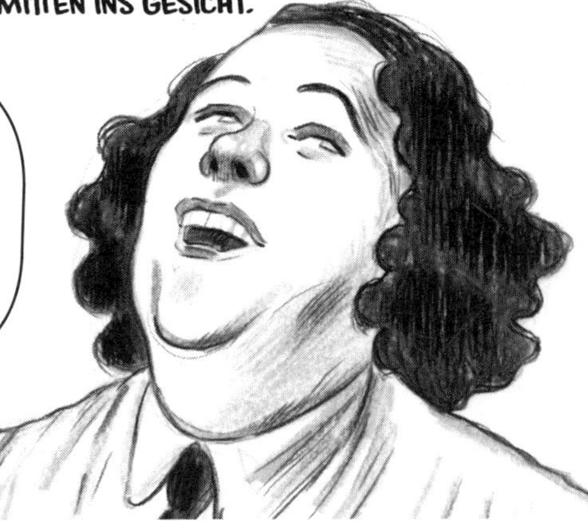

DAS FURCHTLOS VORGETRAGENE LIED ZEIGTE MIR, WAS ES BEDEUTETE, EIN STAR ZU SEIN. UND DASS ICH KEINER WAR.

EINES TAGES BRACHTE MIR HARDEKOPF EIN GESCHENK, FÜR DAS ICH IHM IMMER DANKBAR SEIN SOLLTE.

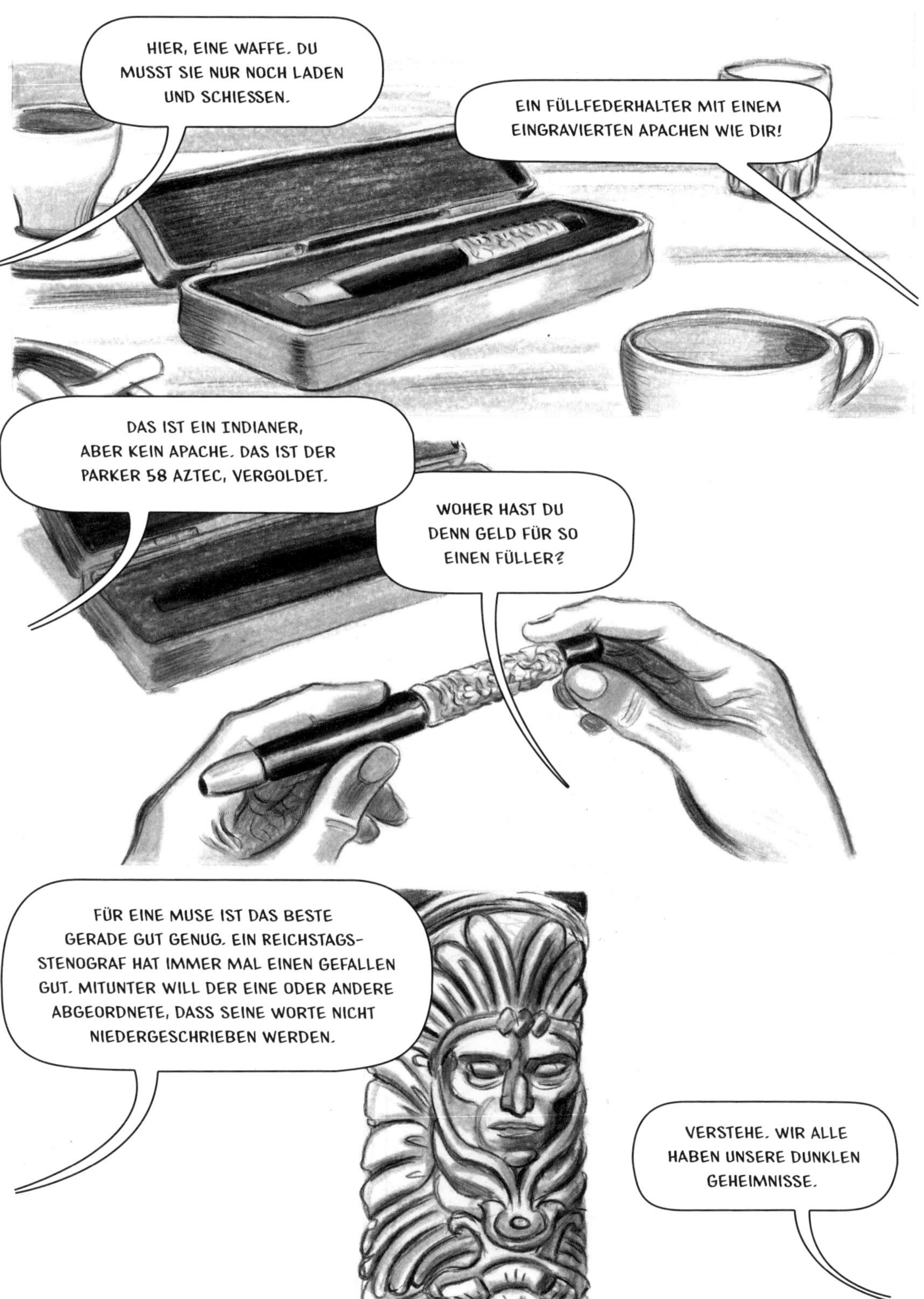

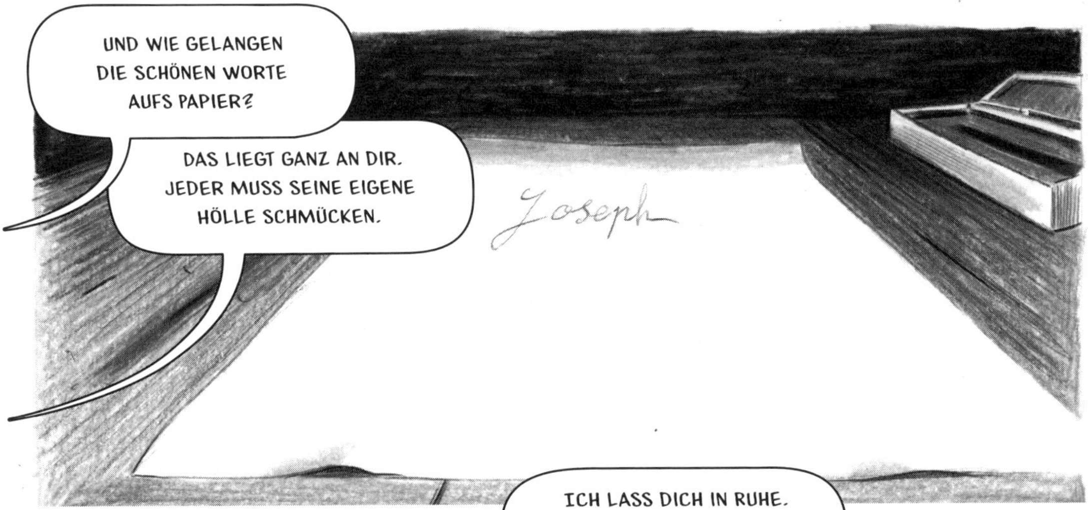

UND WIE GELANGEN
DIE SCHÖNEN WORTE
AUFS PAPIER?

DAS LIEGT GANZ AN DIR.
JEDER MUSS SEINE EIGENE
HÖLLE SCHMÜCKEN.

Joseph

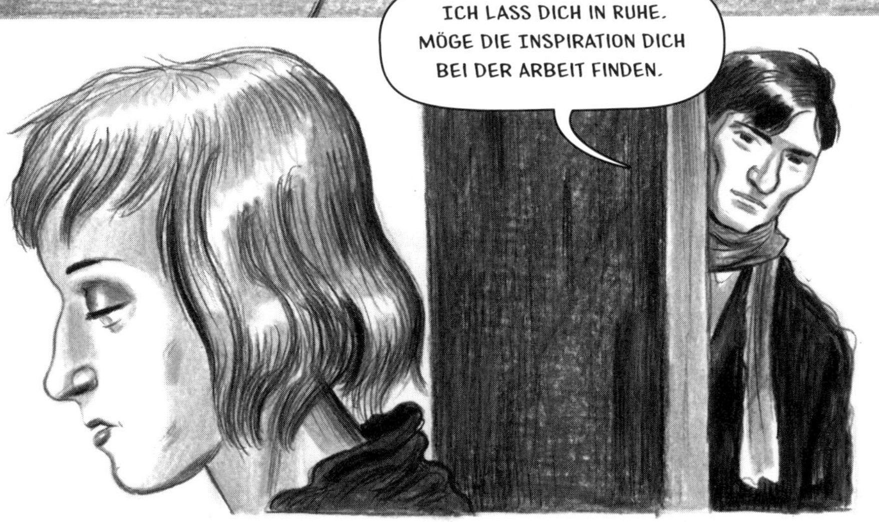

ICH LASS DICH IN RUHE.
MÖGE DIE INSPIRATION DICH
BEI DER ARBEIT FINDEN.

DIE INSPIRATION IST IMMER AN UNSERER SEITE, HATTE HÖXTER MIR GESAGT.
WER NICHT ÜBER SICH SELBST SCHREIBT, SCHREIBT NUR LÜGEN, GESTAND MIR ALFRED KERR.

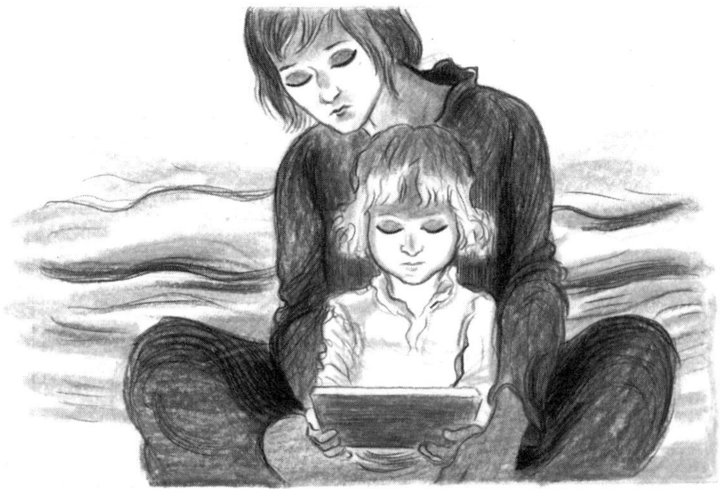

ICH SUCHTE EIFRIG NACH DER WAHRHEIT.

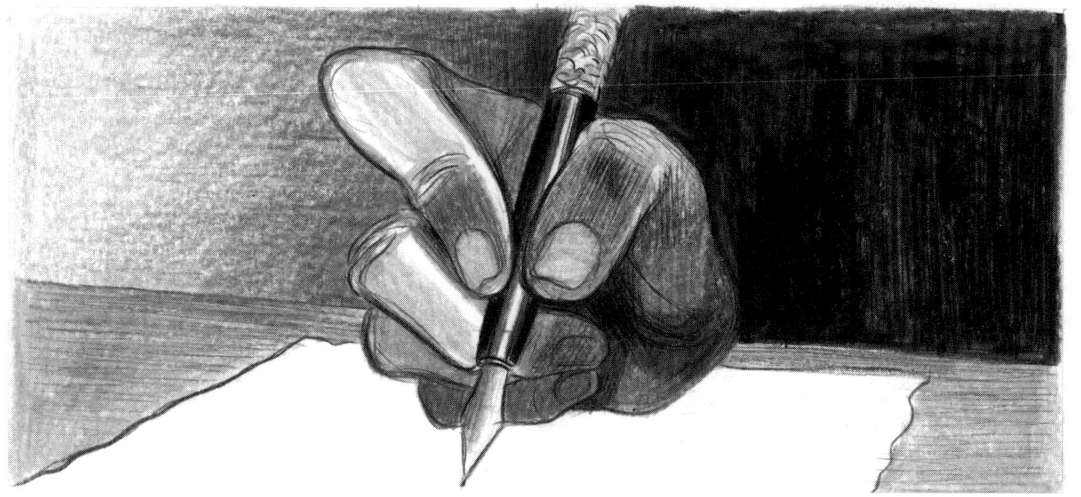

FERNAB VERLORENER PARADIESE. FREI VON NIBELUNGENRINGEN.

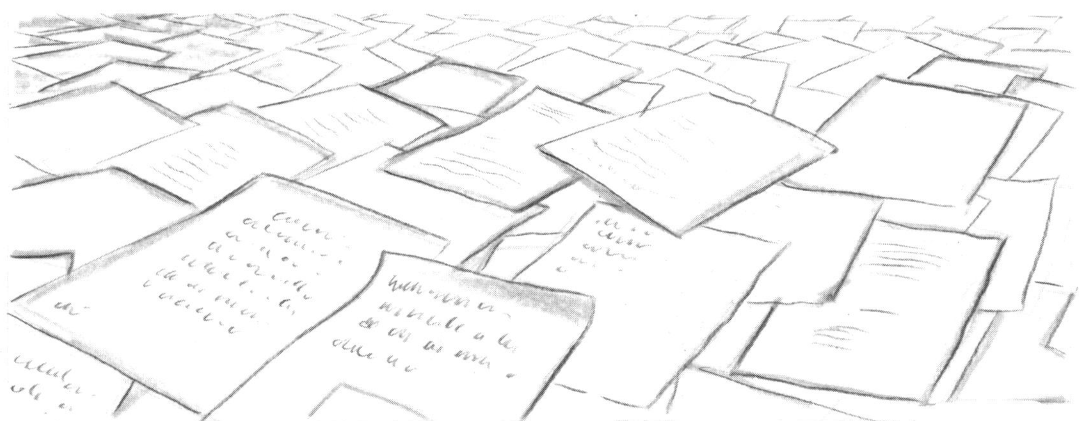

ICH SUCHTE SIE IN MEINER NÄHE. UND ICH SAH MEINE GOLDENEN SCHATULLEN EINANDER KÜSSEN.

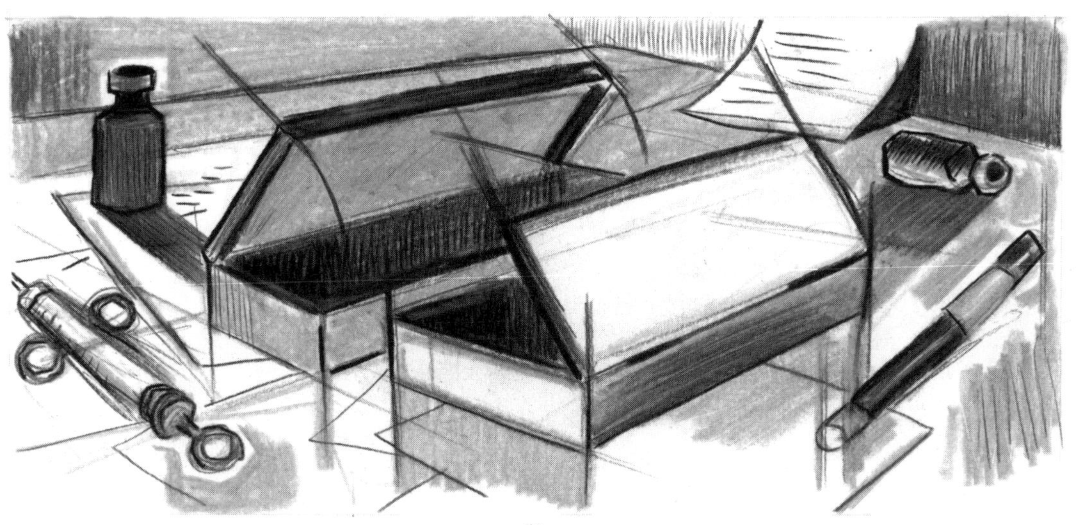

DOCH JETZT MAL GANZ OHNE POESIE: ES WAREN ÄTHER UND MORPHIUM, DIE MICH FANDEN. UND JA, KERR HATTE RECHT: NUR ÜBER DAS EIGENE LEBEN KANN MAN SCHREIBEN, OHNE ZU LÜGEN.

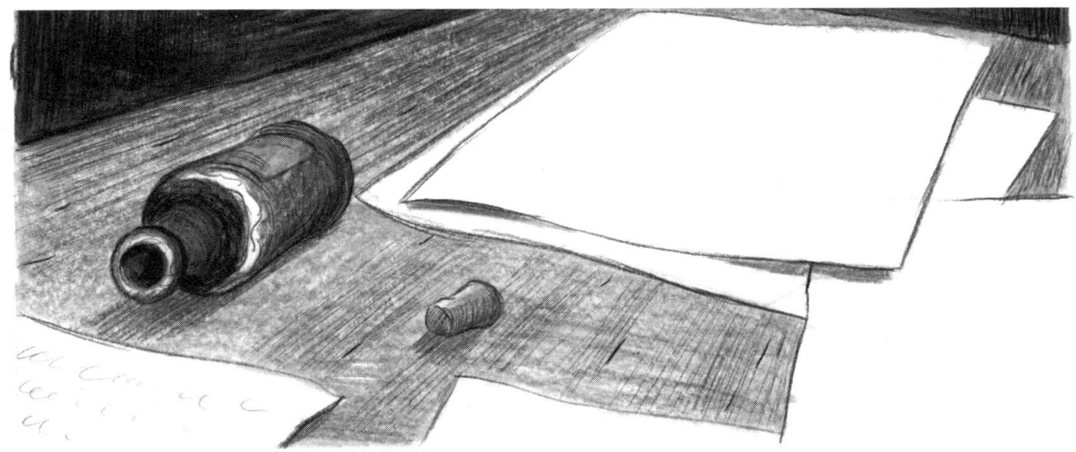

DIE KINDER DES OPIUMS SCHRIEBEN MEIN ERSTES GEDICHT, DAS ICH „AETHERSTROPHEN" NANNTE. ES ERSCHIEN IN DER ZEITSCHRIFT „DIE AKTION" VON FRANZ PFEMFERT.

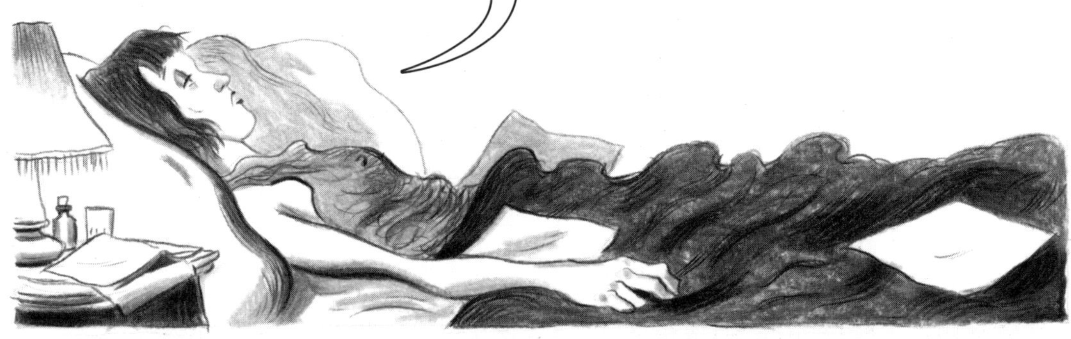

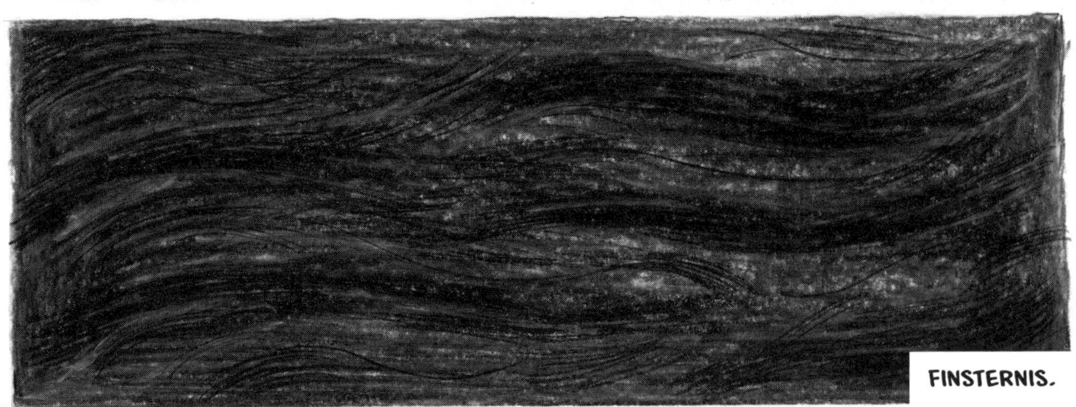

DIE FINSTERNIS MACHT UNS SICHTBAR.

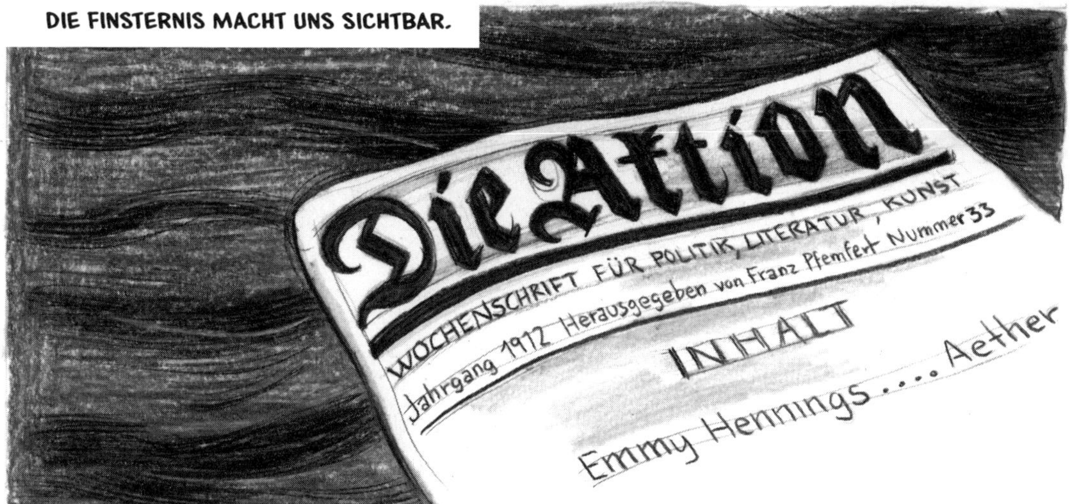

ICH SAH MEINEN NAMEN IN „DIE AKTION" ABGEDRUCKT UND KONNTE NICHT MEHR AUFHÖREN ZU SCHREIBEN. WÄHREND DIE TINTE DURCH MEINEN FÜLLFEDERHALTER FLOSS, FLOSS DER ÄTHER DURCH MEIN HIRN. DIE SANFTE FINSTERNIS WICH DEN HALLUZINATIONEN. MEIN ZIMMER FÜLLTE SICH MIT TOTEN UND VERLASSENEN KINDERN.

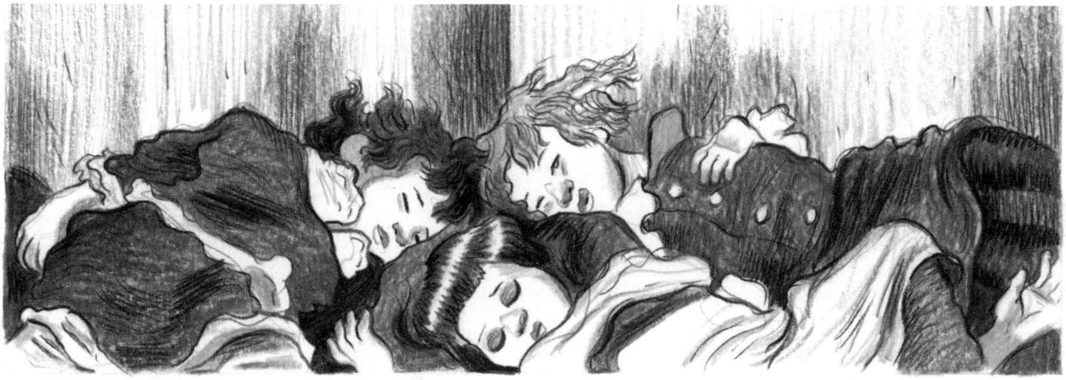

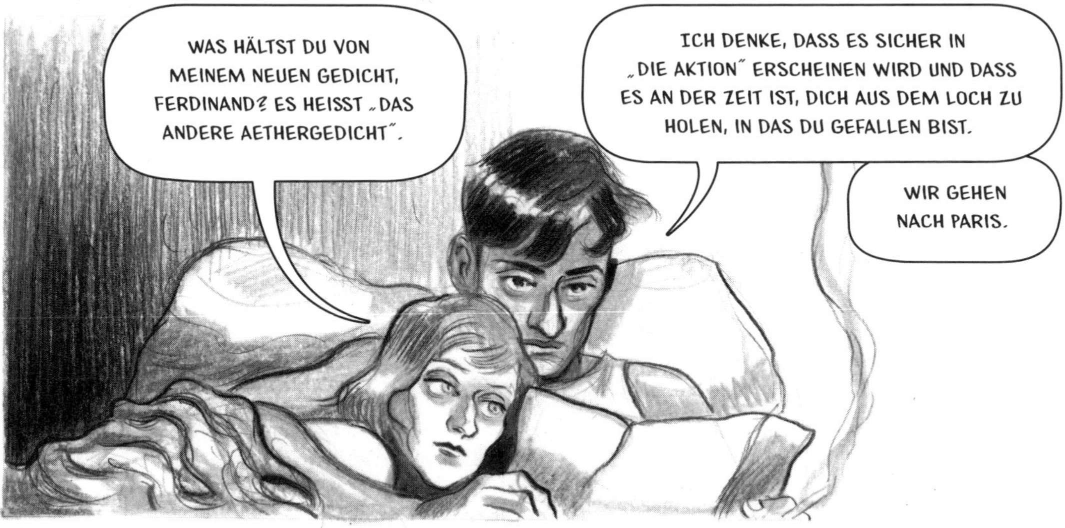

WAS HÄLTST DU VON MEINEM NEUEN GEDICHT, FERDINAND? ES HEISST „DAS ANDERE AETHERGEDICHT".

ICH DENKE, DASS ES SICHER IN „DIE AKTION" ERSCHEINEN WIRD UND DASS ES AN DER ZEIT IST, DICH AUS DEM LOCH ZU HOLEN, IN DAS DU GEFALLEN BIST.

WIR GEHEN NACH PARIS.

NACH PARIS, OHNE ÄTHER UND OHNE MORPHIUM IM KOFFER.

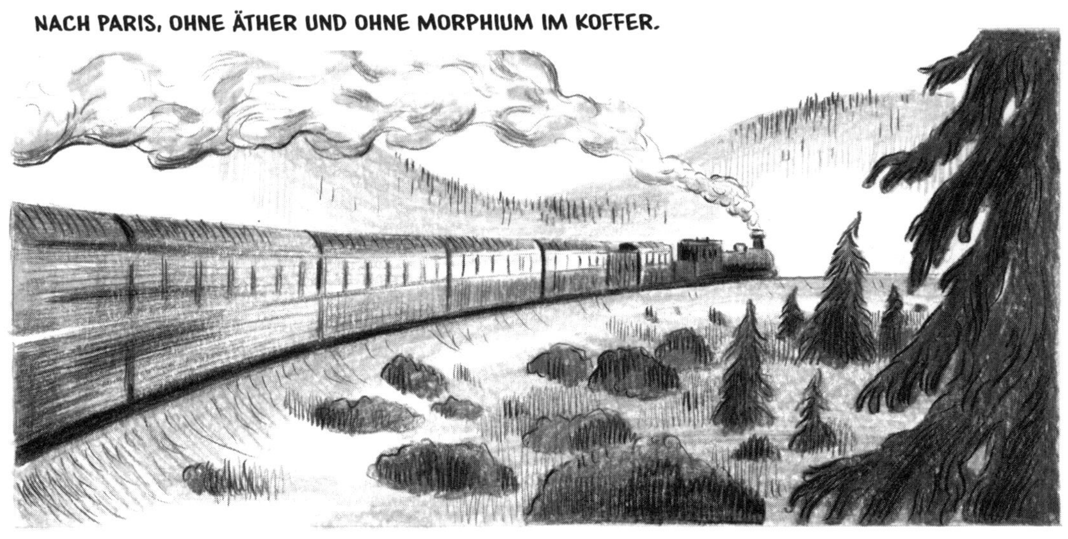

VOR DEM GROSSEN KRIEG SCHIEN EUROPA KEINE GRENZEN ZU HABEN.

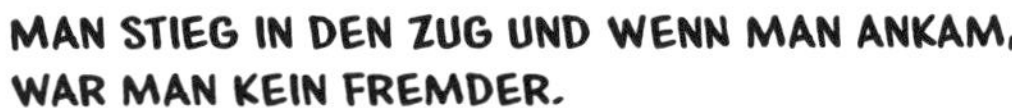

MAN STIEG IN DEN ZUG UND WENN MAN ANKAM, WAR MAN KEIN FREMDER.

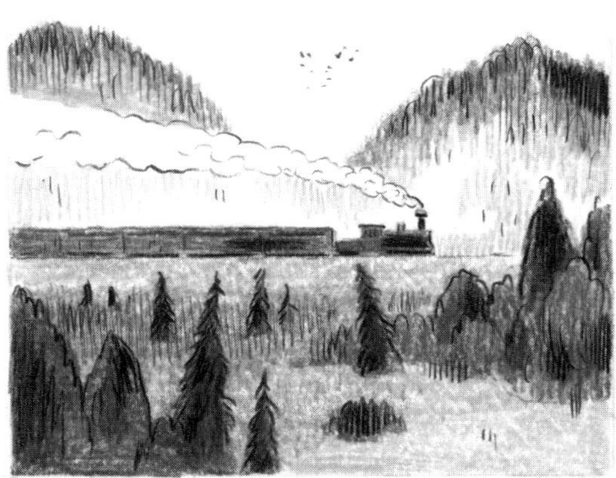

NIEMAND FRAGTE, WAS MAN DORT WOLLTE.

IN PARIS WAR ICH SO FRANZÖSISCH WIE VICTOR HUGO.

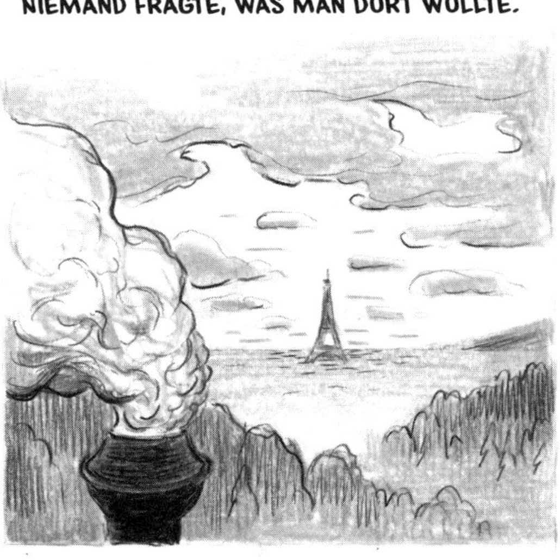

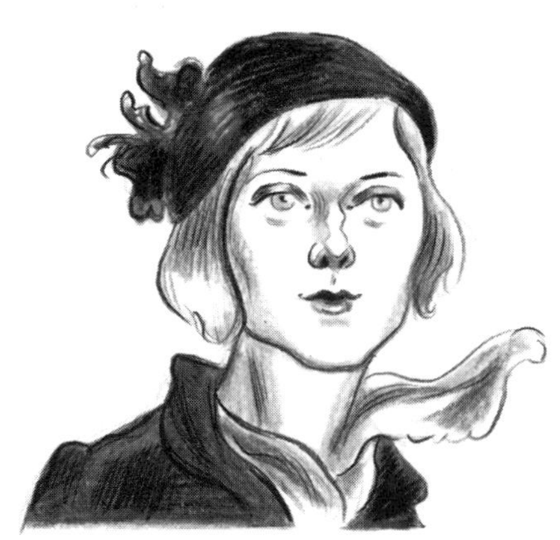

PARIS SCHIEN WIE DAS ENDE EINES TRICHTERS, IN DEM SICH ALLES KONZENTRIERTE, WAS DIE ORTHODOXE GESELLSCHAFT IN JEDEM LAND ALS BOHEME, KÜNSTLER ODER FAULENZER BEZEICHNETE.

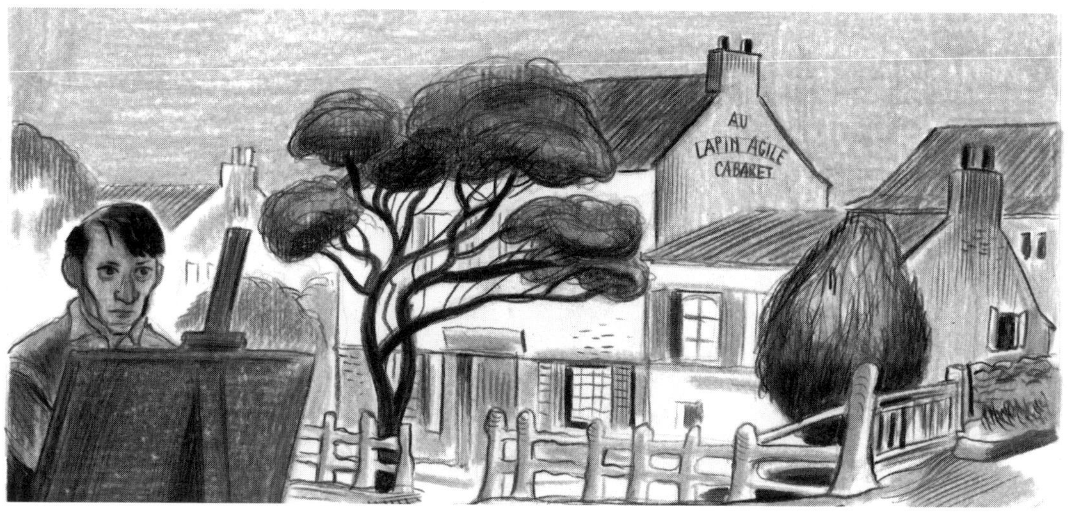

DIE EINZIGEN PARISER, DIE WIE WAHRE FRANZOSEN WIRKTEN, WAREN DIE, DIE VON DER PRESSE ALS „APACHEN" BEZEICHNET WURDEN.

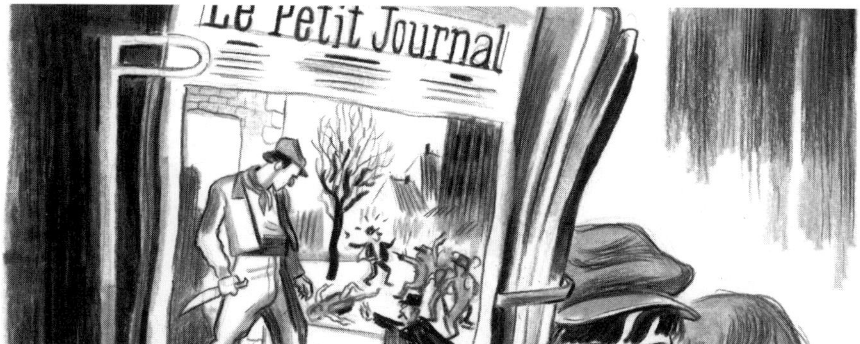

Le Petit Journal

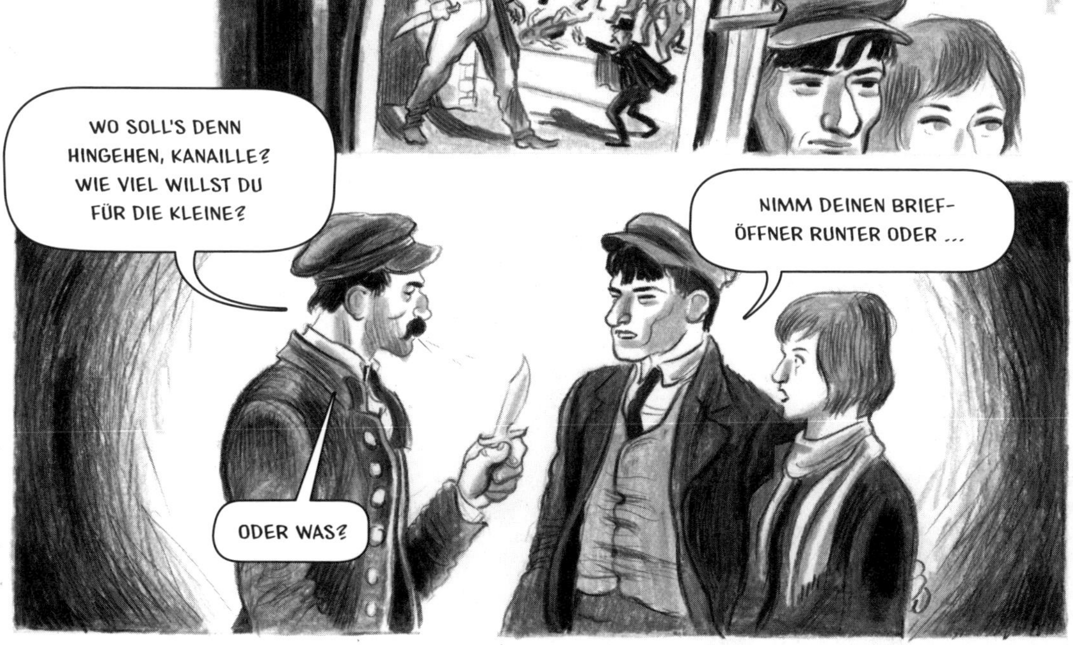

WO SOLL'S DENN HINGEHEN, KANAILLE? WIE VIEL WILLST DU FÜR DIE KLEINE?

NIMM DEINEN BRIEF-ÖFFNER RUNTER ODER ...

ODER WAS?

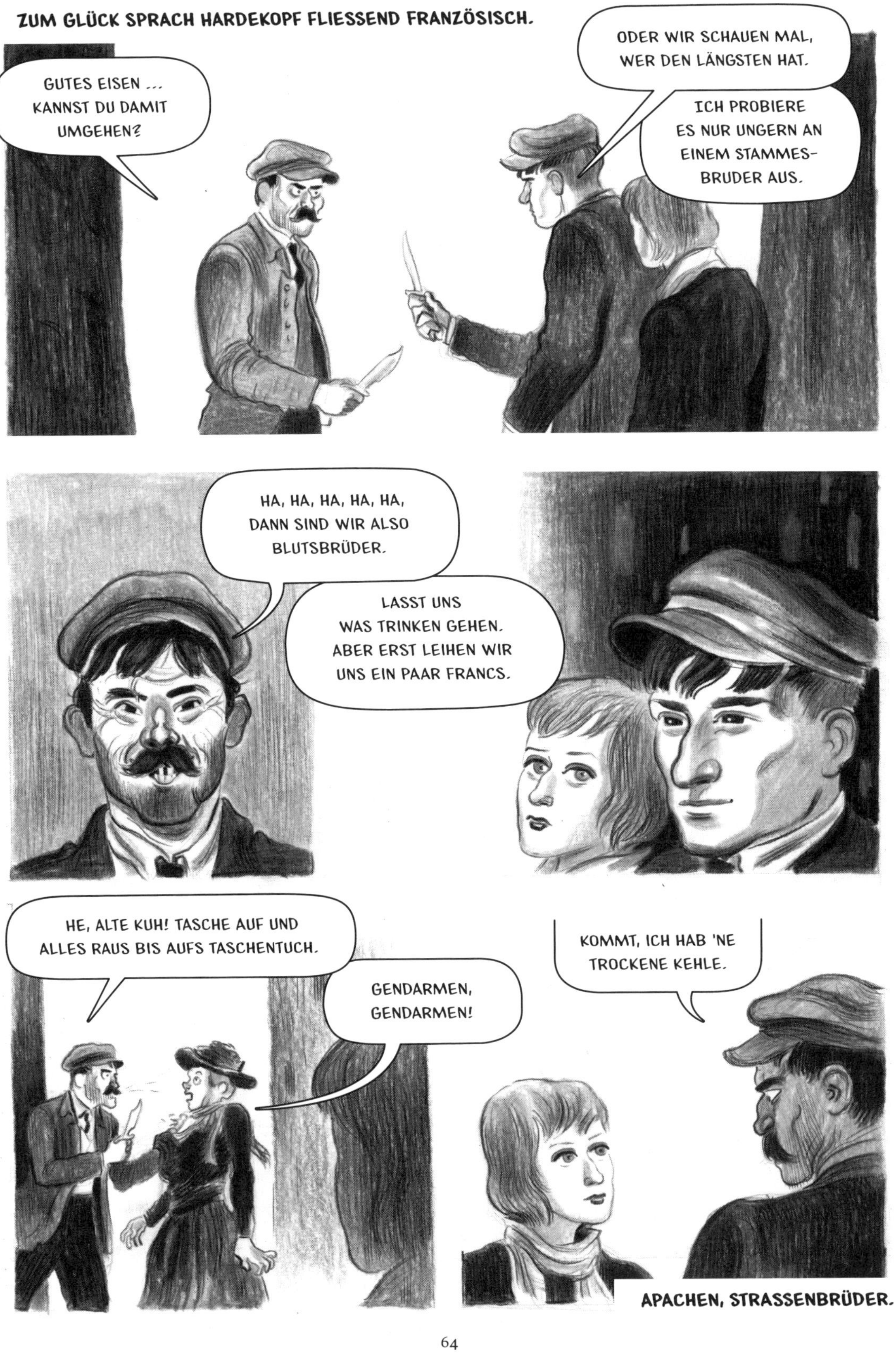

ZUM GLÜCK SPRACH HARDEKOPF FLIESSEND FRANZÖSISCH.

APACHEN, STRASSENBRÜDER.

DER APACHE SCHLEPPTE UNS IN DIE ÜBELSTEN SPELUNKEN VON PARIS.

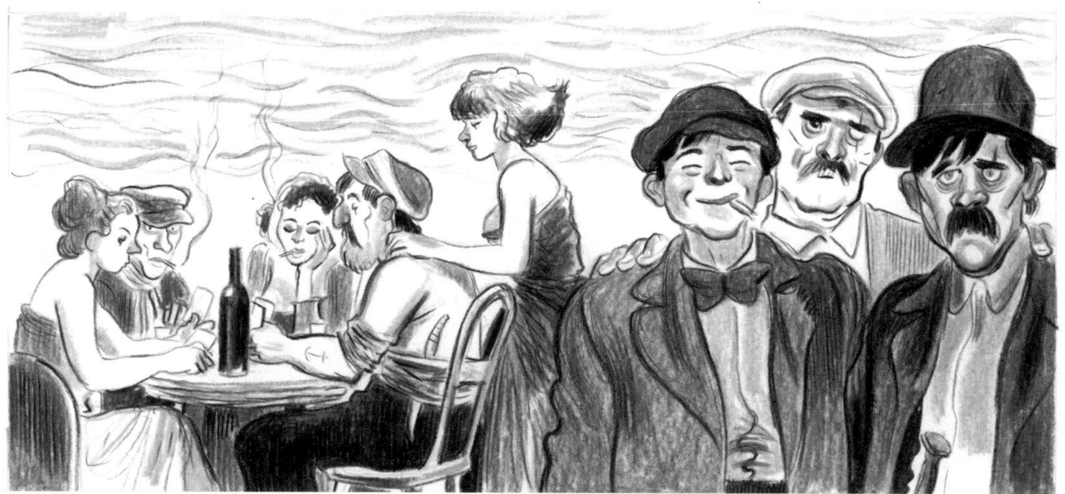

ZU KRIMINELLEN, ZUHÄLTERN, PROSTITUIERTEN ...

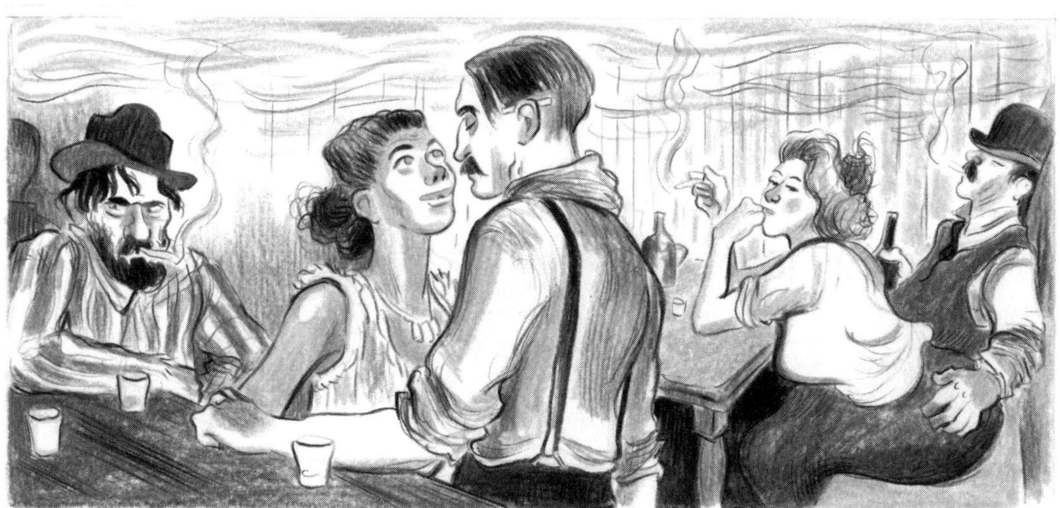

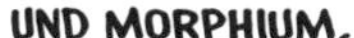

UND MORPHIUM.

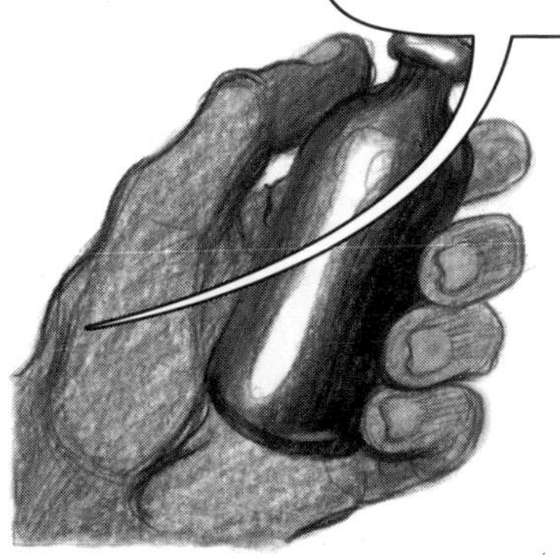

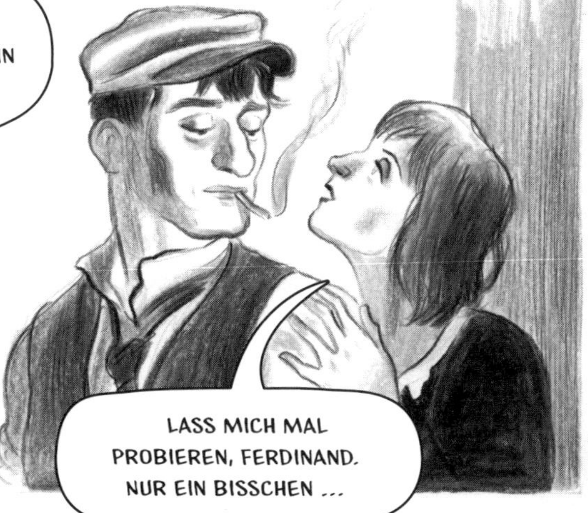

HARDEKOPF KONNTE MIR NICHTS VERBIETEN UND DAS WUSSTE ER. WIE HÄTTE ICH AUF DAS EINZIGE VERZICHTEN KÖNNEN, DAS EINEM EINEN REINEN LEBENSWILLEN ERMÖGLICHT?

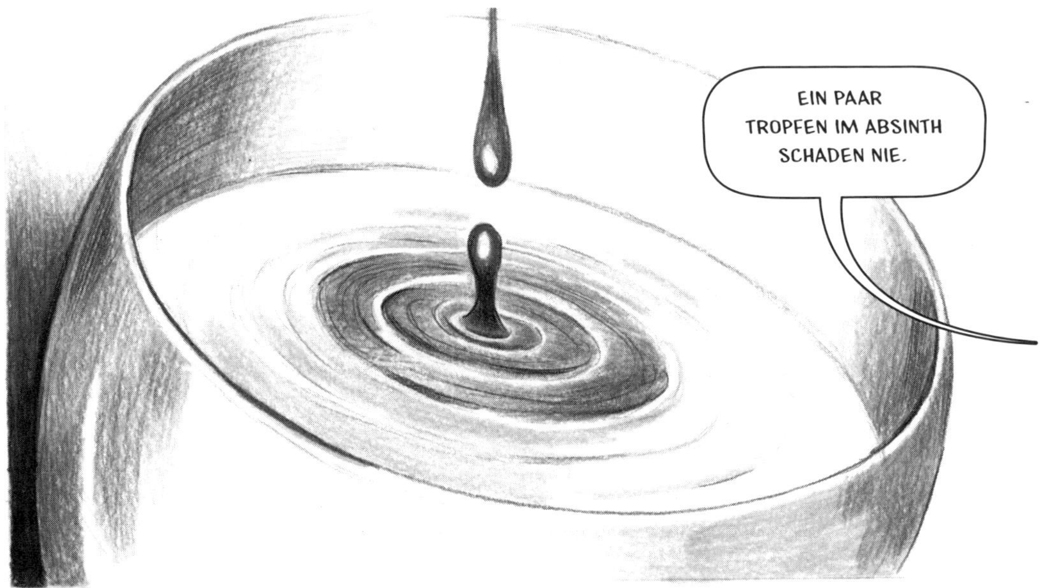

JENE TROPFEN WAREN BALSAM UND OFFENBARUNG: DAS LEBEN FLOSS IN ALLEN STÄDTEN DER WELT GLEICH UND IHRE BEWOHNER HATTEN DIE GLEICHEN WÜNSCHE, DIE KINDER DES LUMPENPROLETARIATS GENAUSO WIE DIEJENIGEN, DIE NACH DEM ERHABENEN LEBEN STREBTEN. NACH EIN PAAR UNBESCHWERTEN TAGEN, IN DENEN WIR IN DIE STADT EINTAUCHTEN, BRACHTE HARDEKOPF GUTE NACHRICHTEN.

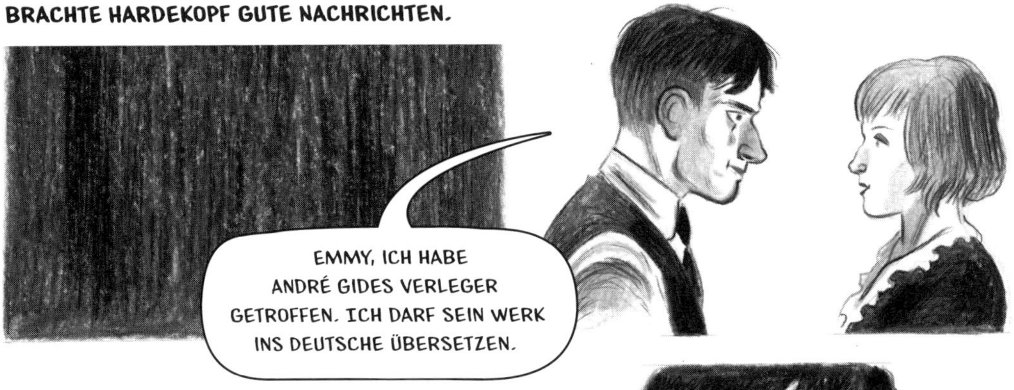

EMMY, ICH HABE ANDRÉ GIDES VERLEGER GETROFFEN. ICH DARF SEIN WERK INS DEUTSCHE ÜBERSETZEN.

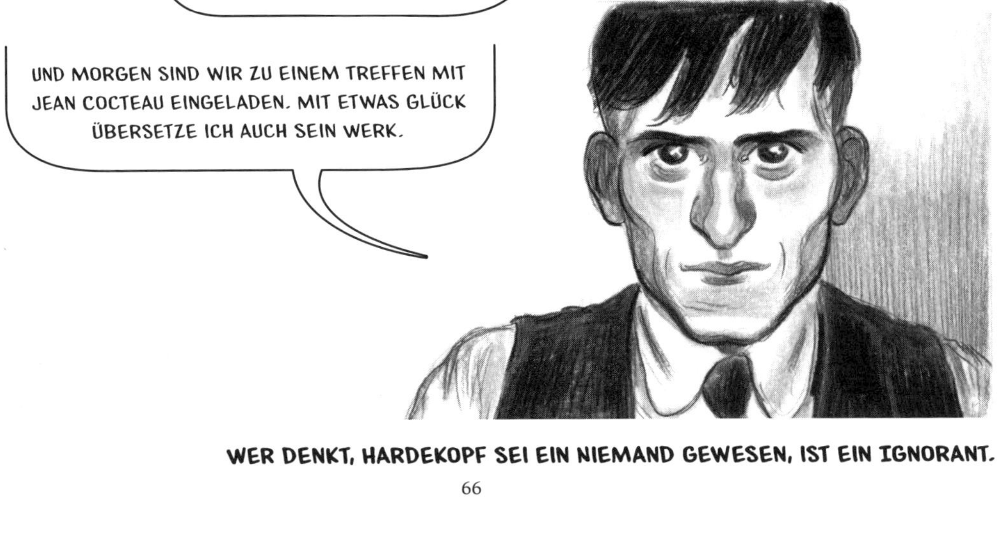

UND MORGEN SIND WIR ZU EINEM TREFFEN MIT JEAN COCTEAU EINGELADEN. MIT ETWAS GLÜCK ÜBERSETZE ICH AUCH SEIN WERK.

WER DENKT, HARDEKOPF SEI EIN NIEMAND GEWESEN, IST EIN IGNORANT.

THOMAS MANN BEZEICHNETE IHN ALS DEN BESTEN FRANZÖSISCH-ÜBERSETZER, DEN DEUTSCHLAND JE HATTE. HANS RICHTER VERGLEICHT IN „DADA PROFILE" HARDEKOPFS LITERARISCHES WERK MIT DEM DUCHAMPS.

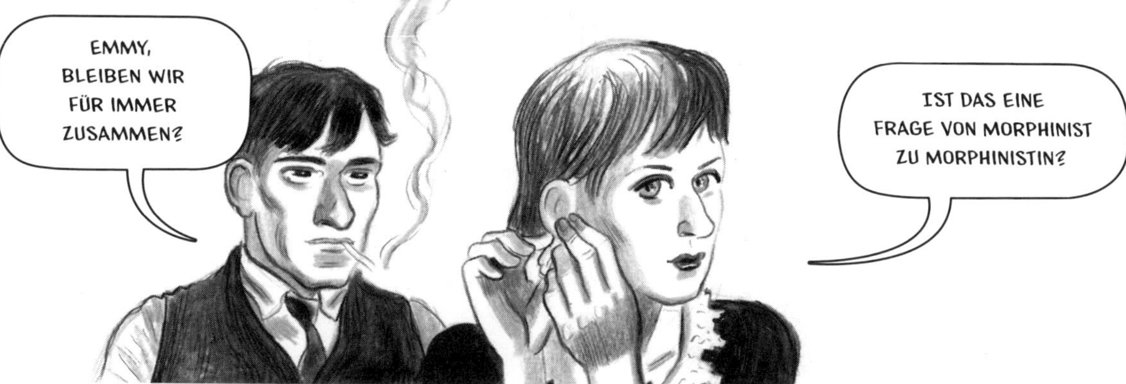

ER WAR DADAIST. JA, NOCH EINES MEINER KINDER. EIN DADAISTISCH-EXPRESSIONISTISCHER SURREALIST, DESSEN GEDICHTE GERADEZU VOR ÄTHER TRIEFTEN. SEIN HAUPTWERK „DIE DEKADENZ DER DEUTSCHEN SPRACHE" WURDE VON DEN NAZIS NOCH VOR DER VERÖFFENTLICHUNG VERNICHTET.

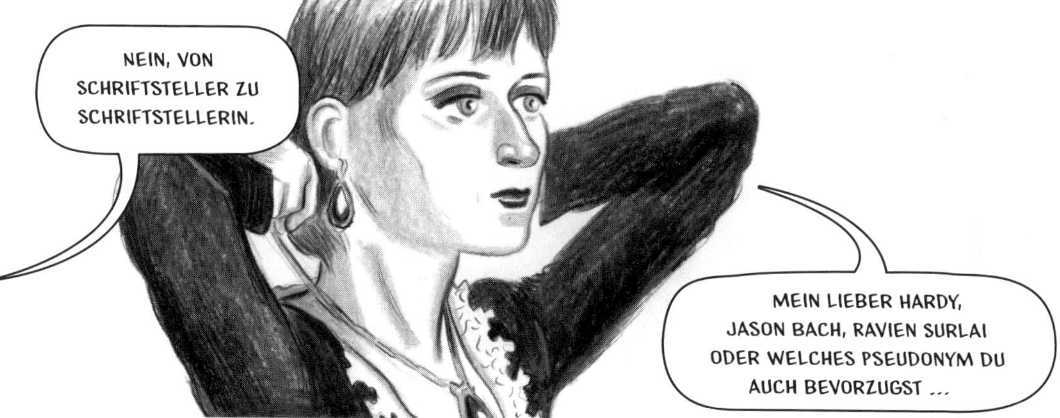

HARDEKOPF UND ICH BLIEBEN FÜR IMMER ZUSAMMEN ... MIT ABSTAND. ER HEIRATETE DIE SCHAUSPIELERIN SITA STAUB UND ÜBERLEBTE DIE NAZIS IM VICHY-FRANKREICH, WEIL ANDRÉ GIDE IHN AUS EINEM INTERNIERUNGSLAGER SCHAFFEN KONNTE.

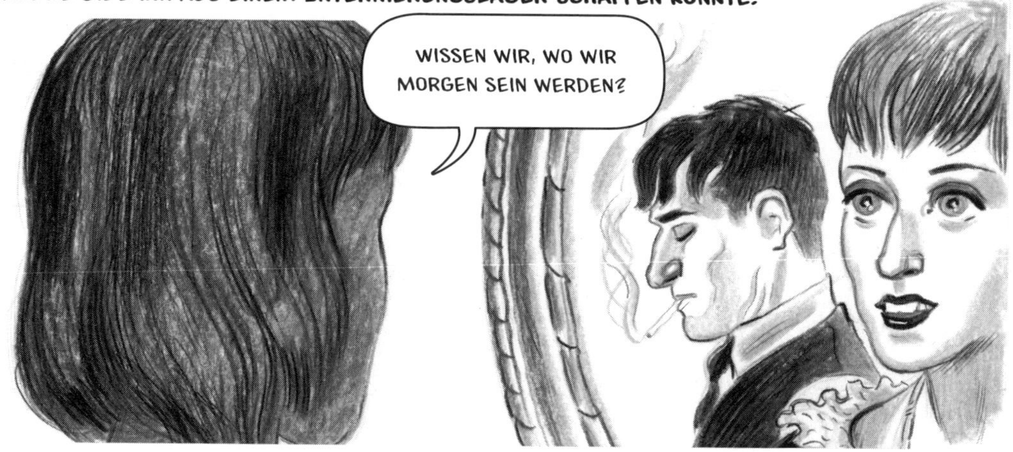

ER STARB 1954 ALS VERGESSENER DICHTER IN EINER ZÜRICHER NERVENHEILANSTALT. ZÜRICH, WO DAS CABARET VOLTAIRE DEN DADA GEBAR.

AUSNAHMSWEISE WUSSTEN WIR, WO WIR AM NÄCHSTEN ABEND SEIN WÜRDEN, NÄMLICH AUF EINER SOIREE VON FREUNDEN DES ERHABENEN LEBENS. DORT WAREN AUCH DIE PÄPSTE UND BISCHÖFE DER AVANTGARDE ANWESEND, SO WIE ES BALL EINMAL FÜR DEN DADAISMUS SEIN WÜRDE.

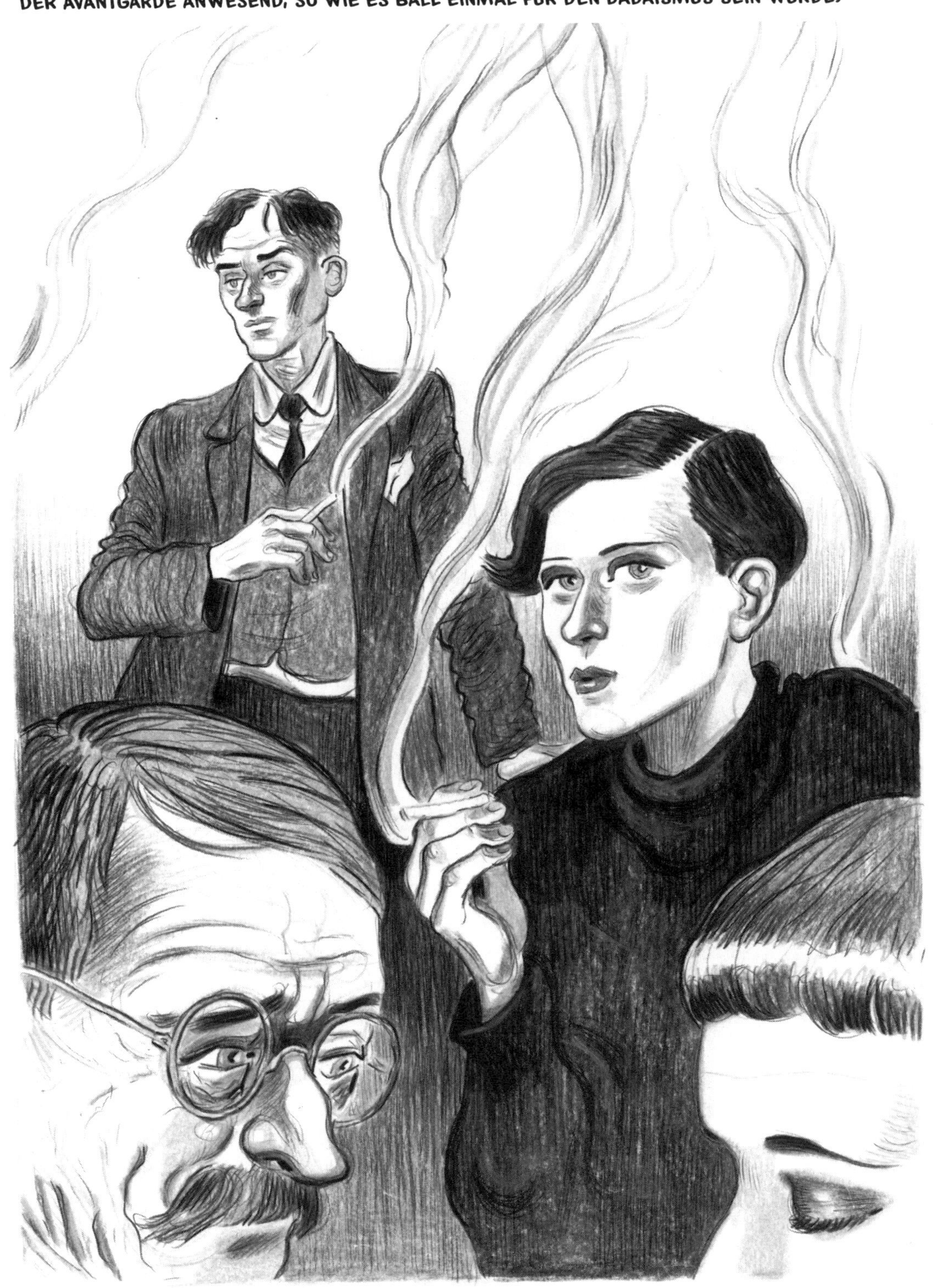

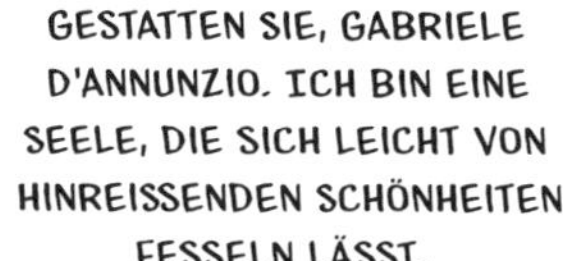
GESTATTEN SIE, GABRIELE D'ANNUNZIO. ICH BIN EINE SEELE, DIE SICH LEICHT VON HINREISSENDEN SCHÖNHEITEN FESSELN LÄSST.

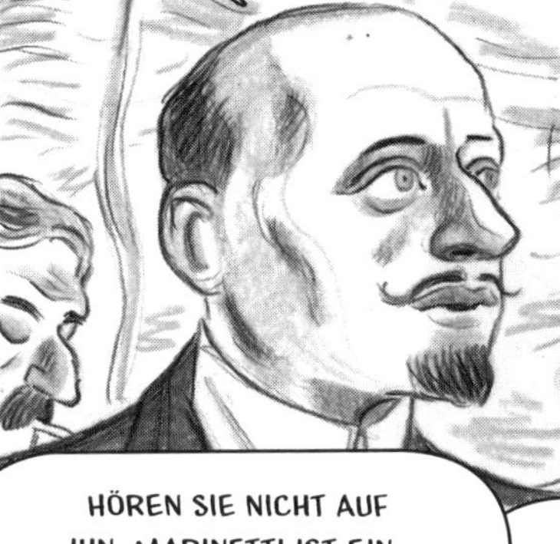
SEIEN SIE VORSICHTIG. ISADORA DUNCAN BEHAUPTET, D'ANNUNZIOS ZUNGE GEHÖRE NUR IHR ALLEIN.
IST DAS WAHR, GEFESSELTE SEELE?

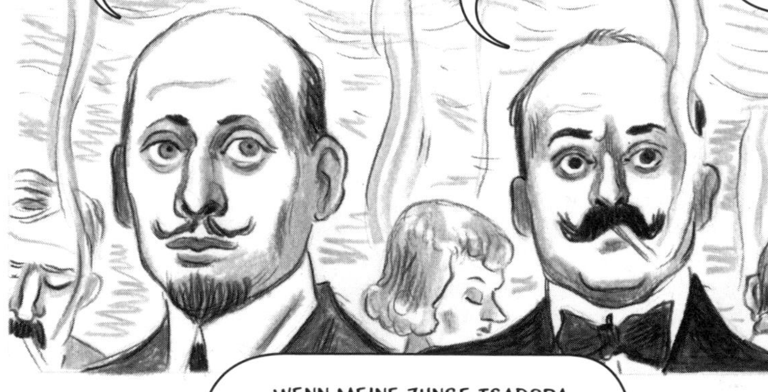
HÖREN SIE NICHT AUF IHN. MARINETTI IST EIN LÄCHERLICHER NACHAHMER. ALLES, WAS ER SAGT, HABE ICH BEREITS GEDACHT.
BIS AUF DIE TATSACHE, DASS ICH MEINE ZUNGE NICHT IN BESTIMMTE ROSA TEICHE STECKE, HAT ER WOHL RECHT.
SIE SCHEINEN BEIDE EINE UNGEZÜGELTE ZUNGE ZU HABEN.
WENN MEINE ZUNGE ISADORA DUNCAN IM BETT IN EIN TÄNZELNDES FOHLEN VERWANDELT, WAS VERMAG SIE ERST BEI IHNEN?
HERR D'ANNUNZIO HÄLT DIE GEFAHR FÜR DEN DREH- UND ANGELPUNKT DES LEBENS. SIE KÖNNTEN WIE KLEOPATRA ENDEN, WENN SIE SEINE ZUNGE AUSPROBIEREN.

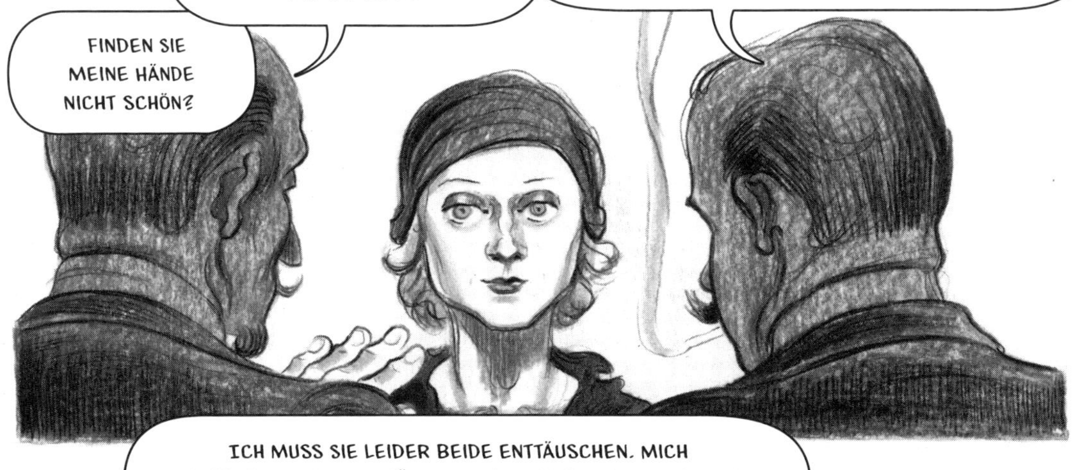
MONSIEUR MARINETTI BEHAUPTET, EINE NÄHMASCHINE SEI SCHÖNER ALS DIE NIKE VON SAMOTHRAKE. WIE IDIOTISCH.
MONSIEUR D'ANNUNZIO IST NICHT NUR MEINE ARBEIT UNBEKANNT, SONDERN ÜBERHAUPT JEDES WORT, DAS NICHT DIE BUCHSTABEN E-G-O ENTHÄLT.
FINDEN SIE MEINE HÄNDE NICHT SCHÖN?

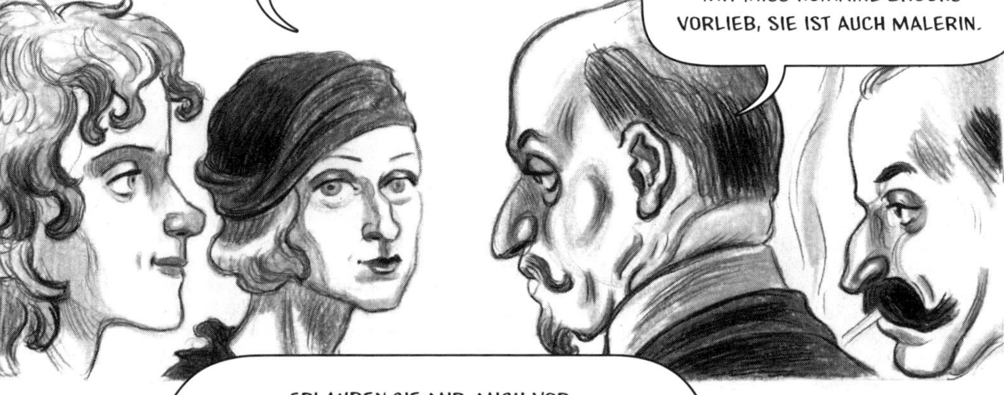
ICH MUSS SIE LEIDER BEIDE ENTTÄUSCHEN. MICH INTERESSIEREN NUR MÄNNER MIT PRIAPISMUS. WISSEN SIE VIELLEICHT, OB DIESER SPANISCHE KUBISTISCHE MALER KOMMT?
VIELLEICHT NEHMEN SIE MIT MISS ROMAINE BROOKS VORLIEB, SIE IST AUCH MALERIN.

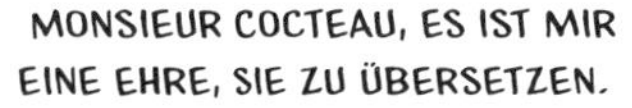
ERLAUBEN SIE MIR, MICH VORZUSTELLEN. MEIN NAME IST NATALIE BARNEY. HABEN SIE MEINE NEUINTERPRETATION VON SAPPHO GELESEN? KOMMEN SIE, WIR LASSEN DIE MÄNNER STEHEN. SIE HALTEN JA DOCH NIE IHR WORT, SCHON GAR NICHT IM BETT.
MONSIEUR COCTEAU, ES IST MIR EINE EHRE, SIE ZU ÜBERSETZEN.
MARINETTI, HAST DU SULFONAL DABEI?

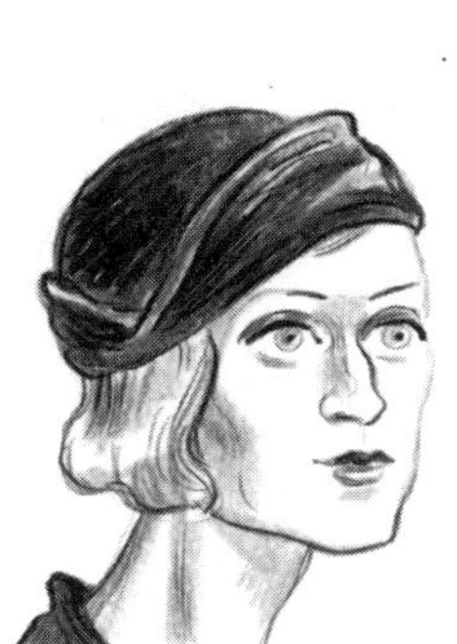
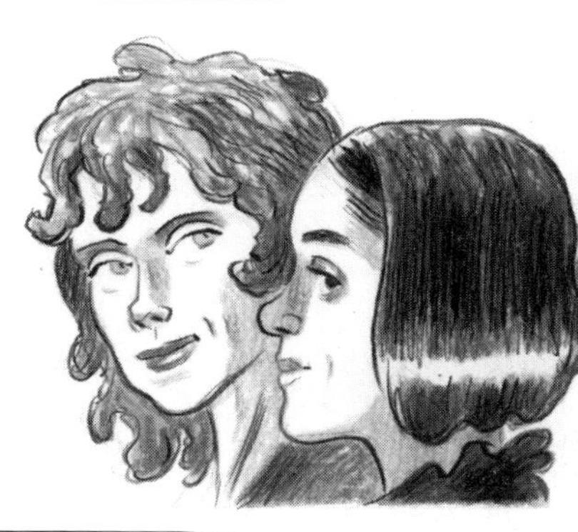
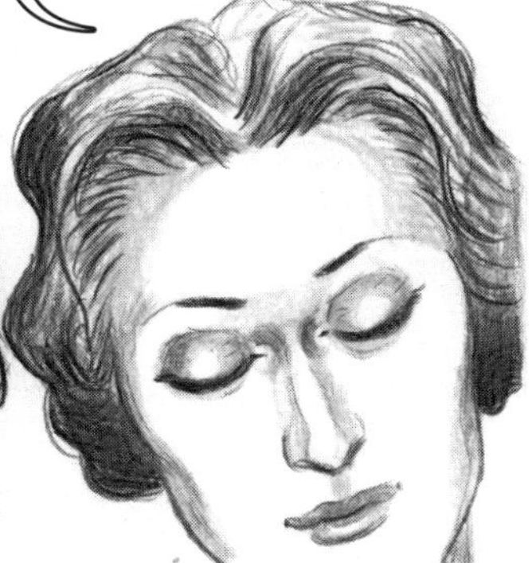
DAS IST ROMAINE BROOKS, SIE IST MALERIN UND EINE HERVORRAGENDE LIEBHABERIN. UND DAS IST LIANE DE POUGY, SCHAUSPIELERIN, TÄNZERIN, PRINZESSIN DURCH HEIRAT, KURTISANE UND EIN LODERNDES FEUER. NEBEN IHR VERBLASST SELBST LA BELLE OTÉRO.
BITTE SPRICH NICHT VON DIESER SPANISCHEN SCHLAMPE.

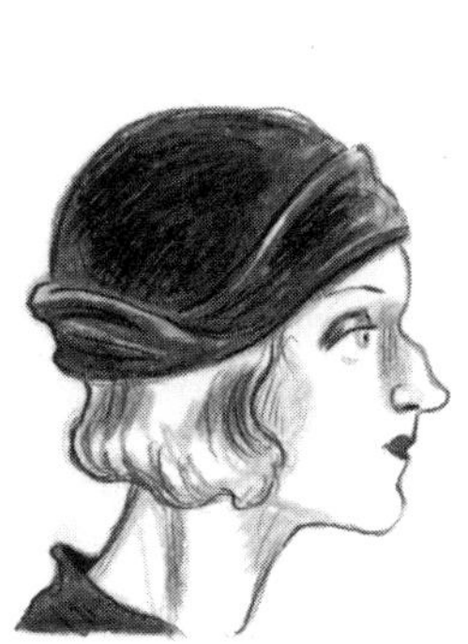
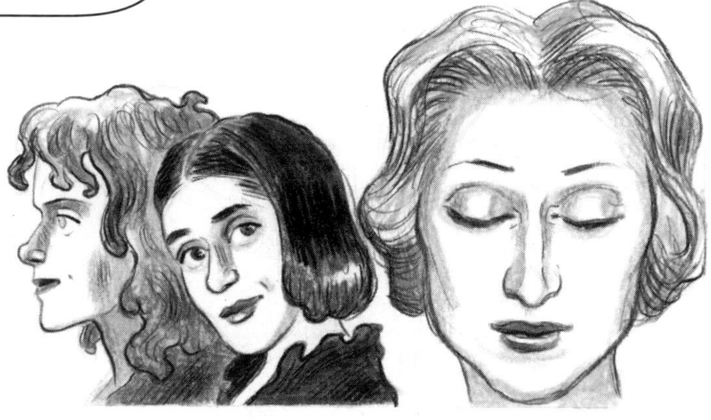
VERSPÜREN SIE KEINE LUST, UNSERE PRINZESSIN ZU KÜSSEN, MADEMOISELLE EMMY?

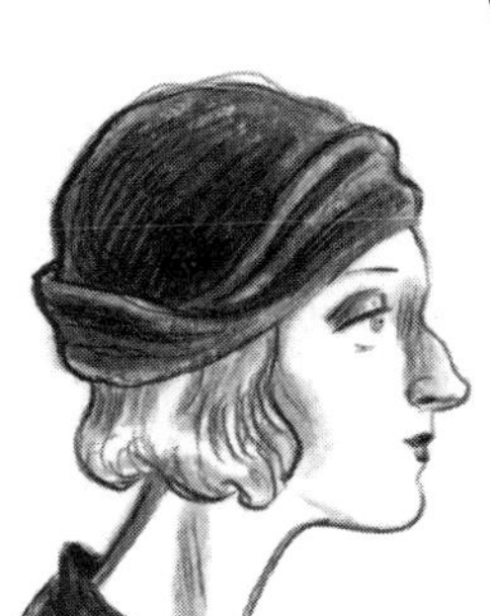
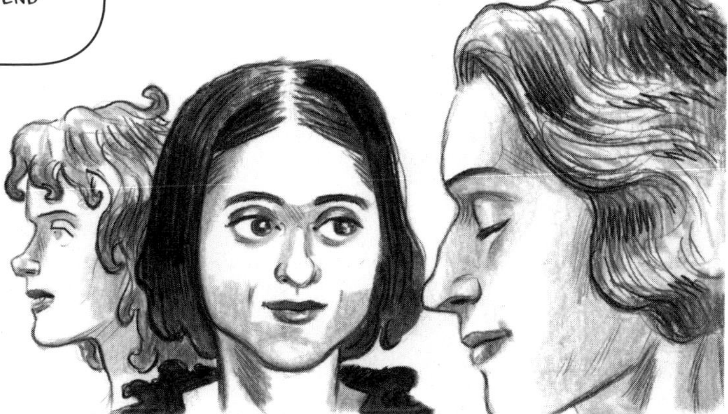
WENN SIE MÖCHTEN, WIRD SIE HEUTE ABEND IHRE SKLAVIN.

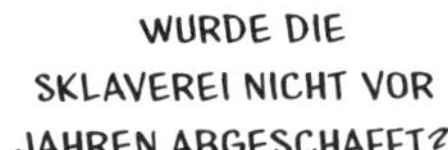

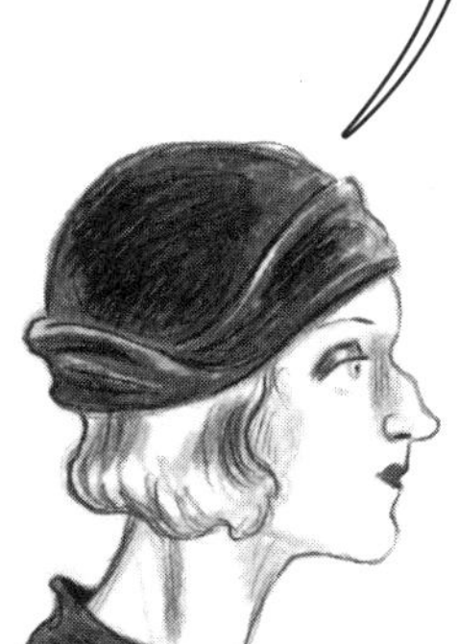

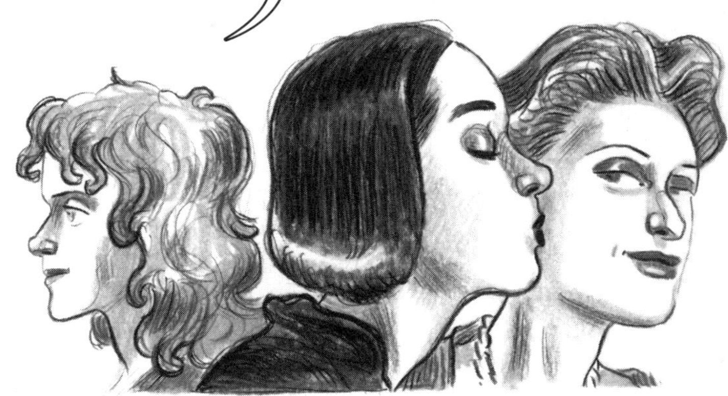

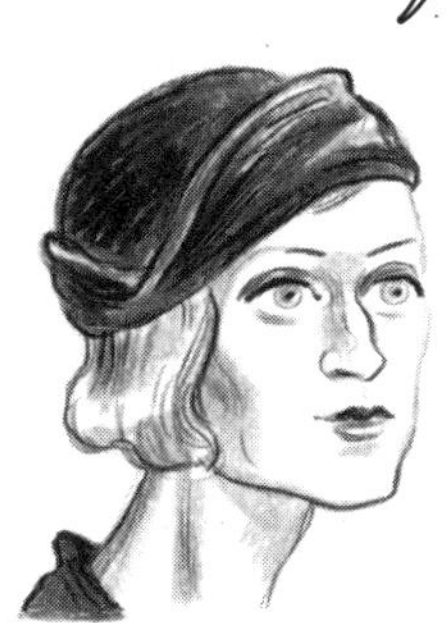

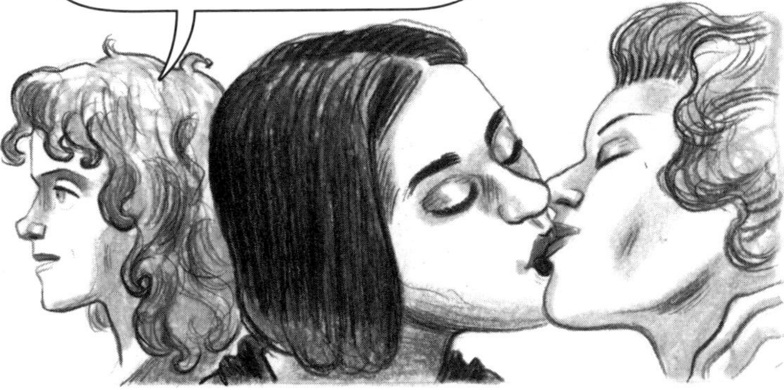

JENE FRAUEN LIEBTEN SICH GANZ FREI UND NIEMAND HATTE ETWAS DAGEGEN.

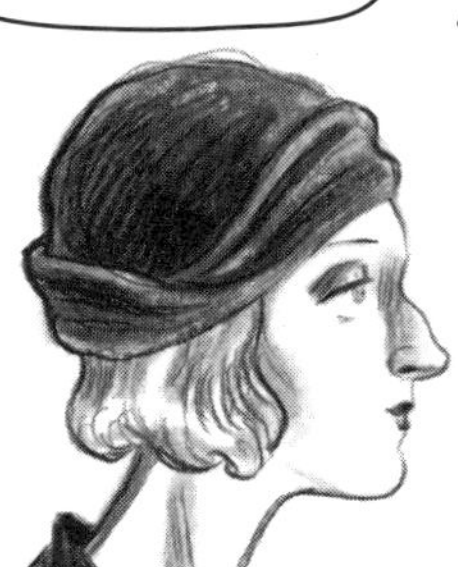

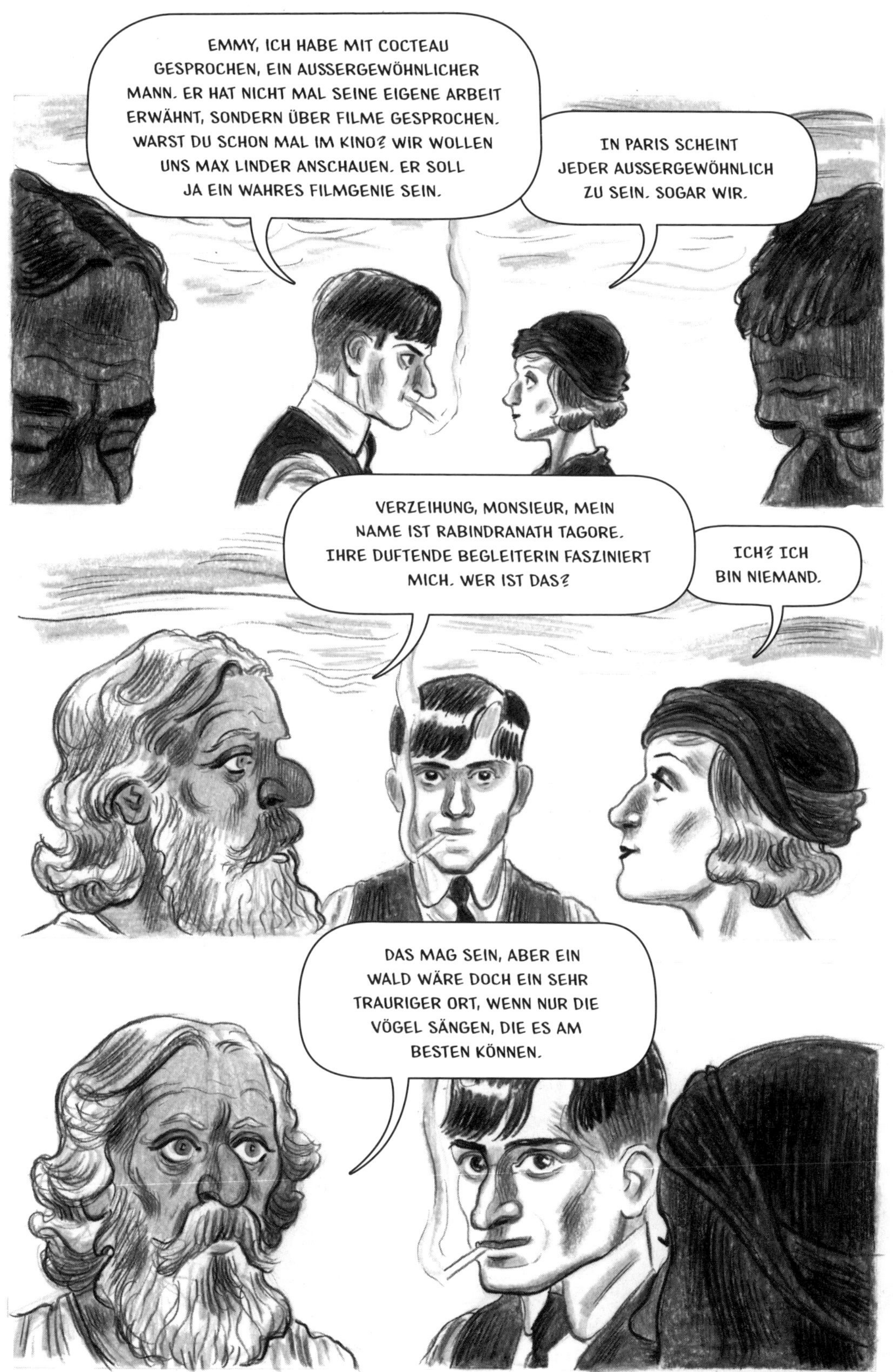
EMMY, ICH HABE MIT COCTEAU GESPROCHEN, EIN AUSSERGEWÖHNLICHER MANN. ER HAT NICHT MAL SEINE EIGENE ARBEIT ERWÄHNT, SONDERN ÜBER FILME GESPROCHEN. WARST DU SCHON MAL IM KINO? WIR WOLLEN UNS MAX LINDER ANSCHAUEN. ER SOLL JA EIN WAHRES FILMGENIE SEIN.
IN PARIS SCHEINT JEDER AUSSERGEWÖHNLICH ZU SEIN. SOGAR WIR.
VERZEIHUNG, MONSIEUR, MEIN NAME IST RABINDRANATH TAGORE. IHRE DUFTENDE BEGLEITERIN FASZINIERT MICH. WER IST DAS?
ICH? ICH BIN NIEMAND.
DAS MAG SEIN, ABER EIN WALD WÄRE DOCH EIN SEHR TRAURIGER ORT, WENN NUR DIE VÖGEL SÄNGEN, DIE ES AM BESTEN KÖNNEN.

PARIS WAR DAMALS DER NABEL DER WELT UND BEVÖLKERT VON FREIEN SEELEN.

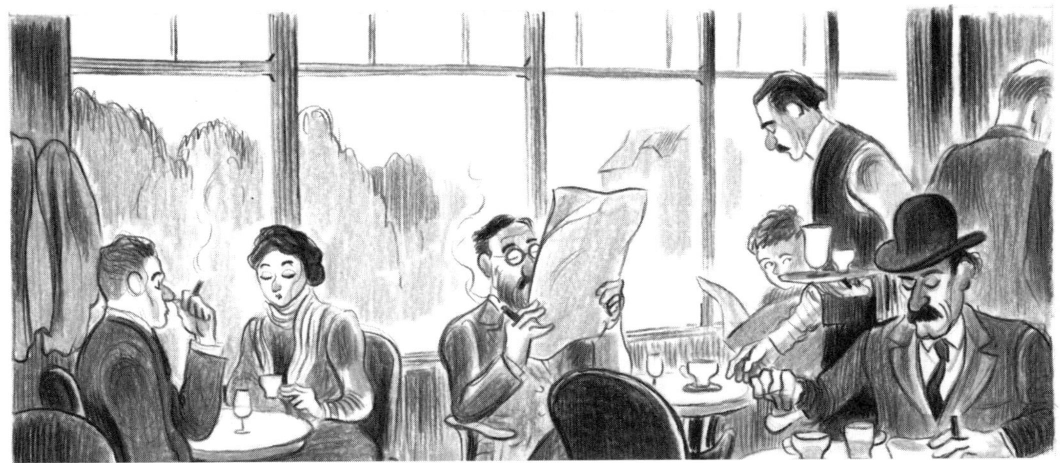

DER ZWEITE WELTKRIEG VERÄNDERTE JEDOCH ALLES.

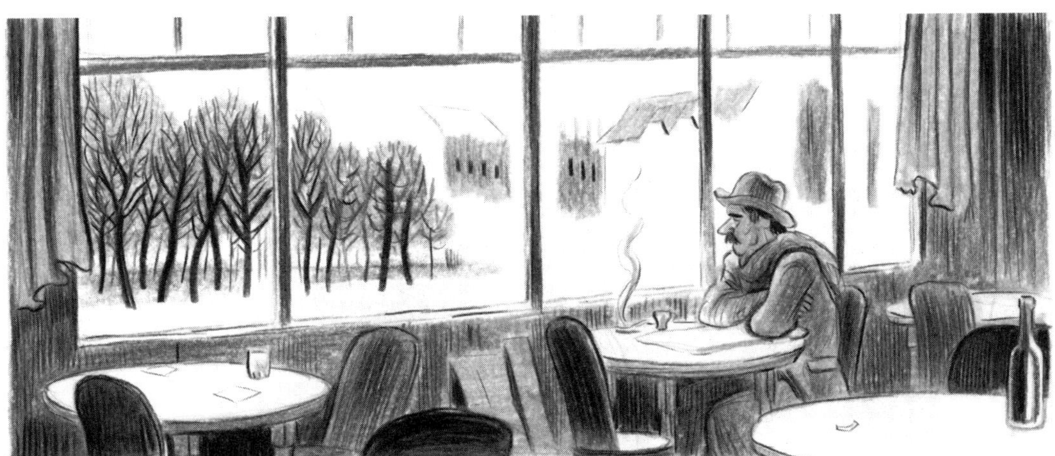

NACH DEM KRIEG VERLIESSEN DIE FREIEN SEELEN PARIS, UND DIE STADT FIEL WILDEN HORDEN ZUM OPFER.

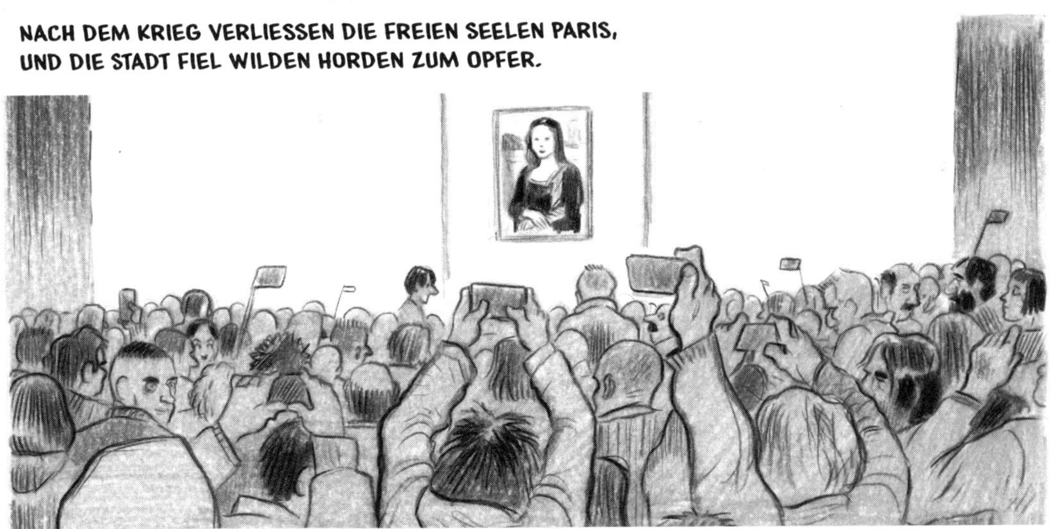

HORDEN, DIE, STATT PARIS ZU ERLEBEN, ES LIEBER MIT EINER KAMERA EINFANGEN.

ÜBRIGENS HÄTTEN BEI JENER SOIREE AUCH PICASSO UND APOLLINAIRE ANWESEND SEIN SOLLEN, ABER DIE POLIZEI HATTE SIE IN DIESER NACHT ALS TATVERDÄCHTIGE FÜR DEN DIEBSTAHL DER „MONA LISA" VERHAFTET. IN DERSELBEN NACHT WURDE ICH KRANK.

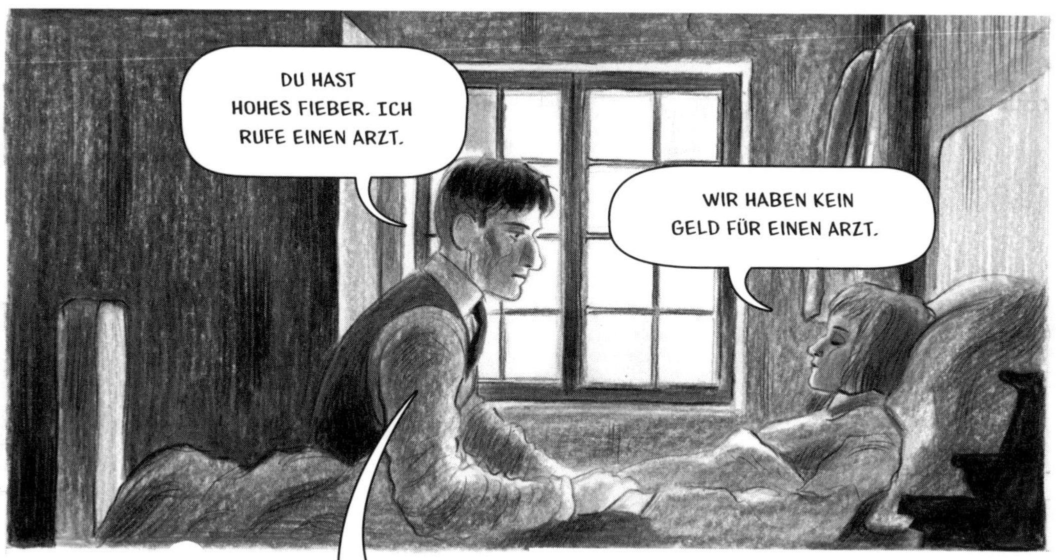

SCHÜTTELFROST, SCHMERZEN, ERBRECHEN.

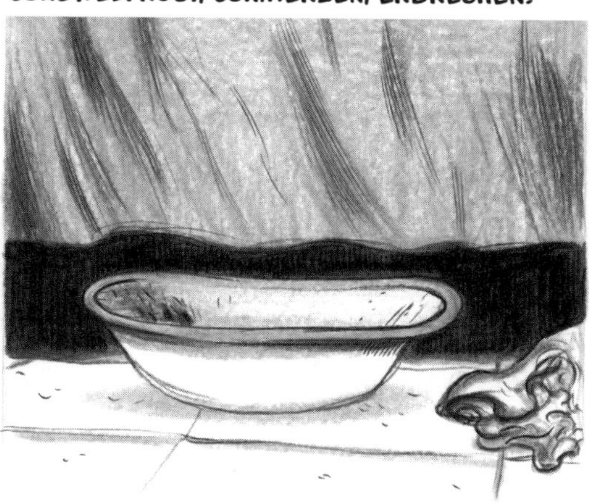

DELIRIUM. DIE GLEICHEN SYMPTOME WIE EIN DICHTER IN WALLUNG.

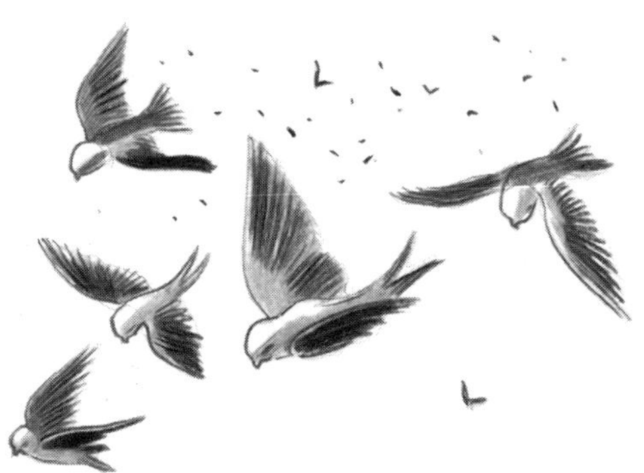

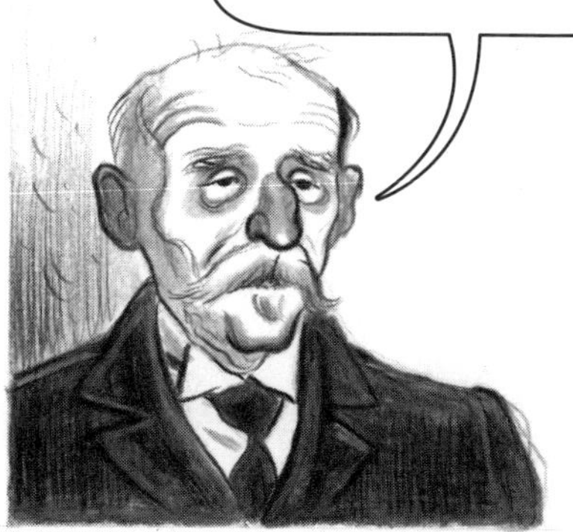

ERSCHAFFEN UND ERKRANKEN. WER BEIDES AUSGELASSEN HAT, HAT NICHT GELEBT. AN TYPHUS ZU STERBEN WAR GANZ NORMAL. TYPHUS, POCKEN. WIR SIND ZERBRECHLICH WIE EINE MING-VASE.

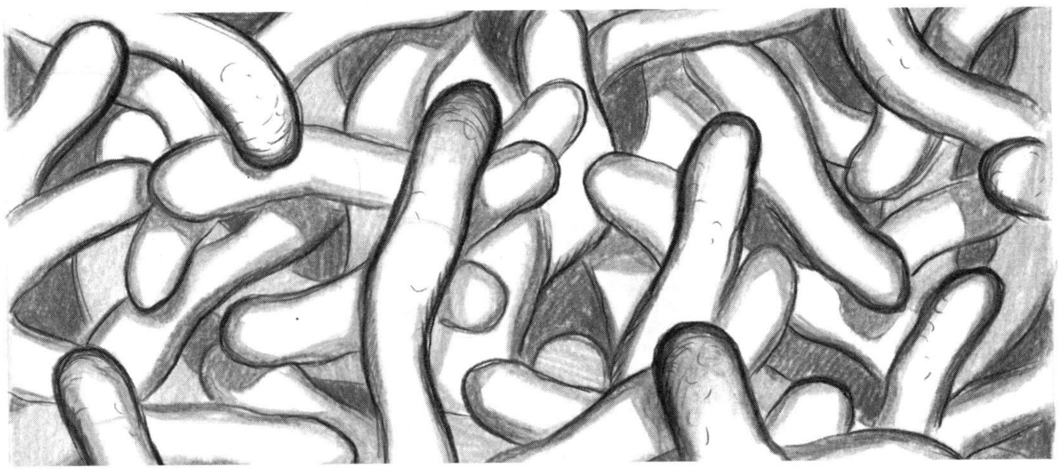

JAHRE SPÄTER WÜRDE DIE SPANISCHE GRIPPE SO VIELE MENSCHEN TÖTEN WIE BEIDE WELTKRIEGE ZUSAMMEN. WIE VIELE DAS WAREN? 50, VIELLEICHT AUCH 100 MILLIONEN.

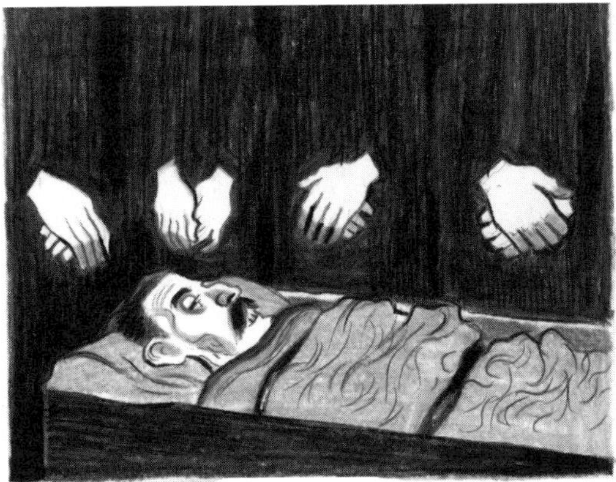

HARDEKOPF BRACHTE MICH WEG AUS PARIS, ODER ZUMINDEST TRÄUMTE ICH DAS IN MEINEM DELIRIUM.

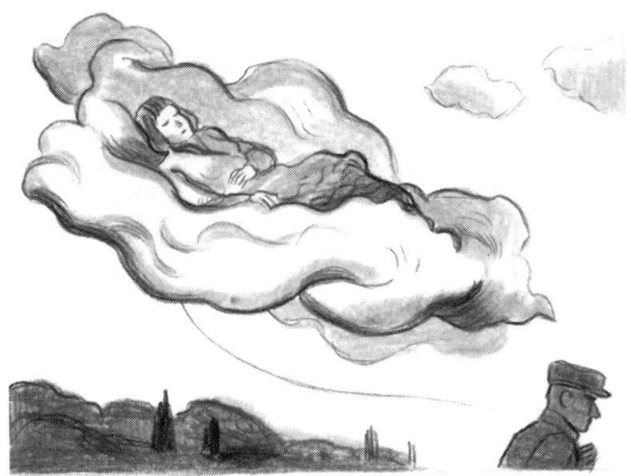

ICH WAR LANGE ZEIT IN EINEM SANATORIUM.

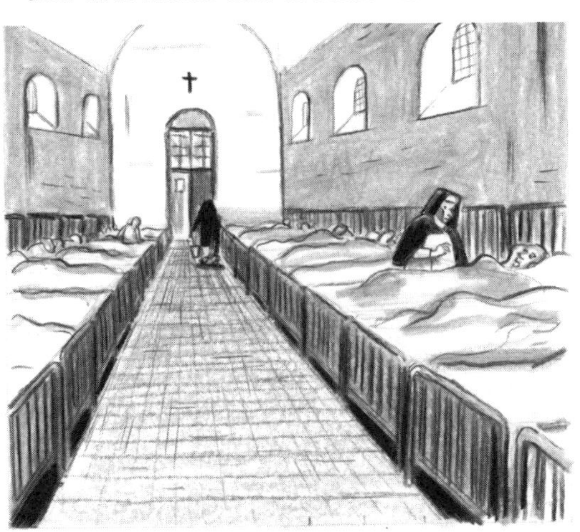

EINES TAGES KONNTE ICH WIEDER DEN AGILEN FLUG DER SCHWALBEN GENIESSEN UND ENTSCHIED, ES IHNEN NACHZUTUN. ICH FLOG VON BERLIN NACH MÜNCHEN.

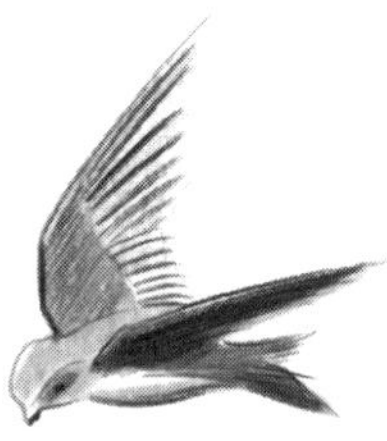

BALL NAHTE.

HARDEKOPF BLIEB IN BERLIN. MANCHMAL KAM ER NACH MÜNCHEN, DANN WIEDER BESUCHTE ICH IHN.

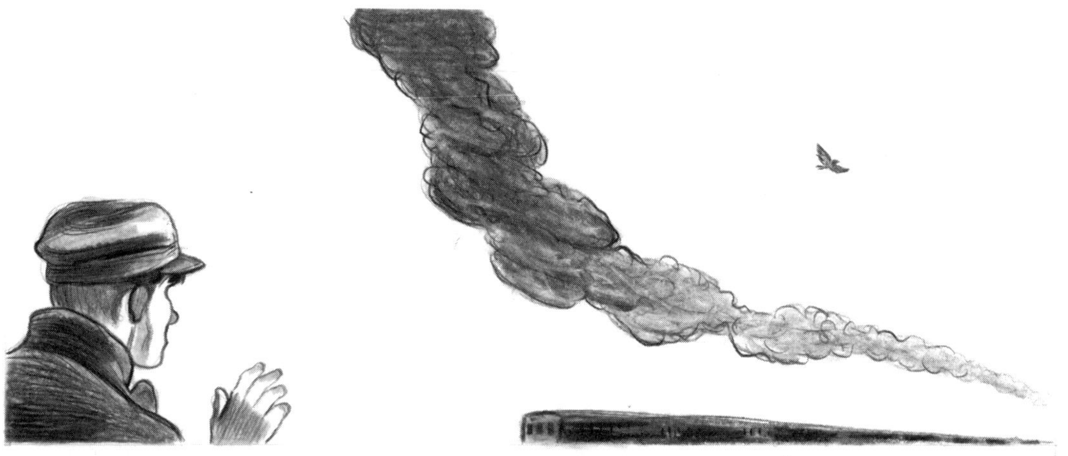

WIE KANN MAN IN DER VERGANGENHEIT VERANKERT BLEIBEN, WENN DIE ZUKUNFT SO AUFREGEND IST?

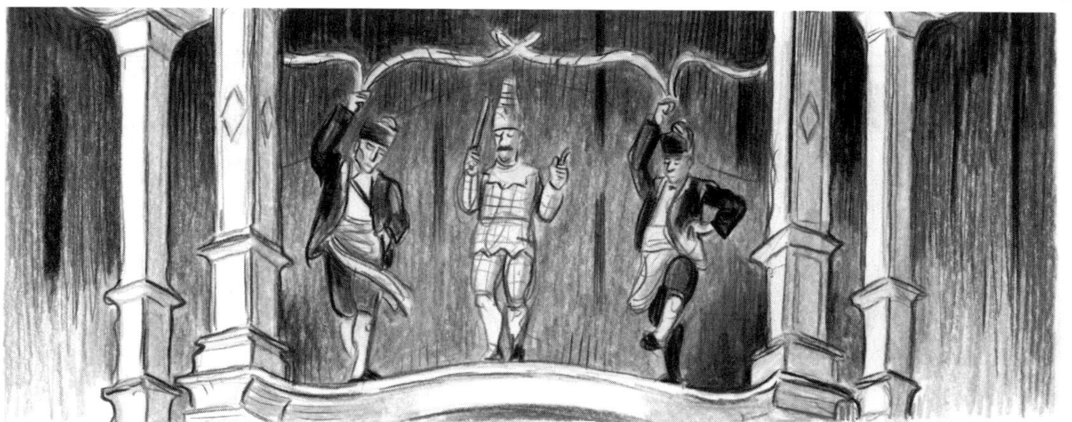

LOTTE PRITZKE, KANDINSKI, FRANZ MARC, VAN HODDIS, HUGO BALL, SIE WAREN DAS MÜNCHEN, DAS MICH ERWARTETE. NICHT ZU VERGESSEN AUCH ANDERE, WIE FRANK WEDEKIND.

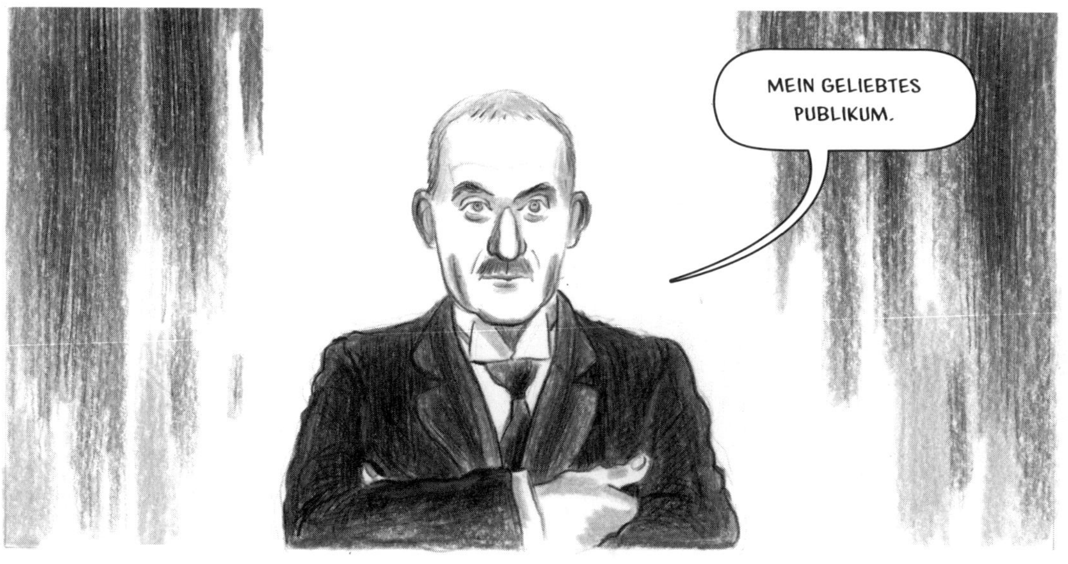

ENDE DES 2. KAPITELS

3. KAPITEL: Der blaue Reiter über die Brücke

FRANK WEDEKIND WAR EIN UNKONVENTIONELLER SCHAUSPIELER UND DRAMATIKER. EIN VERFOLGTER, EIN JESUS, EIN DADAIST VOR DEM DADA.

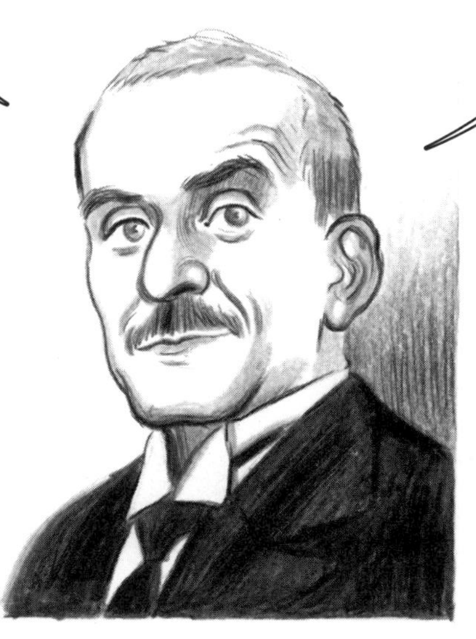

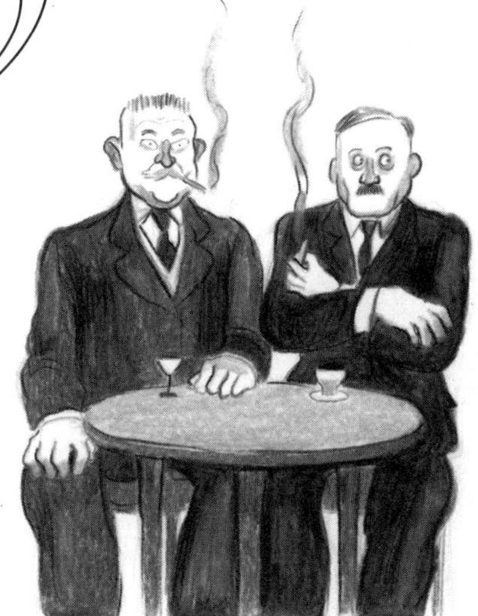

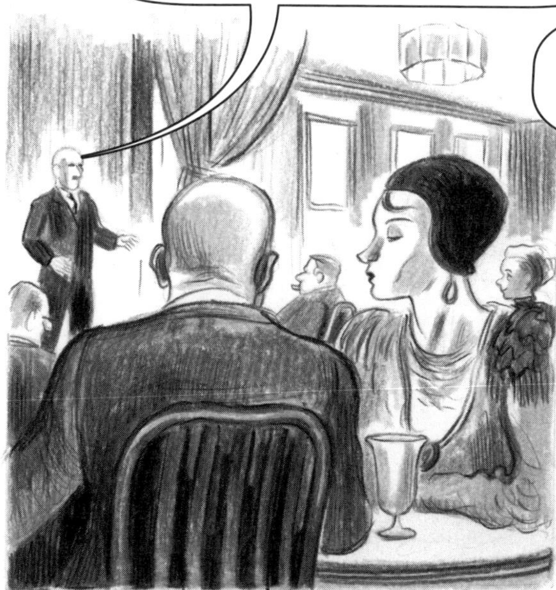

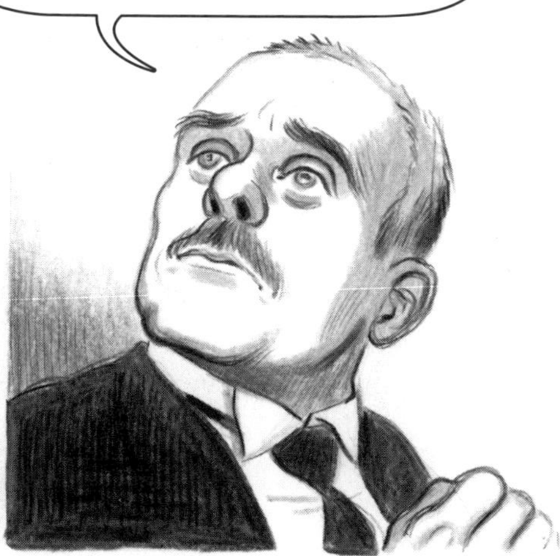

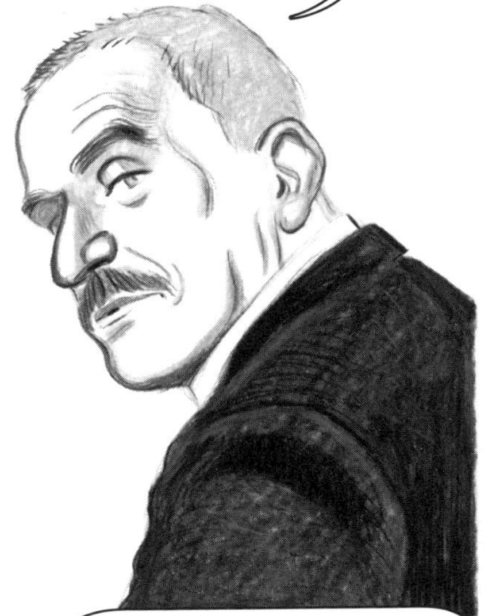
SIE IST UN-
VERGLEICHLICH.

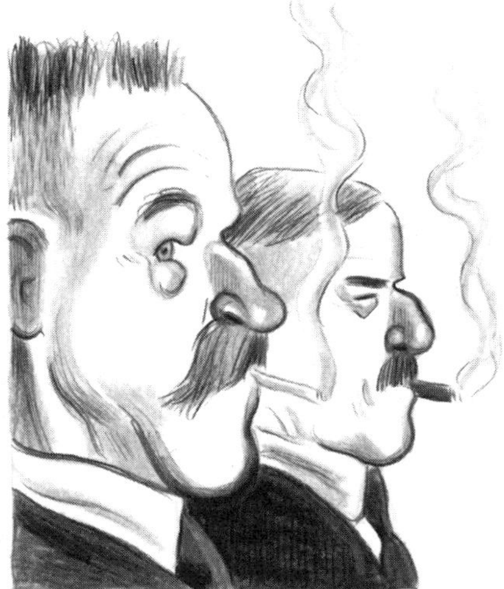
EWIGLICH.

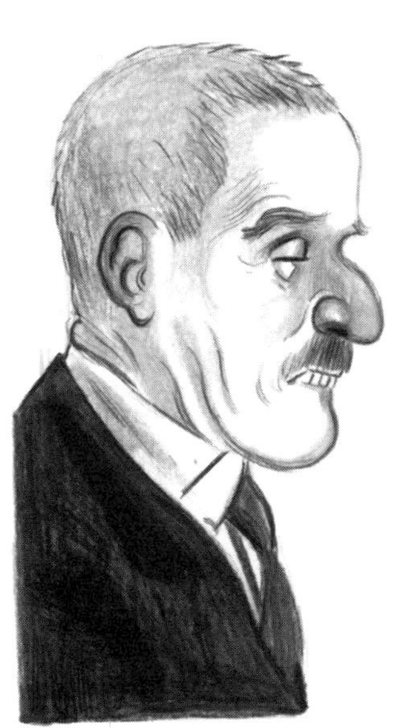
DESHALB MÖCHTE ICH DIE ANWESENHEIT DER BEIDEN HERREN NUTZEN, UM DEM KAISER MEINE LIEBE ZU ÜBERMITTELN.
ÜBERBRINGEN SIE IHM DIESES GESCHENK ALS BEWEIS MEINER ZUNEIGUNG ZU IHM.

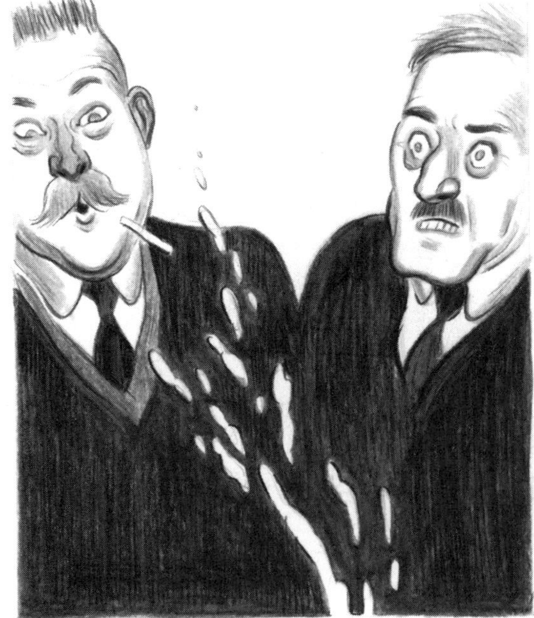

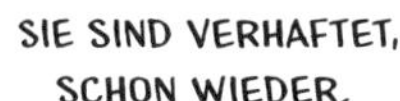
SIE SIND VERHAFTET, SCHON WIEDER.

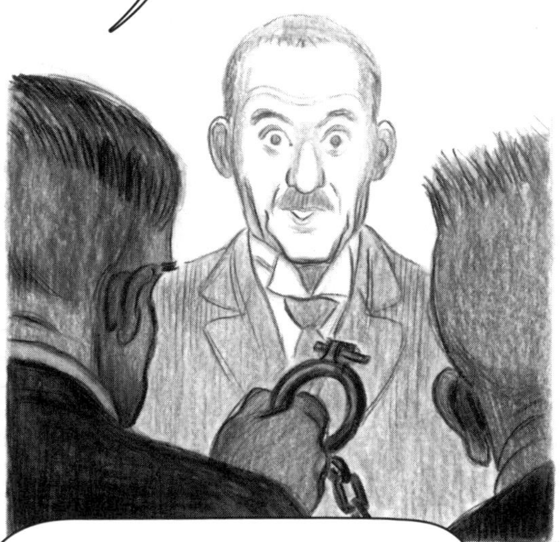
WIESO? IST ES STRAFBAR ZU LIEBEN?

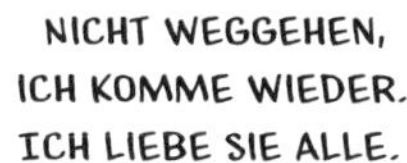
NICHT WEGGEHEN, ICH KOMME WIEDER. ICH LIEBE SIE ALLE.

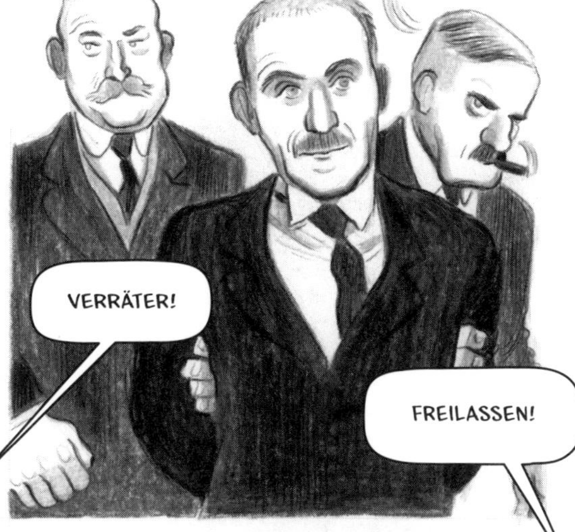
DER KAISER IST EIN SCHWACHKOPF!
VERRÄTER!
FREILASSEN!

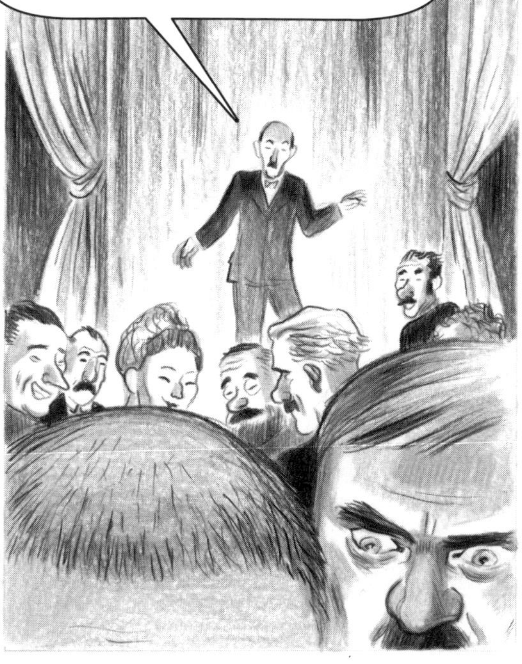
VEREHRTES PUBLIKUM, DIE SHOW MUSS WEITERGEHEN. ICH PRÄSENTIERE IHNEN EINEN NEUEN STAR DES KABARETTS SIMPLICISSIMUS.

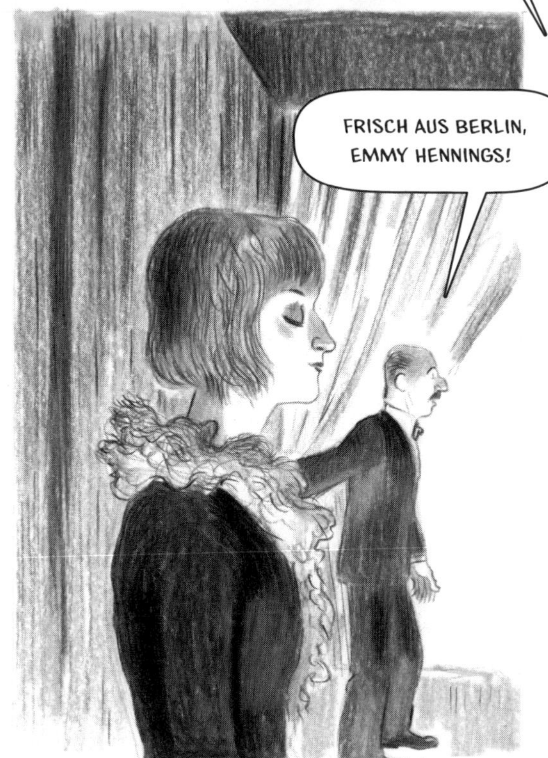
FRISCH AUS BERLIN, EMMY HENNINGS!

WEDEKIND WAR EIN GENIE. 1929 WÜRDE SEIN ROMAN „DIE BÜCHSE DER PANDORA" VON PABST VERFILMT WERDEN. DAS DEUTSCHE KABARETT UND DAMIT DAS CABARET VOLTAIRE HABEN WEDEKIND VIEL ZU VERDANKEN. AM ENDE MEINES AUFTRITTS MERKTE ICH, DASS BERLIN UND MÜNCHEN ZU NAHE BEIEINANDERLAGEN.

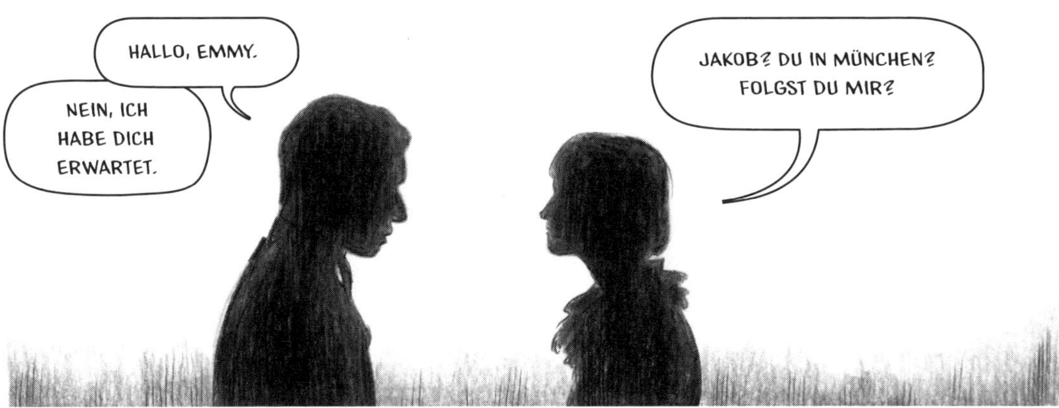

JAKOB VAN HODDIS, EINER MEINER TREUESTEN LIEBHABER IN BERLIN. EIN EXPRESSIONISTISCHER DICHTER, DEN ICH VOR HARDEKOPF VERSTECKT GEHALTEN HATTE.

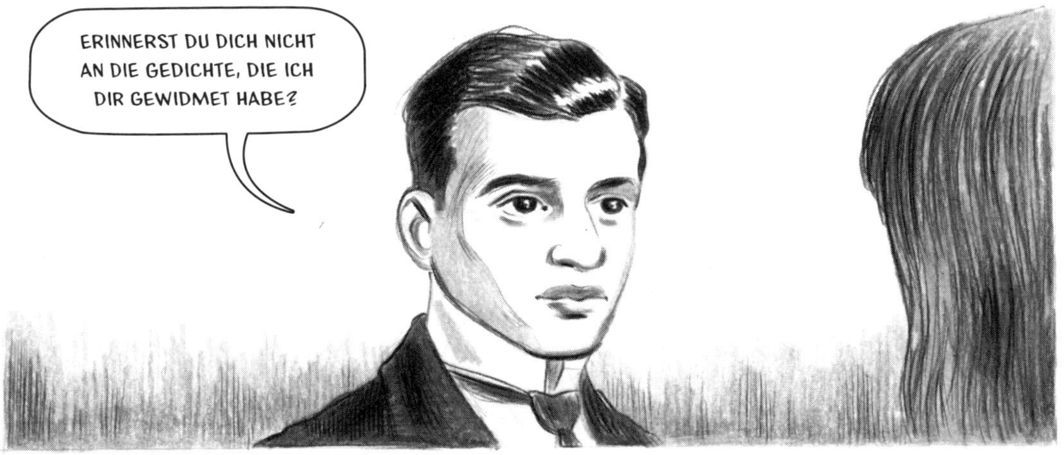

ICH WAR FÜR VAN HODDIS EBENSO MUSE WIE FÜR HARDEKOPF, ICH NÄHRTE IHRE SCHREIBFEDERN.

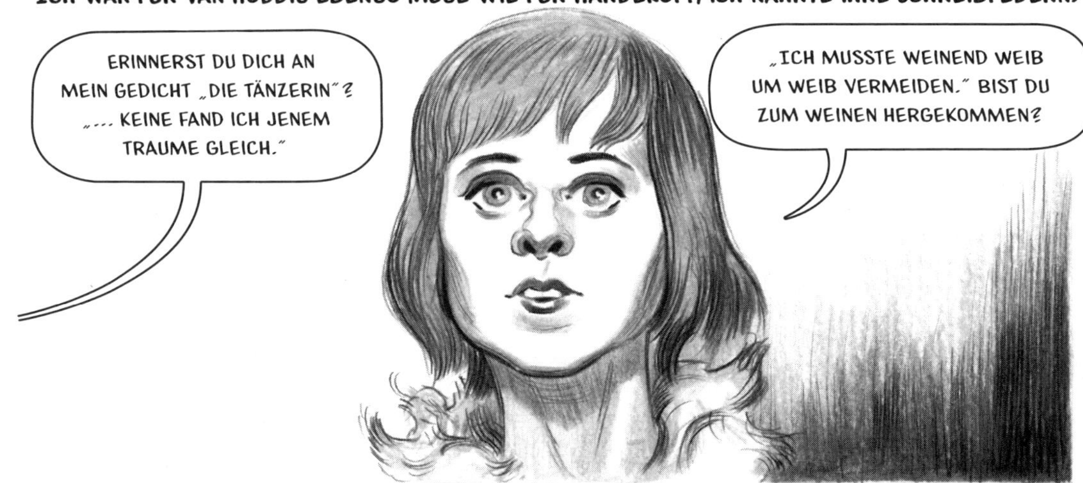

MEINE ERSTE LIEBE IN MÜNCHEN WAR ALSO EINE BERLINER LIEBE.

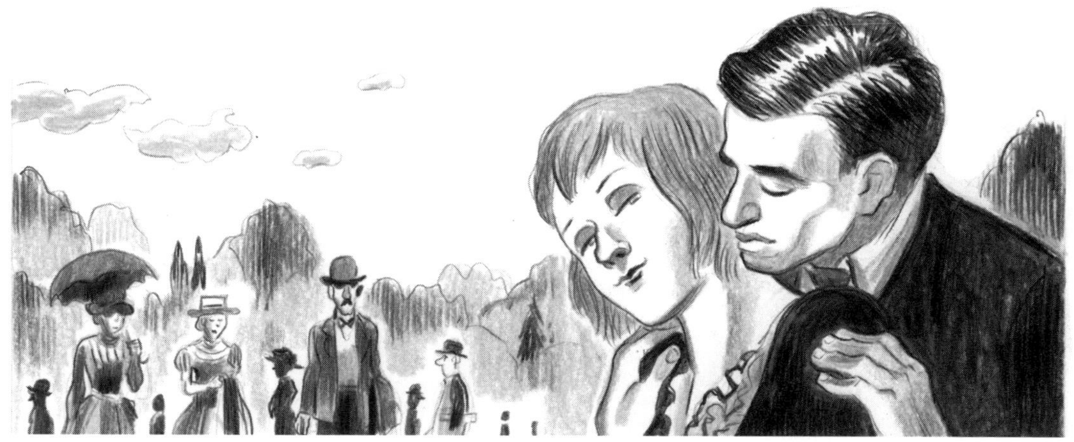

ZUGLEICH KONNTE ICH AUCH HARDEKOPF NICHT ABWEISEN, WENN ER MICH AUFSUCHTE.

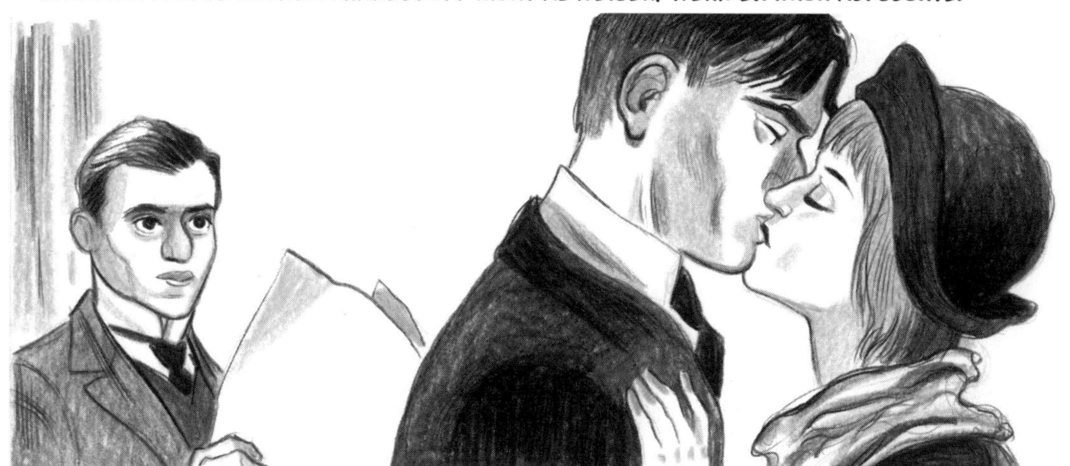

UND AUCH DEM MORPHIUM BLIEB ICH VERBUNDEN. MEINE ZWEIFEL FÜHRTEN MICH AN DEN EINZIGEN EWIG RUHIGEN ORT ...

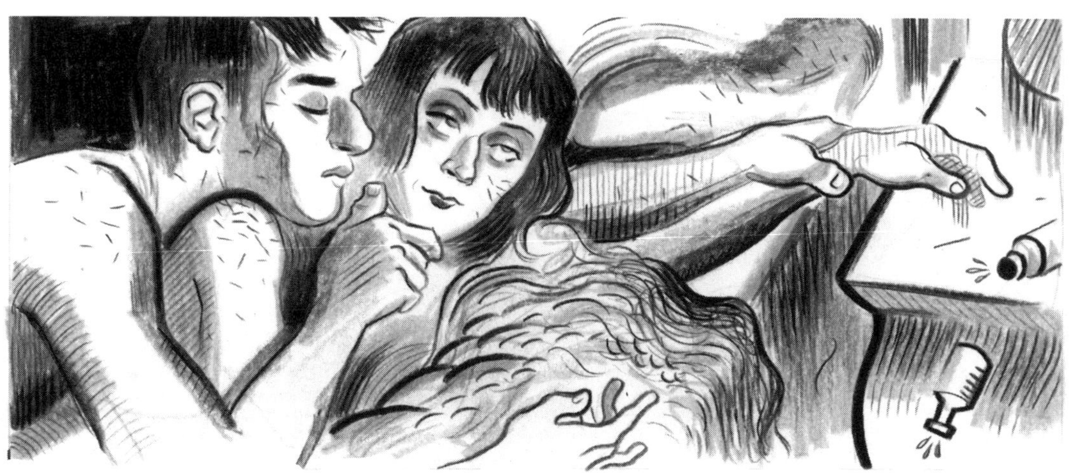

… DIE KIRCHE.

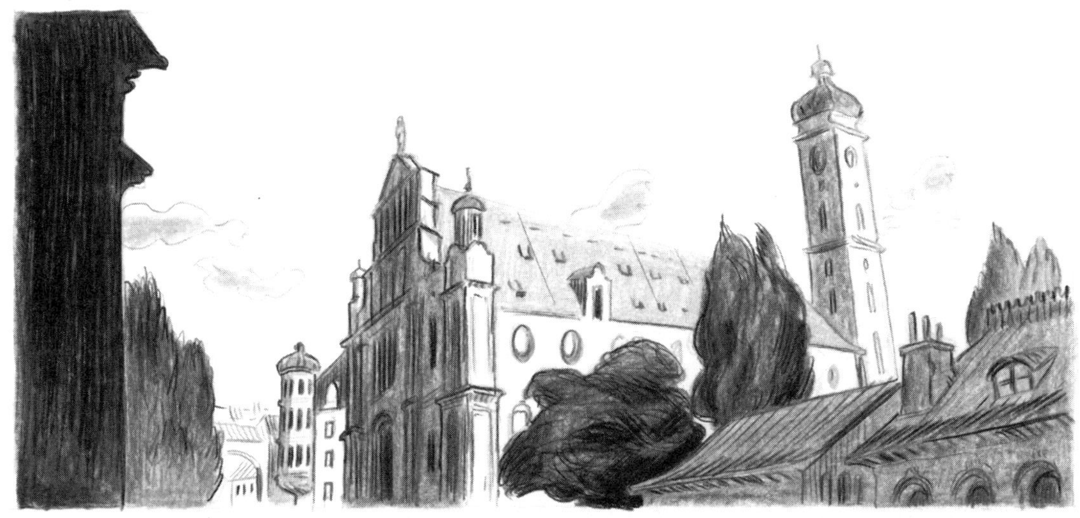

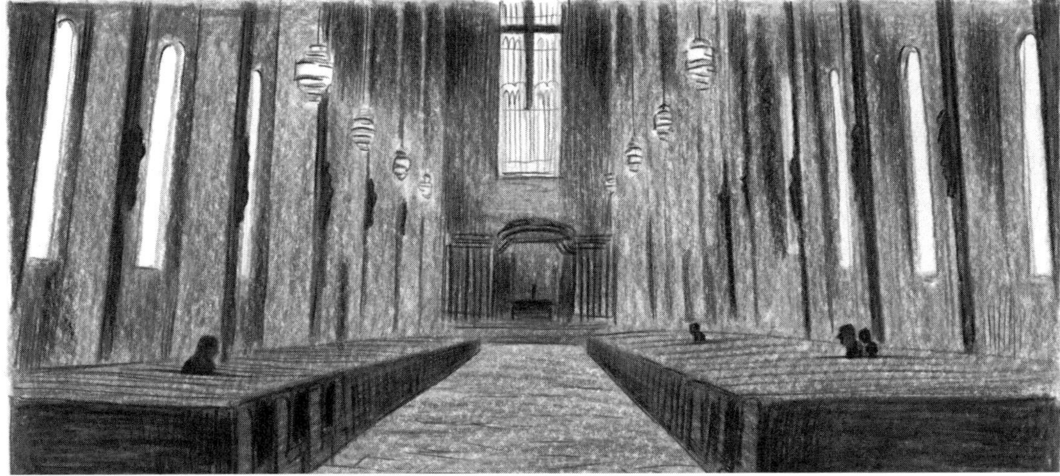

ZWISCHEN DEN EINSAMEN KIRCHENBÄNKEN VERSUCHTE ICH, DEN FRIEDEN FÜR MEINEN KRIEG ZU FINDEN, DEN GEIST FÜR MEIN FLEISCH.

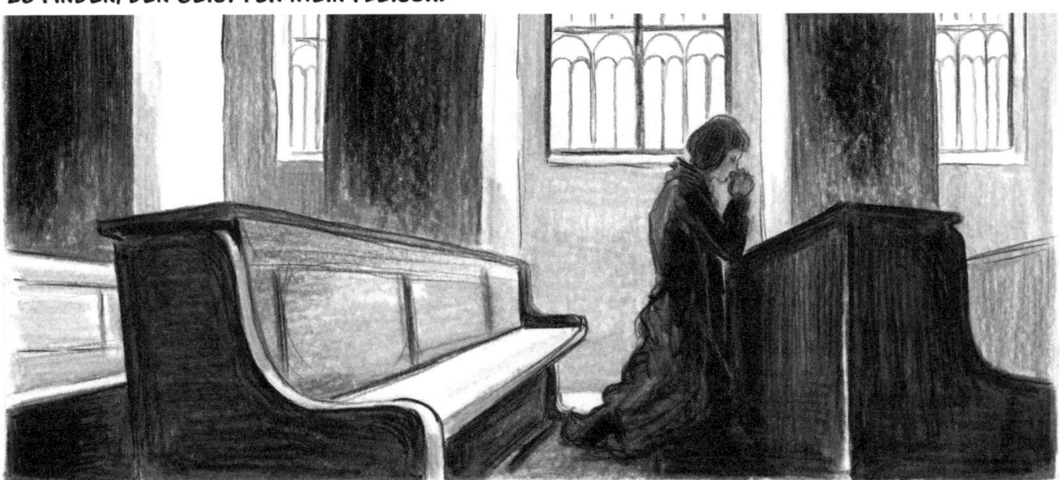

MEINE DÄNISCHSTÄMMIGE FAMILIE HATTE MICH PROTESTANTISCH ERZOGEN. 1911 BESCHLOSS ICH, ZUM KATHOLIZISMUS ZU KONVERTIEREN. IN MÜNCHEN BEGANN ICH, DIE HEILIGEN IN DEN KIRCHEN ZU ZEICHNEN.

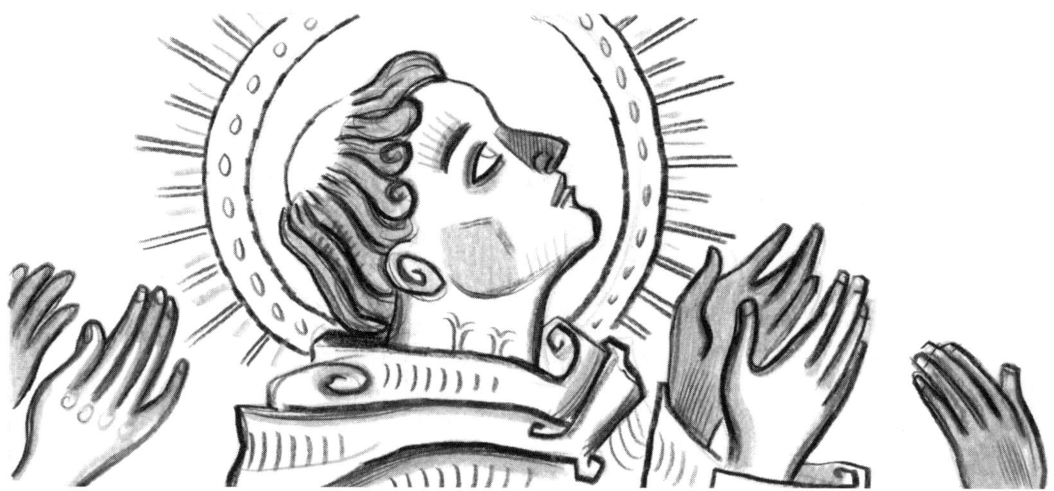

ABENDS SANG UND TANZTE ICH IM SIMPLICISSIMUS. FRÜHMORGENS WIEGTE ICH MICH IN VAN HODDIS' ARMEN.

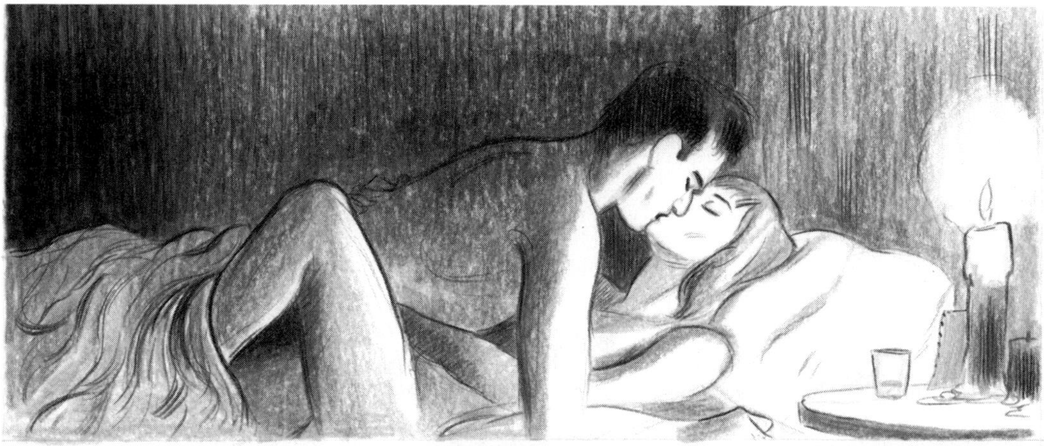

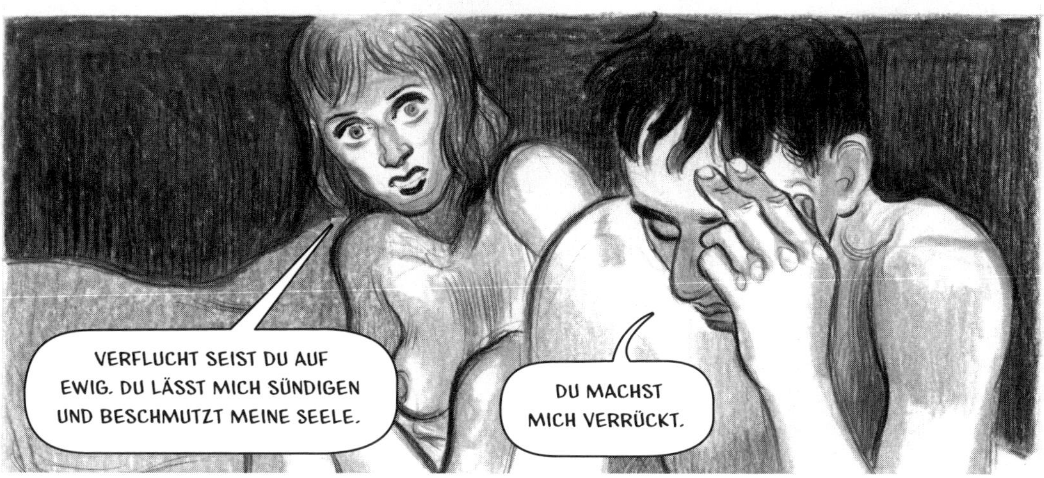

VERFLUCHT SEIST DU AUF EWIG. DU LÄSST MICH SÜNDIGEN UND BESCHMUTZT MEINE SEELE.

DU MACHST MICH VERRÜCKT.

ICH FÜHRTE KRIEG GEGEN MICH SELBST. DER ARME VAN HODDIS WAR EIN UNSCHULDIGES OPFER.

GERADE ER HÄTTE FRIEDEN UND LIEBE VERDIENT. 1942 WURDE ER VON DEN NAZIS NACH POLEN DEPORTIERT UND STARB IM VERNICHTUNGSLAGER SOBIBOR.

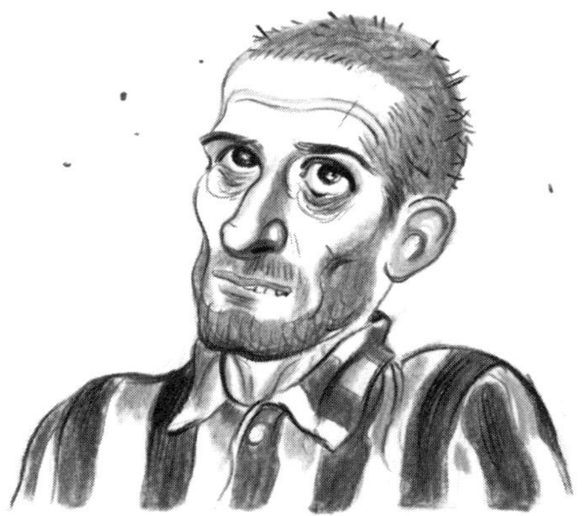

WEGEN SEINER PSYCHISCHEN PROBLEME WAR ER SICH DER GESCHEHNISSE WOMÖGLICH GAR NICHT BEWUSST. JAKOB VAN HODDIS, EIN VERRÜCKTER DICHTER.

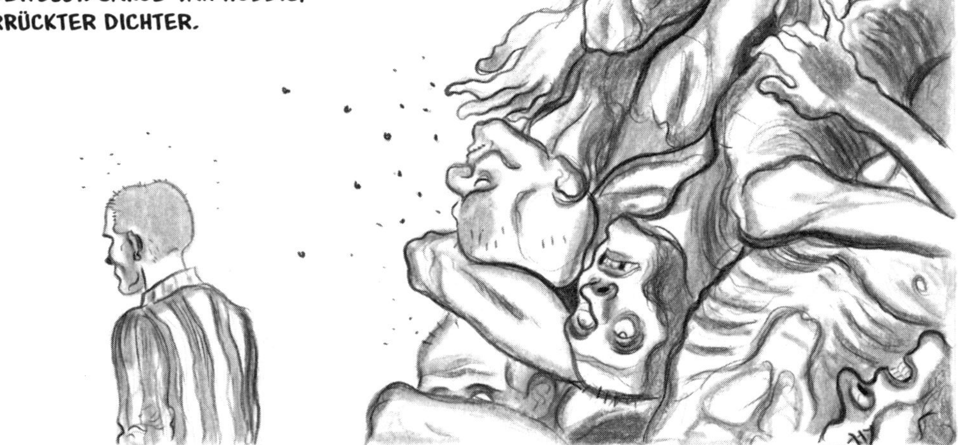

ALS ICH IHN TRAF, HATTE ER GERADE DAS GEDICHT „WELTENDE" GESCHRIEBEN, DIE GEBURTSURKUNDE DES EXPRESSIONISMUS ODER DES DADA-GEPLAPPERS, WENN SIE SO WOLLEN. DADAISMUS VOR DEM DADAISMUS, EINMAL MEHR.

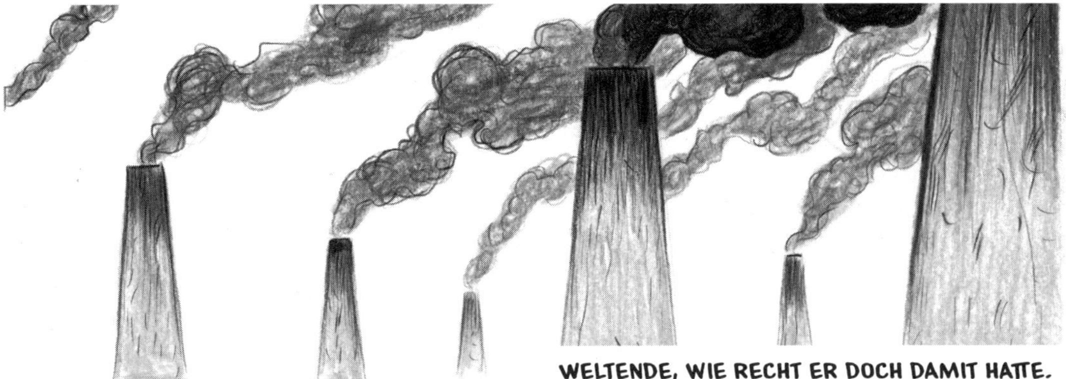

DEM BÜRGER FLIEGT VOM SPITZEN KOPF DER HUT,
IN ALLEN LÜFTEN HALLT ES WIE GESCHREI.

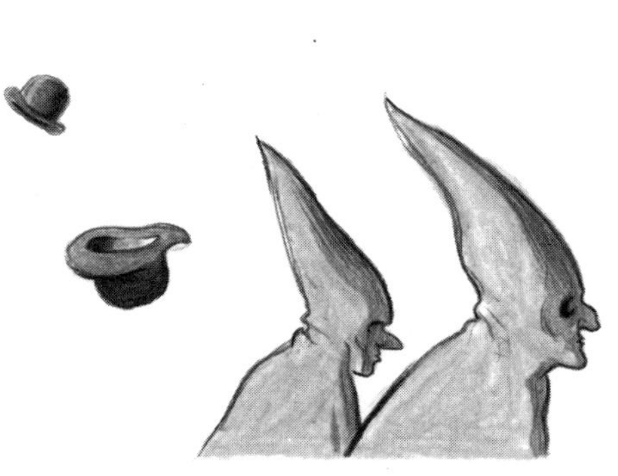

DACHDECKER STÜRZEN AB UND GEHN ENTZWEI,
UND AN DEN KÜSTEN – LIEST MAN – STEIGT DIE FLUT.

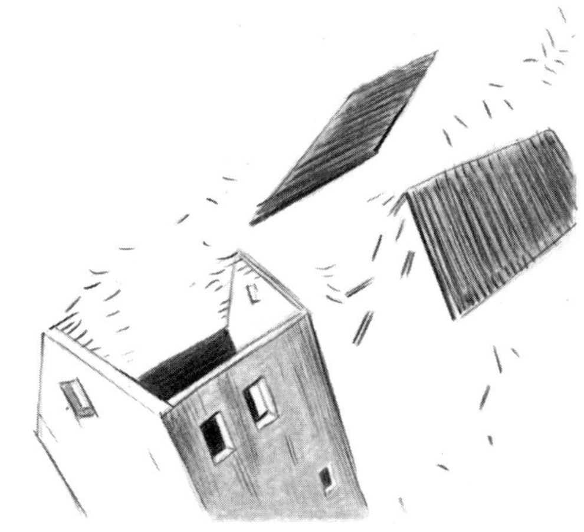

DER STURM IST DA, DIE WILDEN MEERE HUPFEN
AN LAND, UM DICKE DÄMME ZU ZERDRÜCKEN.

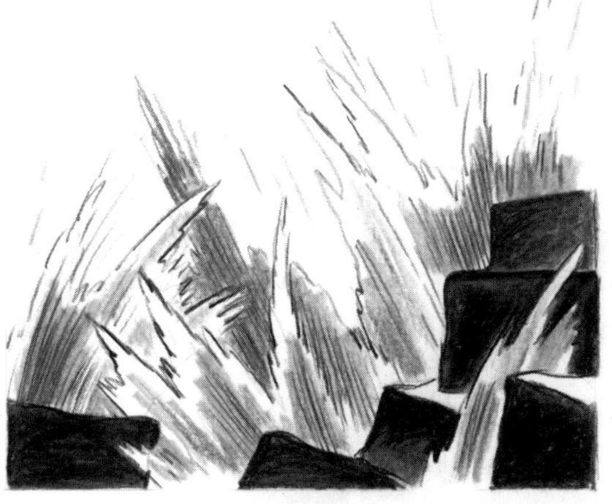

DIE MEISTEN MENSCHEN HABEN EINEN SCHNUPFEN.

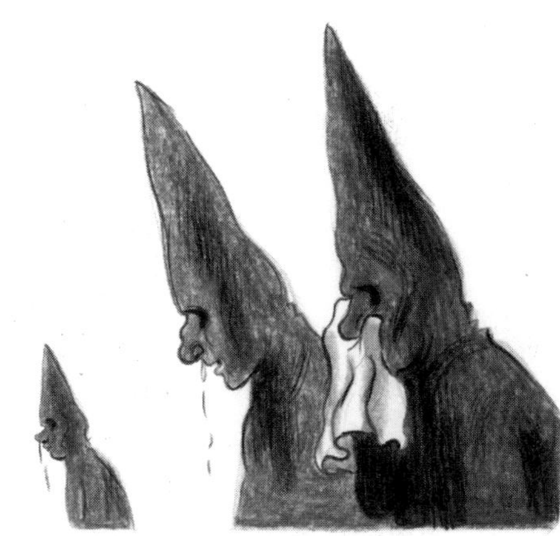

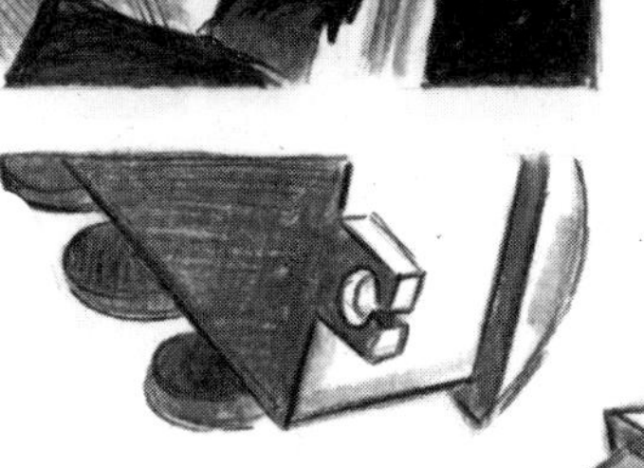

DIE EISENBAHNEN FALLEN
VON DEN BRÜCKEN.[2]

[2] „WELTENDE“

ALS HODDIS 1911 „WELTENDE" VERFASSTE, GALT ER ZUSAMMEN MIT GEORG HEYM UND KURT HILLER, EBENFALLS DICHTER, ALS DIE ESSENZ DES „NEOPATHETISCHEN CABARET" IM BERLINER „NEUEN CLUB".

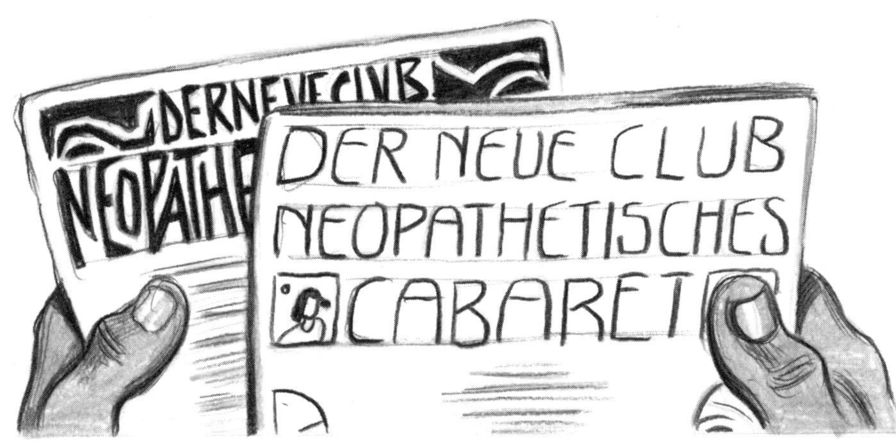

NEOPATHETISCHE NÄCHTE: DICHTER MIT GRENZÜBERSCHREITENDEN VERSEN, MUSIK, TANZ ... UND ICH. ES WAREN DIE GLEICHEN ZUTATEN WIE BEIM FÜNF JAHRE SPÄTER GEGRÜNDETEN CABARET VOLTAIRE. ABER KUNST IST EINE GEFÄHRLICHE WAFFE, DIE JEDERZEIT HOCHGEHEN KANN.

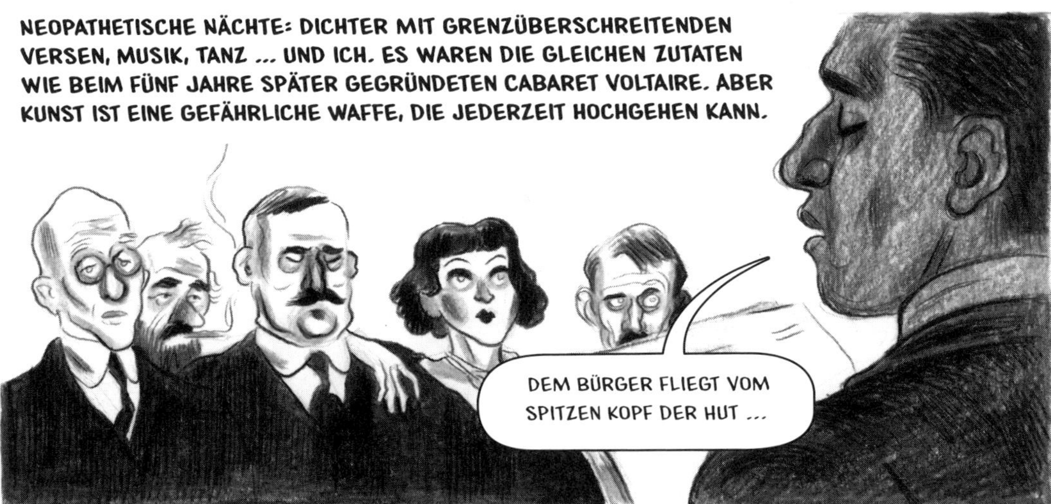

UND JENES NEOPLATONISCHE KABARETT, JENE JUNGEN EXPRESSIONISTEN, GING AM 18. JANUAR 1911 HOCH.

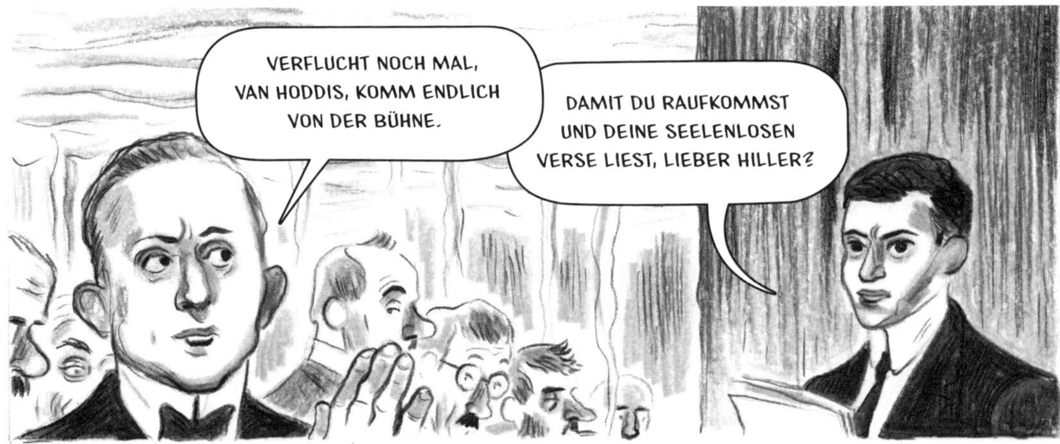

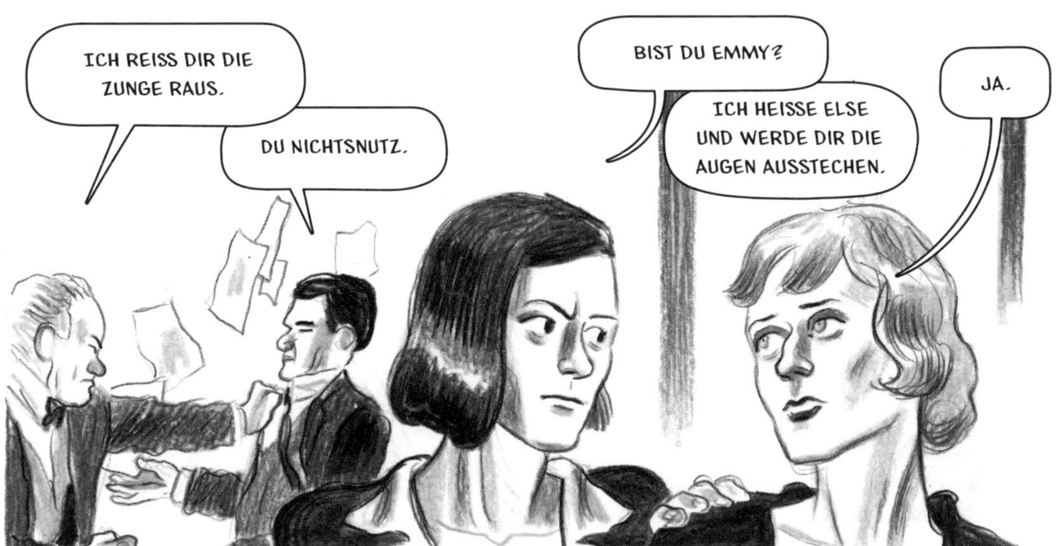

ICH HATTE KEINE AHNUNG, WARUM DIE SCHRIFTSTELLERIN ELSE LASKER-SCHÜLER MIR DIE AUGEN AUSSTECHEN WOLLTE.

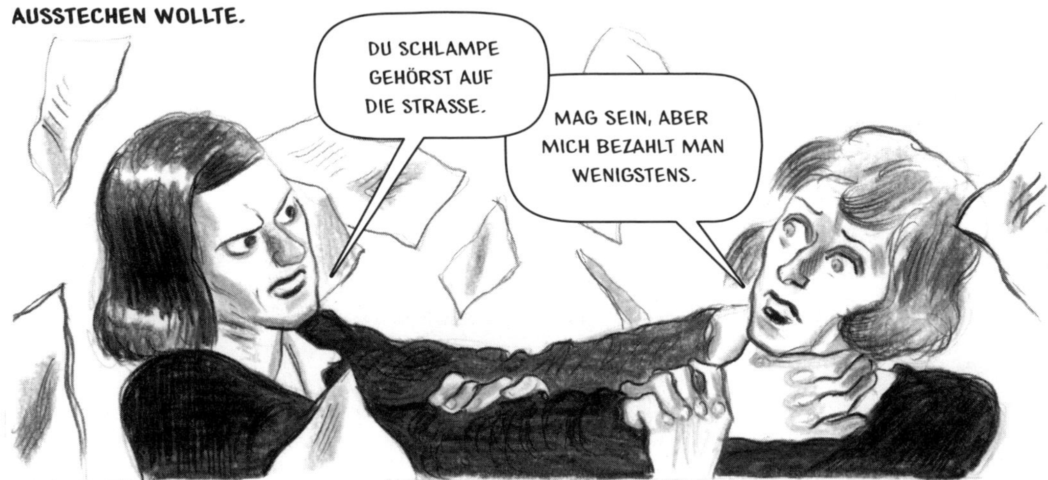

GEORG HEYM, DER JÜNGSTE UND VIELVERSPRECHENDSTE DICHTER JENER JAHRE, VERFOLGTE WIE GELÄHMT DIE SCHLACHT, DIE DEM URSPRÜNGLICHEN NEOPATHETISCHEN CABARET EIN ENDE SETZTE.

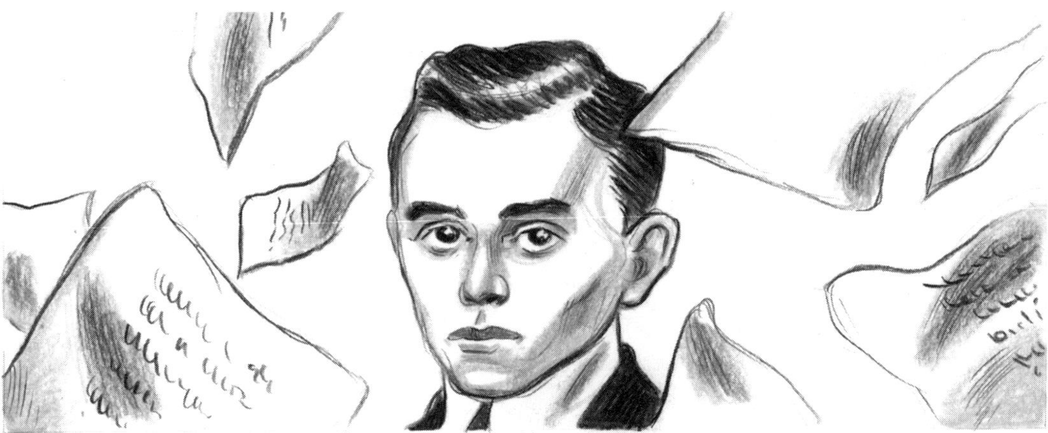

HEYM ERTRANK EIN JAHR SPÄTER BEIM EISLAUFEN. ER WOLLTE EINEN ANDEREN DICHTER RETTEN, DER IHN BEGLEITET HATTE. HEROISCHE TODE EXPRESSIONISTISCHER DICHTER.

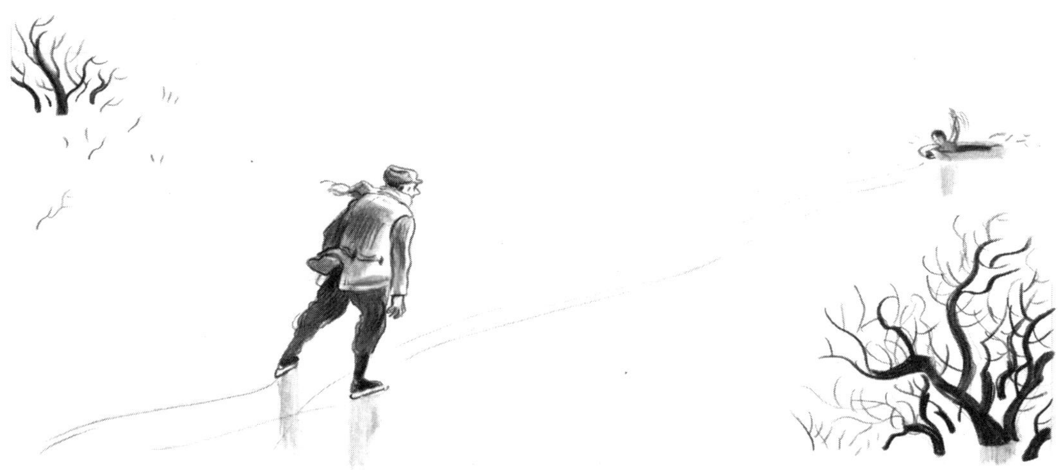

SIE KONNTEN IHN ERST RAUSHOLEN, ALS DER FLUSS VÖLLIG ZUGEFROREN WAR. DAS EIS WURDE AUFGESÄGT.

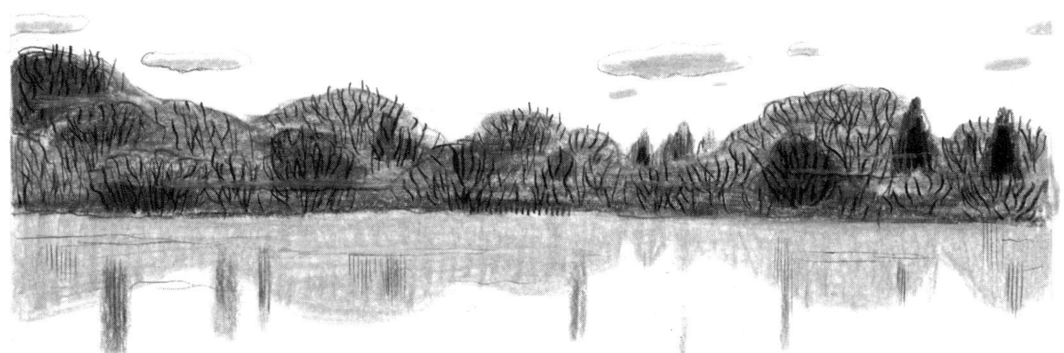

ER STRAHLTE WIE SCHNEEWITTCHEN IN IHREM GLÄSERNEN SARKOPHAG. DICHTER, DIE VERGESSEN IM EIS DER GESCHICHTE RUHEN.

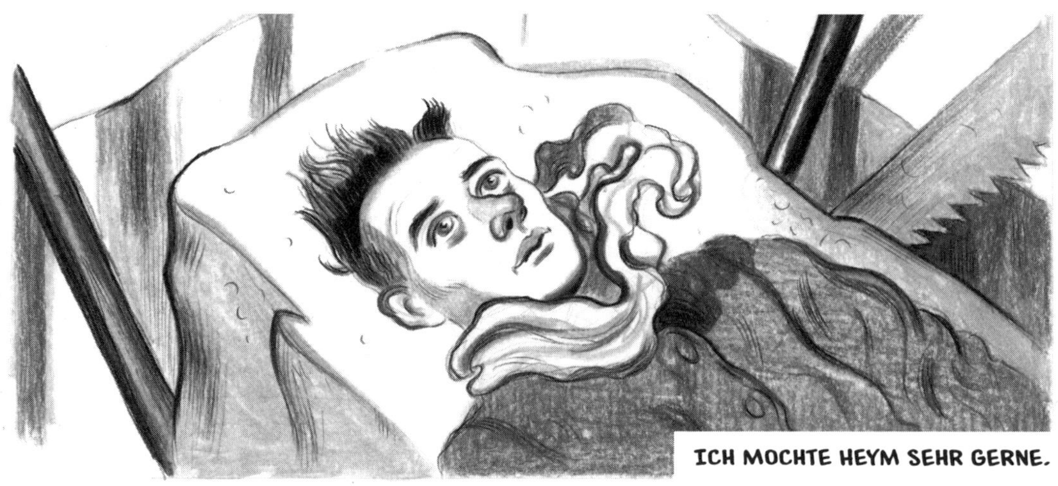

ABER LASSEN WIR DIESE TRAURIGE GESCHICHTE HINTER UNS UND KEHREN ZURÜCK INS MÜNCHNER SIMPLICISSIMUS.

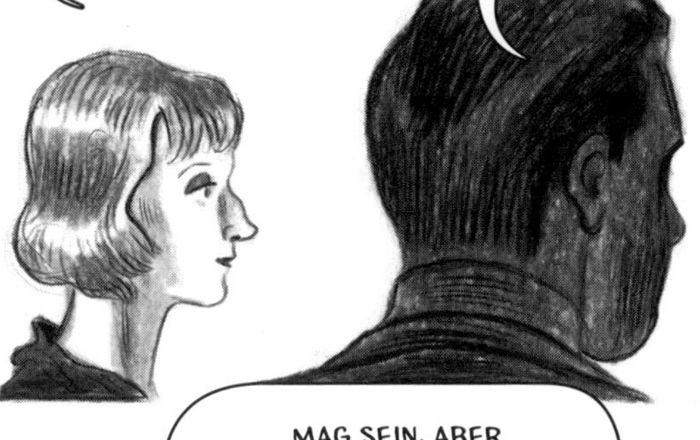

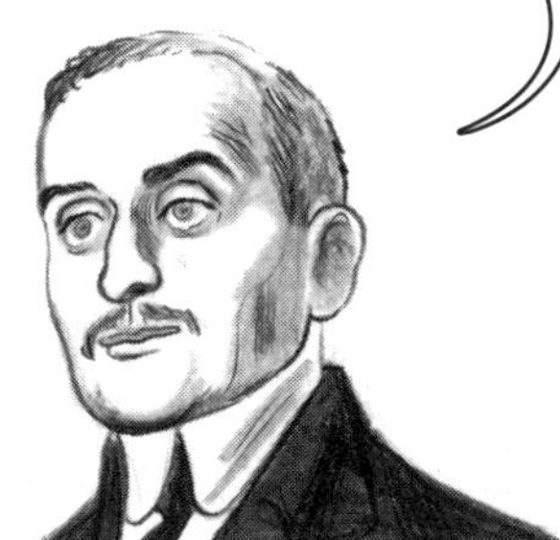

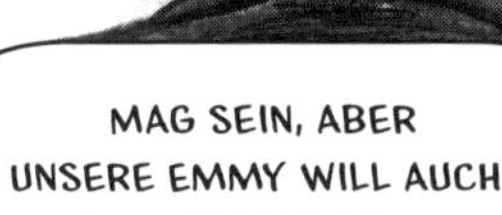

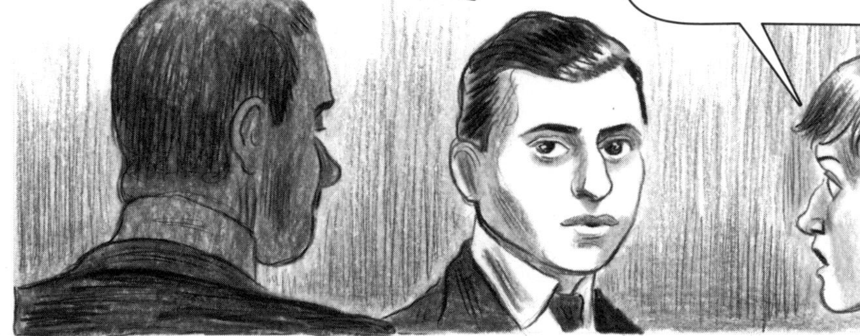

ICH AHNTE NICHT, DASS MEINE WORTE AN VAN HODDIS SICH WIE EINE PROPHEZEIUNG IM KREMATORIUM SOBIBOR ERFÜLLEN WÜRDEN.

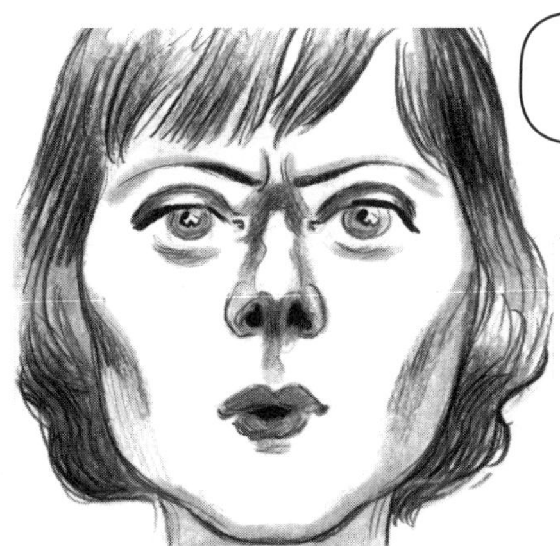

DOCH SÜNDEN FALLEN IMMER AUF EINEN ZURÜCK. MANCHMAL ALLZU FRÜH.

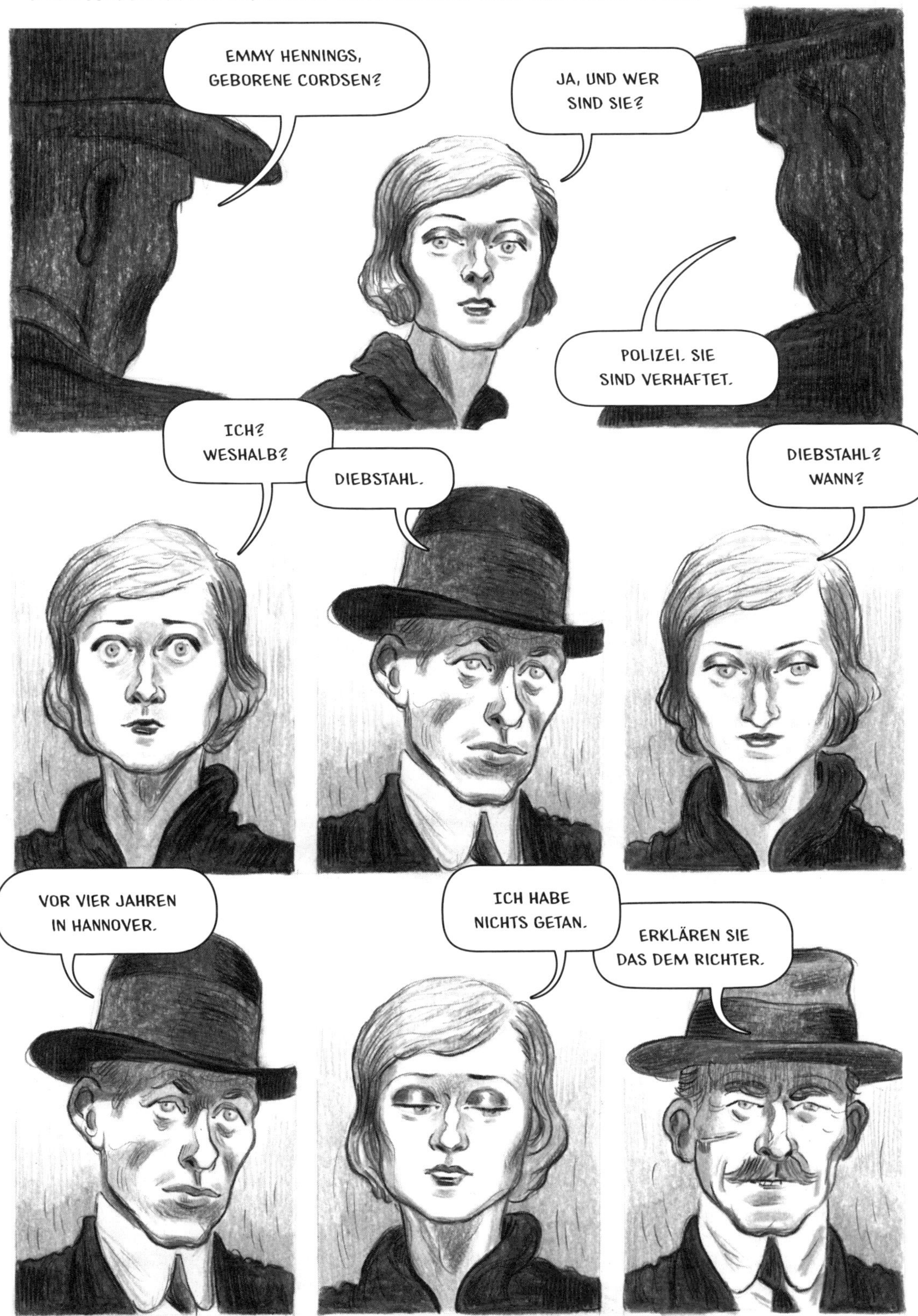

EIN DIEBSTAHL IN HANNOVER. ICH HABE ZU VIELE GESETZE ÜBERTRETEN, ALS DASS ICH MICH DARAN ERINNERN KÖNNTE.

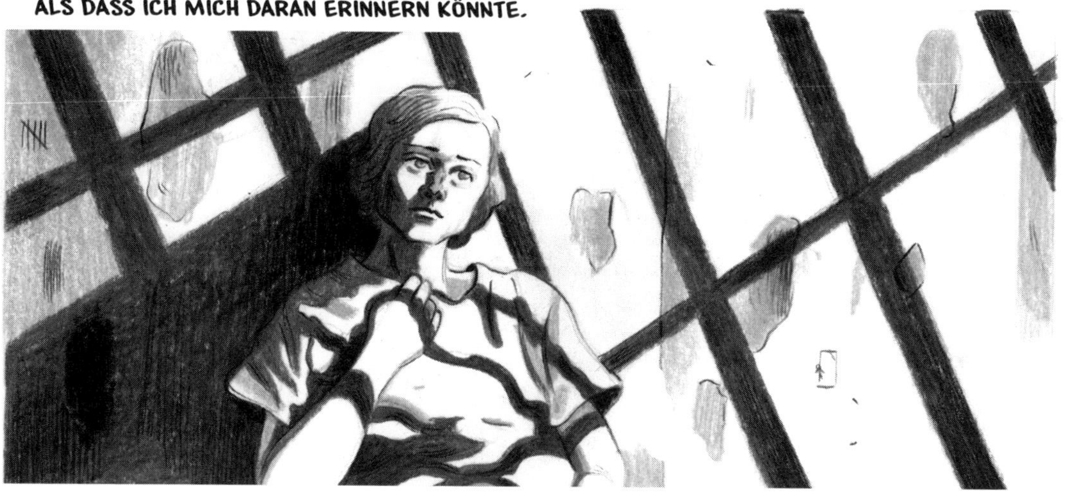

AM NÄCHSTEN TAG STAND ICH VOR DEM RICHTER.

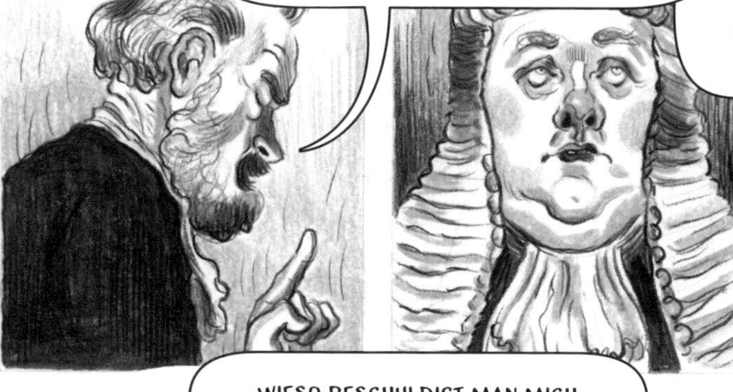

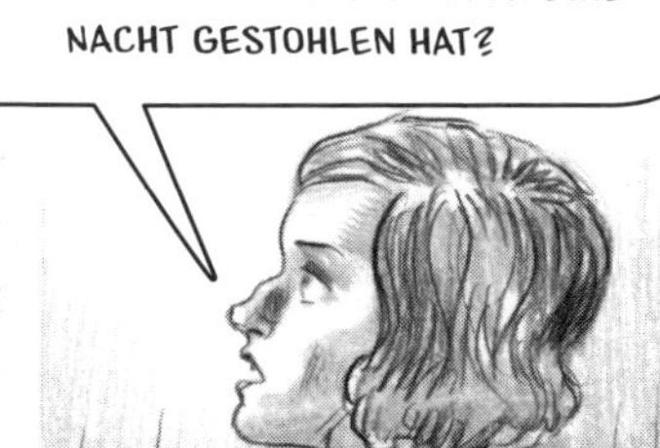

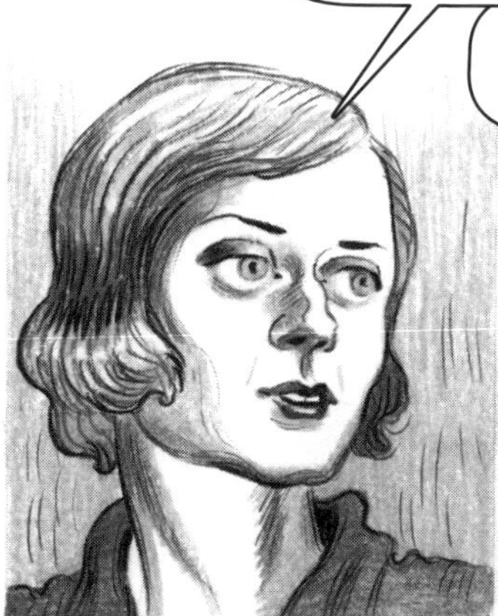

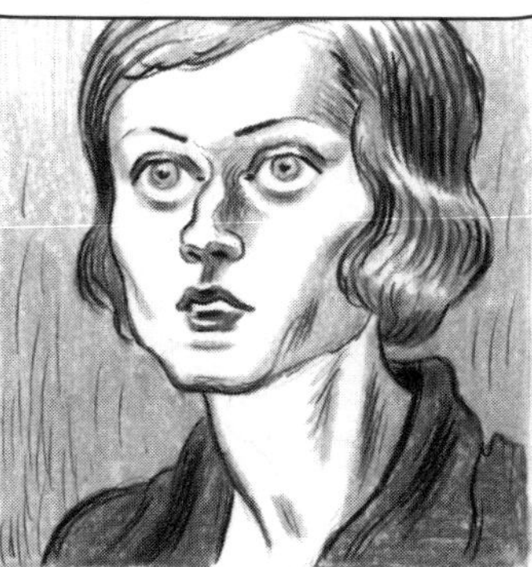

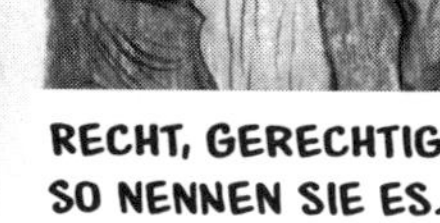

RECHT, GERECHTIGKEIT. SO NENNEN SIE ES.

ICH VERBRACHTE SECHS WOCHEN HINTER GITTERN.

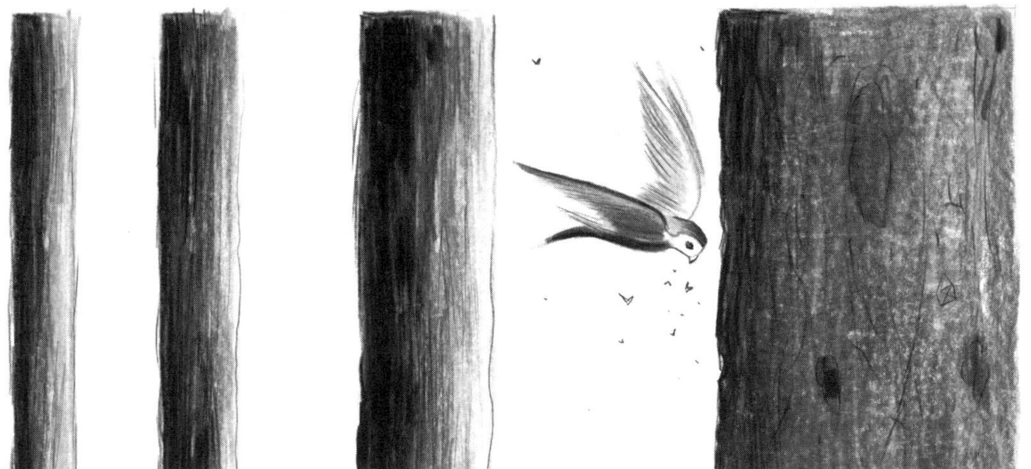

SECHS WOCHEN LANG BEOBACHTETE ICH DEN FLUG DER VÖGEL.

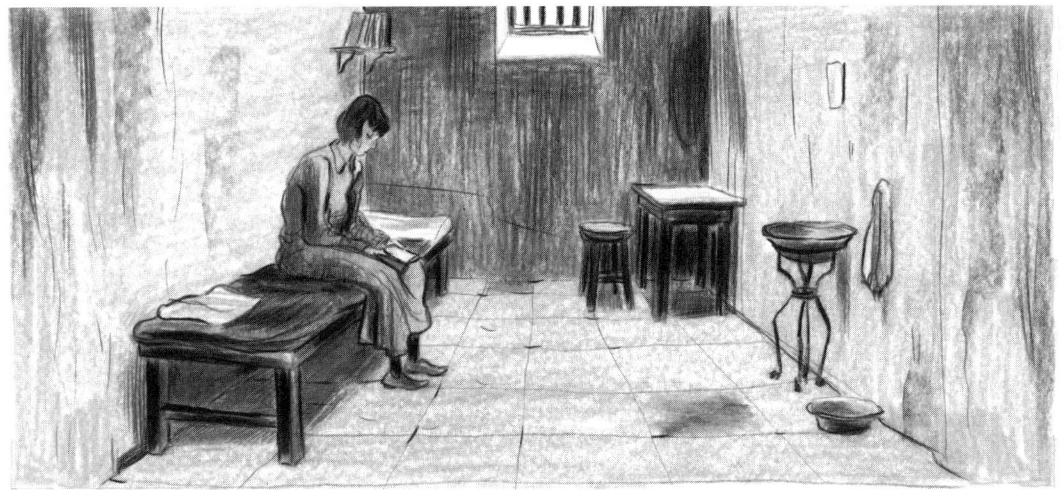

1919 ERSCHIEN MEIN BUCH „GEFÄNGNIS" ÜBER JENE QUALVOLLEN TAGE.

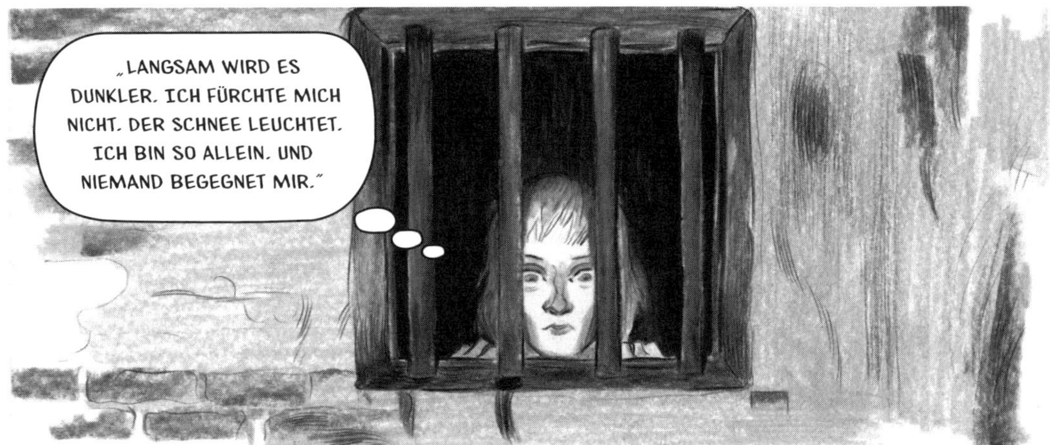

GLAUBEN SIE MIR, GEFÄNGNIS OHNE MORPHIUM IST FOLTER. DAS LEBEN OHNE MORPHIUM IST FOLTER. WO IST DAS LICHT AM ENDE DES TUNNELS?

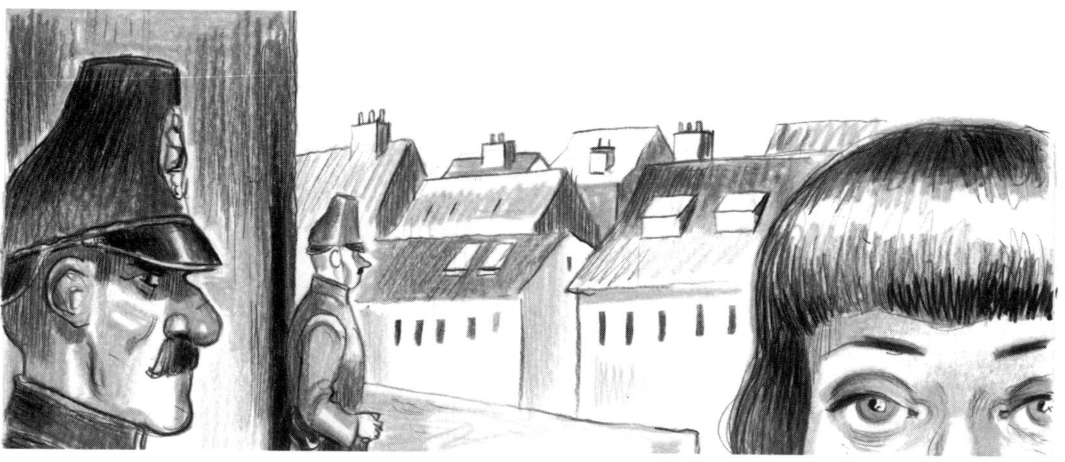

ZUM GLÜCK KONNTE ICH DANACH WEITER IM SIMPLICISSIMUS AUFTRETEN, UND UM VAN HODDIS ZU ENTKOMMEN, SUCHTE ICH ZUFLUCHT BEI DEN HEILIGEN.

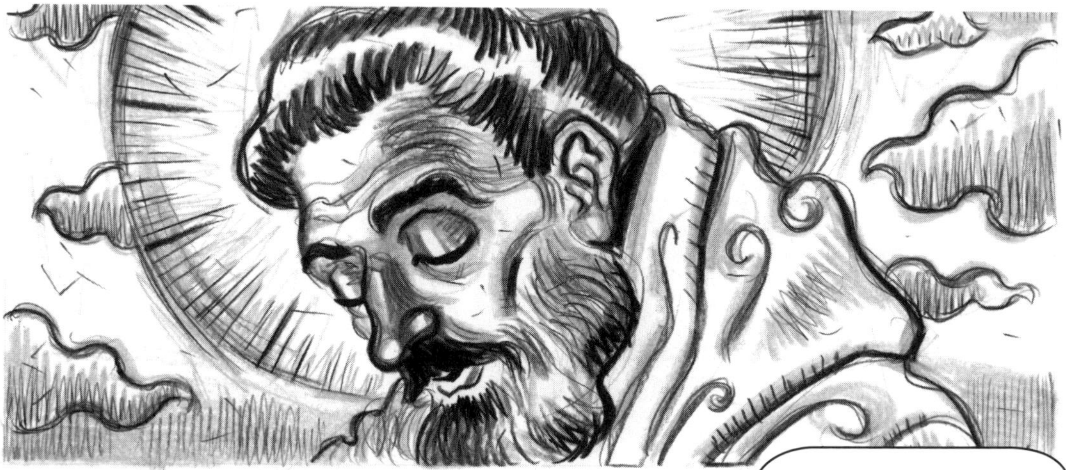

AUCH ZEICHNETE ICH PAUSENLOS ... OHNE ZU WISSEN, WOZU.

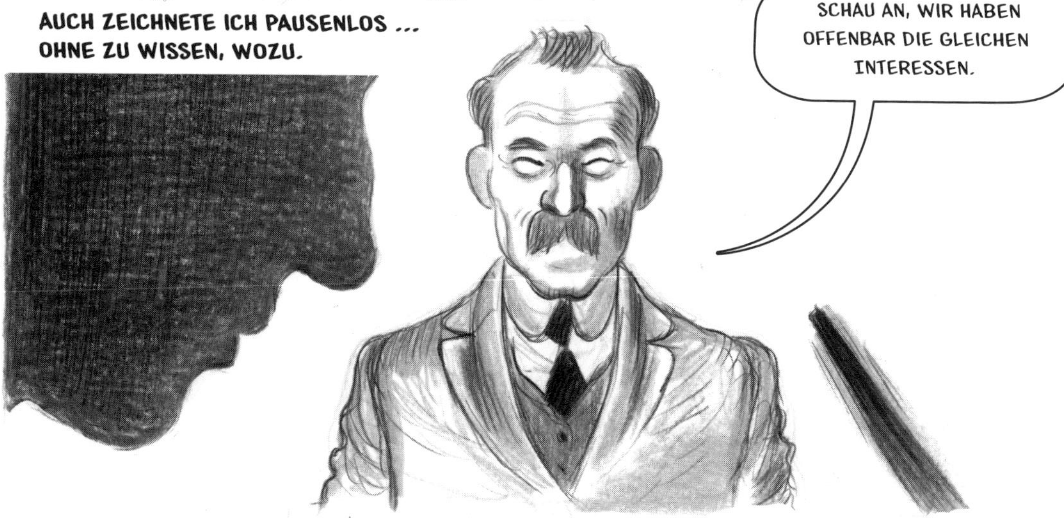

SCHAU AN, WIR HABEN OFFENBAR DIE GLEICHEN INTERESSEN.

RUDOLF REINHOLD JUNGHANNS, RUDI. RADIERER, MALER. EINER MEINER WENIGEN BEKANNTEN AUS JENEN JAHREN, DEM ES GELANG, AN ALTERSSCHWÄCHE ZU STERBEN.

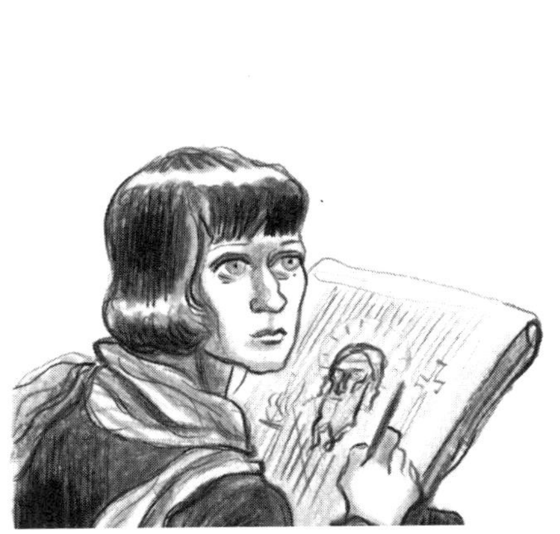

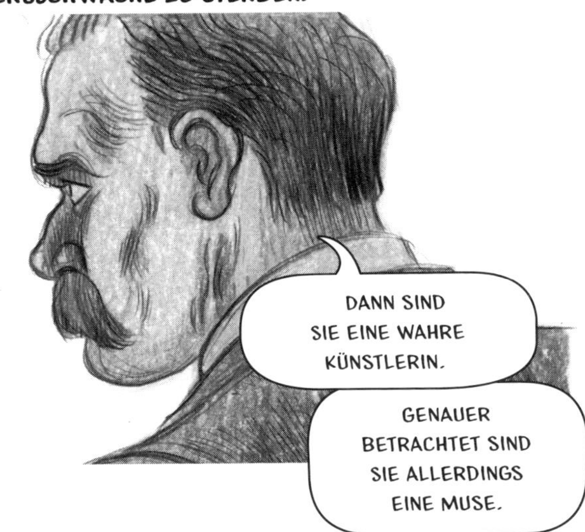

WIR VERBRACHTEN STUNDEN DAMIT, IN STILLE ZU ZEICHNEN, SEITE AN SEITE.

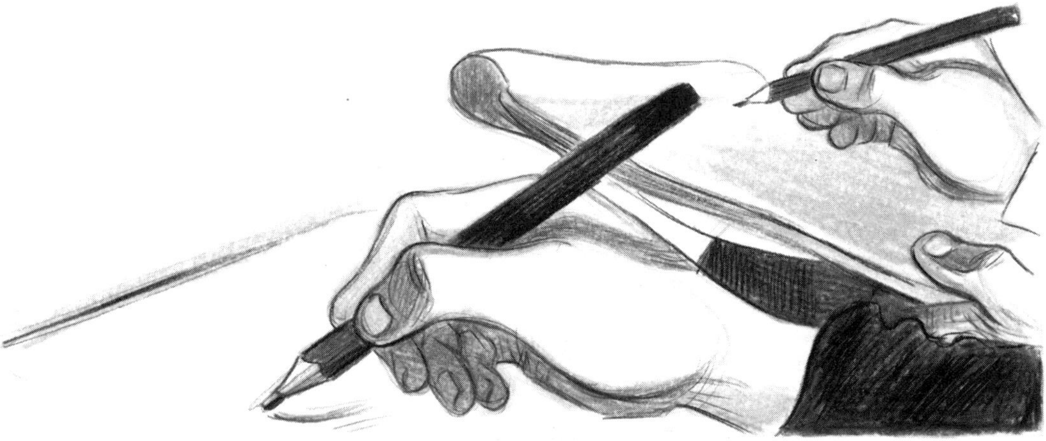

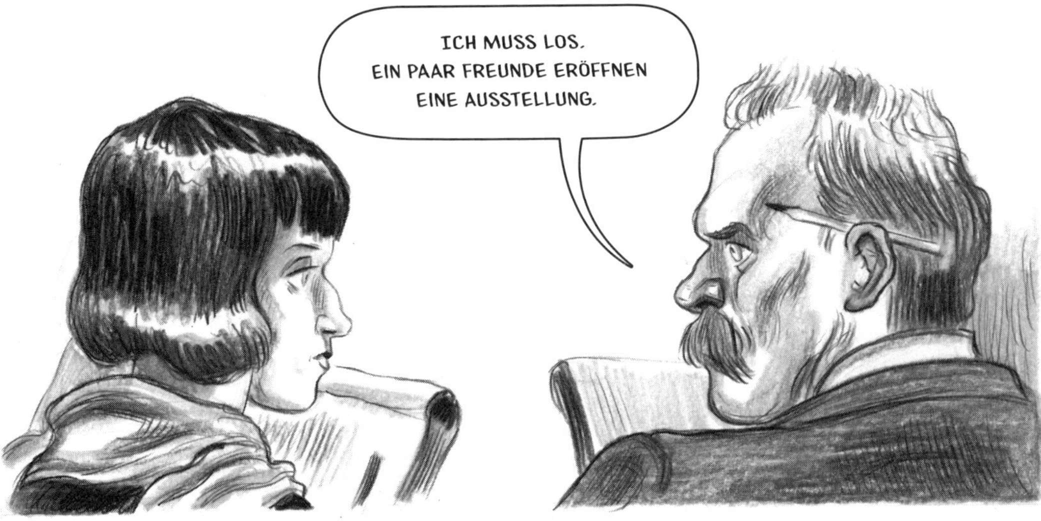

ICH MUSS LOS. EIN PAAR FREUNDE ERÖFFNEN EINE AUSSTELLUNG.

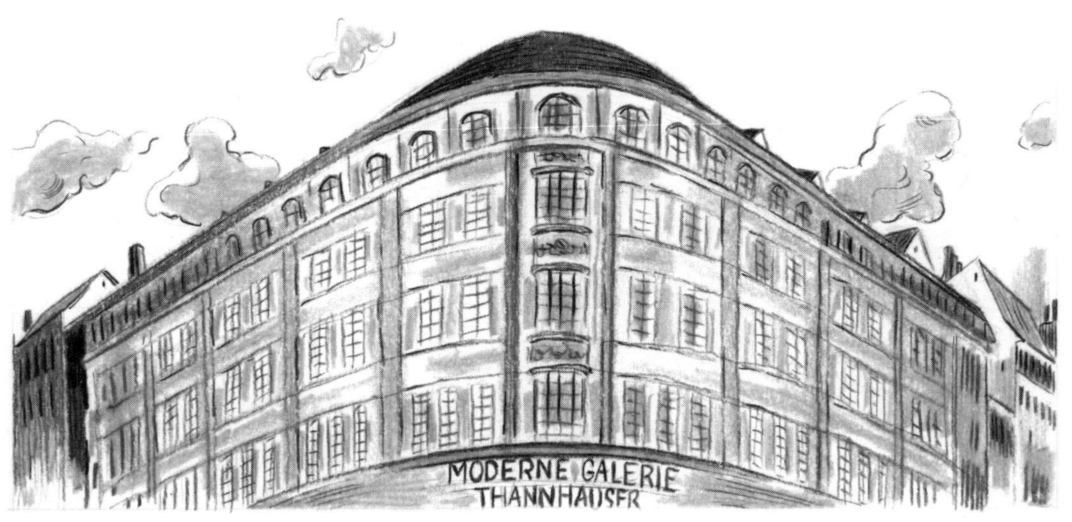
MODERNE GALERIE
THANNHAUSER

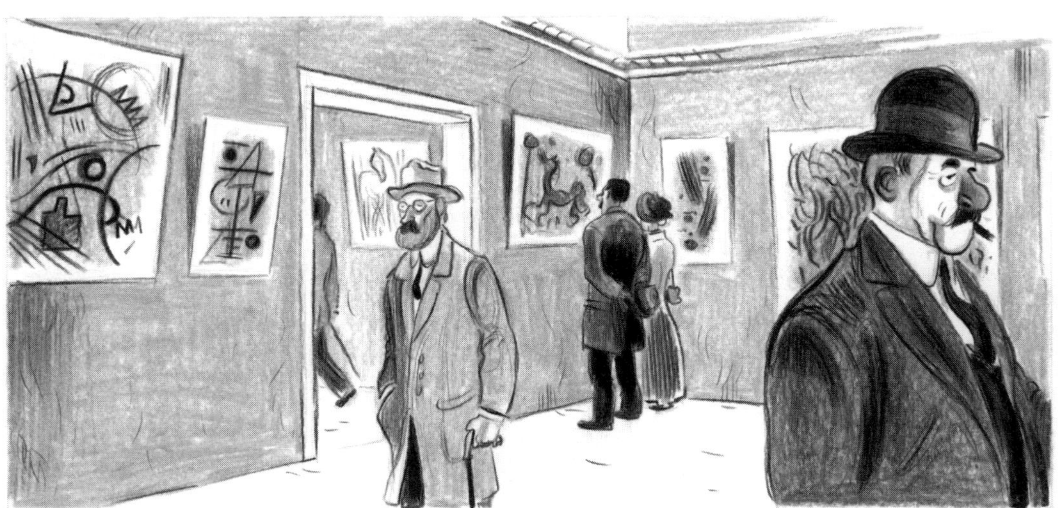

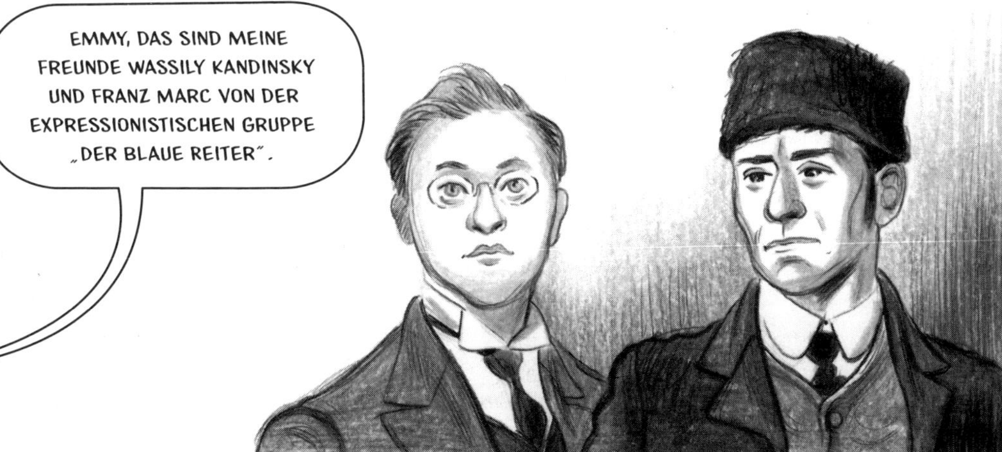
EMMY, DAS SIND MEINE FREUNDE WASSILY KANDINSKY UND FRANZ MARC VON DER EXPRESSIONISTISCHEN GRUPPE „DER BLAUE REITER".

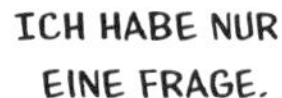
ICH HABE NUR EINE FRAGE.

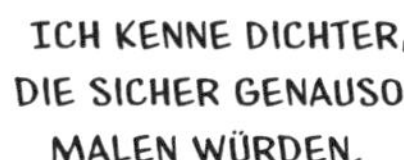
ICH KENNE DICHTER, DIE SICHER GENAUSO MALEN WÜRDEN.

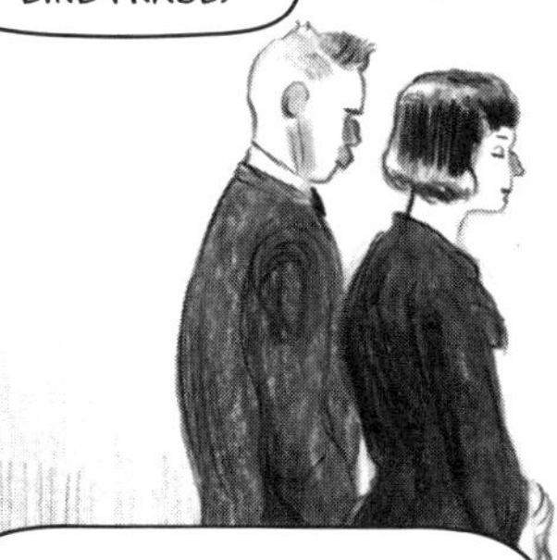

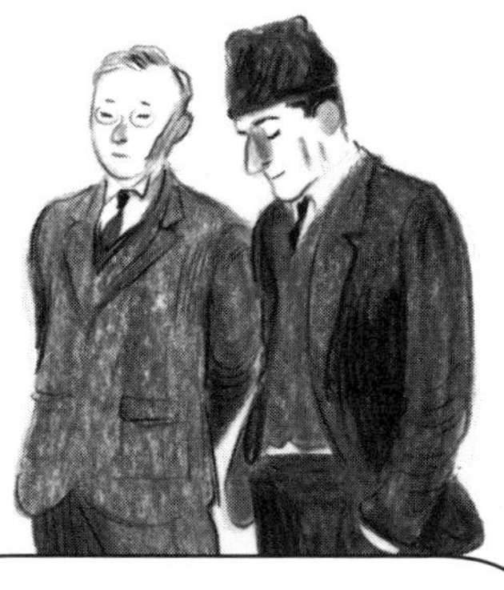
WIE GEFÄLLT IHNEN DIE AUSSTELLUNG?

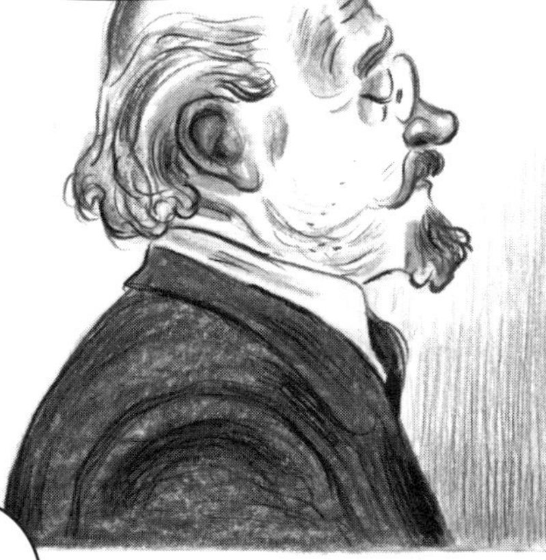
HEISST DAS, SIE GEFÄLLT IHNEN?

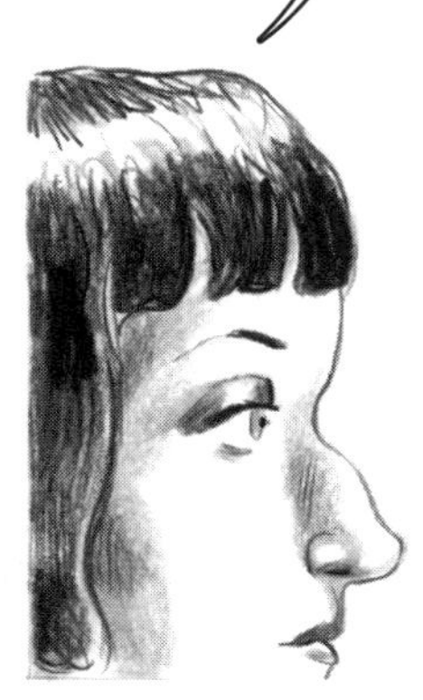
NEHMEN SIE VIEL MORPHIUM ZUM MALEN?

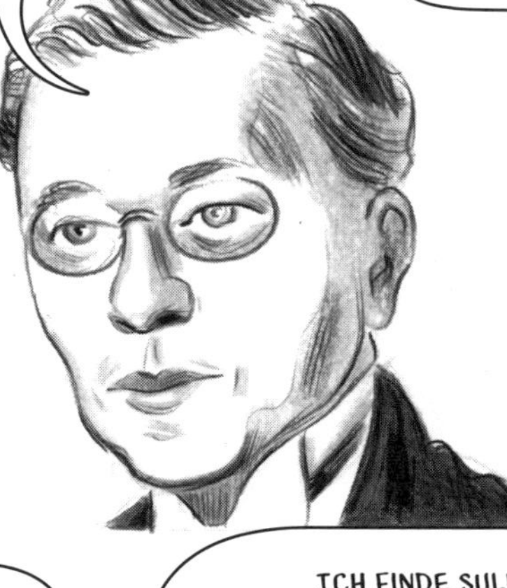
MORPHIUM? HA, HA, HA, ICH NEHME NUR ETWAS KOKAIN, WEIL ES MIR DER ARZT WEGEN MEINER ZAHNSCHMERZEN VERSCHRIEBEN HAT.

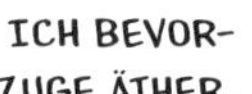
ICH BEVOR-ZUGE ÄTHER.

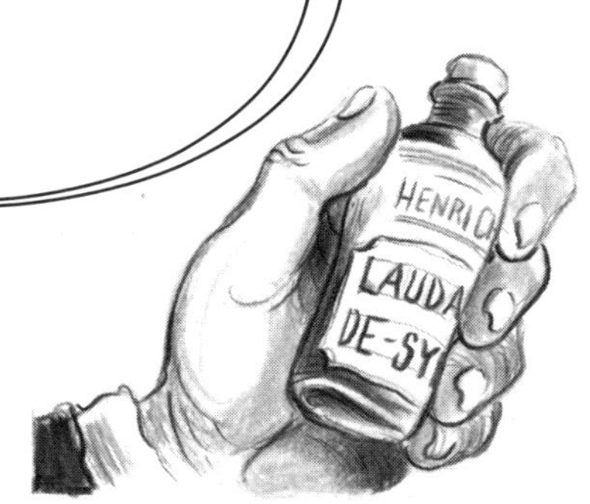
ALLERDINGS HABE ICH IMMER ETWAS LAUDANUM DABEI … GEGEN DEN HUSTEN.

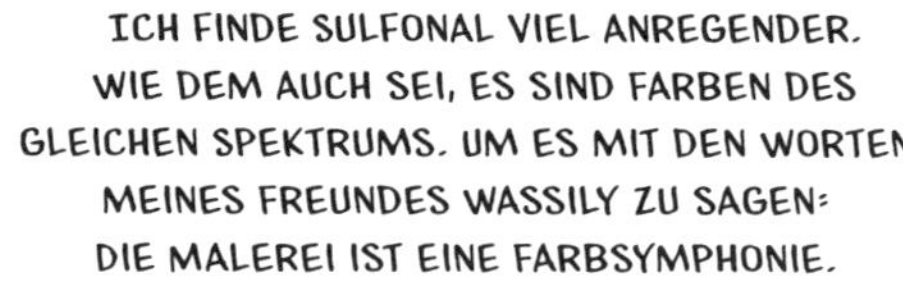
ICH FINDE SULFONAL VIEL ANREGENDER. WIE DEM AUCH SEI, ES SIND FARBEN DES GLEICHEN SPEKTRUMS. UM ES MIT DEN WORTEN MEINES FREUNDES WASSILY ZU SAGEN: DIE MALEREI IST EINE FARBSYMPHONIE.

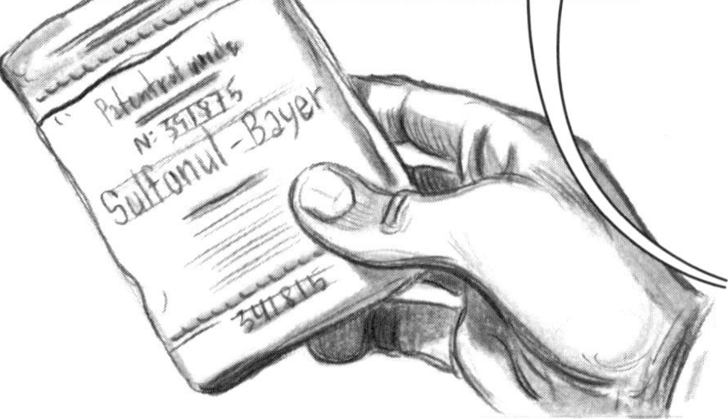

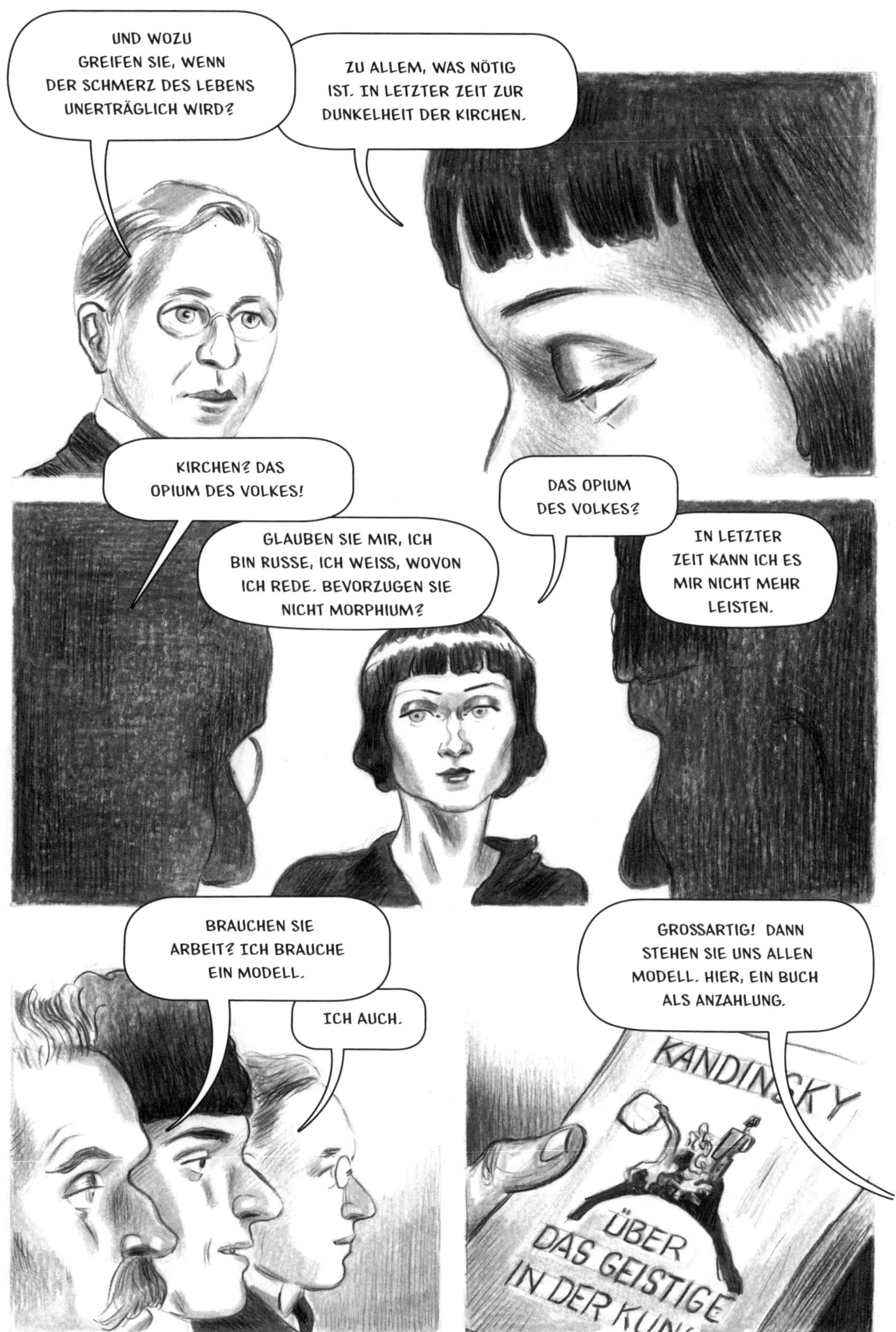
UND WOZU GREIFEN SIE, WENN DER SCHMERZ DES LEBENS UNERTRÄGLICH WIRD?
ZU ALLEM, WAS NÖTIG IST. IN LETZTER ZEIT ZUR DUNKELHEIT DER KIRCHEN.
KIRCHEN? DAS OPIUM DES VOLKES!
GLAUBEN SIE MIR, ICH BIN RUSSE, ICH WEISS, WOVON ICH REDE. BEVORZUGEN SIE NICHT MORPHIUM?
DAS OPIUM DES VOLKES?
IN LETZTER ZEIT KANN ICH ES MIR NICHT MEHR LEISTEN.
BRAUCHEN SIE ARBEIT? ICH BRAUCHE EIN MODELL.
ICH AUCH.
GROSSARTIG! DANN STEHEN SIE UNS ALLEN MODELL. HIER, EIN BUCH ALS ANZAHLUNG.
KANDINSKY
ÜBER DAS GEISTIGE IN DER KUN

ICH TAUSCHTE DIE DICHTER GEGEN MALER UND ARBEITETE NEBEN DEN AUFTRITTEN IM SIMPLICISSIMUS ALS MODELL, VOR ALLEM FÜR JUNGHANNS. MODELL, MUSE UND GELIEBTE.

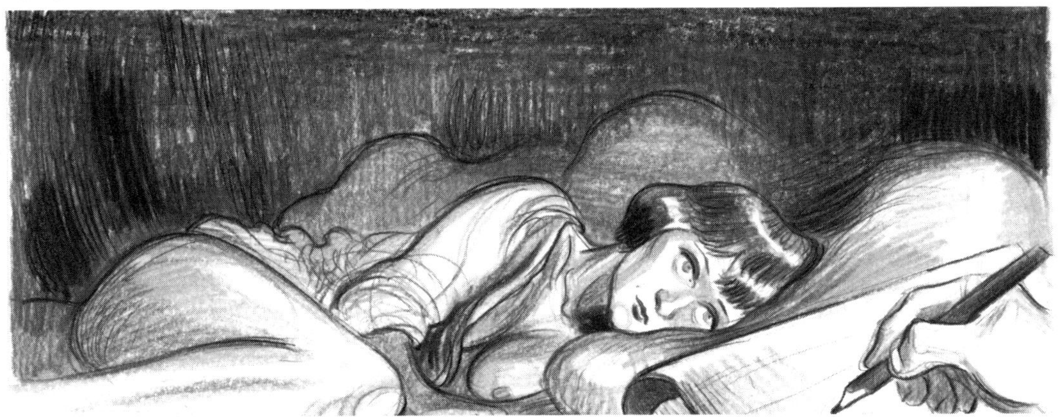

ICH WAR SO BESESSEN VON IHM, DASS ICH IHM BRIEFE SCHRIEB, DIE MICH HEUTE ERRÖTEN LASSEN: „DU KANNST MICH FORMEN, WANN IMMER DU WILLST, UND MICH ALS OBJEKT BENUTZEN, WIE EIN TIER, DAS DIR TREU IST."

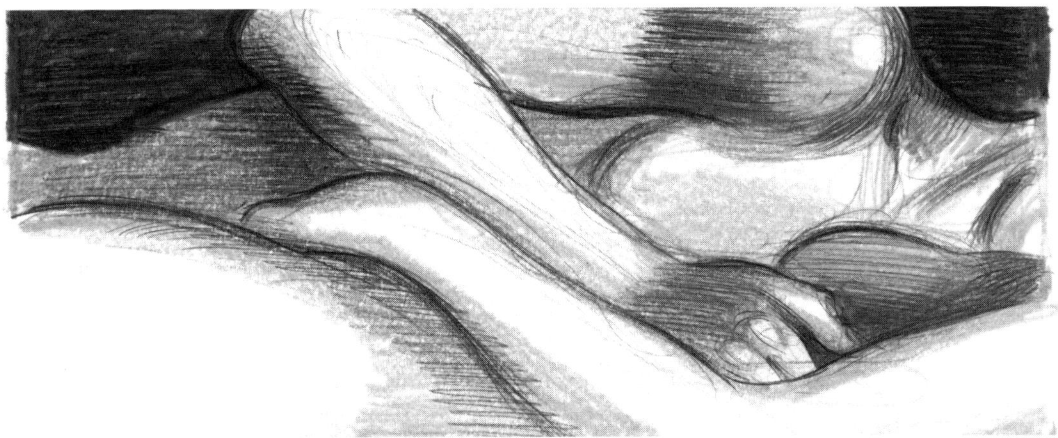

JUNGHANNS VERWANDELTE UNSERE LIEBESNÄCHTE IN EINE REIHE VON DRUCKEN, DIE VON KURT WOLFF HERAUSGEGEBEN WURDEN. DARAUF ZEIGTE ER DAS ABGESTANDENE WASSER, DAS DEN BODEN MEINER SEELE BEDECKTE.

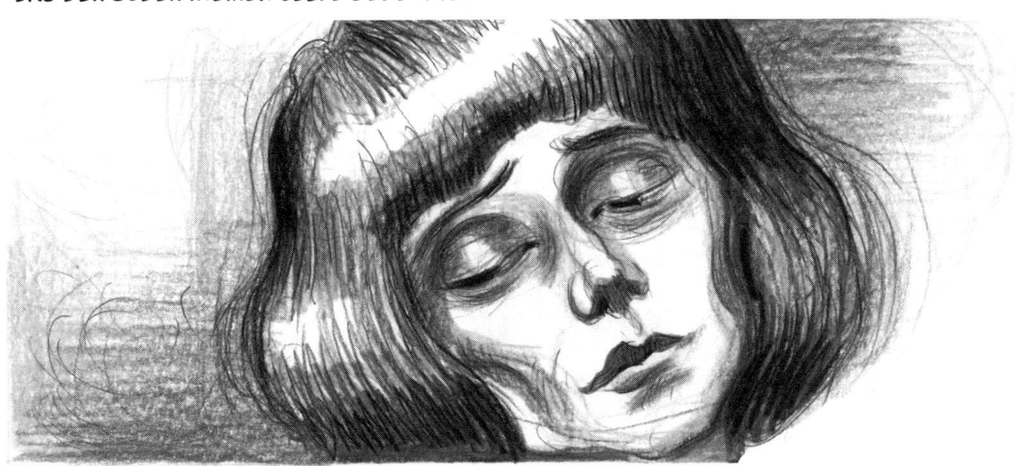

NUR 90 EXEMPLARE WURDEN IN EINER LUXUSAUSGABE VERÖFFENTLICHT. GENUG, UM MIR DIE TÜREN ZU ALLE KIRCHEN IN DEUTSCHLAND ZU VERSCHLIESSEN.

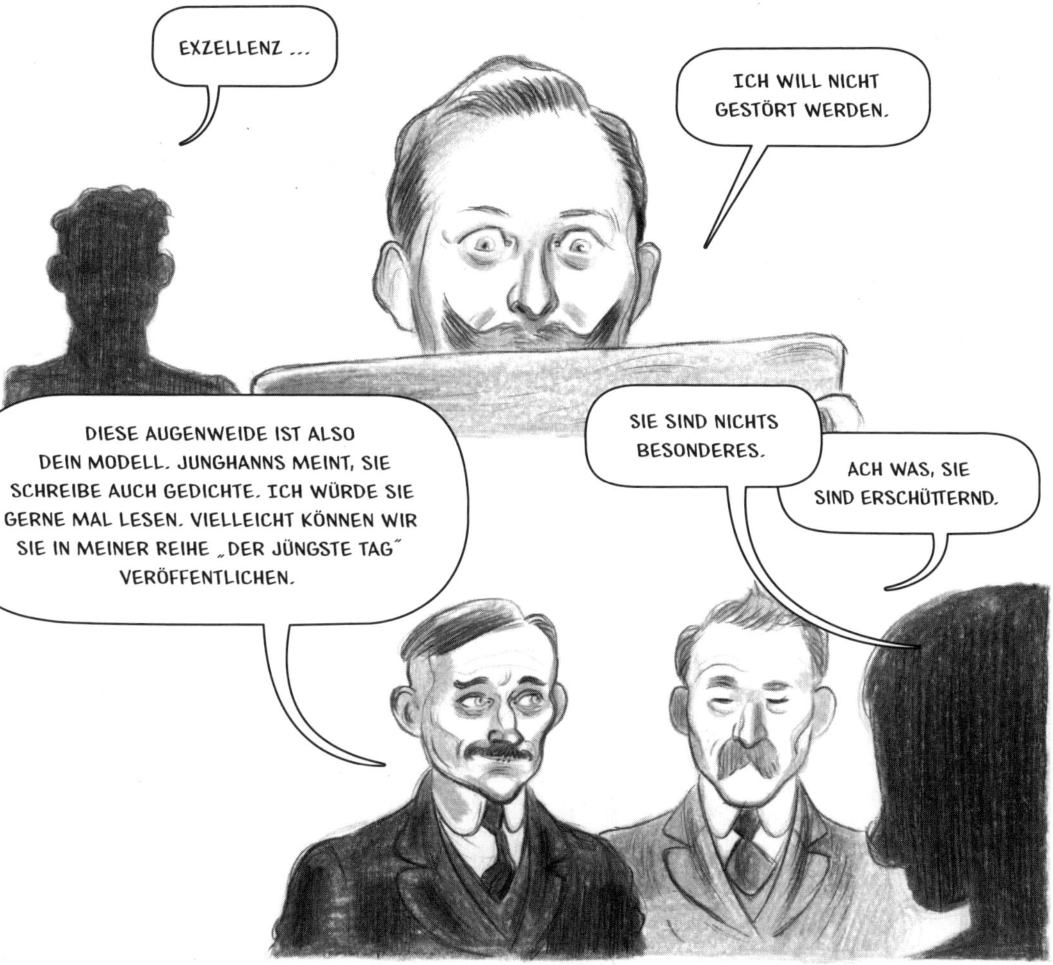

EXZELLENZ ...

ICH WILL NICHT GESTÖRT WERDEN.

DIESE AUGENWEIDE IST ALSO DEIN MODELL. JUNGHANNS MEINT, SIE SCHREIBE AUCH GEDICHTE. ICH WÜRDE SIE GERNE MAL LESEN. VIELLEICHT KÖNNEN WIR SIE IN MEINER REIHE „DER JÜNGSTE TAG" VERÖFFENTLICHEN.

SIE SIND NICHTS BESONDERES.

ACH WAS, SIE SIND ERSCHÜTTERND.

MEIN KLEINER GEDICHTBAND TRUG DEN TITEL „DIE LETZTE FREUDE", HÄTTE ABER EIGENTLICH „AETHERSTROPHEN" HEISSEN MÜSSEN. DER BAND ERSCHIEN 1913 UND ENTHIELT ELF HERZZERREISSENDE GEDICHTE, VON DENEN DREI HARDEKOPF GEWIDMET WAREN.

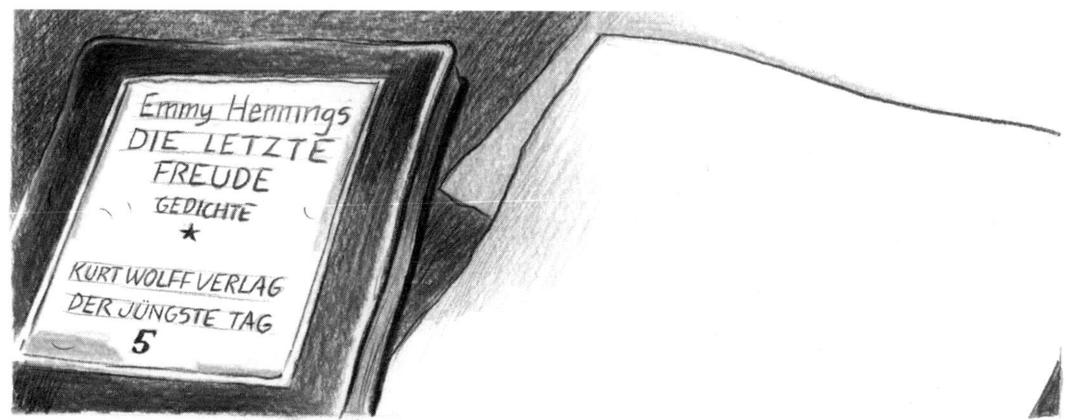

IRGENDWIE WAR ICH FAST GLÜCKLICH ... BIS EINES TAGES VAN HODDIS, IN SCHÄBIGEM MANTEL UND MIT EINEM DURCH WAHNSINN UND MORPHIUM BENEBELTEN BLICK, IM SIMPLICISSIMUS AUFTAUCHTE.

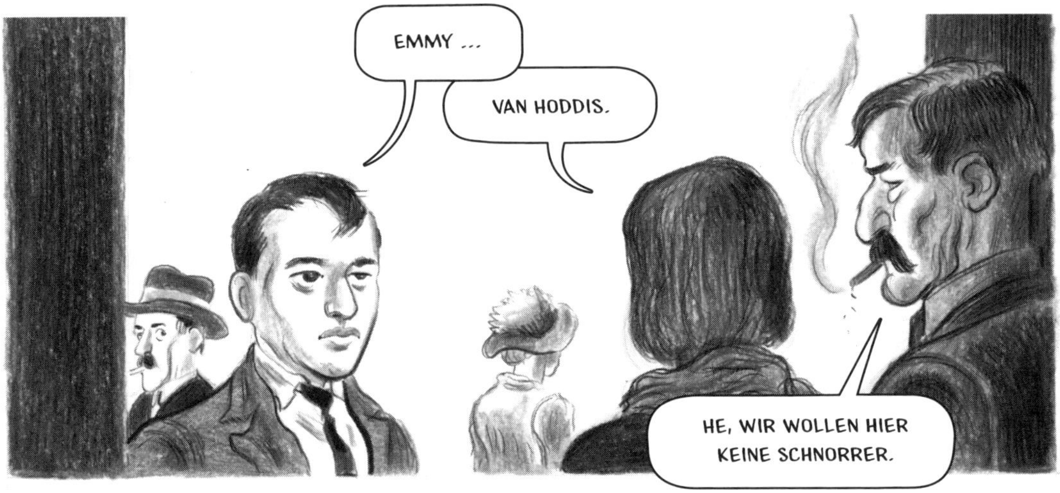

EMMY ...

VAN HODDIS.

HE, WIR WOLLEN HIER KEINE SCHNORRER.

VAN HODDIS WAR NICHT MEHR GANZ BEI VERSTAND.

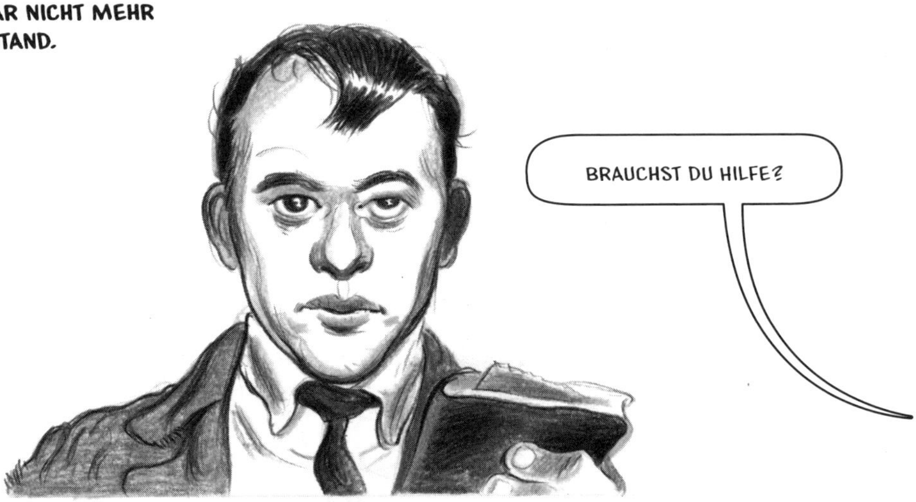

BRAUCHST DU HILFE?

ER ZERRISS ALLE MEINE FOTOS UND BÜCHER, DIE ICH IM SIMPLICISSIMUS SIGNIERTE UND VERKAUFTE. ICH LIESS IHN GEWÄHREN. FÜR EINEN AUGENBLICK DACHTE ICH WIEDER DARAN, DASS ICH EINE TOCHTER HATTE.

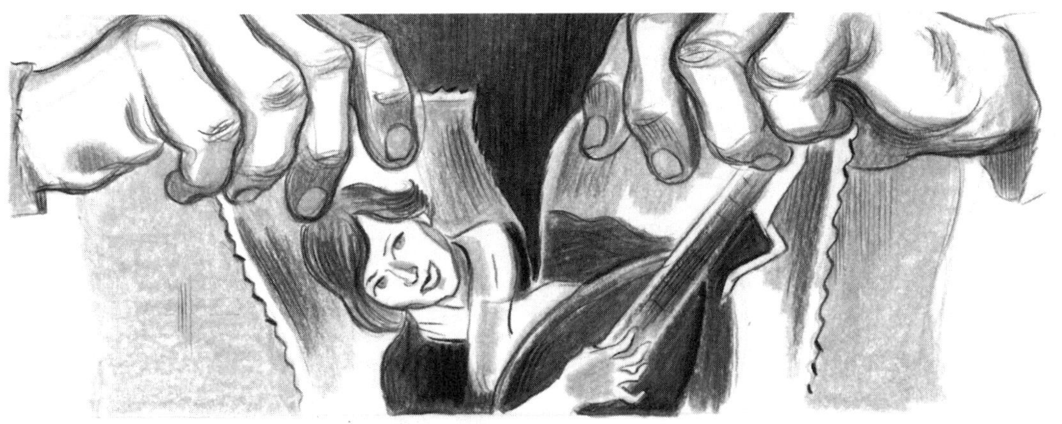

NACH DEM VORFALL VERLIESS ICH MÜNCHEN VORÜBERGEHEND UND TRAT IN KATTOWITZ AUF, DAS NOCH DEUTSCH WAR, NICHT POLNISCH. ICH ERKUNDETE RUSSLAND, GANZ ZIELLOS, WIE SEINE ZAREN. DANN KEHRTE ICH NACH PARIS ZURÜCK, ZU HARDEKOPF, MEINEM SIURLAI. ICH TRAT IN BUDAPEST IM RENOMMIERTEN CABARET ROYAL-ORPHEUM AUF. BUDAPEST, DER HAUPTSTADT TRANSLEITHANIENS IM ÖSTERREICHISCH-UNGARISCHEN REICH.

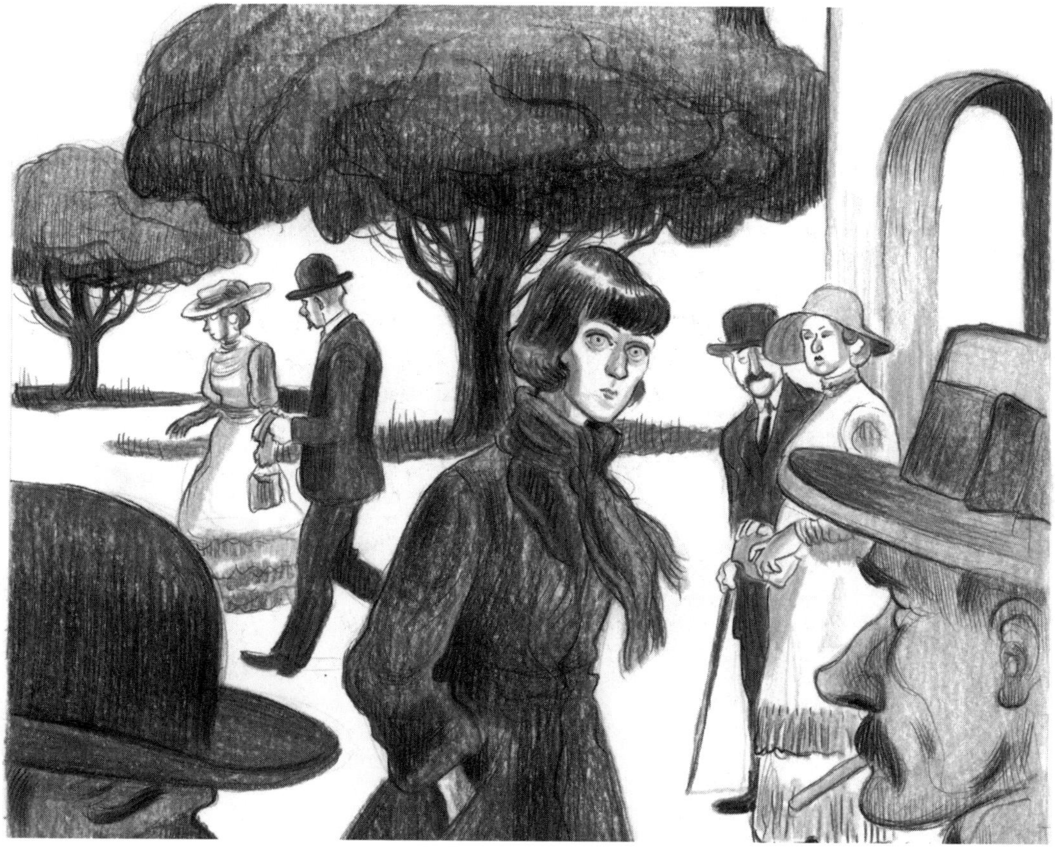

DORT LERNTE ICH JAMES P. JOHNSON KENNEN, EINEN JAZZ-PIONIER, DER MIT SEINER GRUPPE „JOHNSON & DEAN AND 4 COLORED GENTLEMEN" IM CABARET AUFTRAT. VOR DEN STAUNENDEN BLICKEN DER UNGARISCHEN ARISTOKRATIE SPIELTEN SIE RAGTIME.

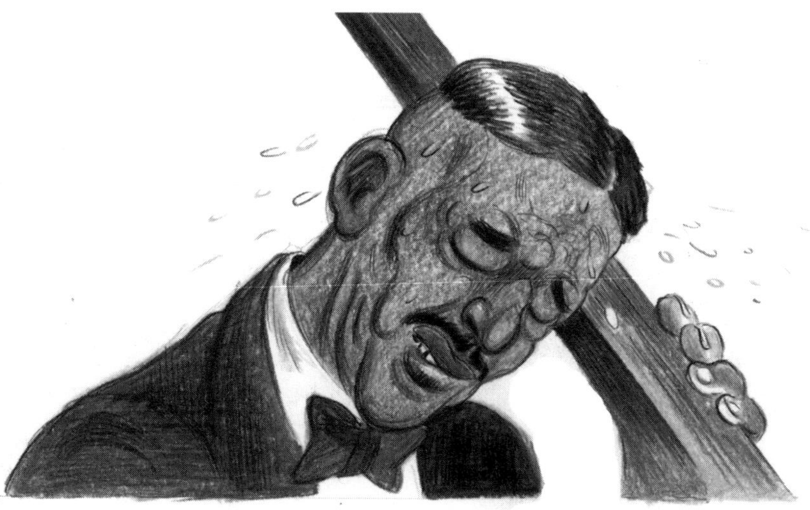

IN BUDAPEST SAH ICH VERA VIOLA, DEN STAR DES CABARET ROYAL-ORPHEUM, AN ZU VIEL MORPHIUM STERBEN.

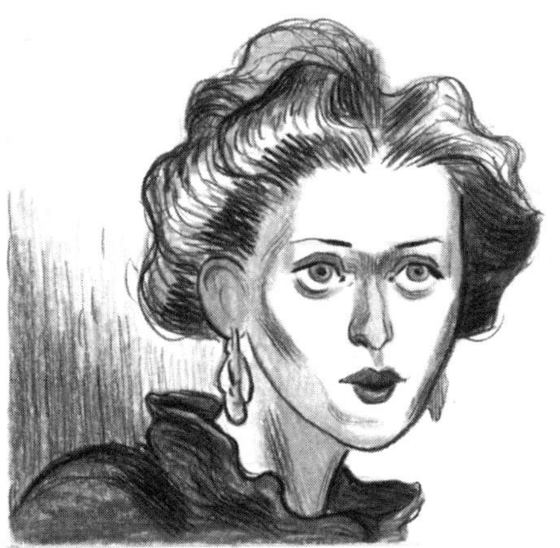

ICH GING ZURÜCK NACH BERLIN UND TRAT IM BIER-CABARET AUF. ICH WAR DEGRADIERT WORDEN; DAS LINDEN-CABARET LEHNTE MICH AB.

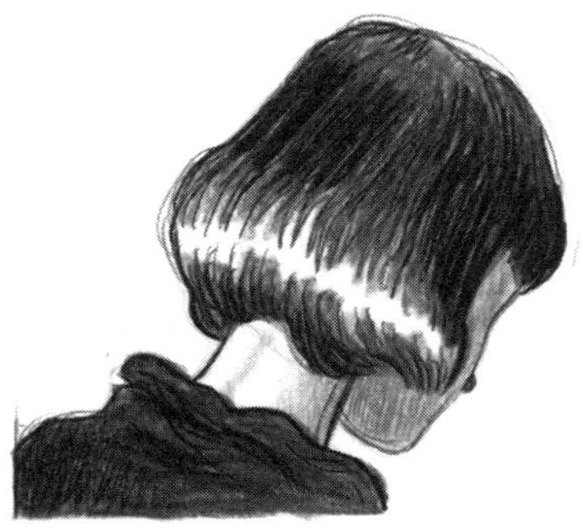

WIEDER ZURÜCK IN MÜNCHEN, LAG ICH – VIOLAS ENDE GEDENKEND – IN MORPHIUMS ARMEN.

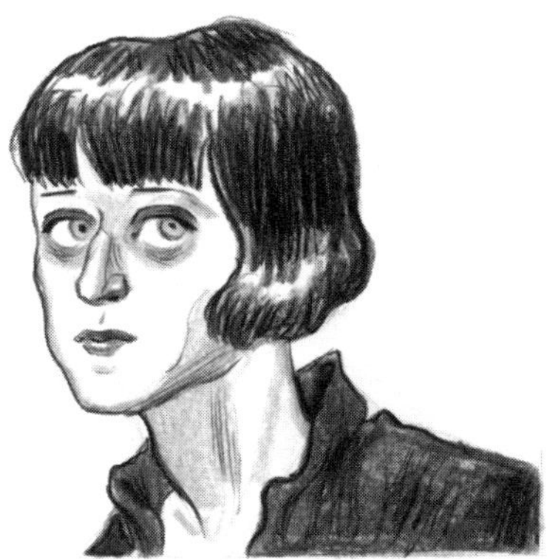

UND IN DEN ARMEN VON JOHANNES R. BECHER, DEM SCHRIFTSTELLER ...

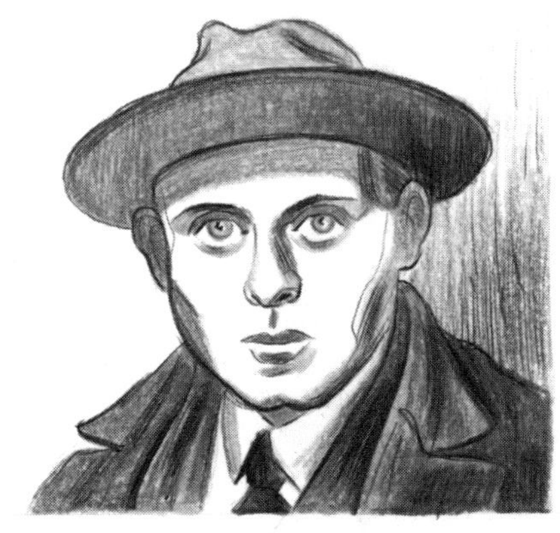

... UND ZUKÜNFTIGEM MINISTER FÜR KULTUR DER DDR.

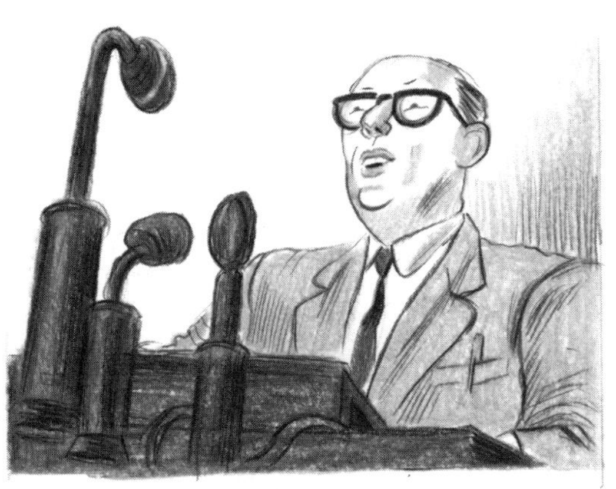

UND IN DEN ARMEN VON ERICH MÜHSAM, SCHRIFTSTELLER, ANARCHIST.

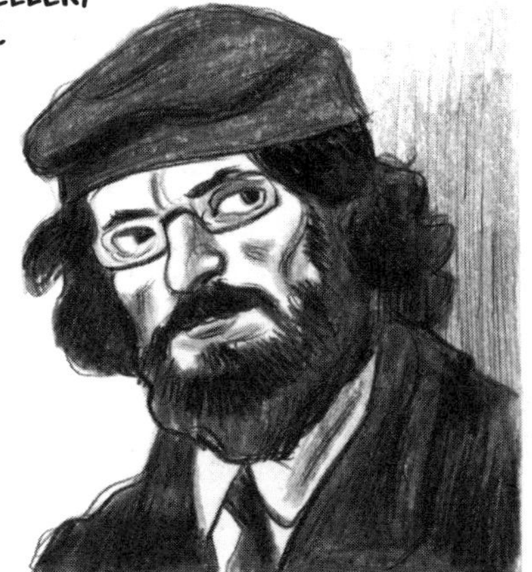

ER WURDE IM KONZENTRATIONSLAGER ORANIENBURG ERMORDET.

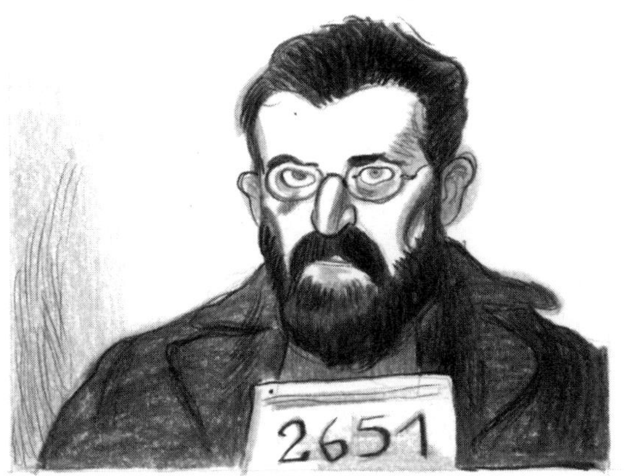

WIE EINE WILLENLOSE PUPPE ...

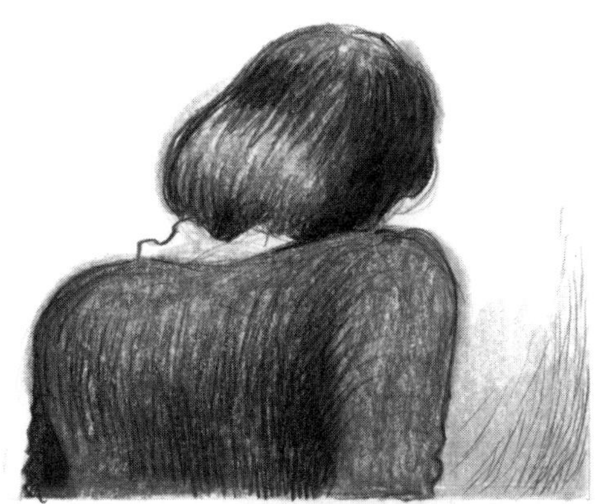

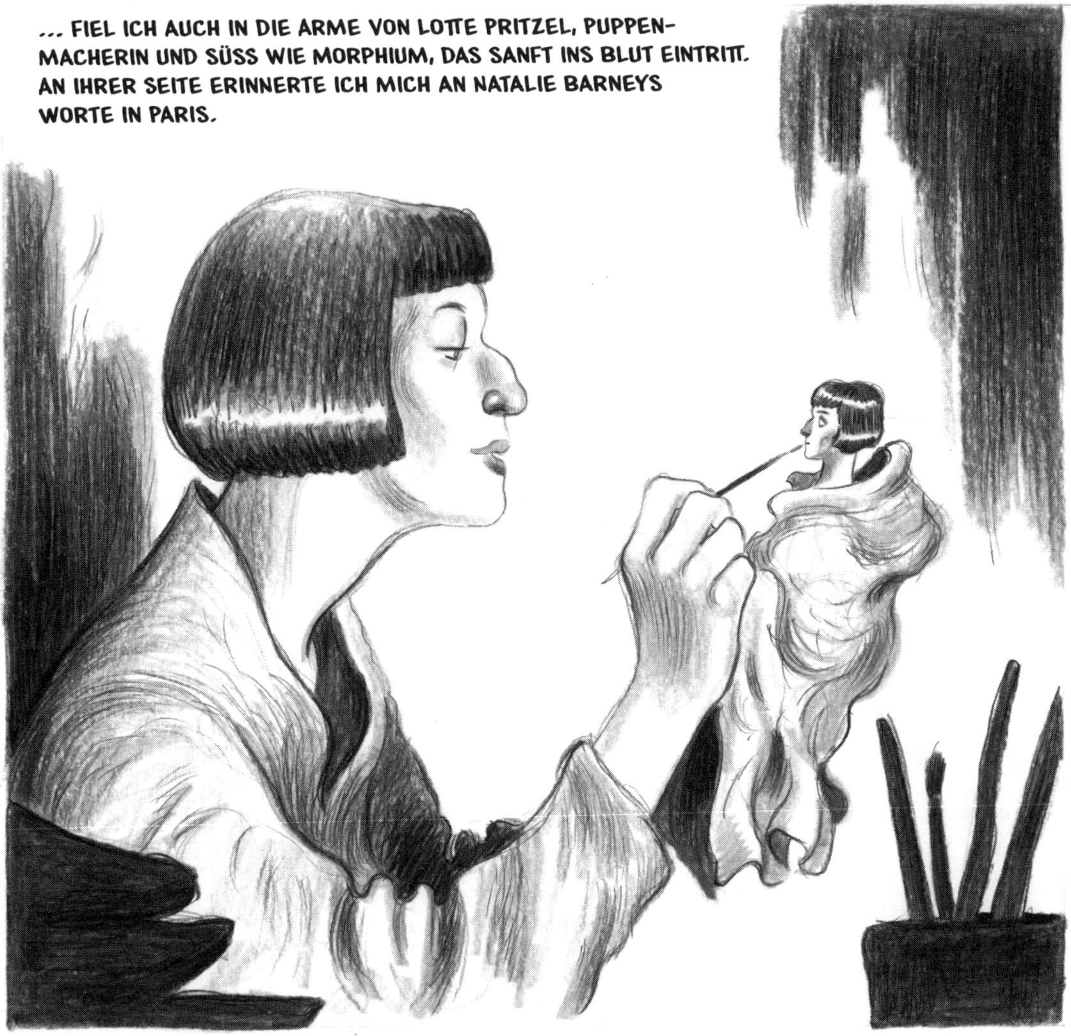

... FIEL ICH AUCH IN DIE ARME VON LOTTE PRITZEL, PUPPEN-MACHERIN UND SÜSS WIE MORPHIUM, DAS SANFT INS BLUT EINTRITT. AN IHRER SEITE ERINNERTE ICH MICH AN NATALIE BARNEYS WORTE IN PARIS.

ICH FÜHLTE MICH WIE EINE VON LOTTE PRITZELS PUPPEN. „O PUPPENSEELE, DIE GOTT NICHT GEMACHT HAT", SCHRIEB RAINER MARIA RILKE IN DER ZEITSCHRIFT „DIE WEISSEN BLÄTTER" ÜBER PRITZELS PUPPEN.

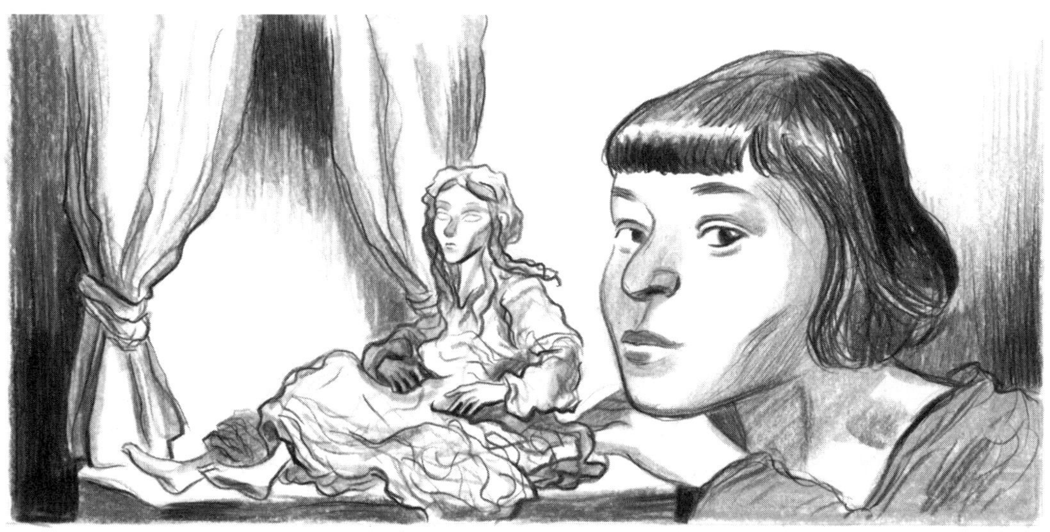

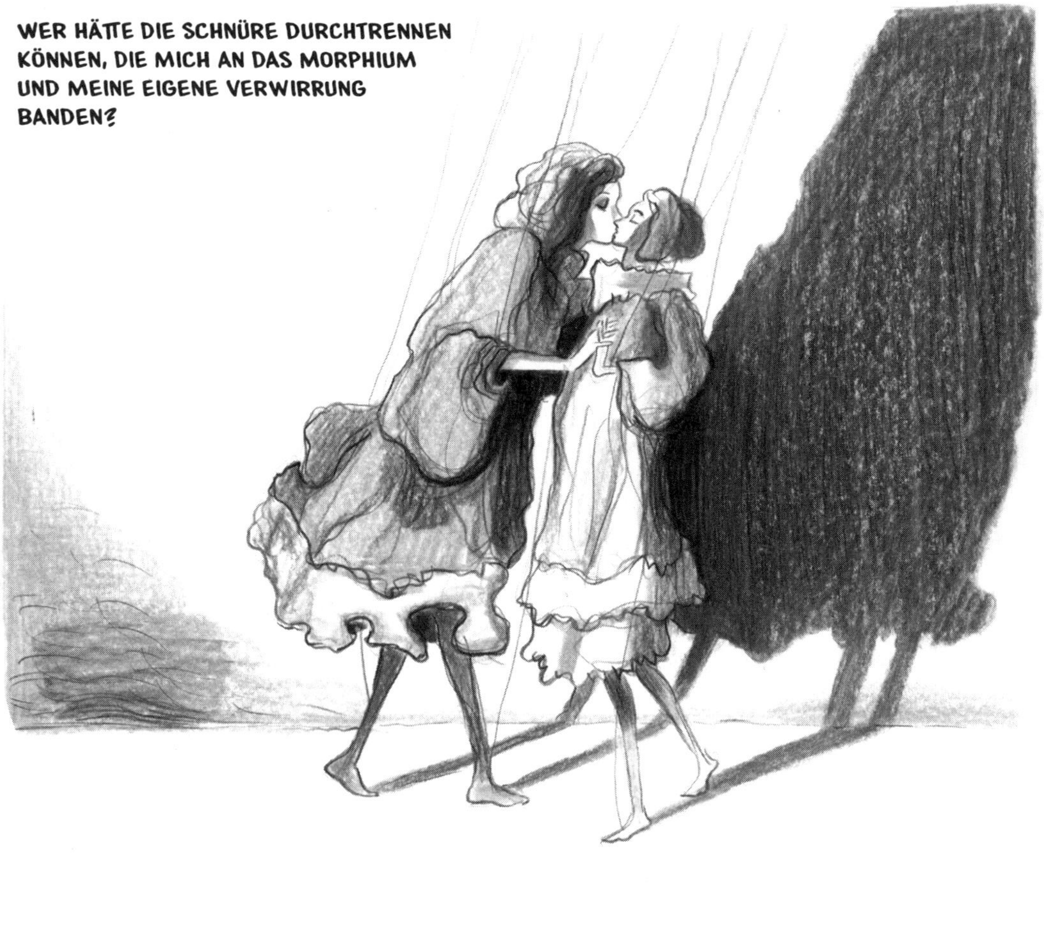

WER HÄTTE DIE SCHNÜRE DURCHTRENNEN KÖNNEN, DIE MICH AN DAS MORPHIUM UND MEINE EIGENE VERWIRRUNG BANDEN?

ENDE DES 3. KAPITELS

4. KAPITEL: Hugo Ball

1914 KAM EINES ABENDS EIN HERR MIT UNMÖGLICHEM PONY UND PROPHETENAUGEN INS SIMPLICISSIMUS.

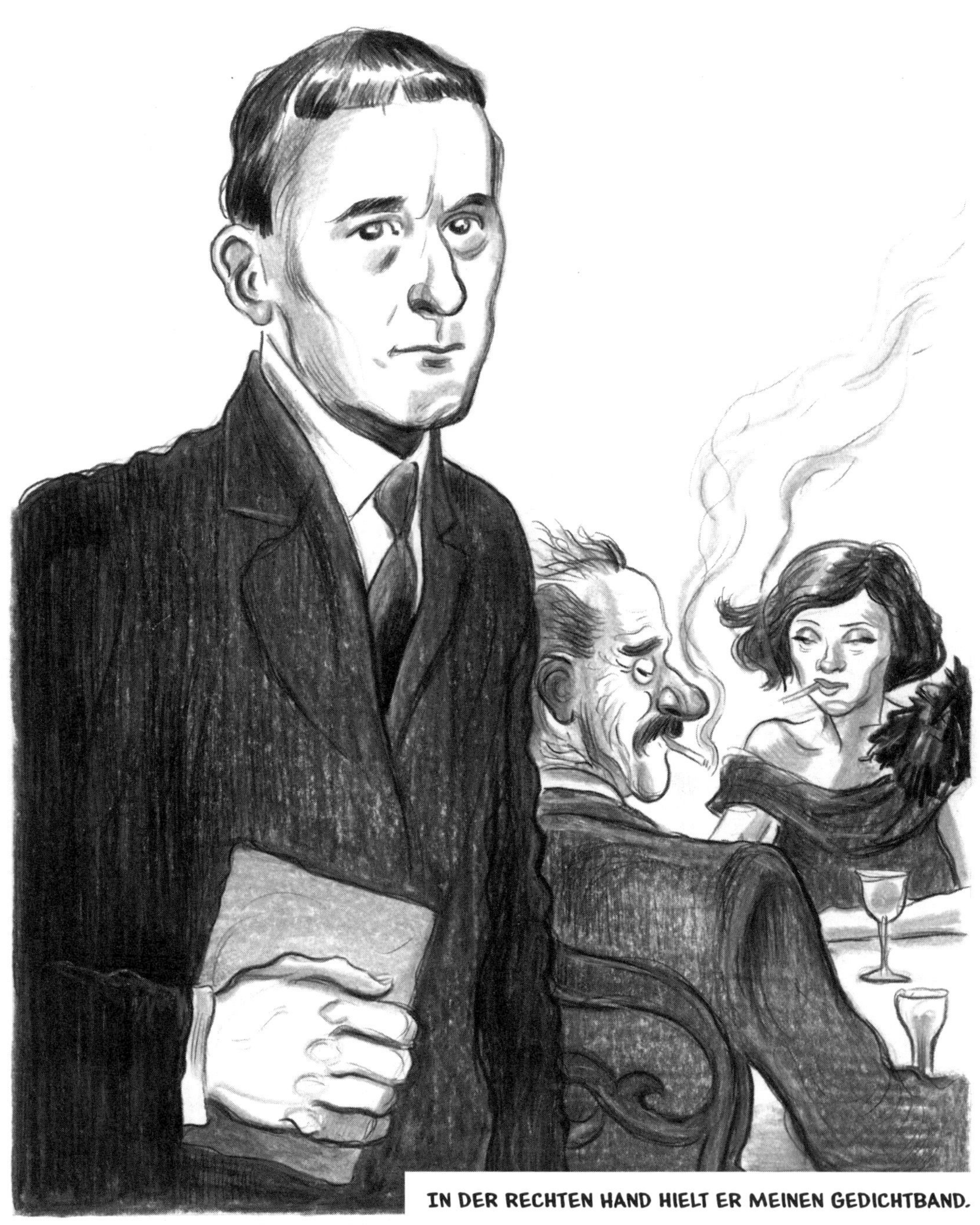

ER SETZTE SICH IN DIE VON DER BÜHNE AM WEITESTEN ENTFERNTE ECKE.

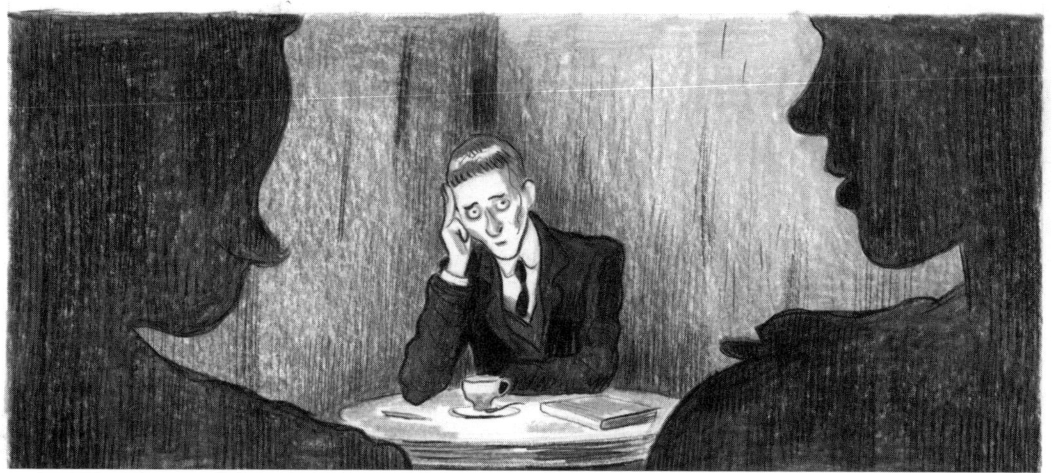

ICH GLAUBTE, ER SEHE MICH GAR NICHT UND NEHME NICHTS VON DER WELT UM SICH HERUM WAHR. MEINEN AUFTRITT BEENDETE ICH MIT DEM LIED „NUR LIEBE IST LEBEN". PLÖTZLICH KAM ER AUF MICH ZU.

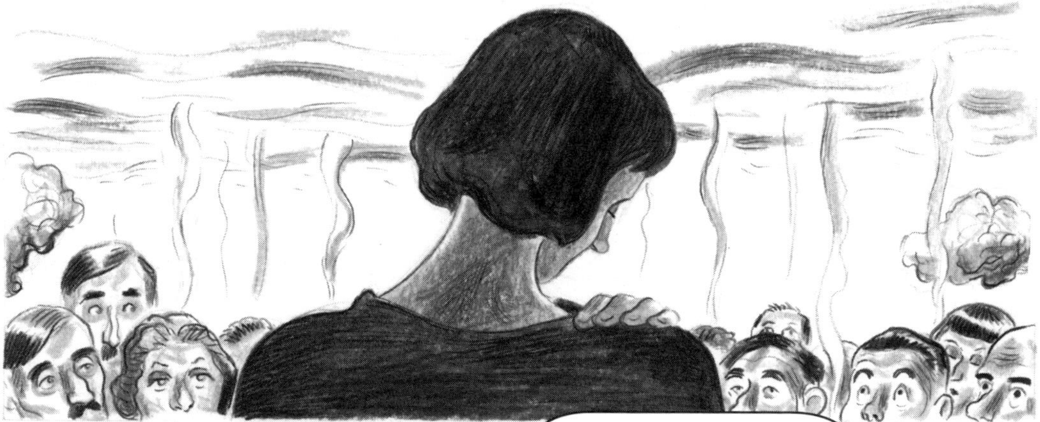

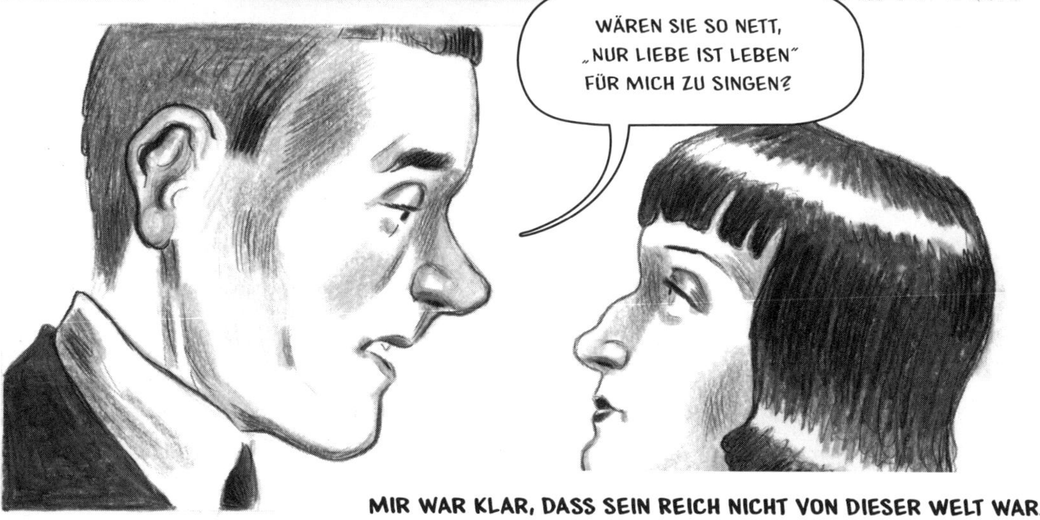

WÄREN SIE SO NETT, „NUR LIEBE IST LEBEN" FÜR MICH ZU SINGEN?

MIR WAR KLAR, DASS SEIN REICH NICHT VON DIESER WELT WAR.

VON DIESEM TAG AN WURDEN SEINE BESUCHE ZUR GEWOHNHEIT.
ER SIEZTE MICH STETS.

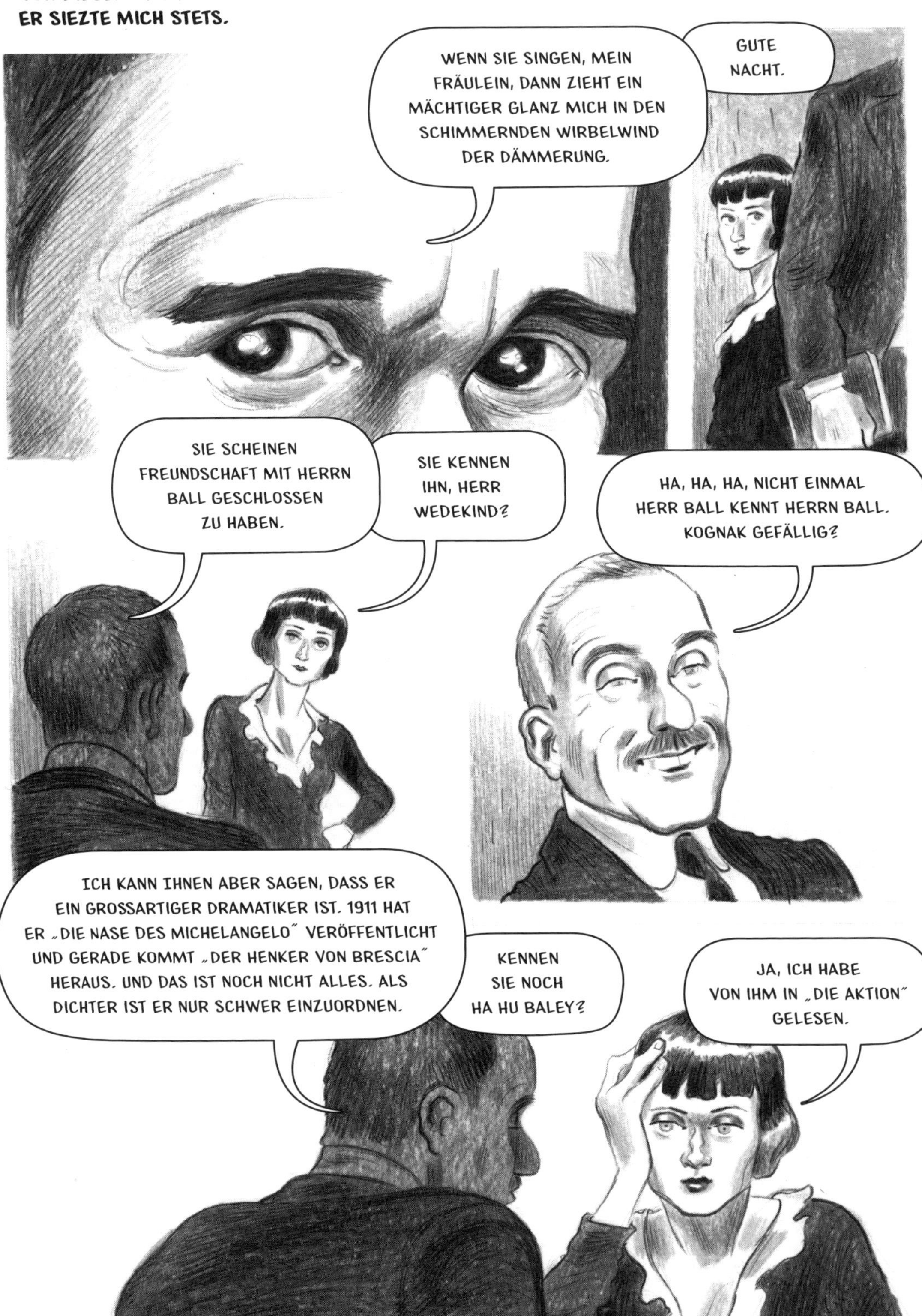

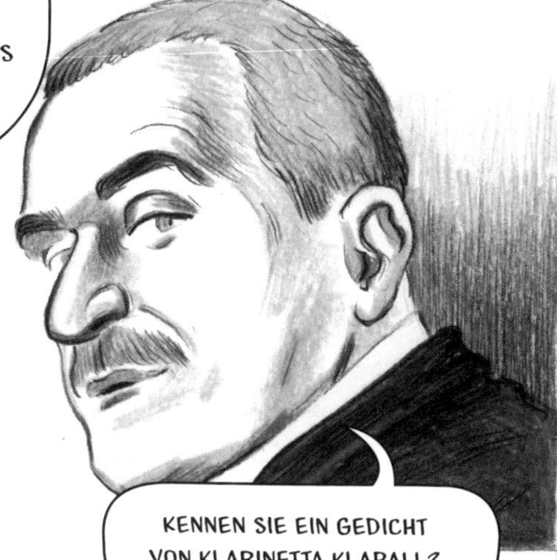
FANTASTISCHE GEDICHTE. LASSEN SIE MICH DEN ANFANG VON „DER GELIEBTEN“ ZITIEREN, DAMIT SIE GEWARNT SIND: „DER BLAS- UND EUPHEMIEEN REICHE KETTE / HAB ICH GESCHLUNGEN DIR, GELIEBTE, UM DAS BEIN. / UND WENN ICH SONST NICHTS VON BELANG MEHR TÄTE, / SO KÖNNTEST DU MIR KAKADU UND SPERBER SEIN.“
HA HU BALEY IST HUGO BALL.
KENNEN SIE EIN GEDICHT VON KLARINETTA KLABALL?
NATÜRLICH: „O, GROSSPAPA, O GRASPOPO, / WIR SIND BALD WIE, WIR SIND BALD WO? / WIR SIND WARUM? WESWEGEN?“
TJA, HUGO BALL, DER DICHTER KLABUND UND MARIETTA DI MONACO SIND IN WIRKLICHKEIT KLARINETTA KLABALL.
SIE MEINEN UNSERE MARIETTA, ALSO MARIE ... MARIE KIRNDÖRFER?

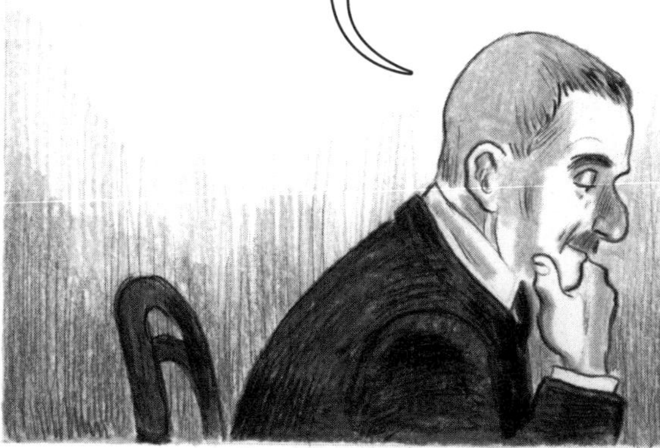

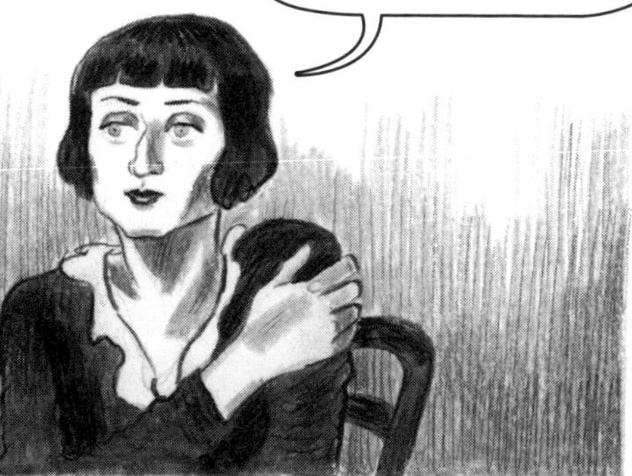

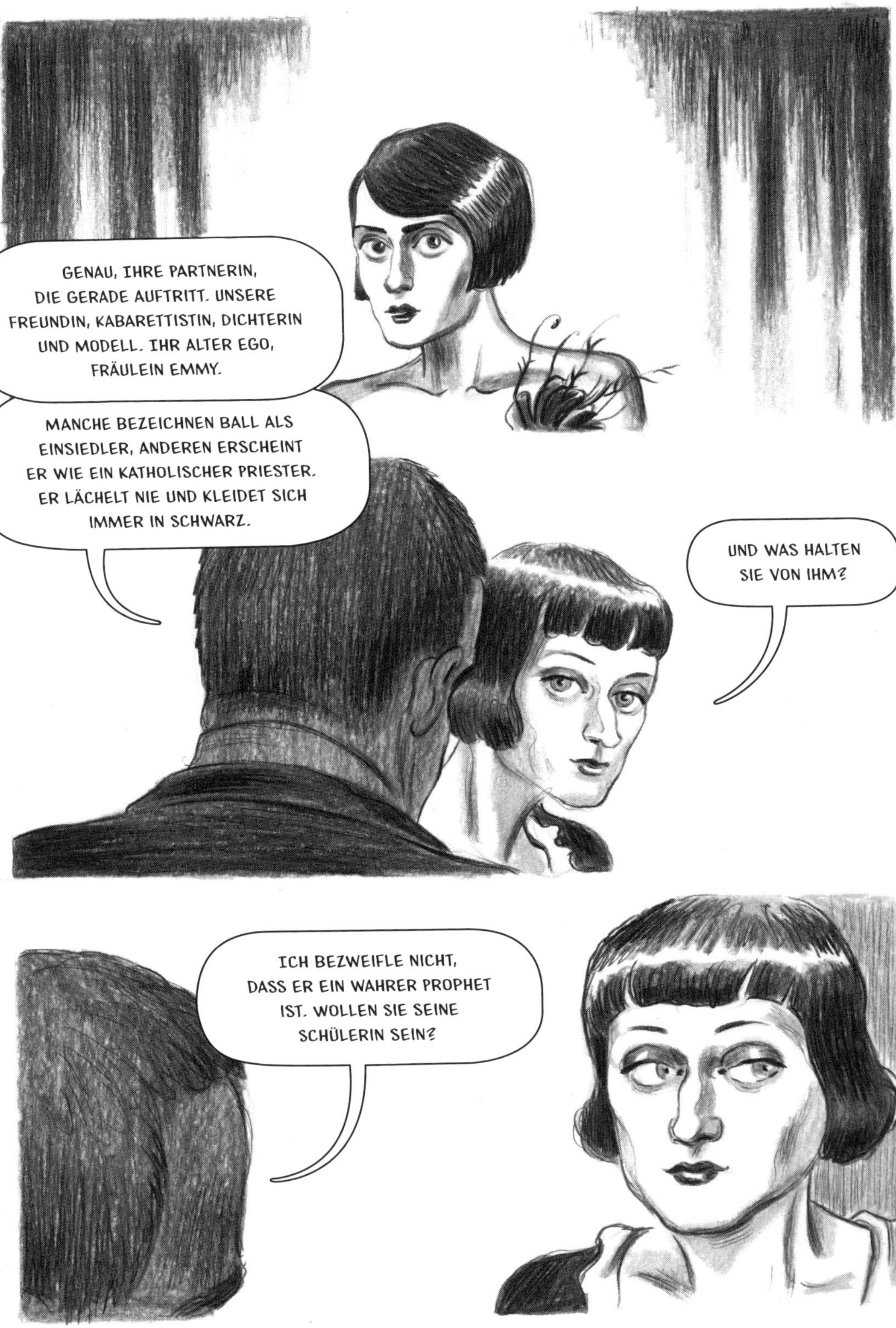

GENAU, IHRE PARTNERIN, DIE GERADE AUFTRITT. UNSERE FREUNDIN, KABARETTISTIN, DICHTERIN UND MODELL. IHR ALTER EGO, FRÄULEIN EMMY.

MANCHE BEZEICHNEN BALL ALS EINSIEDLER, ANDEREN ERSCHEINT ER WIE EIN KATHOLISCHER PRIESTER. ER LÄCHELT NIE UND KLEIDET SICH IMMER IN SCHWARZ.

UND WAS HALTEN SIE VON IHM?

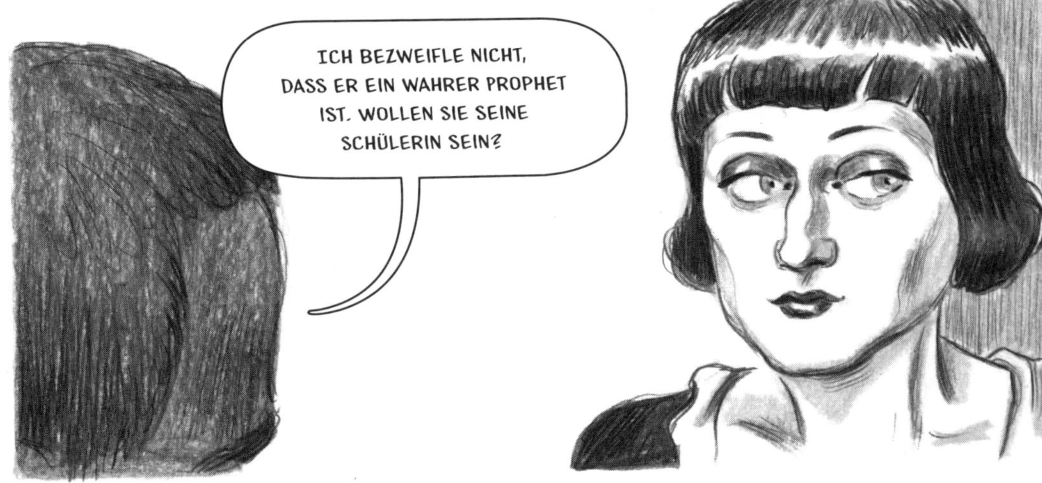

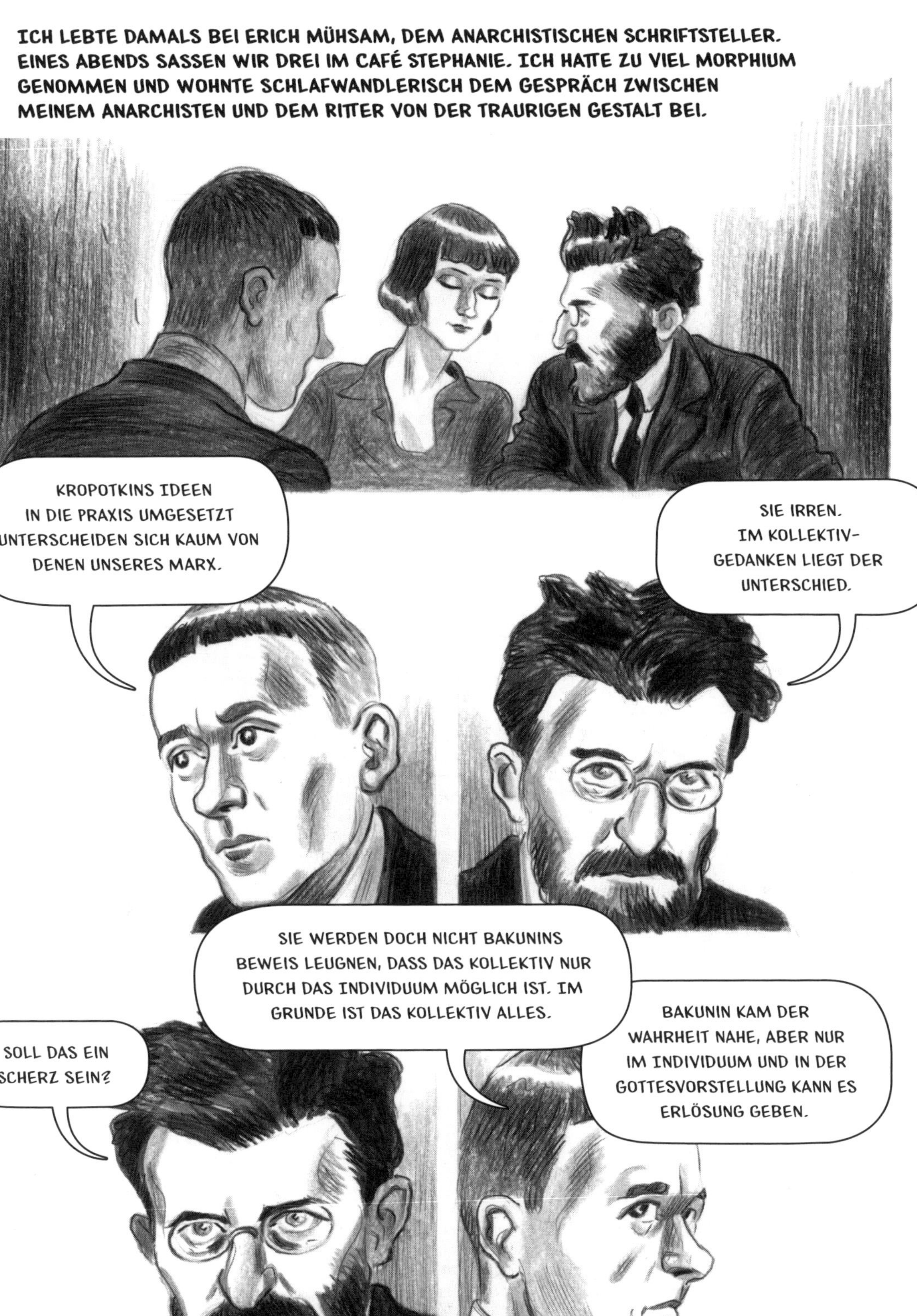
ICH LEBTE DAMALS BEI ERICH MÜHSAM, DEM ANARCHISTISCHEN SCHRIFTSTELLER. EINES ABENDS SASSEN WIR DREI IM CAFÉ STEPHANIE. ICH HATTE ZU VIEL MORPHIUM GENOMMEN UND WOHNTE SCHLAFWANDLERISCH DEM GESPRÄCH ZWISCHEN MEINEM ANARCHISTEN UND DEM RITTER VON DER TRAURIGEN GESTALT BEI.
KROPOTKINS IDEEN IN DIE PRAXIS UMGESETZT UNTERSCHEIDEN SICH KAUM VON DENEN UNSERES MARX.
SIE IRREN. IM KOLLEKTIV-GEDANKEN LIEGT DER UNTERSCHIED.
SIE WERDEN DOCH NICHT BAKUNINS BEWEIS LEUGNEN, DASS DAS KOLLEKTIV NUR DURCH DAS INDIVIDUUM MÖGLICH IST. IM GRUNDE IST DAS KOLLEKTIV ALLES.
SOLL DAS EIN SCHERZ SEIN?
BAKUNIN KAM DER WAHRHEIT NAHE, ABER NUR IM INDIVIDUUM UND IN DER GOTTESVORSTELLUNG KANN ES ERLÖSUNG GEBEN.

BALL HATTE KROPOTKIN STUDIERT UND WÜRDE JAHRE SPÄTER SOGAR BAKUNIN AUS DEM FRANZÖSISCHEN ÜBERSETZEN. EINES WAR MIR KLAR: BALL WAR EIN VON DER ERKENNTNIS ERLEUCHTETER GELEHRTER.

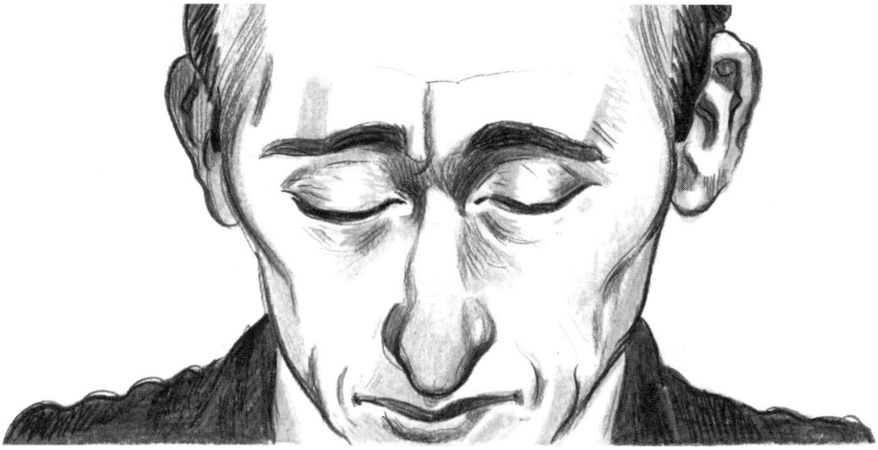

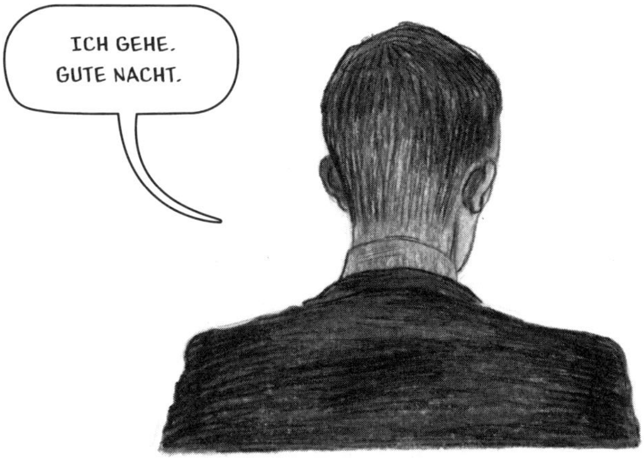

ICH GEHE.
GUTE NACHT.

HUGO BALL TRAT LANGSAM IN MEIN LEBEN. SCHLIESSLICH WAR ER DER EINZIGE MANN, DER MIR NICHT VERSPRACH, DASS ICH ZWISCHEN SEINEN LAKEN LEIDENSCHAFT UND DEN SINN DES LEBENS FINDEN WÜRDE. FÜR BALL WURZELTE DIE LEIDENSCHAFT IM GEIST, UND NICHT IM FLEISCH. EINMAL ERZÄHLTE ER MIR, DASS ER ALS KIND DAVON GETRÄUMT HATTE, PRIESTER ODER ENGEL ZU WERDEN.

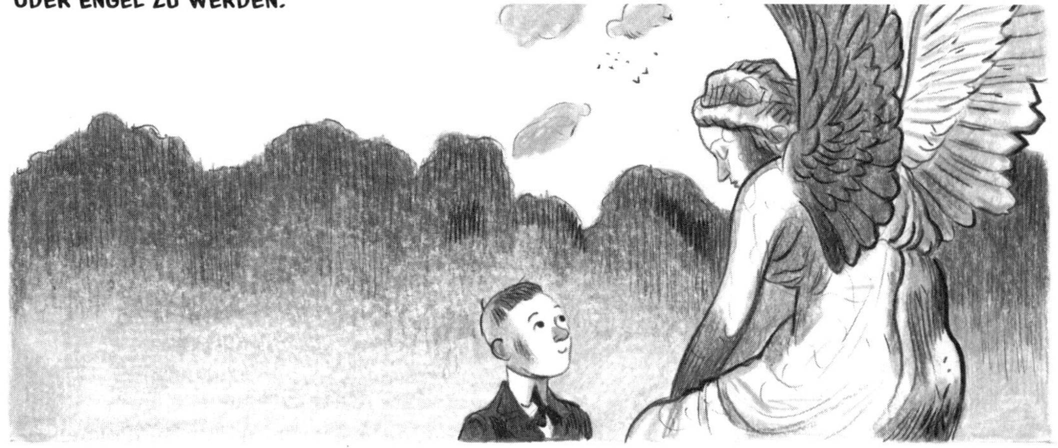

LEBEN, LEIDENSCHAFT, MENSCHLICHKEIT. IM GRUNDE ENTSPRINGEN ALLE MENSCHLICHEN ERFOLGE, KUNST, LITERATUR, ÜBERHAUPT ALLES WERTVOLLE, DER TRAGÖDIE. UND SO KANN MAN SAGEN, DASS DIE LUNTE DES CABARET VOLTAIRE VON EINEM SERBISCHEN TERRORISTEN NAMENS GAVRILO PRINCIP ANGEZÜNDET WURDE.

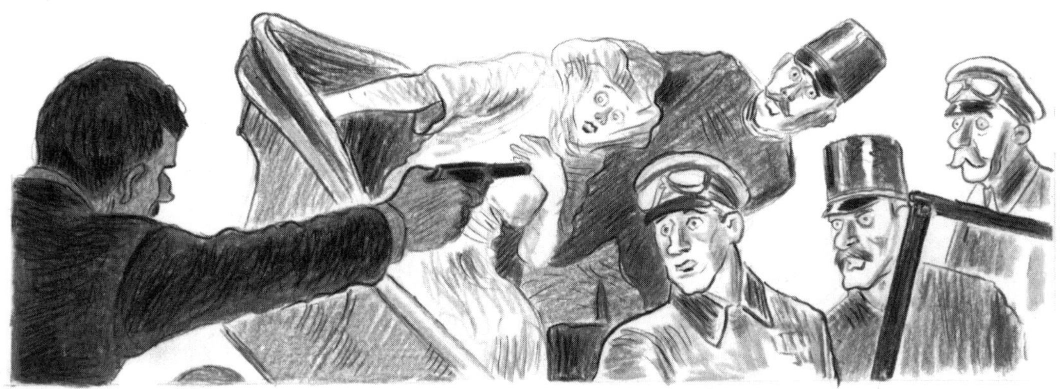

OHNE IHN WÄREN NIE DIE UMSTÄNDE EINGETRETEN, DIE DAS CABARET VOLTAIRE UND DEN DADAISMUS HERVORBRACHTEN.

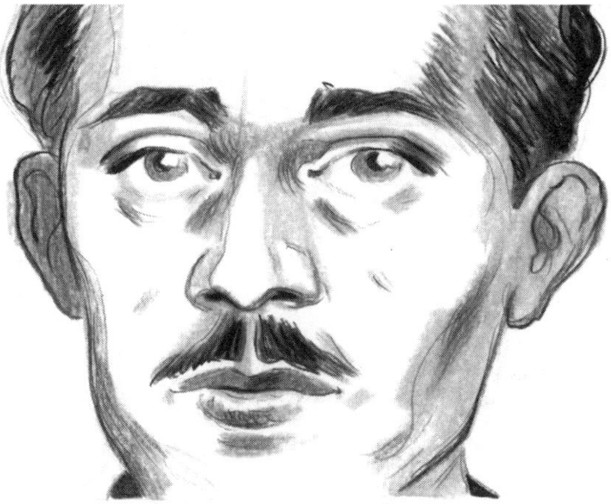

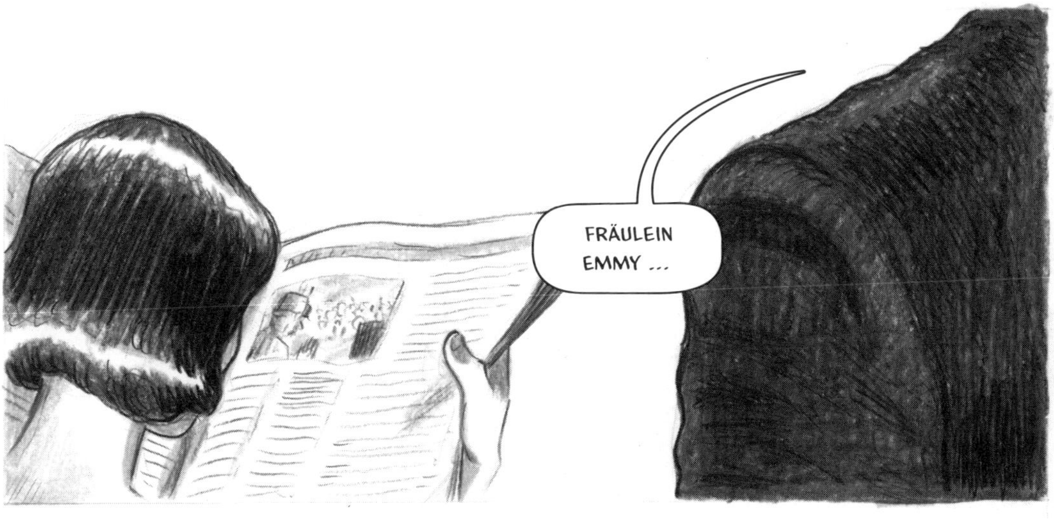

FRÄULEIN EMMY ...

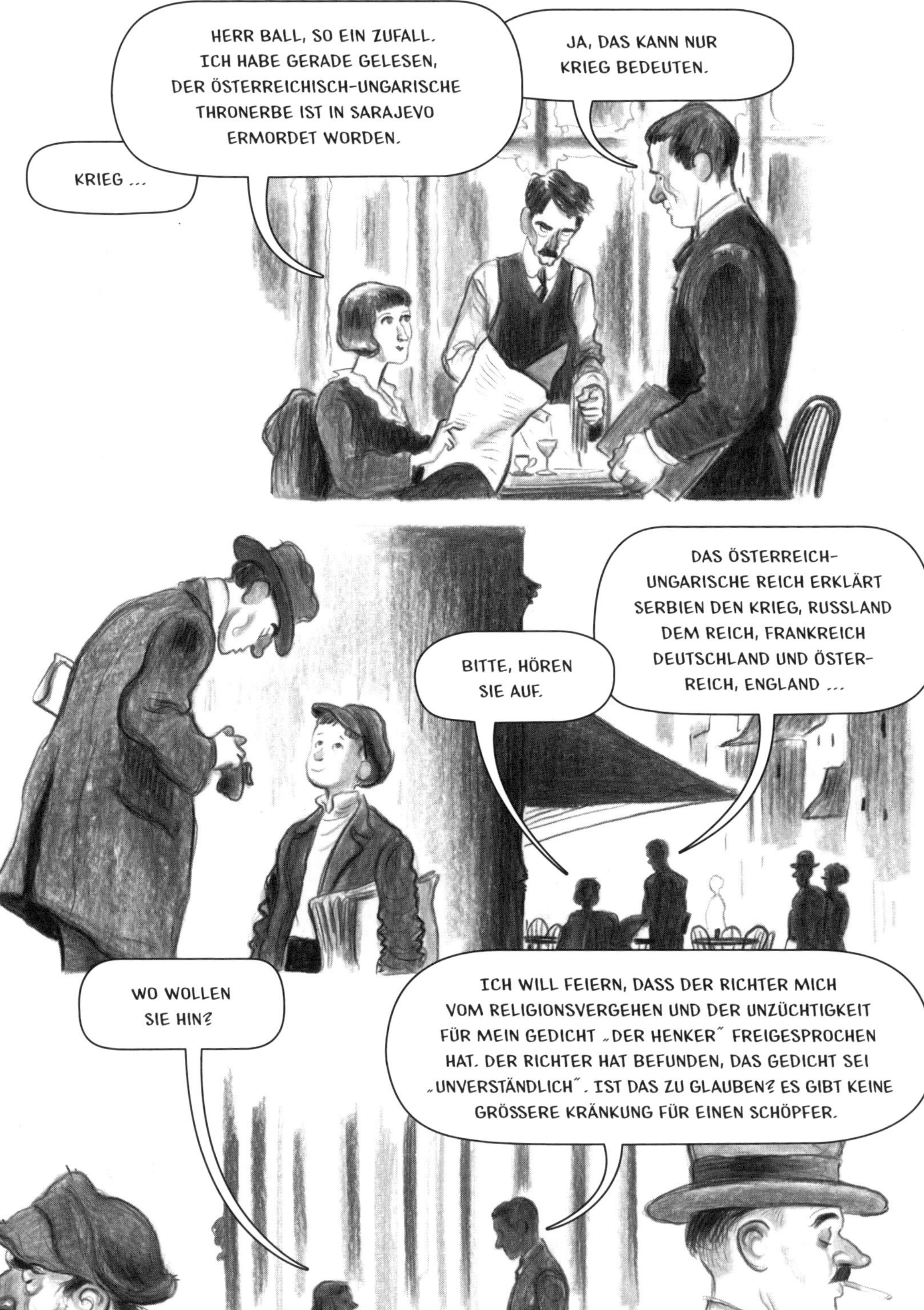
HERR BALL, SO EIN ZUFALL. ICH HABE GERADE GELESEN, DER ÖSTERREICHISCH-UNGARISCHE THRONERBE IST IN SARAJEVO ERMORDET WORDEN.
JA, DAS KANN NUR KRIEG BEDEUTEN.
KRIEG ...
DAS ÖSTERREICH-UNGARISCHE REICH ERKLÄRT SERBIEN DEN KRIEG, RUSSLAND DEM REICH, FRANKREICH DEUTSCHLAND UND ÖSTERREICH, ENGLAND ...
BITTE, HÖREN SIE AUF.
WO WOLLEN SIE HIN?
ICH WILL FEIERN, DASS DER RICHTER MICH VOM RELIGIONSVERGEHEN UND DER UNZÜCHTIGKEIT FÜR MEIN GEDICHT „DER HENKER" FREIGESPROCHEN HAT. DER RICHTER HAT BEFUNDEN, DAS GEDICHT SEI „UNVERSTÄNDLICH". IST DAS ZU GLAUBEN? ES GIBT KEINE GRÖSSERE KRÄNKUNG FÜR EINEN SCHÖPFER.

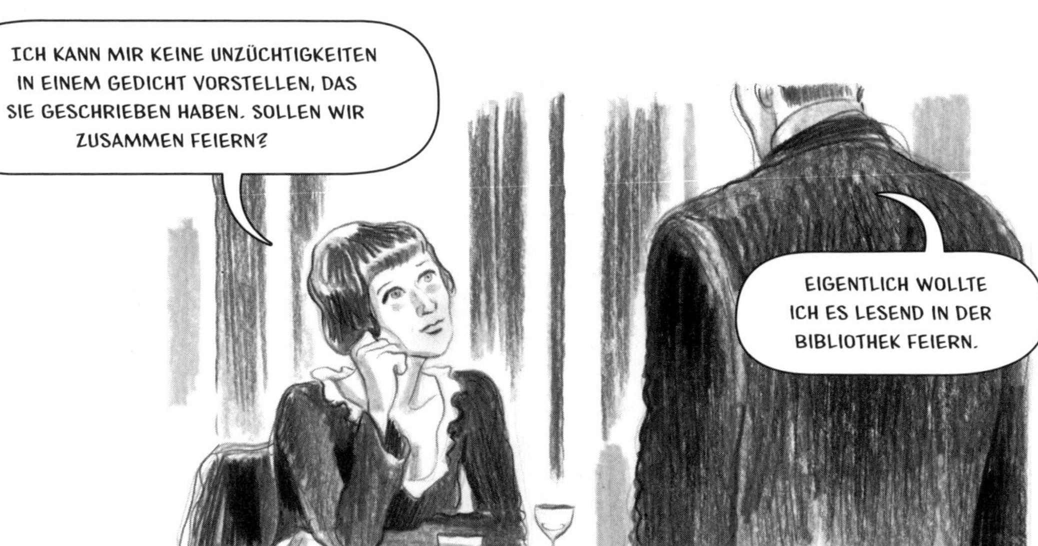
ICH KANN MIR KEINE UNZÜCHTIGKEITEN IN EINEM GEDICHT VORSTELLEN, DAS SIE GESCHRIEBEN HABEN. SOLLEN WIR ZUSAMMEN FEIERN?
EIGENTLICH WOLLTE ICH ES LESEND IN DER BIBLIOTHEK FEIERN.

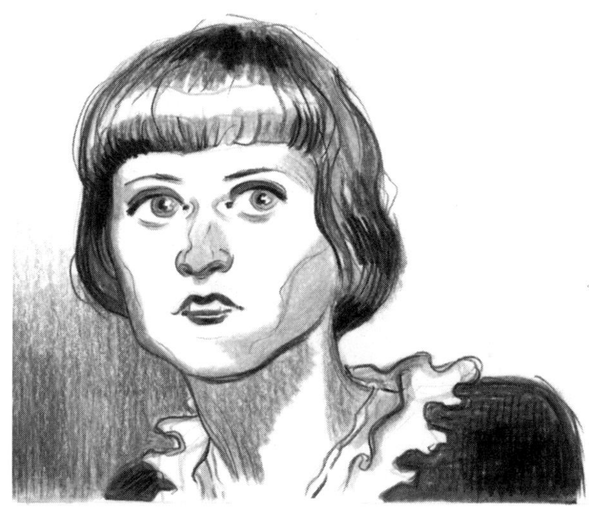

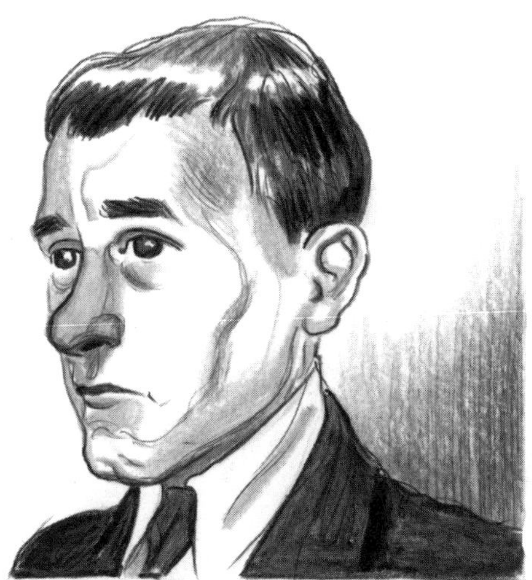
FRÄULEIN EMMY, WERDEN SIE MICH JE LIEBEN?

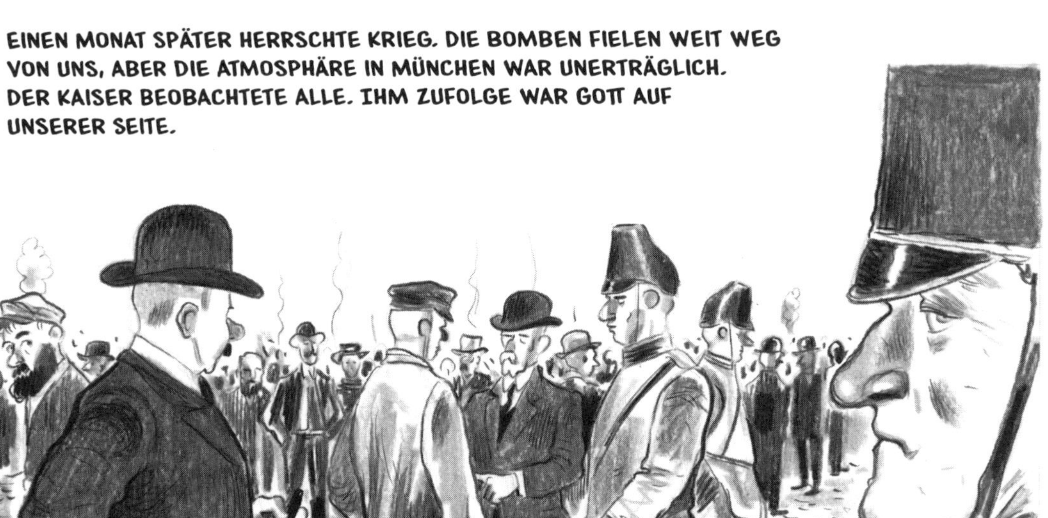

JEDER STAND UNTER DEM VERDACHT, NICHT PATRIOTISCH GENUG ZU SEIN.

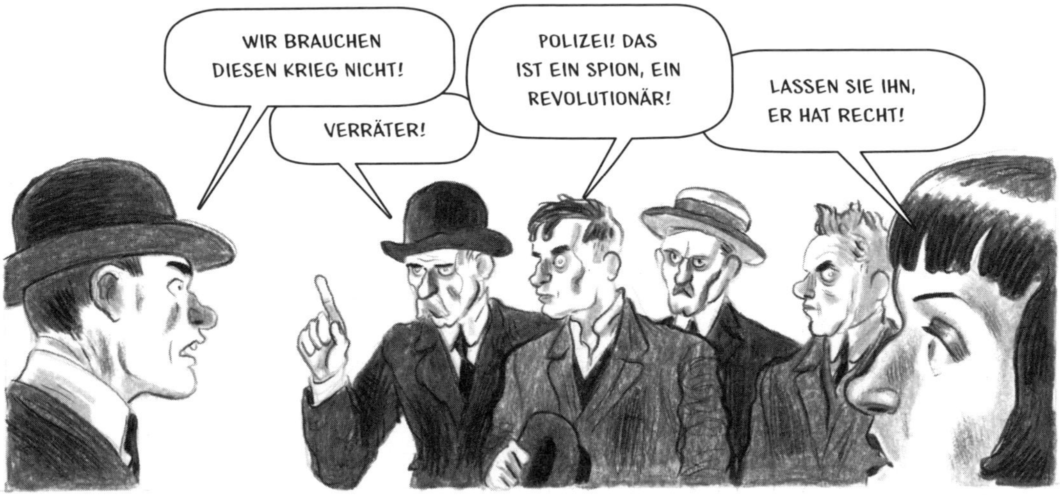

WIR BRAUCHEN DIESEN KRIEG NICHT!

VERRÄTER!

POLIZEI! DAS IST EIN SPION, EIN REVOLUTIONÄR!

LASSEN SIE IHN, ER HAT RECHT!

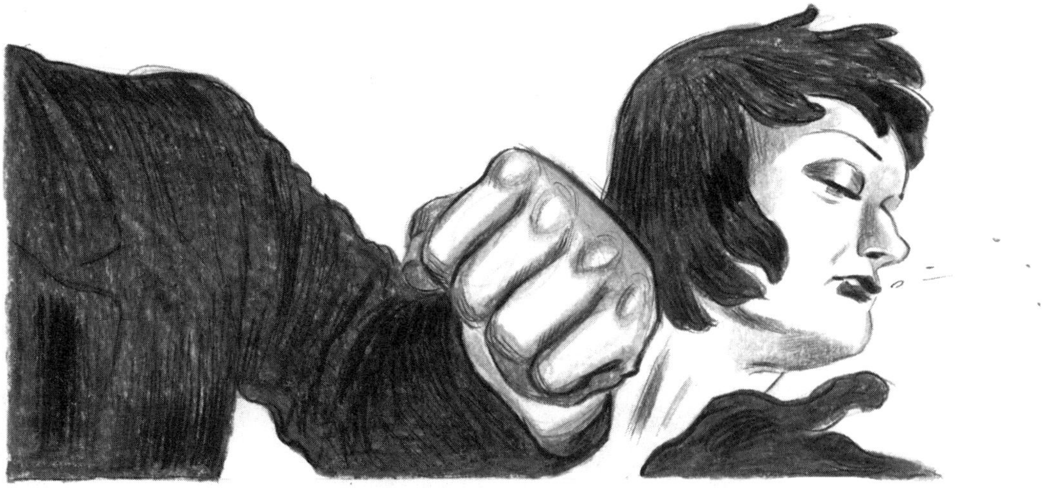

EINE FREUNDLICHE HAND ZOG MICH AUS DIESEM TUMULT.

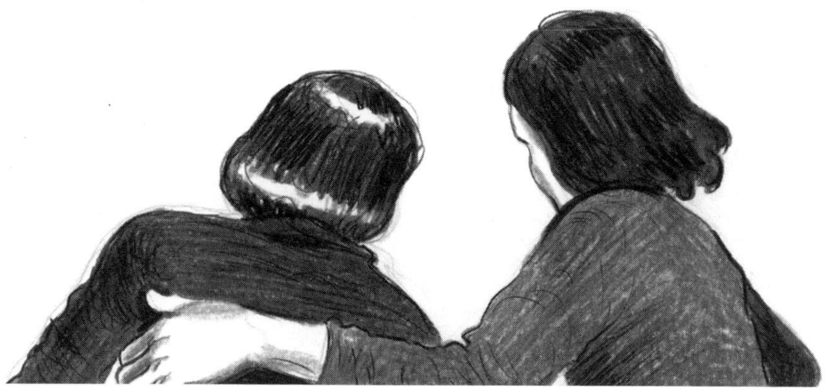

SIE FÜHRTE MICH IN EIN CAFÉ IN DER NÄHE. ERST DA WURDE MIR KLAR, WEM SIE GEHÖRTE.

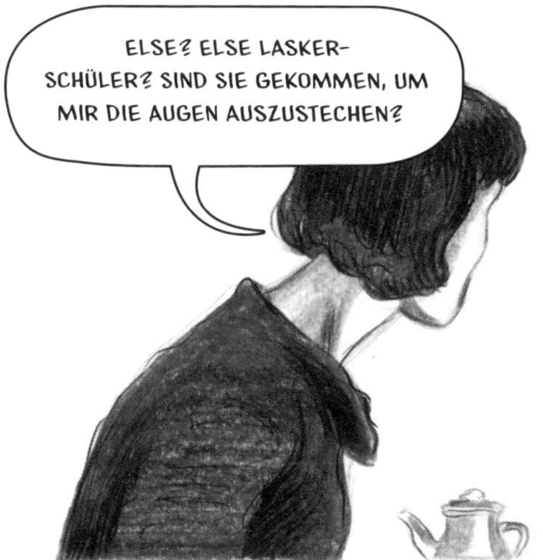

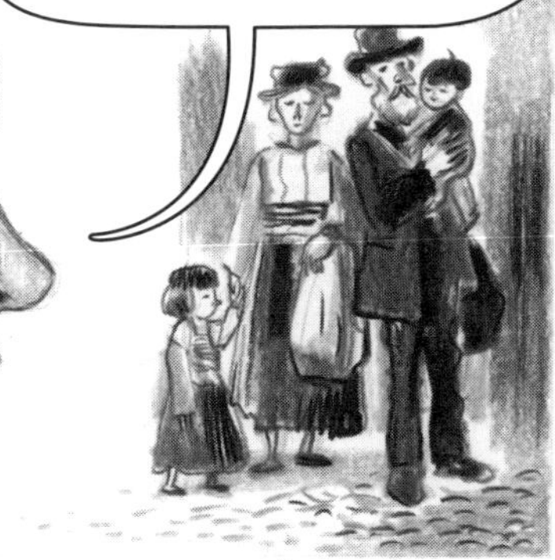

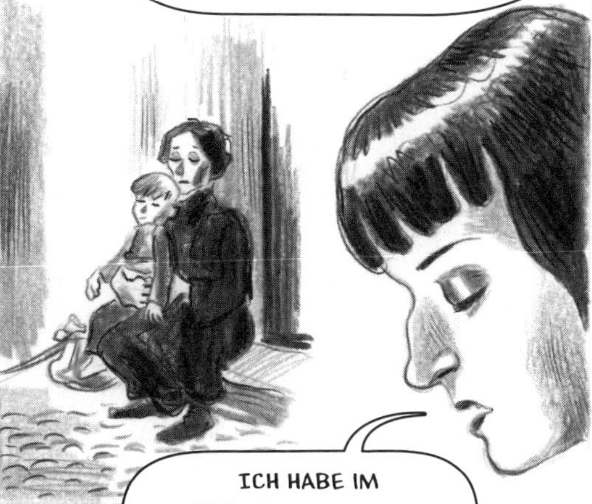

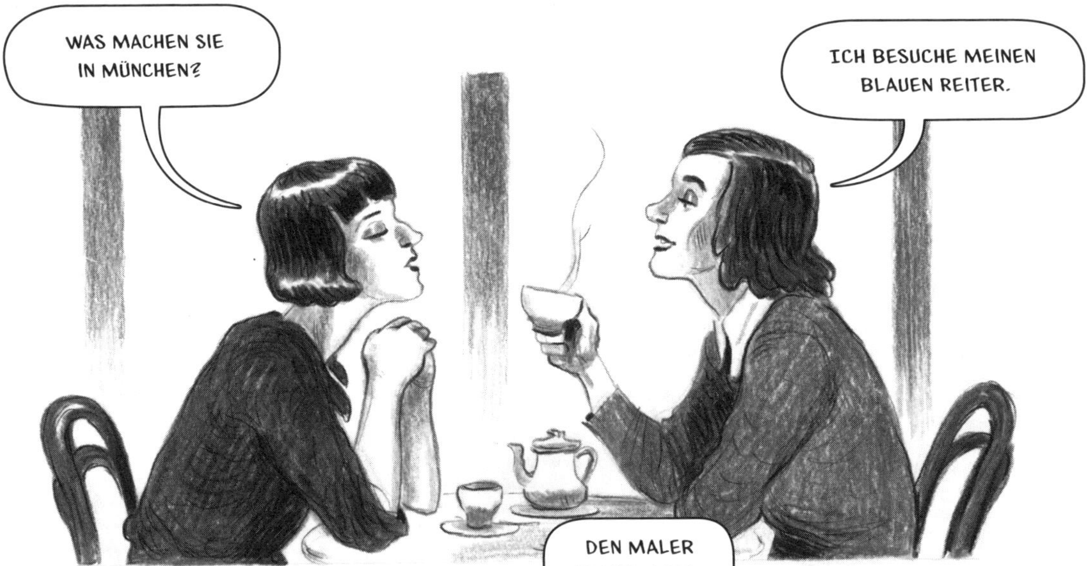

WAS MACHEN SIE IN MÜNCHEN?

ICH BESUCHE MEINEN BLAUEN REITER.

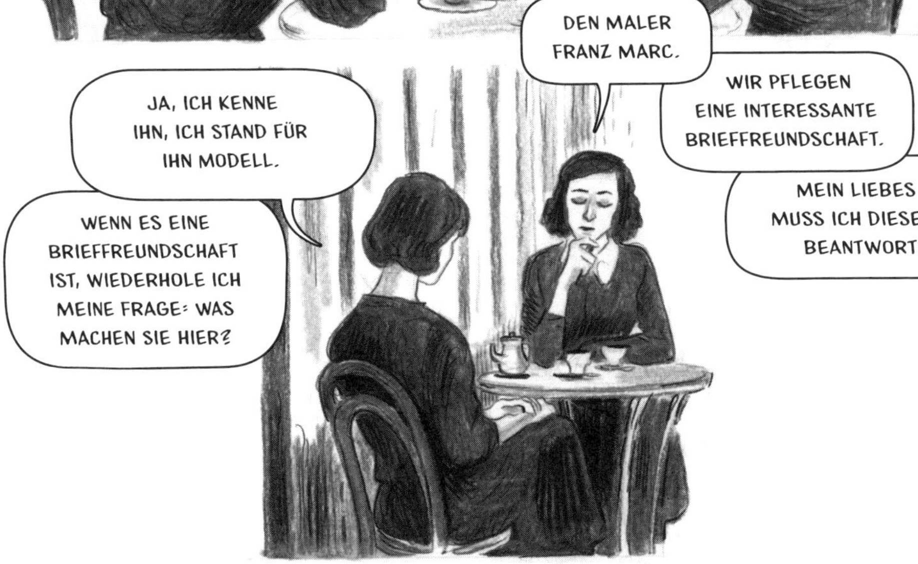

DEN MALER FRANZ MARC.

JA, ICH KENNE IHN, ICH STAND FÜR IHN MODELL.

WIR PFLEGEN EINE INTERESSANTE BRIEFFREUNDSCHAFT.

WENN ES EINE BRIEFFREUNDSCHAFT IST, WIEDERHOLE ICH MEINE FRAGE: WAS MACHEN SIE HIER?

MEIN LIEBES KIND, MUSS ICH DIESE FRAGE BEANTWORTEN?

ELSE LASKER-SCHÜLER WAR EINE DER GROSSEN, VIELLEICHT SOGAR DIE GRÖSSTE DEUTSCHE EXPRESSIONISTISCHE SCHRIFTSTELLERIN. IHRE BRIEFWECHSEL MIT MARC, IHRE GEDICHT-POSTKARTEN UND RADIKALEN ZEICHNUNGEN ERSCHIENEN VON 1913 BIS 1915 IN „DIE AKTION".

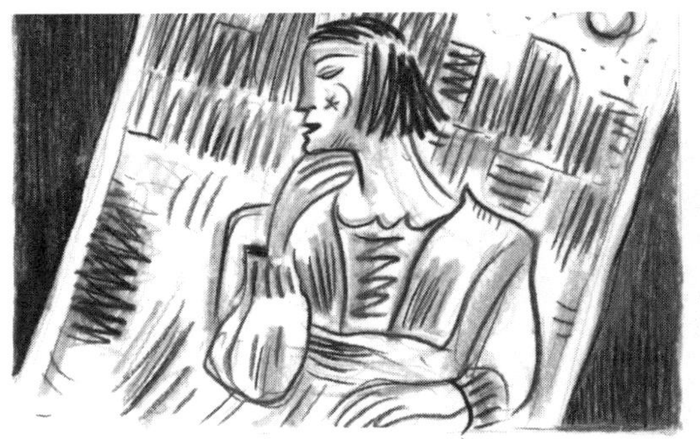

WENN MAN SICH DIE WUNDERSCHÖNEN POSTKARTEN ANSIEHT, DIE ELSE UND MARC GEZEICHNET UND EINANDER GESCHRIEBEN HABEN, FRAGT MAN SICH, IST DAS DIE GLEICHE SPEZIES, DIE AUCH KRIEG FÜHRT?

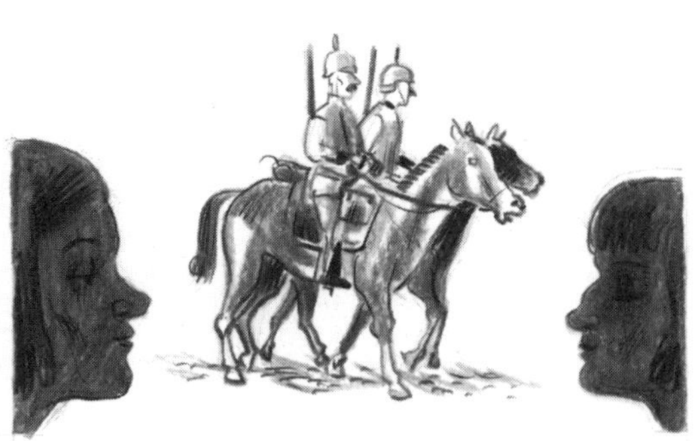

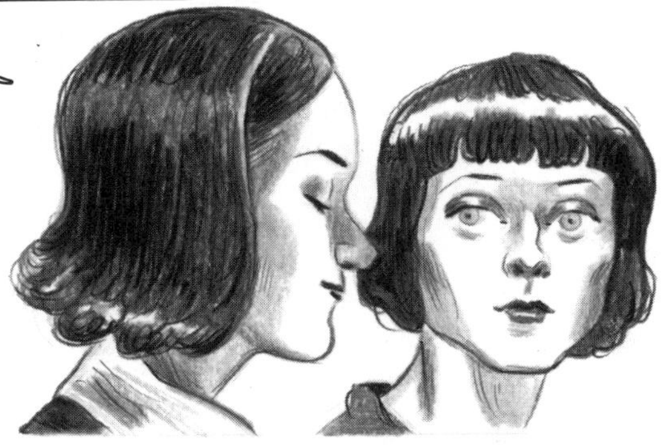
EMMY, ICH BIN MIT FRANZ IN DEN MÜNCHNER KAMMERSPIELEN VERABREDET. ER MÖCHTE DORT MIT HUGO BALL EIN STÜCK VON SHAKESPEARE INSZENIEREN.
MIT HUGO BALL? DARF ICH SIE BEGLEITEN?

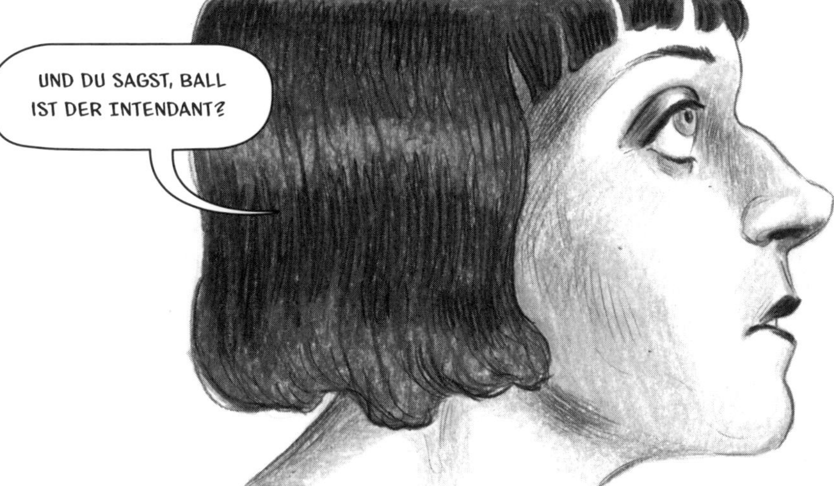
UND DU SAGST, BALL IST DER INTENDANT?

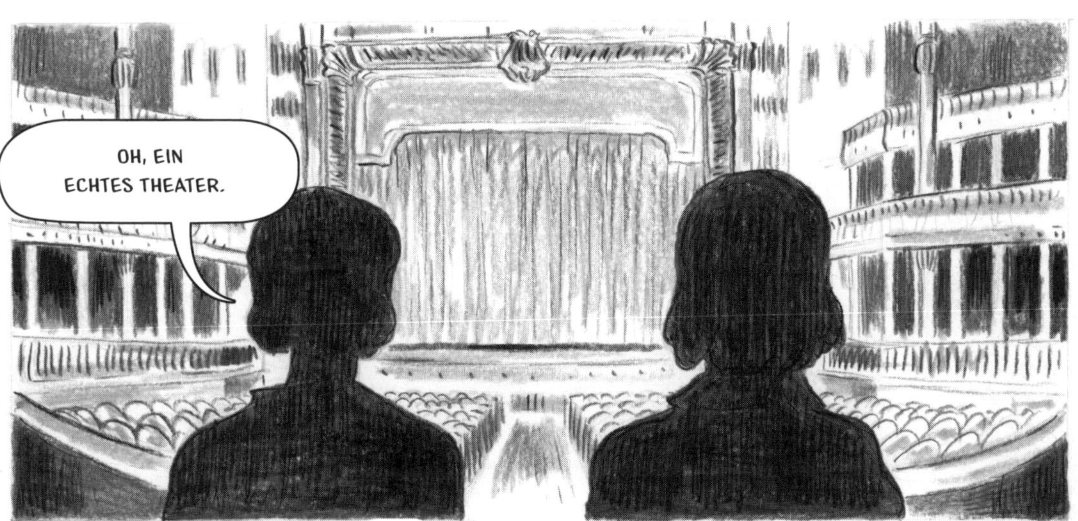
OH, EIN ECHTES THEATER.

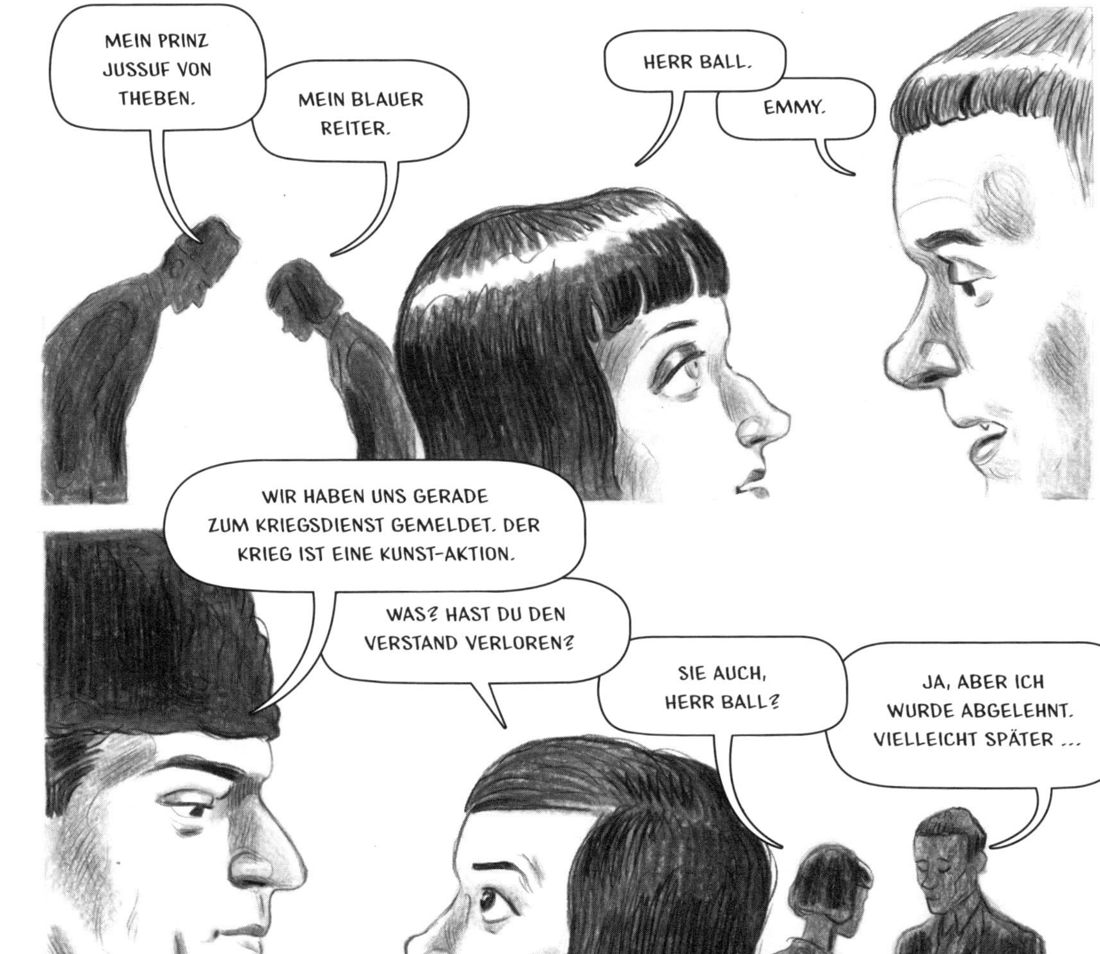

MEIN PRINZ JUSSUF VON THEBEN.

MEIN BLAUER REITER.

HERR BALL.

EMMY.

WIR HABEN UNS GERADE ZUM KRIEGSDIENST GEMELDET. DER KRIEG IST EINE KUNST-AKTION.

WAS? HAST DU DEN VERSTAND VERLOREN?

SIE AUCH, HERR BALL?

JA, ABER ICH WURDE ABGELEHNT. VIELLEICHT SPÄTER ...

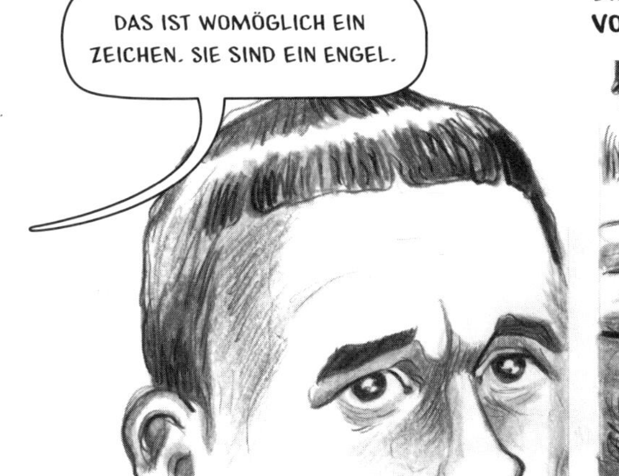

FRANZ MARC FIEL 1916 AN DER WESTFRONT BEI VERDUN – EINEN MONAT NACHDEM BALL UND ICH DAS CABARET VOLTAIRE GEGRÜNDET HATTEN.

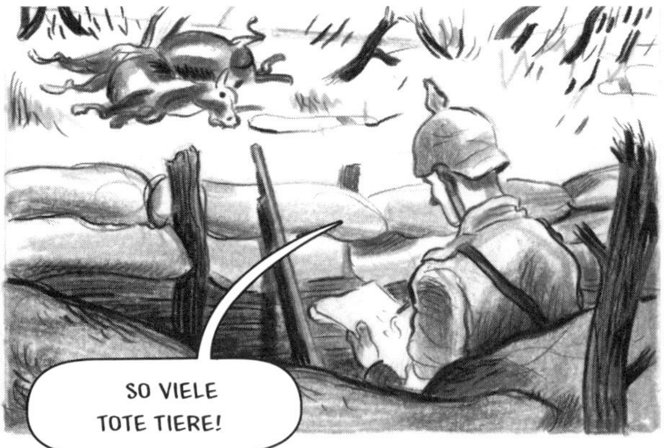

EIN UNSICHTBARES BAND SCHIEN SICH ZWISCHEN MIR UND BALL GESPANNT ZU HABEN. EIN BAND, DAS ZWISCHEN DEN GITTERSTÄBEN DES GEFÄNGNISSES SICHTBAR WURDE.

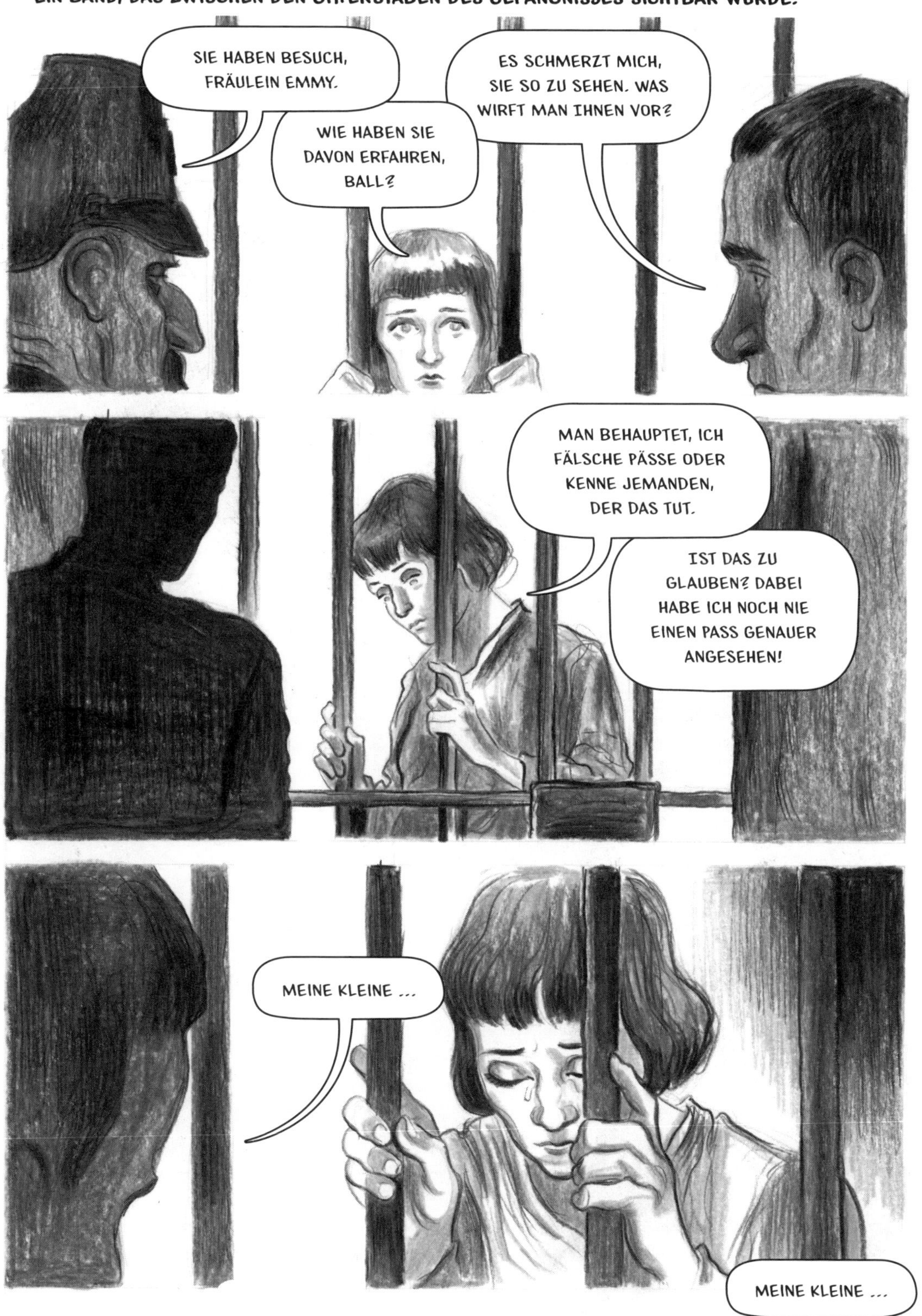

OHNE BEWEISE WAR MEIN ZWEITER GEFÄNGNISAUFENTHALT NUR VON KURZER DAUER. BALL WARTETE AM AUSGANG AUF MICH. VON DA AN WAR ER WIE EIN VATER FÜR MICH. ICH HATTE SCHON ZU VIELE LIEBHABER GEHABT.

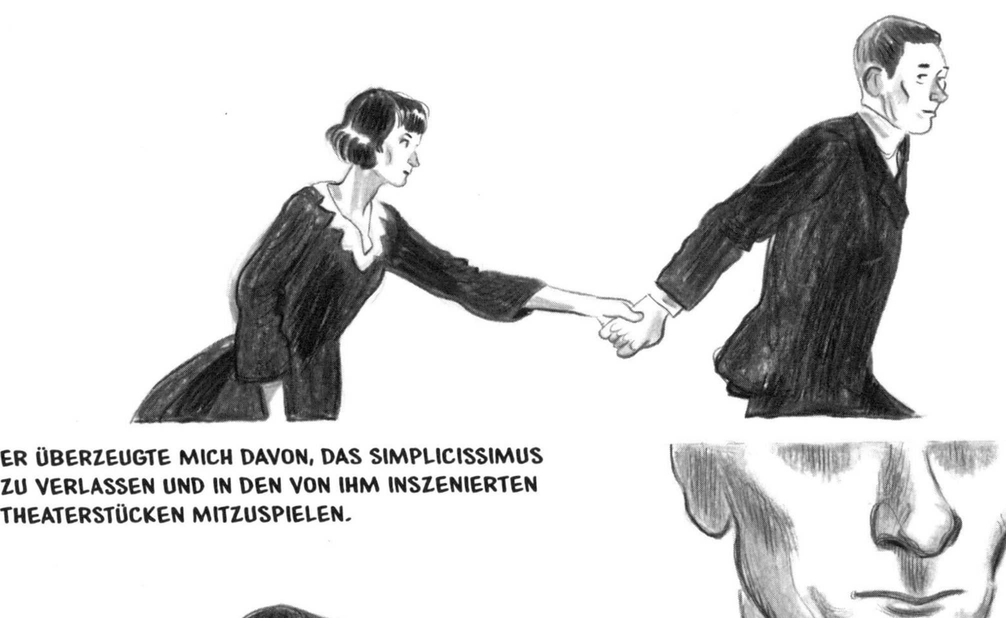

DOCH DER KRIEG ZERSTÖRTE ALLES. VIELE THEATER MUSSTEN SCHLIESSEN, AUCH DAS VON BALL.

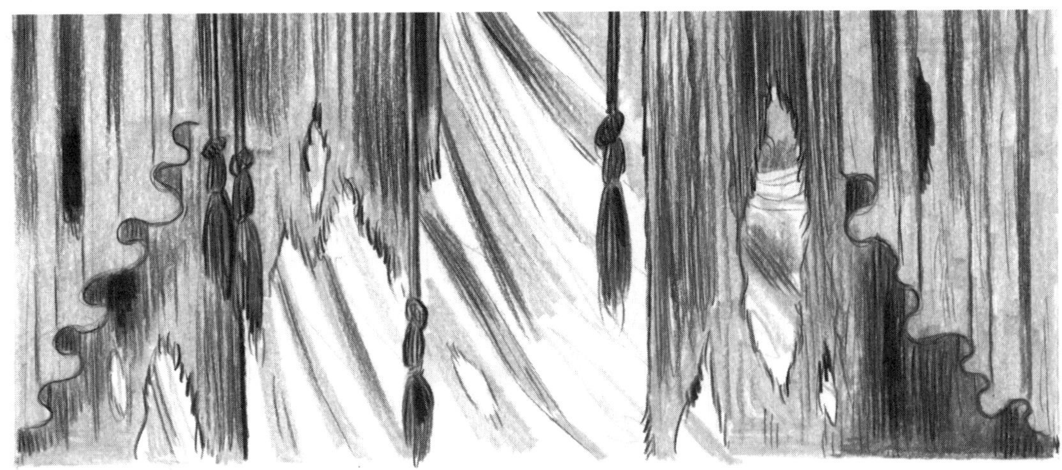

WIR SCHLUGEN UNS MEHR SCHLECHT ALS RECHT DURCH UND FÜHRTEN UNSERE STÜCKE AUF, WO IMMER MAN UNS LIESS. IM MAI 1915 WAREN WIR IN BERLIN. WIR SPIELTEN IM HARMONIUM-SAAL UND KÜNDIGTEN EINEN „EXPRESSIONISTENABEND" AN. BEGLEITET WURDEN WIR VON JOHANNES R. BECHER, RICHARD HUELSENBECK, HÖXTER ...
ES WAR DER 12. MAI 1915.

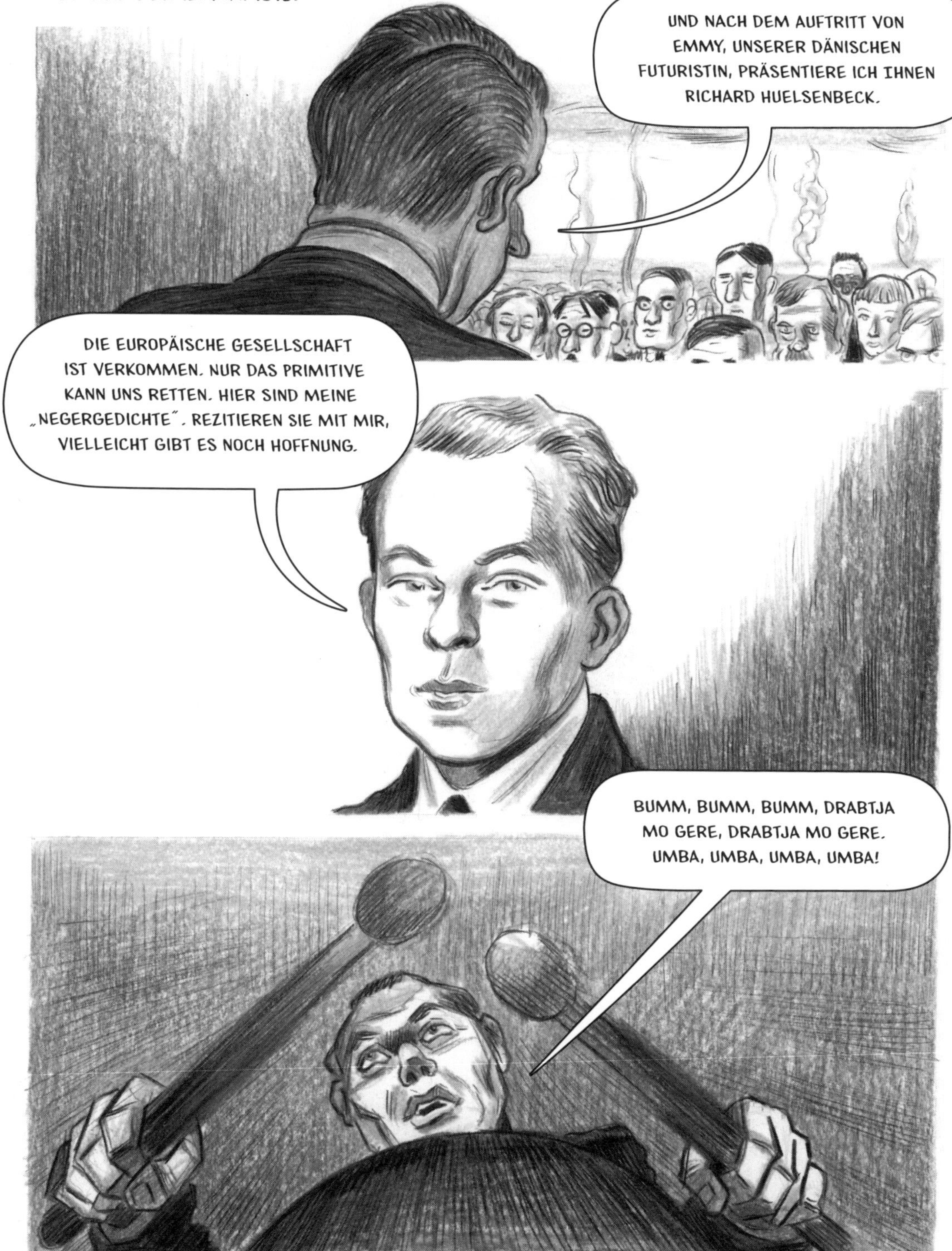

UND NACH DEM AUFTRITT VON EMMY, UNSERER DÄNISCHEN FUTURISTIN, PRÄSENTIERE ICH IHNEN RICHARD HUELSENBECK.

DIE EUROPÄISCHE GESELLSCHAFT IST VERKOMMEN. NUR DAS PRIMITIVE KANN UNS RETTEN. HIER SIND MEINE „NEGERGEDICHTE". REZITIEREN SIE MIT MIR, VIELLEICHT GIBT ES NOCH HOFFNUNG.

BUMM, BUMM, BUMM, DRABTJA MO GERE, DRABTJA MO GERE. UMBA, UMBA, UMBA, UMBA!

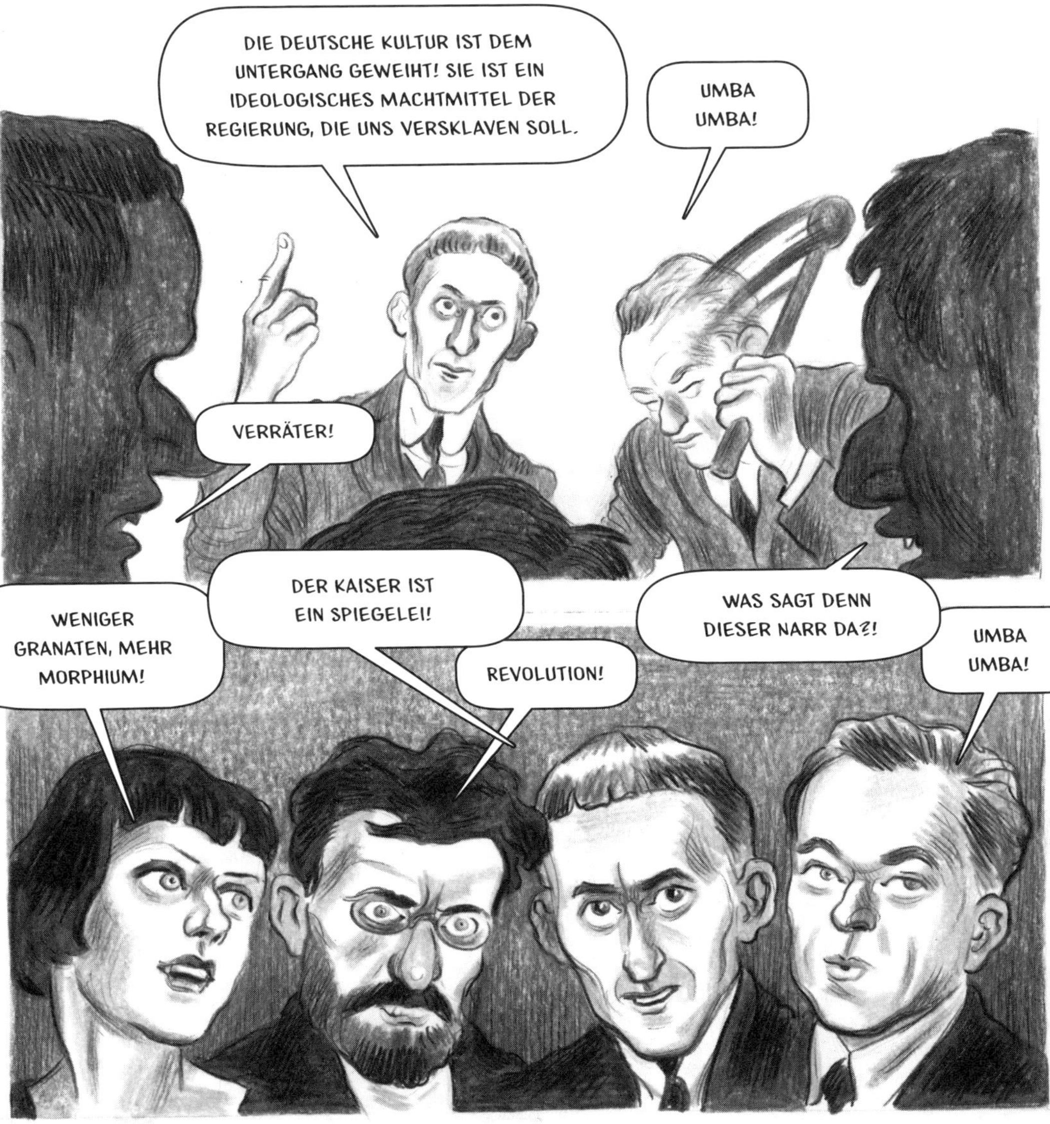

DIE DEUTSCHE KULTUR IST DEM UNTERGANG GEWEIHT! SIE IST EIN IDEOLOGISCHES MACHTMITTEL DER REGIERUNG, DIE UNS VERSKLAVEN SOLL.

UMBA UMBA!

VERRÄTER!

WENIGER GRANATEN, MEHR MORPHIUM!

DER KAISER IST EIN SPIEGELEI!

REVOLUTION!

WAS SAGT DENN DIESER NARR DA?!

UMBA UMBA!

DER SKANDAL WAR UNVERMEIDLICH. TATSÄCHLICH WAREN FAST ALLE ZUTATEN FÜR DEN ERSTEN DADA-ABEND DER GESCHICHTE VORHANDEN. WIR VERLIESSEN BERLIN SOFORT, BEVOR DIE POLIZEI UNS VERHAFTEN KONNTE.

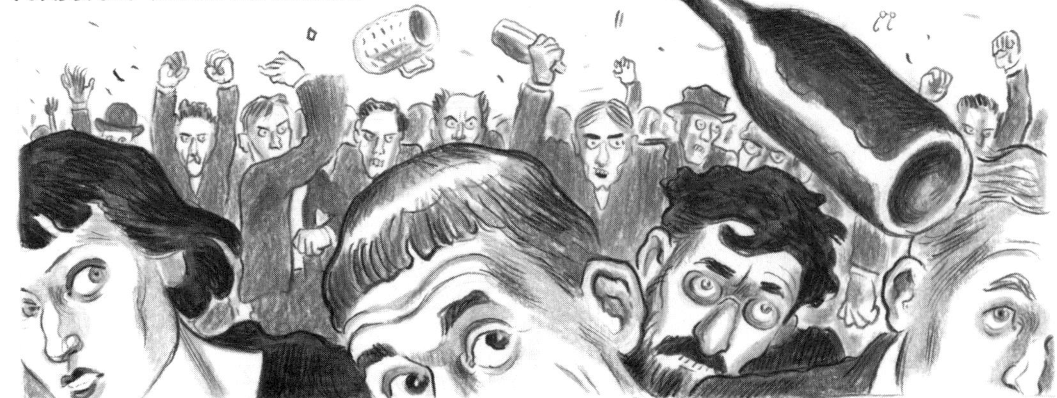

WIR FLOHEN AN DEN EINZIGEN ORT, DER NAH, ABER FERNAB DES KRIEGES LAG. ICH DACHTE, DIE ZEIT WÜRDE NUN MONOTON UND PRÄZISE VERGEHEN, IMMER WEITER, WIE EIN SCHWEIZER UHRWERK. DOCH ICH LAG WIEDER EINMAL FALSCH.
ES GAB NUR EINE GEWISSHEIT: BALL UND ICH BLIEBEN VEREINT.
BALL WAR DER RUF, ICH DAS ECHO.

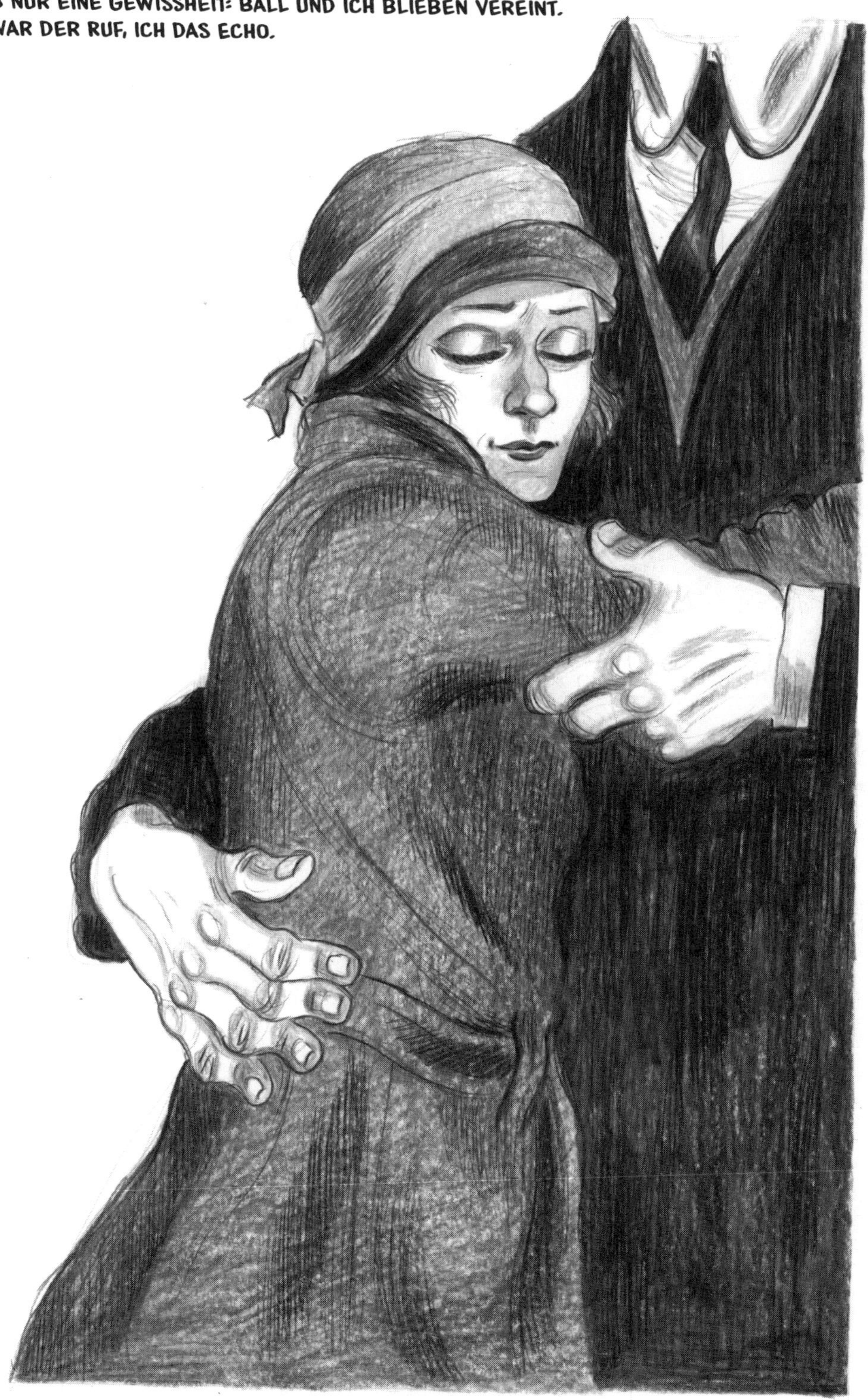

ENDE DES 4. KAPITELS

5. KAPITEL: Vom Dandysmus der Armen

ZÜRICH, MAI 1915.

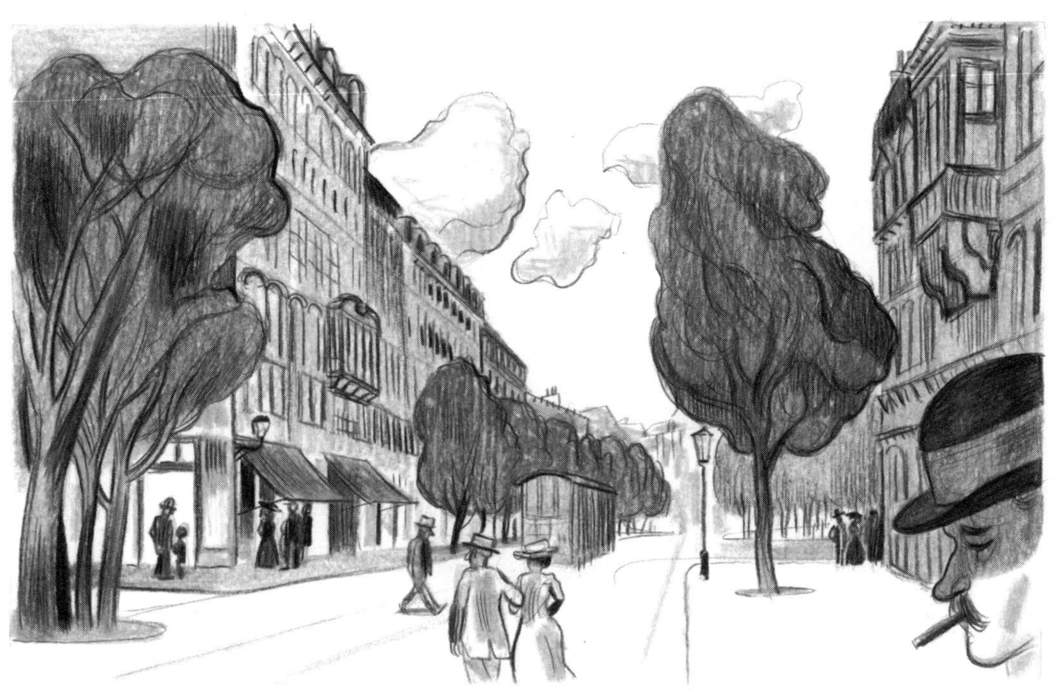

WIR GINGEN NACH ZÜRICH, UM DIE WANDERBÜHNEN HINTER UNS ZU LASSEN UND SCHRIFTSTELLER ZU WERDEN. BALL WAR VON DEM SCHRIFTSTELLER WALTER SERNER ZUR MITWIRKUNG AN SEINER PAZIFISTISCHEN ZEITSCHRIFT „DER MISTRAL“ EINGELADEN WORDEN. SERNER WAR EIN WEITERER KÜNFTIGER DADAIST UND EIN WEITERER SPÄTER VON DEN NAZIS VERSCHLEPPTER FREIGEIST, DER 1942 IN RIGA ERMORDET WURDE. ZUVOR HATTE ER IM JAHR 1920 SEIN EIGENES DADA-MANIFEST VERÖFFENTLICHT.

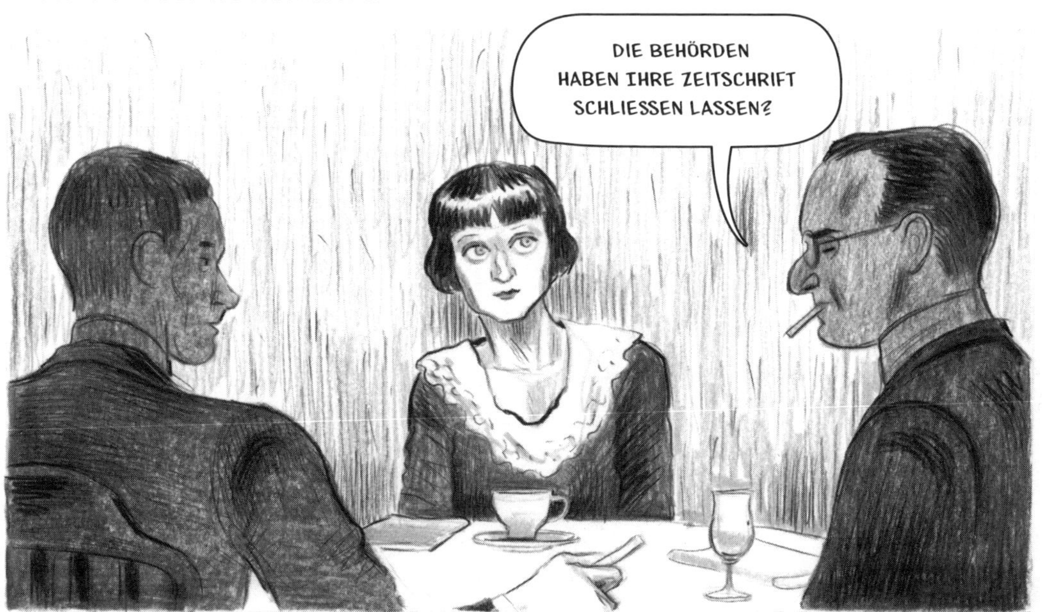

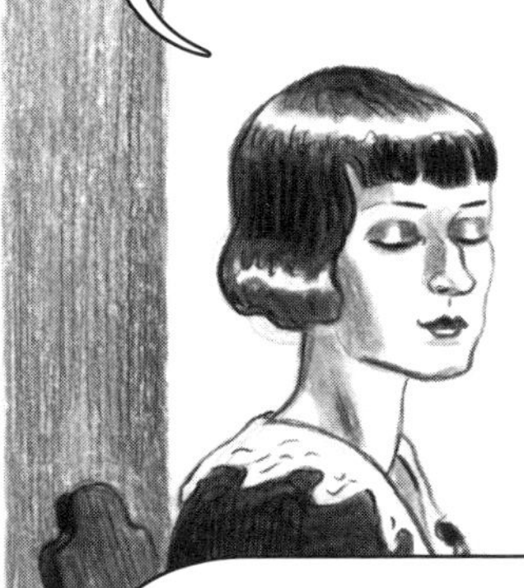
AM ENDE SCHEINT FREIHEIT NUR IM MORPHIUM ZU FINDEN ZU SEIN.

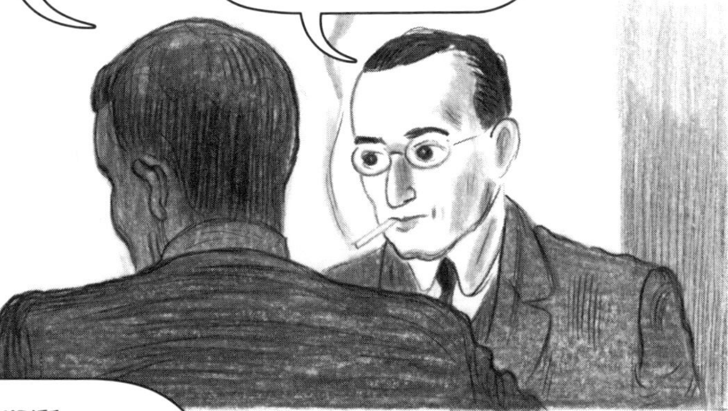
EMMY, DU MUSST DIESES LASTER AUFGEBEN.
WIE DEM AUCH SEI, ICH HABE MIT RENÉ SCHICKELE GESPROCHEN.

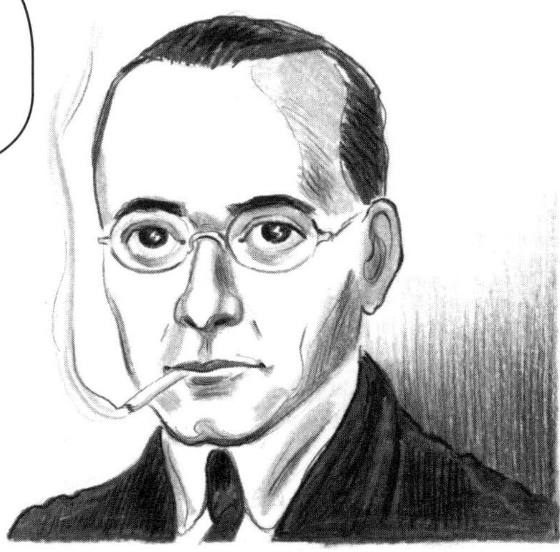
ER LEITET DIE ZEITSCHRIFT „DIE WEISSEN BLÄTTER". SIE BEIDE KÖNNEN FÜR IHN SCHREIBEN, ER IST BEGEISTERT VON DER IDEE. SIE WISSEN JA, DASS SICH JEDER, DER DORT ERSCHEINT, SCHRIFTSTELLER NENNEN KANN. DAZU ZÄHLEN RILKE, MEYRINK ...

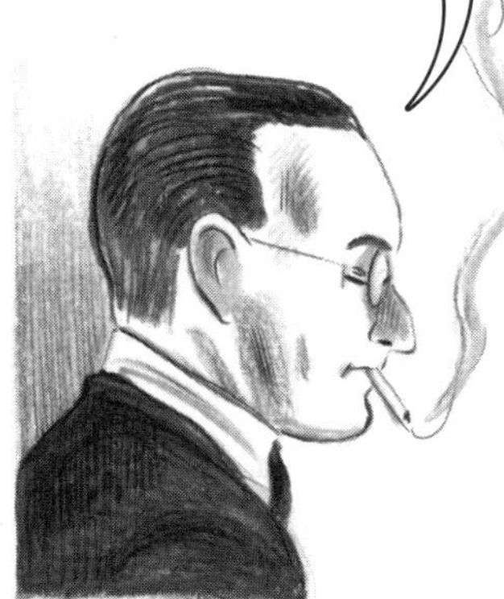
ICH HABE FÜR SIE EIN TREFFEN MIT FRITZ BRUPBACHER ARRANGIERT, DEM REDAKTEUR DER ZEITSCHRIFT „DER REVOLUZZER".

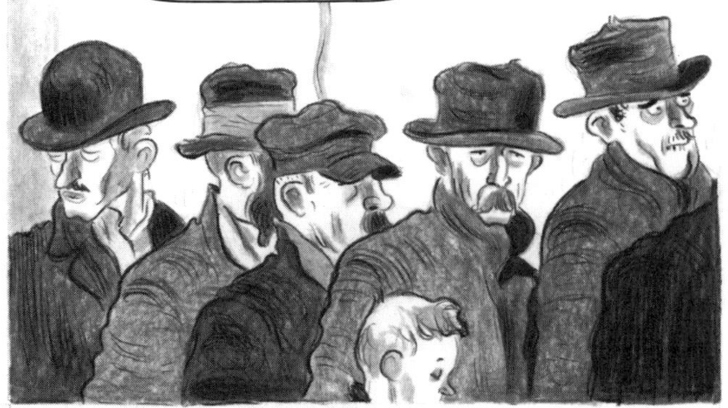
EIN GROSSARTIGER MANN. ER IST ARZT UND BEHANDELT ARME PATIENTEN KOSTENLOS.

WIE VIELE ARME KRANKE GIBT ES AUF DER WELT? ODER WERDEN NUR DIE ARMEN KRANK? DR. BRUPBACHER ERINNERTE MICH AN JESUS CHRISTUS BEI DER BERGPREDIGT.

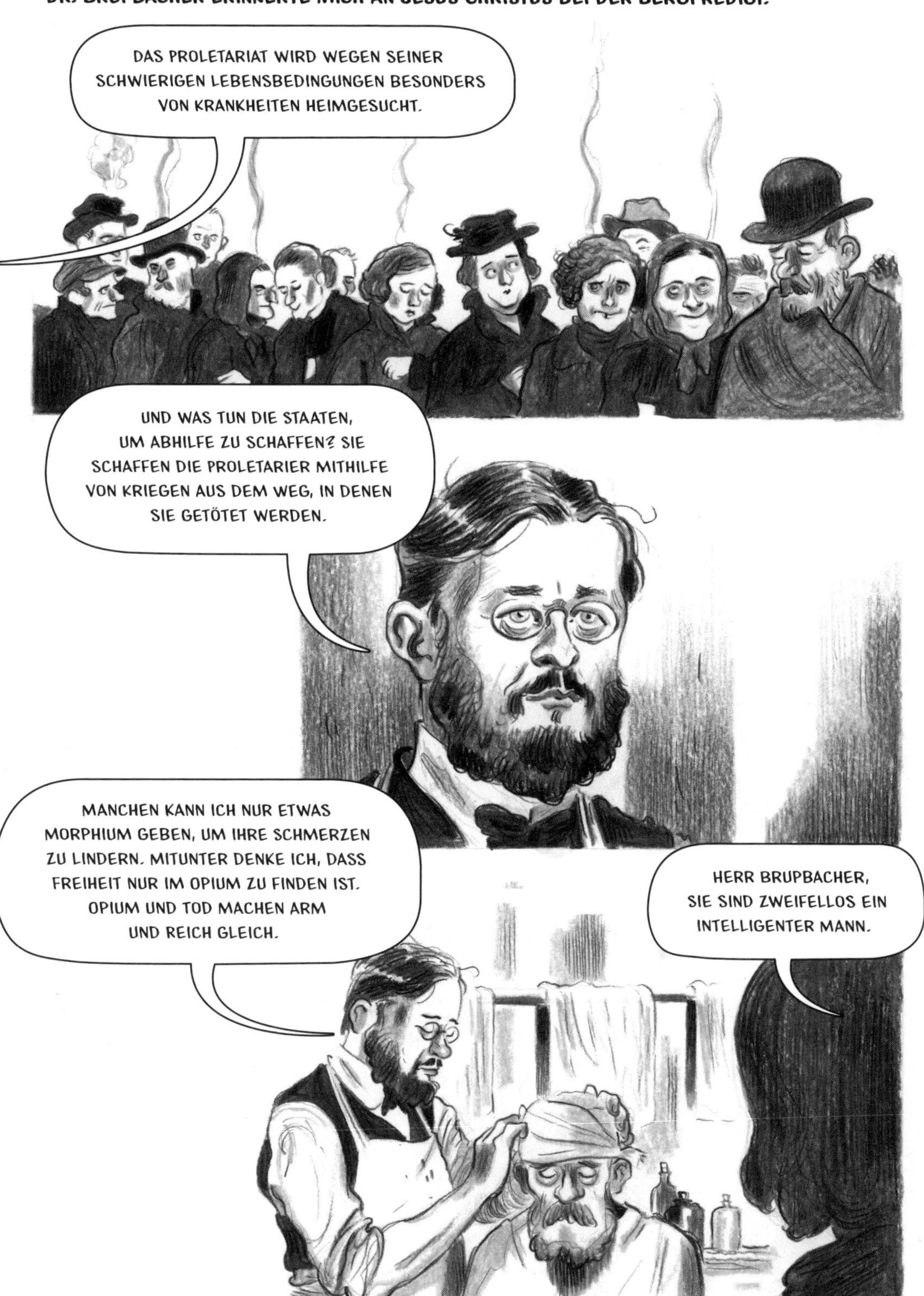

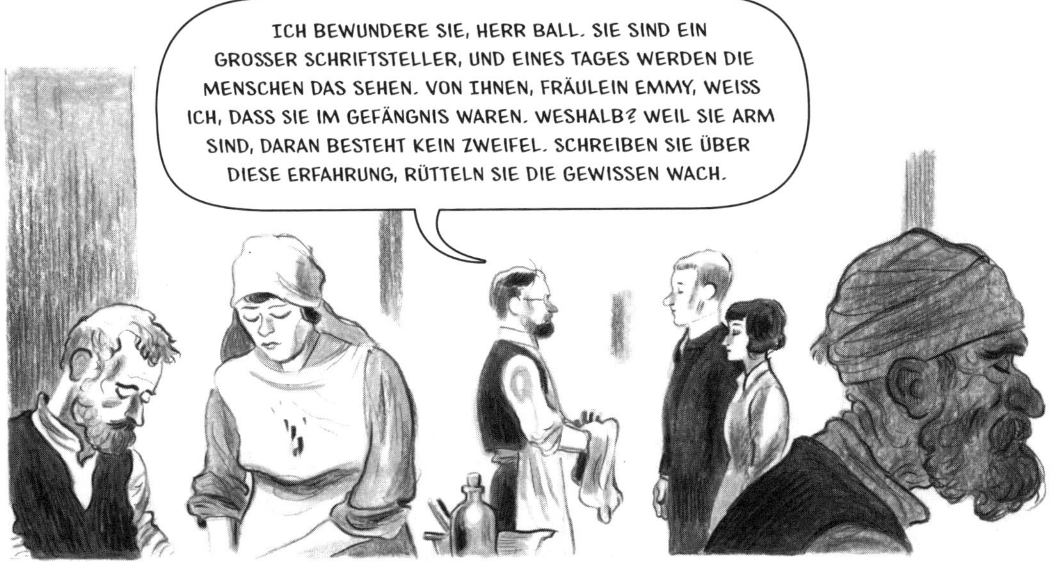

BRUPBACHER ERMUTIGTE UNS NICHT NUR IN UNSEREM NEUEN LEBEN ALS SCHRIFTSTELLER, ER GAB UNS AUCH 100 FRANKEN, DAMIT WIR ANFANGS ÜBER DIE RUNDEN KOMMEN KONNTEN.

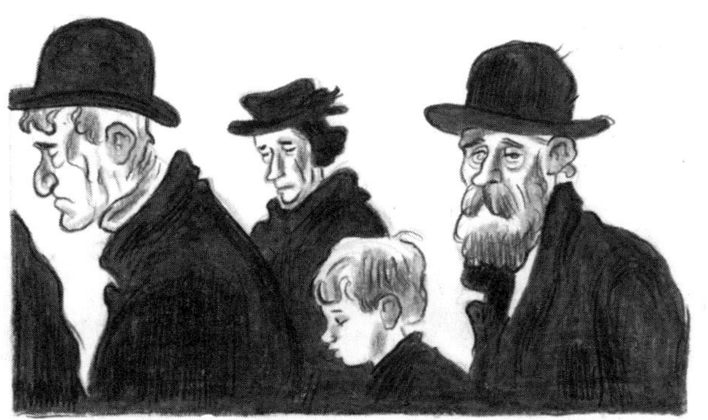

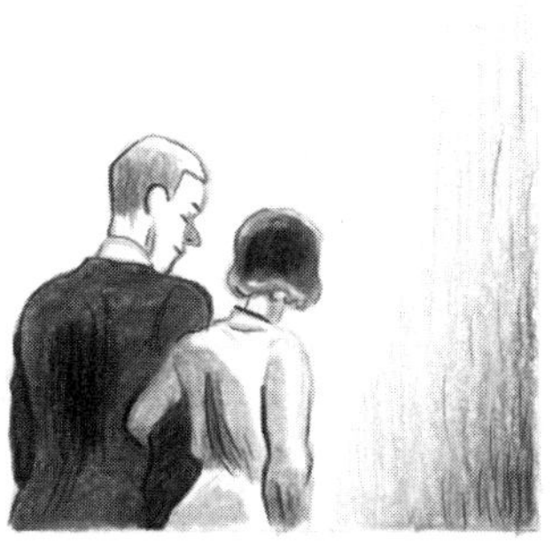

BALL WÜRDE SEINE ARTIKEL UNTER DEM PSEUDONYM HA HU BALEY SCHREIBEN. ICH WURDE ZU EDITHA VON MÜNCHHAUSEN.

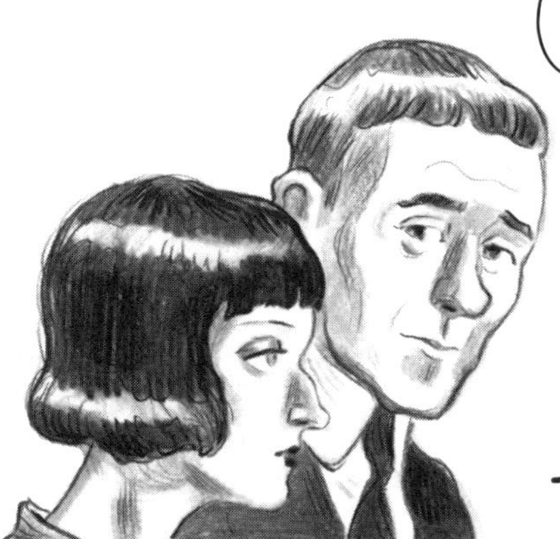

IN DEN ERSTEN MONATEN IN ZÜRICH LERNTE ICH, DASS MAN ALS SCHRIFTSTELLERIN VOR ALLEM HUNGER UND NOT LEIDET.

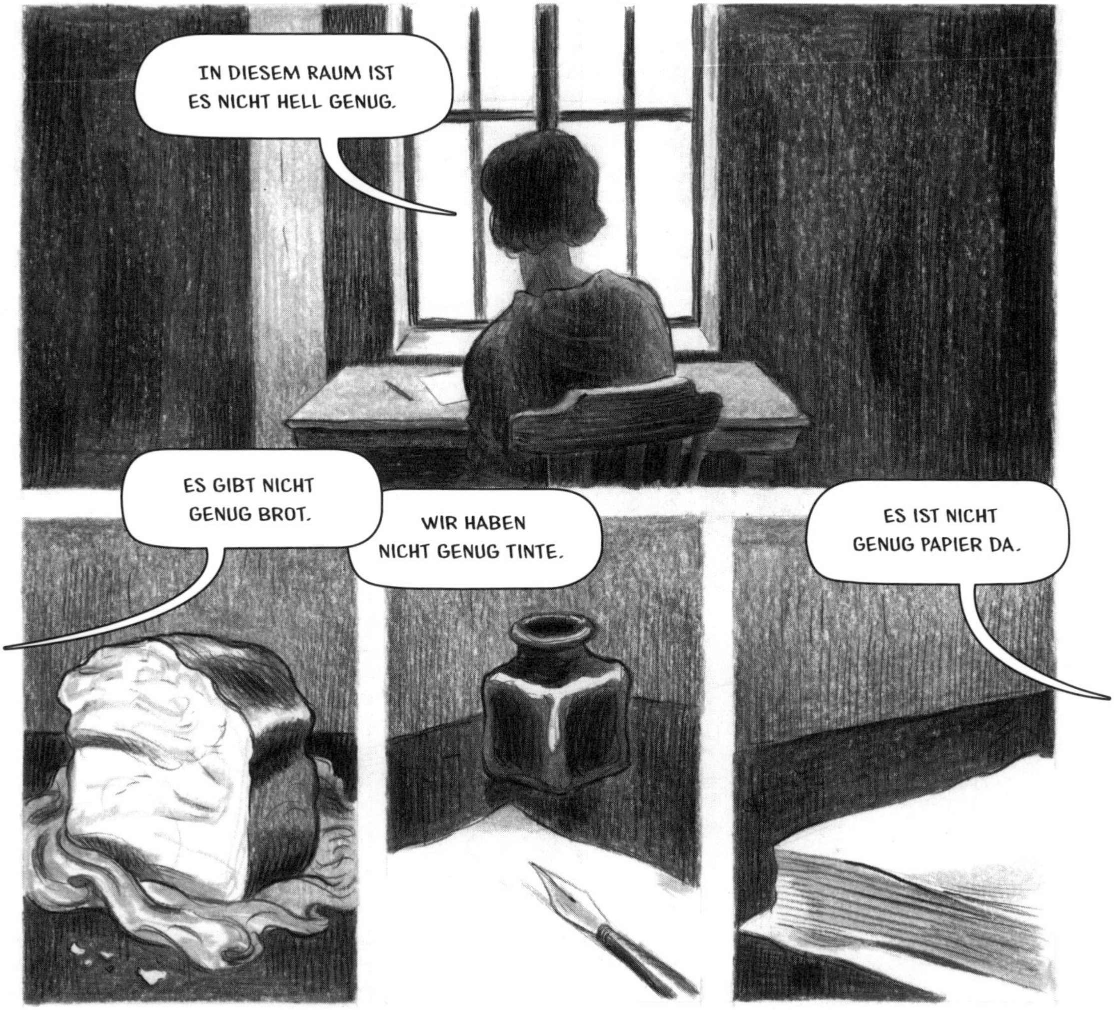

IN DIESEM RAUM IST ES NICHT HELL GENUG.

ES GIBT NICHT GENUG BROT.

WIR HABEN NICHT GENUG TINTE.

ES IST NICHT GENUG PAPIER DA.

IM GRUNDE ÜBERLEBTEN WIR DANK DES GELDES, DAS UNS UNSERE FREUNDE HIN UND WIEDER AUS DEUTSCHLAND SCHICKEN KONNTEN.

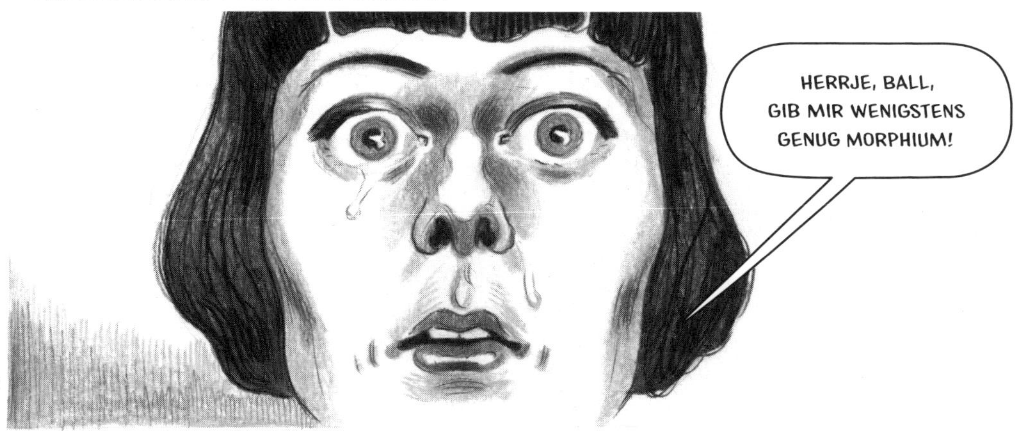

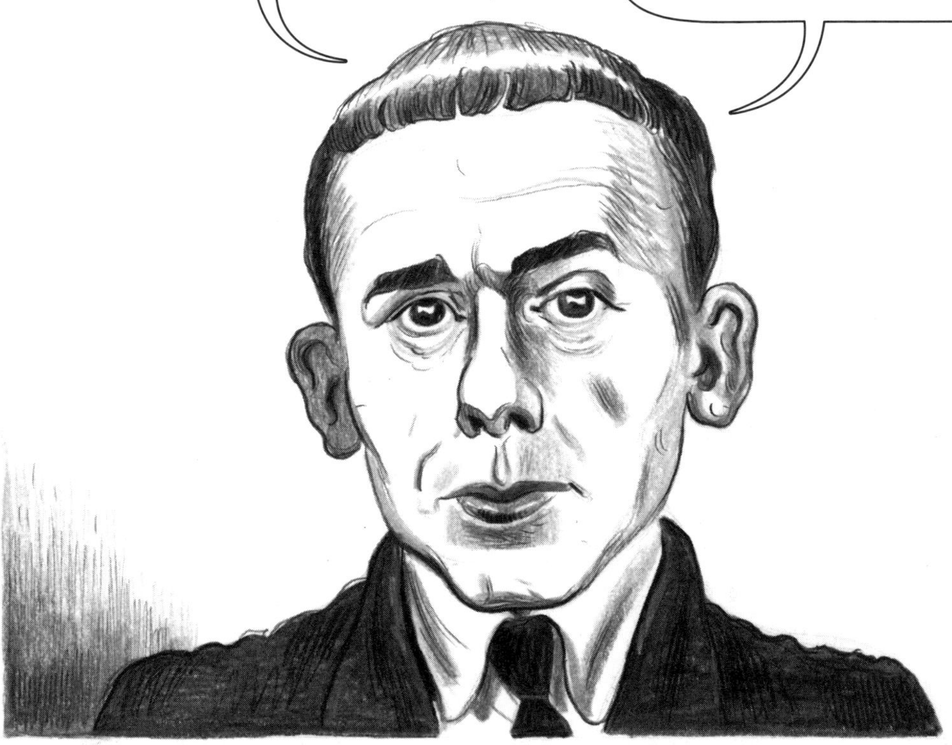

BALL HÄTTE NOCH IMMER MÖNCH WERDEN KÖNNEN. VIELLEICHT WAR ER DESHALB FÜR MICH MEHR EIN VATER ALS EIN LIEBHABER. ICH ABER HATTE DURST, WENN AUCH NICHT NACH CHAMPAGNER, SO DOCH NACH KOGNAK.

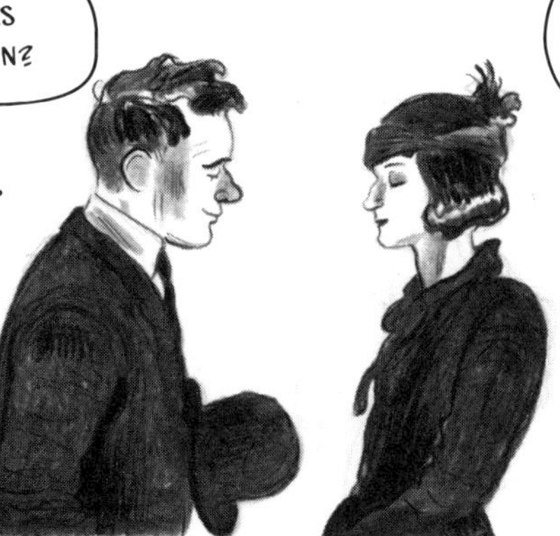

JA, ICH GING WIEDER AUF DIE STRASSE, MIT ALLEM DRUM UND DRAN. WUSSTE BALL, WAS ICH TAT? SELBST DER ERHABENSTE, SICH FÜR HEILIG HALTENDE DANDY WEISS, DASS DAS BROT NICHT AUF WUNDERSAME WEISE VOM HIMMEL FÄLLT.

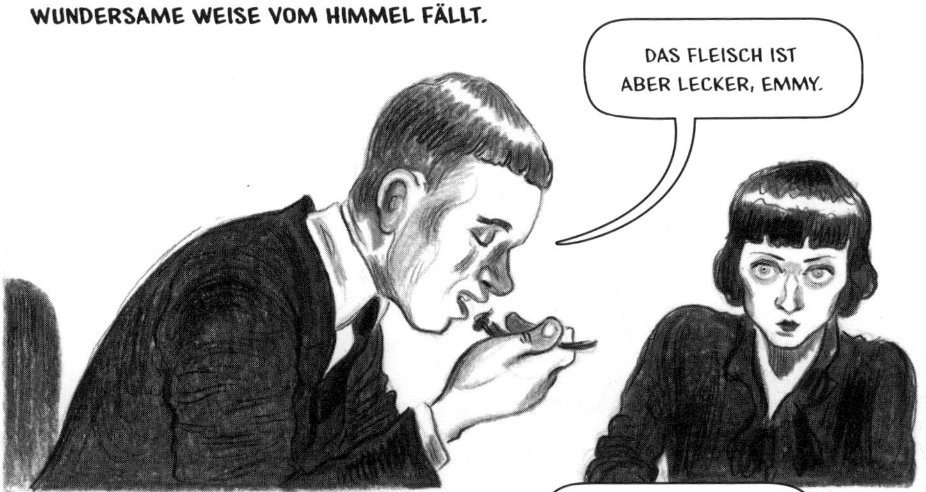

DAS FLEISCH IST ABER LECKER, EMMY.

VIELLEICHT WAR IN DIESER NACHT VOLLMOND.

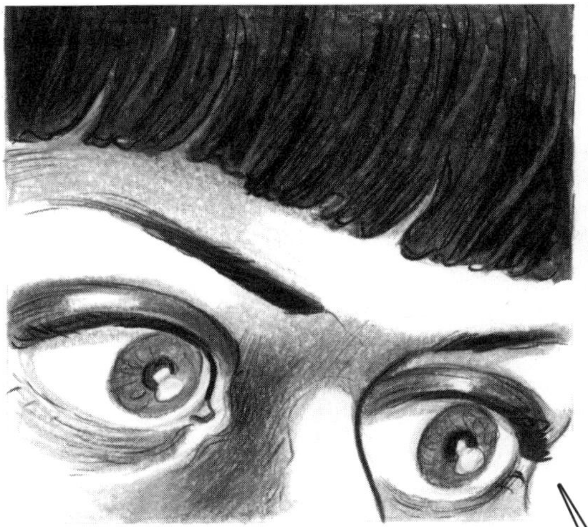

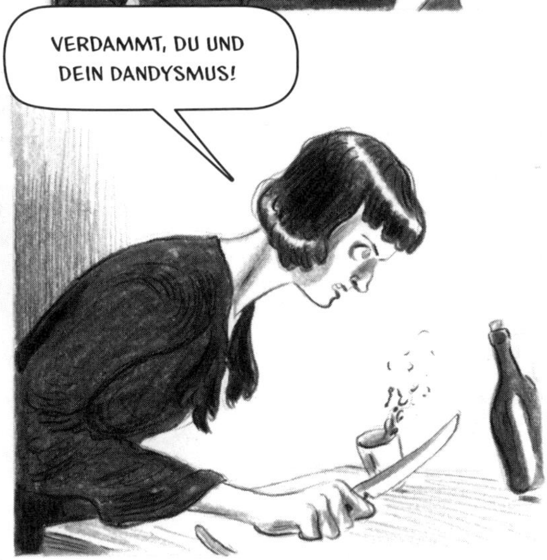

VERDAMMT, DU UND DEIN DANDYSMUS!

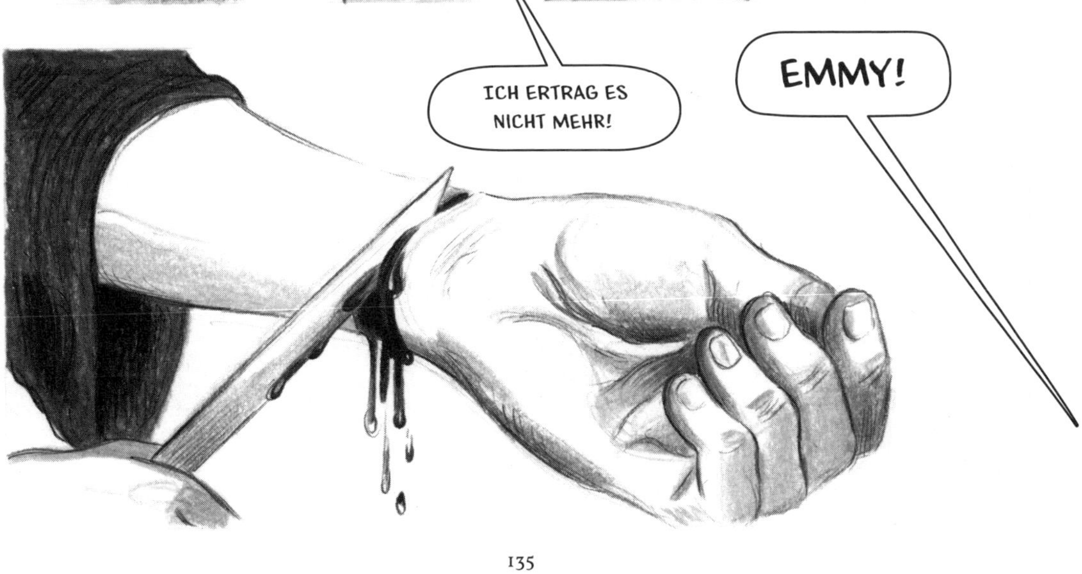

ICH ERTRAG ES NICHT MEHR!

EMMY!

BALL TAMPONIERTE MEINE WUNDE UND RIEF DR. BRUPBACHER AN.

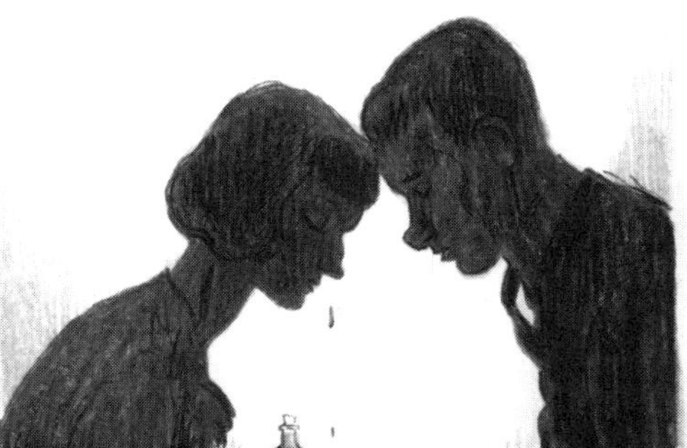

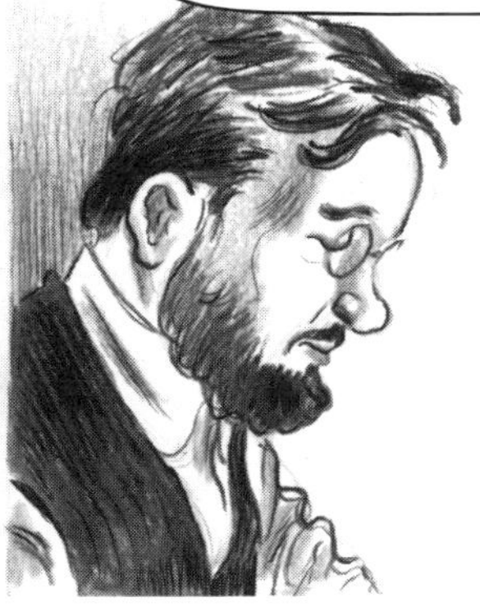

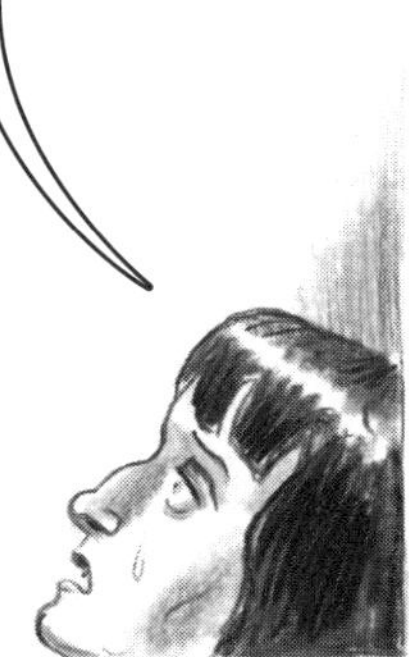

DER SKANDAL LIESS DIE POLIZEI ANRÜCKEN. SIE FANDEN AUCH EXEMPLARE DER ANARCHISTISCHEN ZEITSCHRIFT „DER REVOLUZZER".

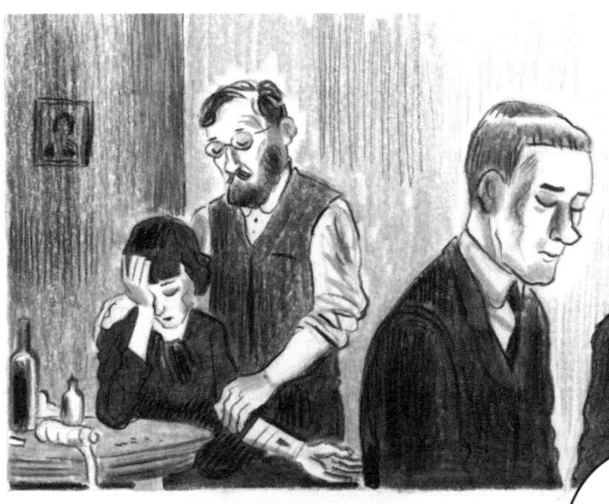

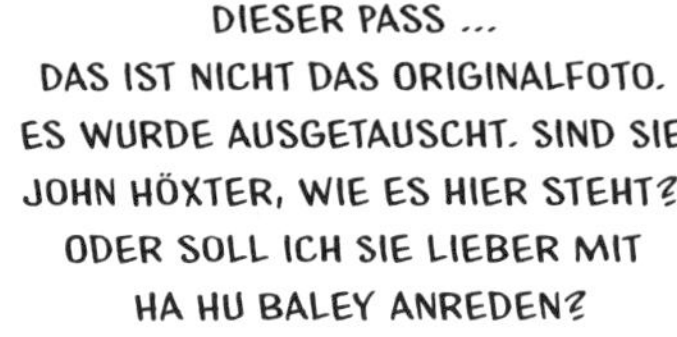

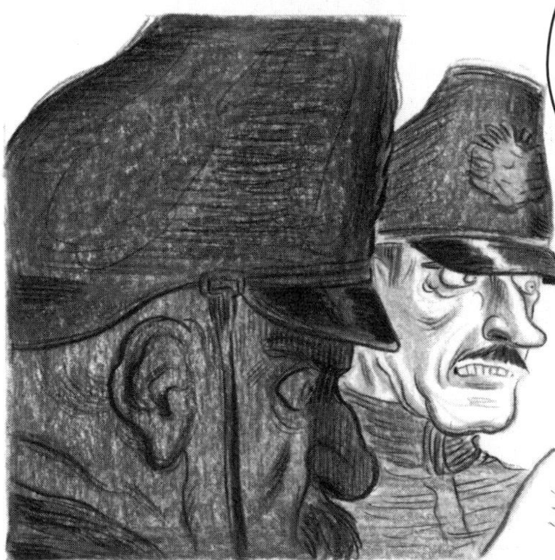

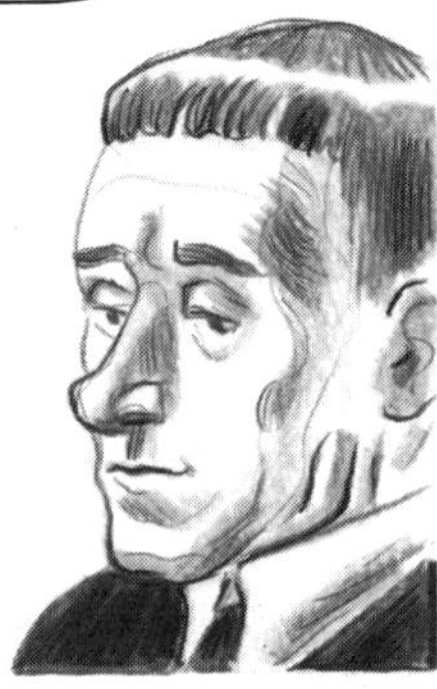

BALL WURDE VERHAFTET. ER WAR MIT DEM PASS, DEN ICH HÖXTER BEI UNSERER LETZTEN AUFFÜHRUNG IM HARMONIUM-SAAL IN BERLIN GESTOHLEN HATTE, IN DIE SCHWEIZ EINGEREIST. 14 TAGE LANG BLIEB ER IM GEFÄNGNIS.

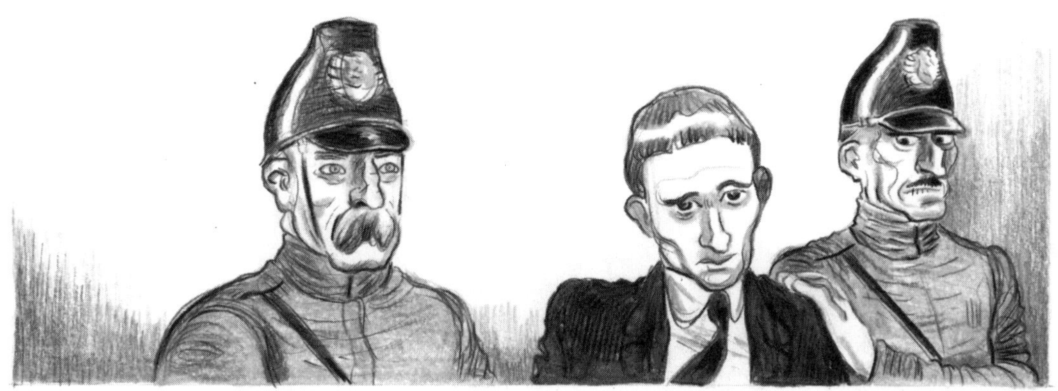

SO, WIE ER BEI MIR GEWESEN MIR, WARTETE AUCH ICH AM AUSGANG AUF IHN.

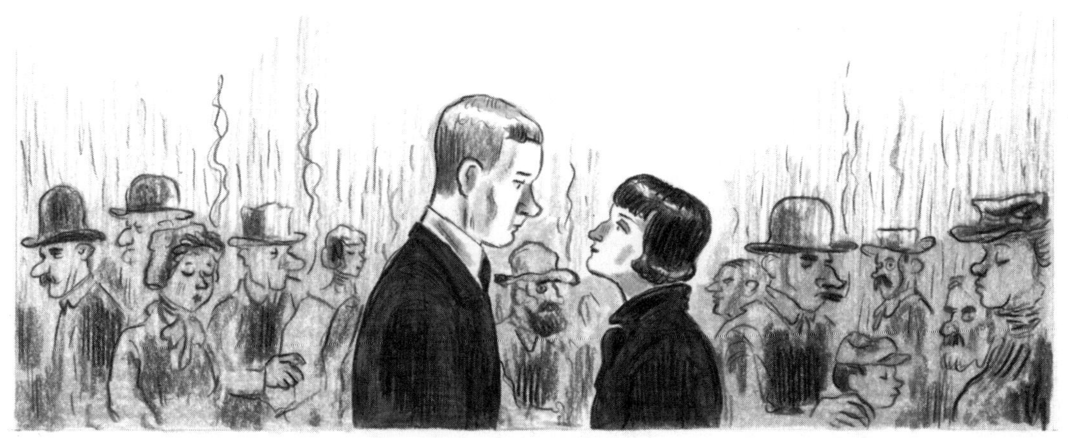

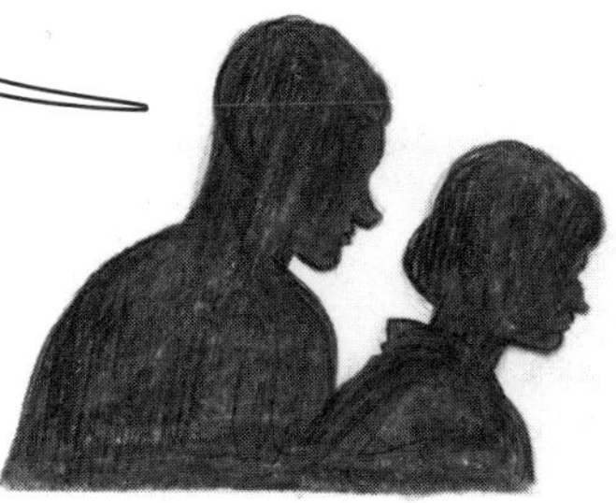

VERHAFTETE SCHRIFTSTELLER. KLAVIER SPIELENDE SCHRIFTSTELLER. IN BÜROS ANGESTELLTE SCHRIFTSTELLER. SO FUNKTIONIERT DIE WELT. ZUR GLEICHEN ZEIT ERSCHIEN IN DERSELBEN ZEITSCHRIFT, IN DER BALL SCHRIEB – „DIE WEISSEN BLÄTTER" – GUSTAV MEYRINKS FORTSETZUNGS-ROMAN „DER GOLEM". EIN LEHMMONSTER AUS DER HEBRÄISCHEN MYTHOLOGIE. ESOTERIK. BUDDHISMUS.

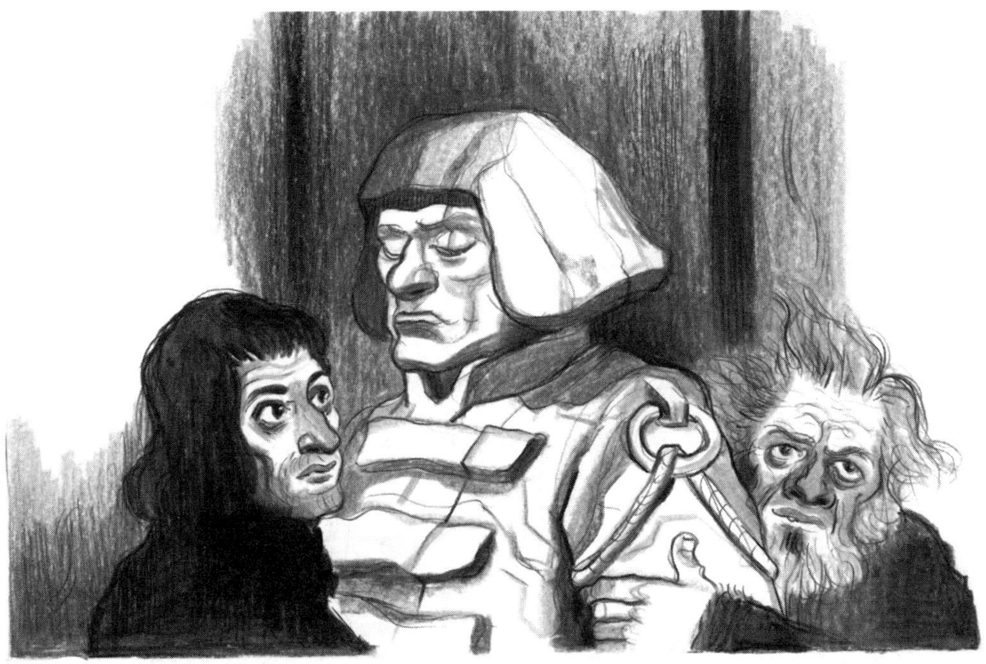

ALS BALL AUS DEM GEFÄNGNIS KAM, GEBAREN „DIE WEISSEN BLÄTTER" DEN GREGOR SAMSA DES VERSICHERUNGSANGESTELLTEN FRANZ KAFKA.

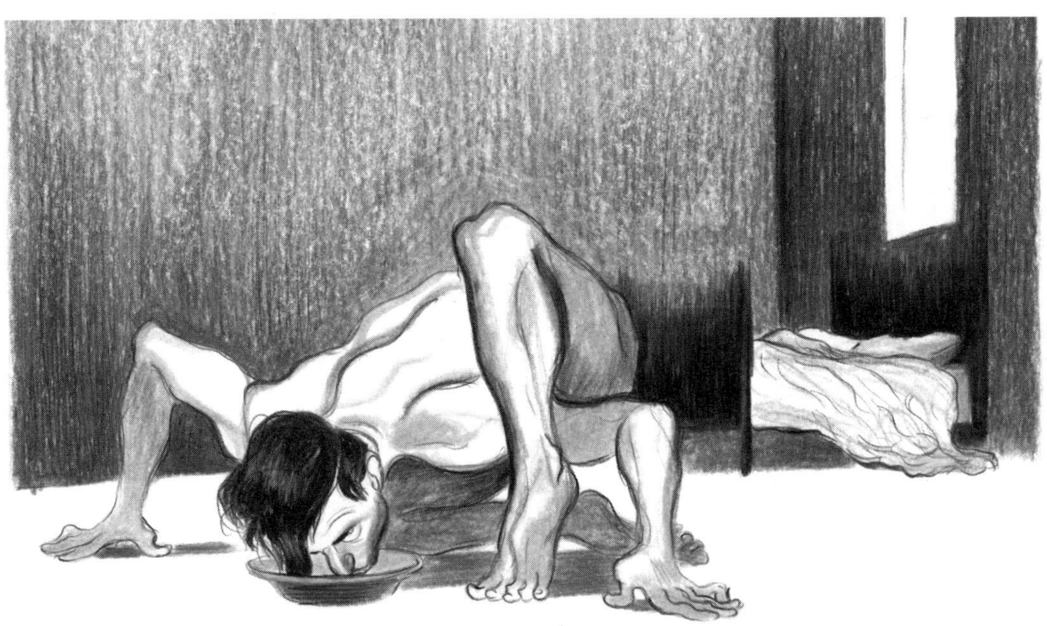

DAS LEBEN UND DIE IDEEN UNTERLIEGEN EINER KONTINUIERLICHEN VERWANDLUNG.

DIESER WANDEL BRACHTE UNS ZUM KABARETT, ZUM ECHTEN KABARETT.
ZUERST TRATEN WIR DEM ENSEMBLE „MARCELLI" BEI. BALL WURDE ALS PIANIST EINGESTELLT, ICH SANG UND TANZTE. JA, BALL KONNTE KLAVIER SPIELEN.

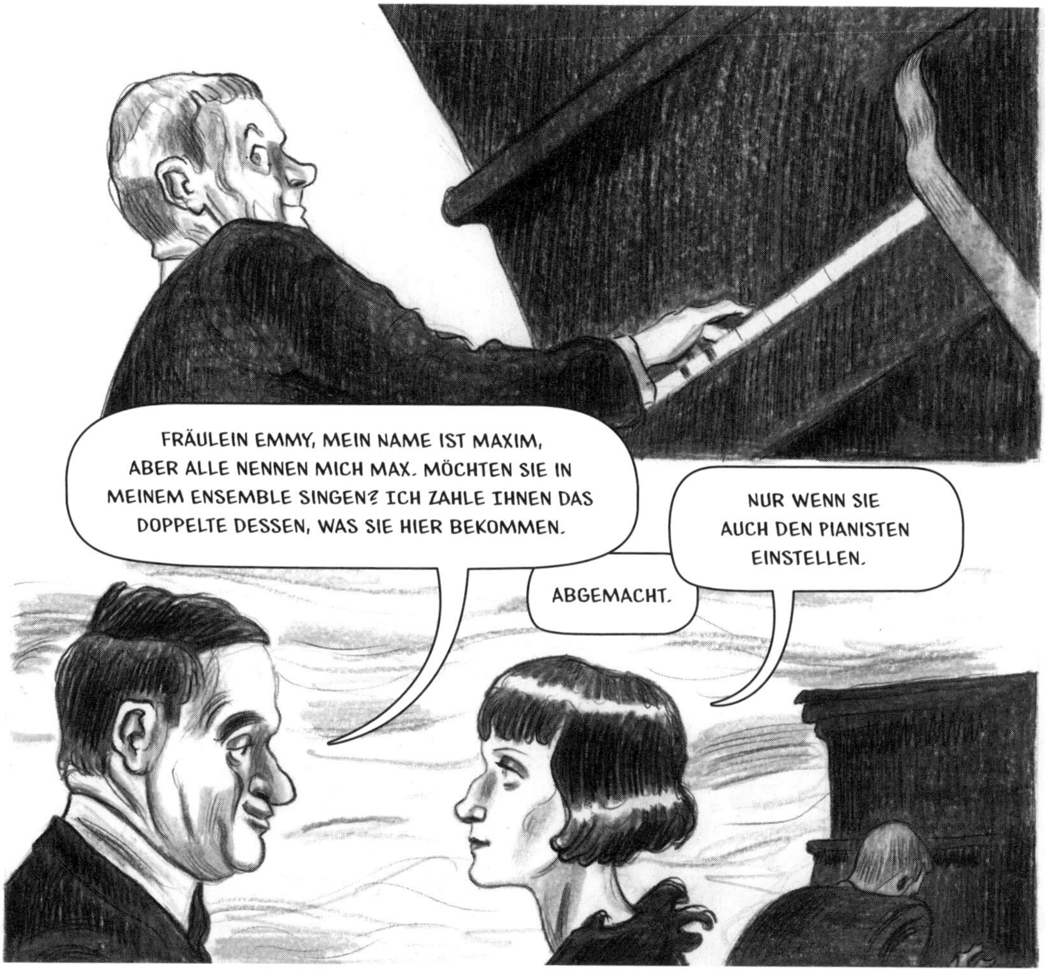

FRÄULEIN EMMY, MEIN NAME IST MAXIM, ABER ALLE NENNEN MICH MAX. MÖCHTEN SIE IN MEINEM ENSEMBLE SINGEN? ICH ZAHLE IHNEN DAS DOPPELTE DESSEN, WAS SIE HIER BEKOMMEN.

NUR WENN SIE AUCH DEN PIANISTEN EINSTELLEN.

ABGEMACHT.

ES WAR DAS „MAXIM-ENSEMBLE" ODER AUCH „CABARET FLAMINGO". HIER SEHEN SIE EIN BILD VON UNSEREN ANFÄNGEN DORT. ICH WAR DIE SOUBRETTE, DIE ERSTE SÄNGERIN.

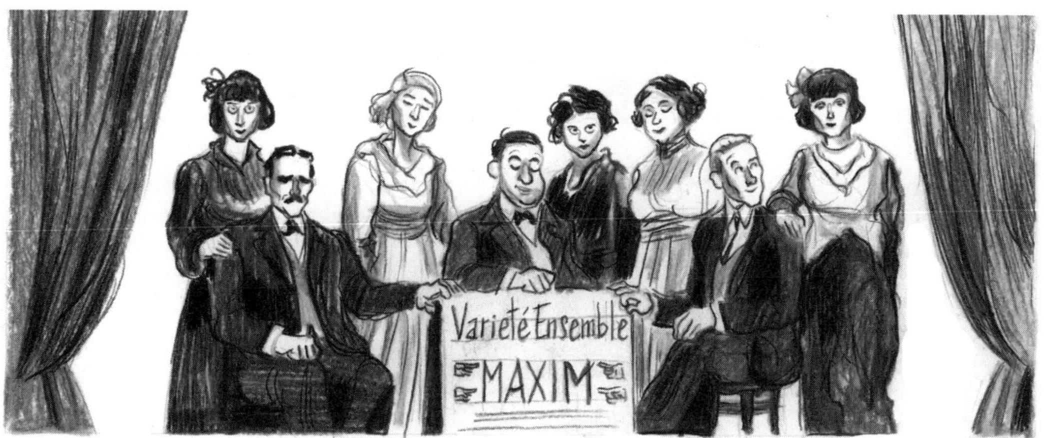

WORAUS BESTAND DAS KABARETT DES HERRN „FLAMINGO"? ICH KANN ES NICHT RECHT ERKLÄREN. ES GING UM EINE SPRECHENDE SPINNE MIT FRAUENKOPF, EIN TIROLER GESANGSTERZETT ...

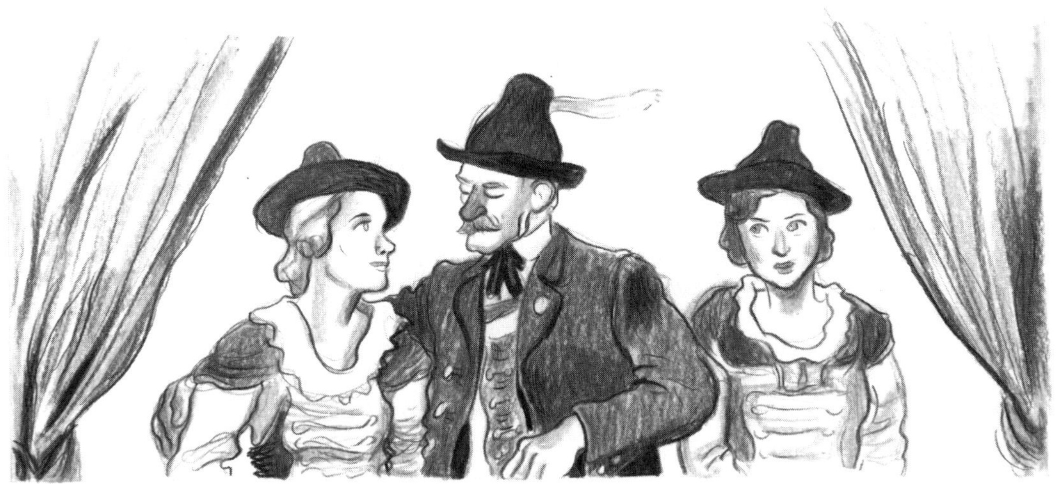

... EINEN VERWANDLUNGSKÜNSTLER ...

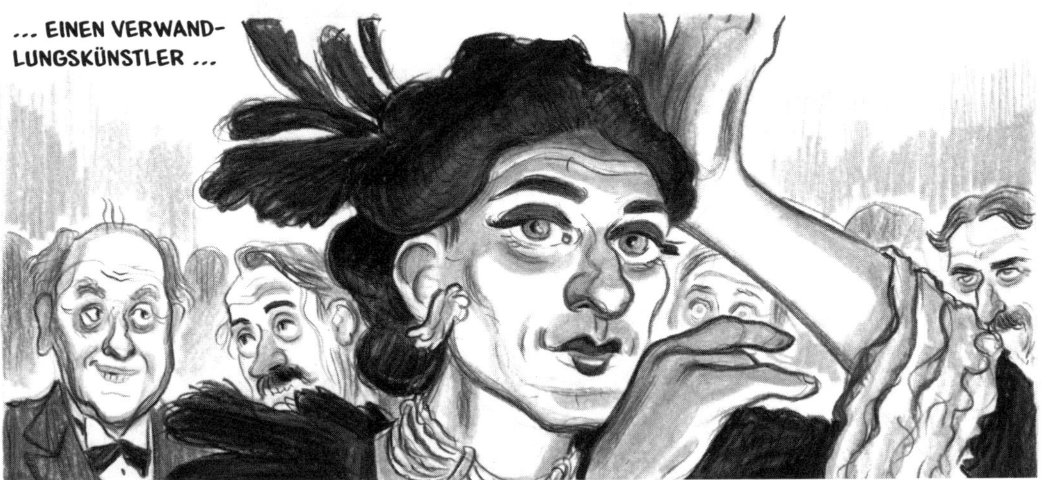

... UND AUFREIZENDE TANZ- UND GESANGSEINLAGEN, DIE BALL ZU EINER INDIANER-NUMMER UMSCHRIEB, DIE ER MIT „DIE DELAWAREN" BETITELTE.

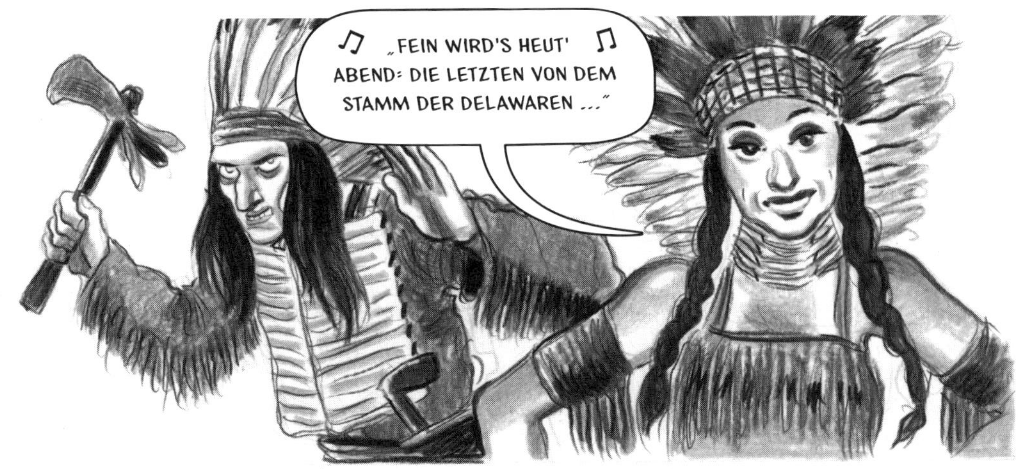

UNSER INTENDANT FLAMINGO TRAT NICHT NUR ALS HÄUPTLING FEUERSCHEIN AUF, SONDERN HATTE AUCH SEINE EIGENE NUMMER ALS FEUERSPUCKER. ALLES AVANTGARDISTISCHE KULTUR.

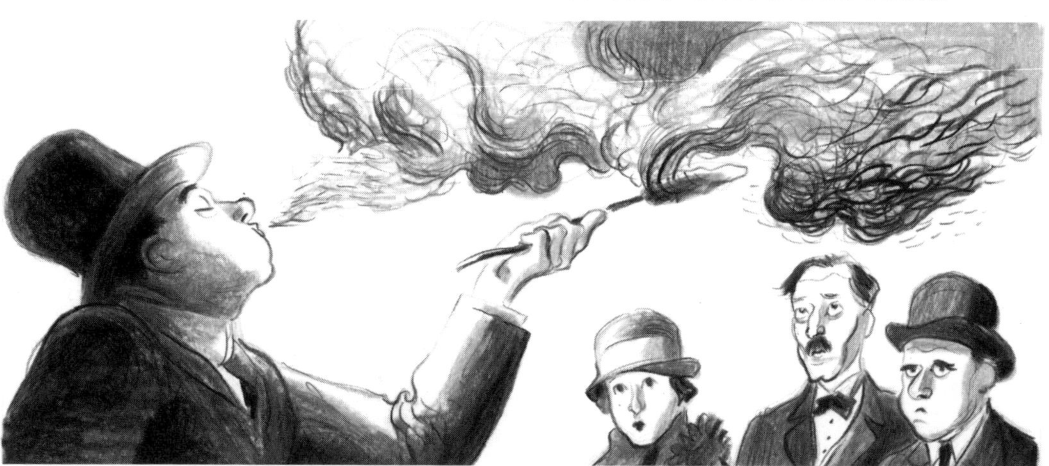

UND DAS PUBLIKUM? SPIONE, EXILANTEN, MARKGRÄFINNEN MIT HUNDEN, BESTATTER ... EIN PARALLELES SCHAUSPIEL. HAUPTSÄCHLICH WAREN ES KRIEGSFLÜCHTLINGE IN DER SCHWEIZER OASE.

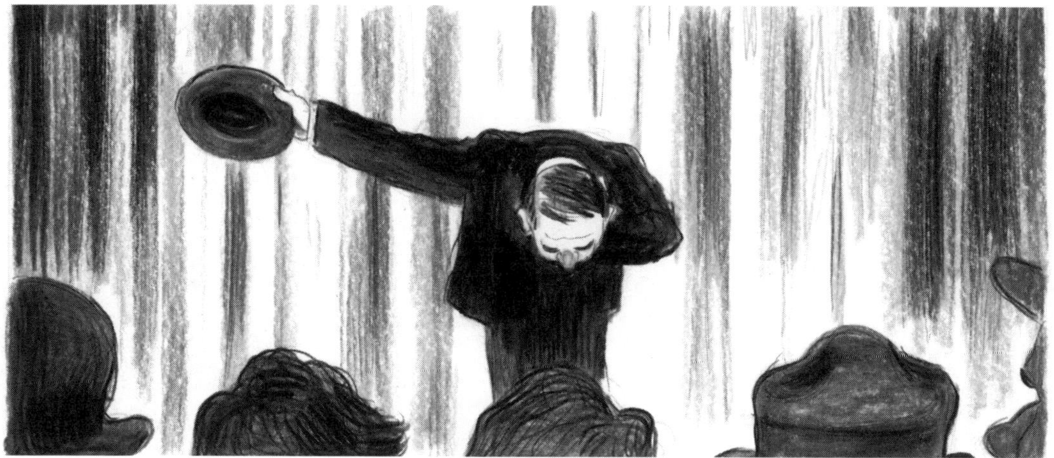

UND AHMED ALI BEY, DER TÜRKE. ATTRAKTIV, ANSTÖSSIG UND MIT EINER AUSWAHL AN ALLEM, WAS EIN KABARETTIST BRAUCHT: OPIUM, HASCHISCH, KOKAIN.

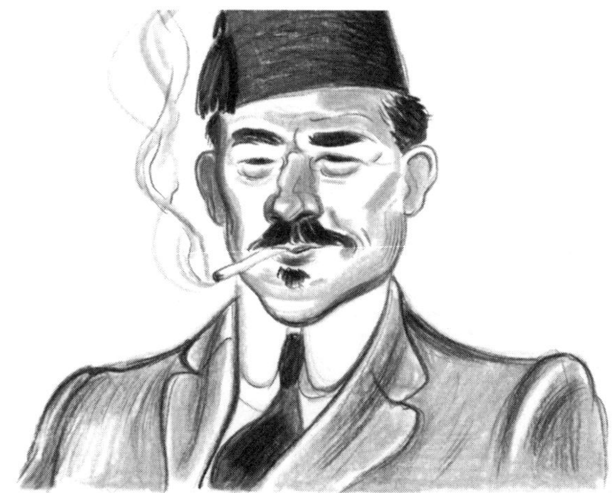

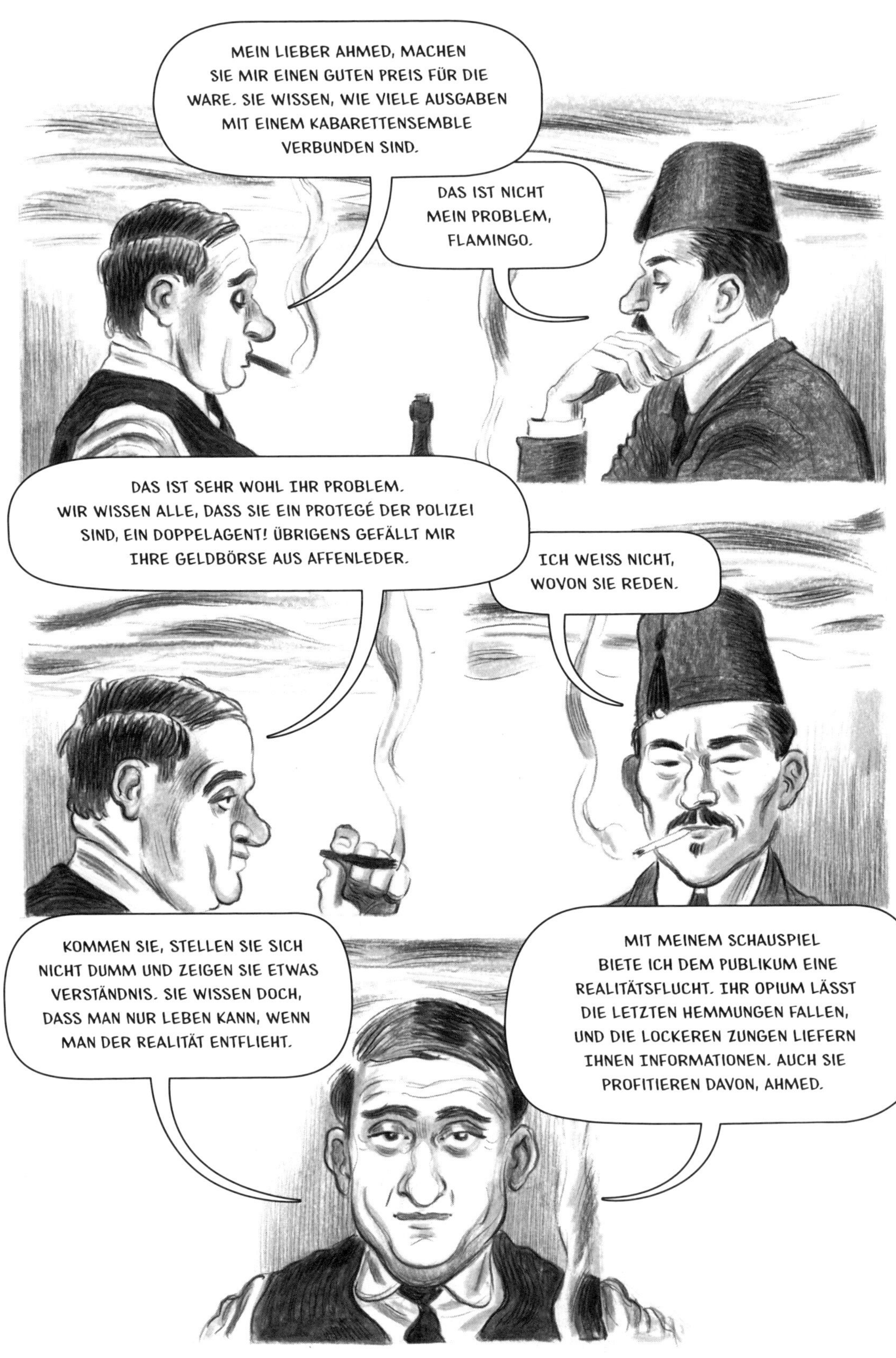
MEIN LIEBER AHMED, MACHEN SIE MIR EINEN GUTEN PREIS FÜR DIE WARE. SIE WISSEN, WIE VIELE AUSGABEN MIT EINEM KABARETTENSEMBLE VERBUNDEN SIND.
DAS IST NICHT MEIN PROBLEM, FLAMINGO.
DAS IST SEHR WOHL IHR PROBLEM. WIR WISSEN ALLE, DASS SIE EIN PROTEGÉ DER POLIZEI SIND, EIN DOPPELAGENT! ÜBRIGENS GEFÄLLT MIR IHRE GELDBÖRSE AUS AFFENLEDER.
ICH WEISS NICHT, WOVON SIE REDEN.
KOMMEN SIE, STELLEN SIE SICH NICHT DUMM UND ZEIGEN SIE ETWAS VERSTÄNDNIS. SIE WISSEN DOCH, DASS MAN NUR LEBEN KANN, WENN MAN DER REALITÄT ENTFLIEHT.
MIT MEINEM SCHAUSPIEL BIETE ICH DEM PUBLIKUM EINE REALITÄTSFLUCHT. IHR OPIUM LÄSST DIE LETZTEN HEMMUNGEN FALLEN, UND DIE LOCKEREN ZUNGEN LIEFERN IHNEN INFORMATIONEN. AUCH SIE PROFITIEREN DAVON, AHMED.

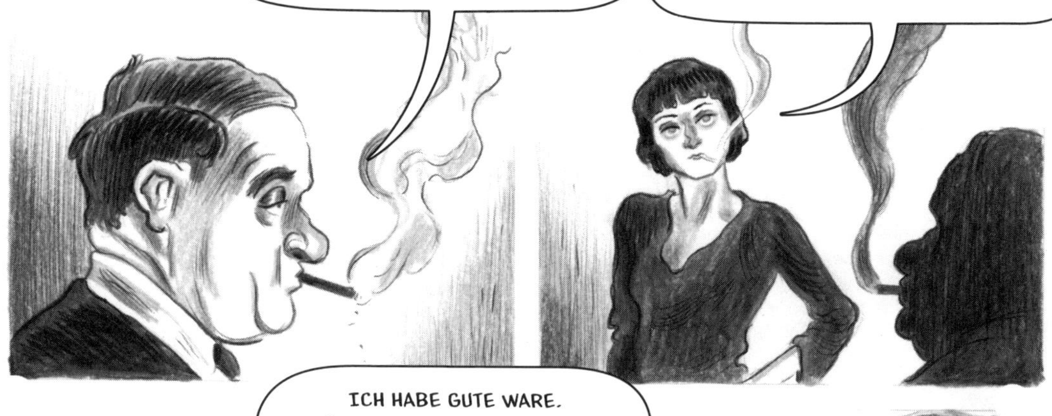
ICH WILL DAMIT NUR SAGEN, DASS SIE MICH GENAUSO BRAUCHEN WIE ICH SIE. MACHEN SIE MIR EINEN GUTEN PREIS, WIR SITZEN IM SELBEN BOOT.
FLAMINGO, WORÜBER REDEN SIE? SIE WIRKEN JA GANZ AUFGEREGT. ICH BIN SICHER, DASS HERR AHMED EIN GUTES HERZ HAT.

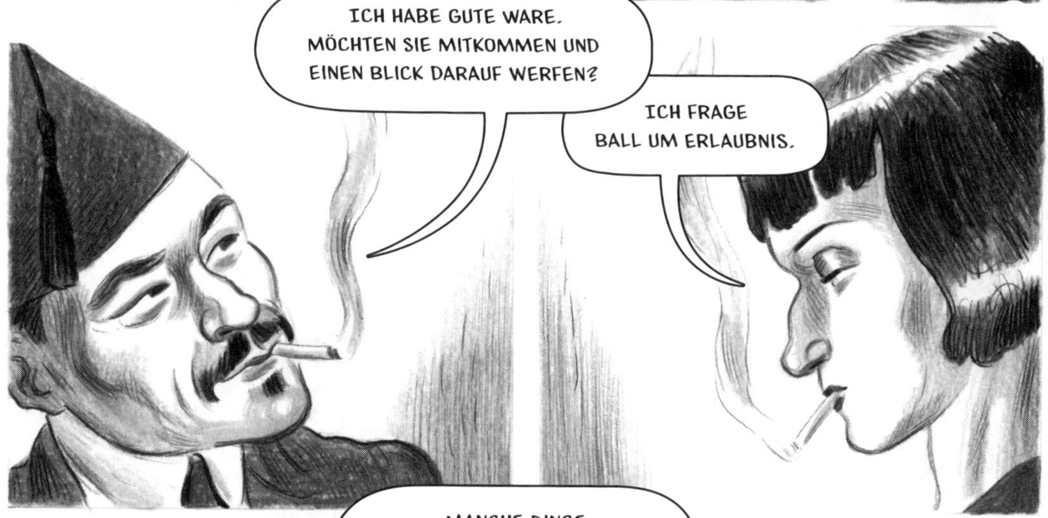
ICH HABE GUTE WARE. MÖCHTEN SIE MITKOMMEN UND EINEN BLICK DARAUF WERFEN?
ICH FRAGE BALL UM ERLAUBNIS.

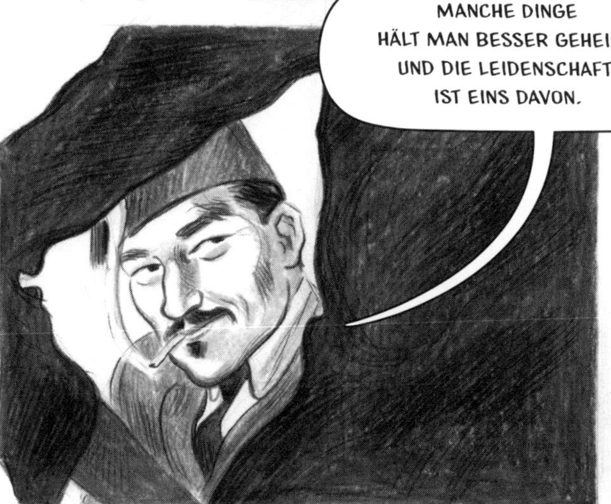
MANCHE DINGE HÄLT MAN BESSER GEHEIM, UND DIE LEIDENSCHAFT IST EINS DAVON.

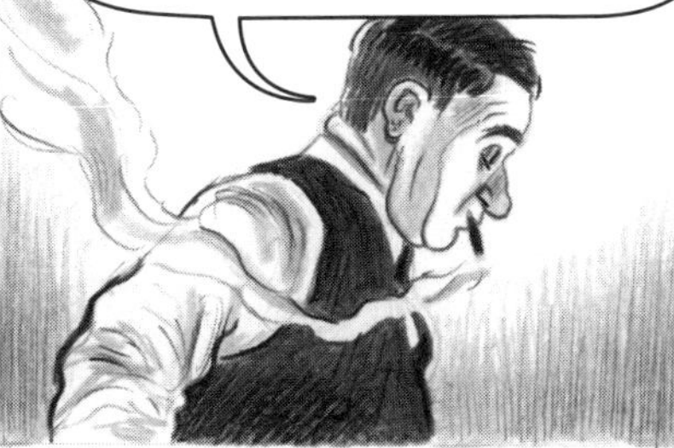
FRÄULEIN EMMY, HABE ICH IHNEN SCHON ERZÄHLT, DASS ICH EINMAL FAST GESTORBEN WÄRE? ICH TRANK DREI LITER BENZIN WEGEN EINER FRAU.

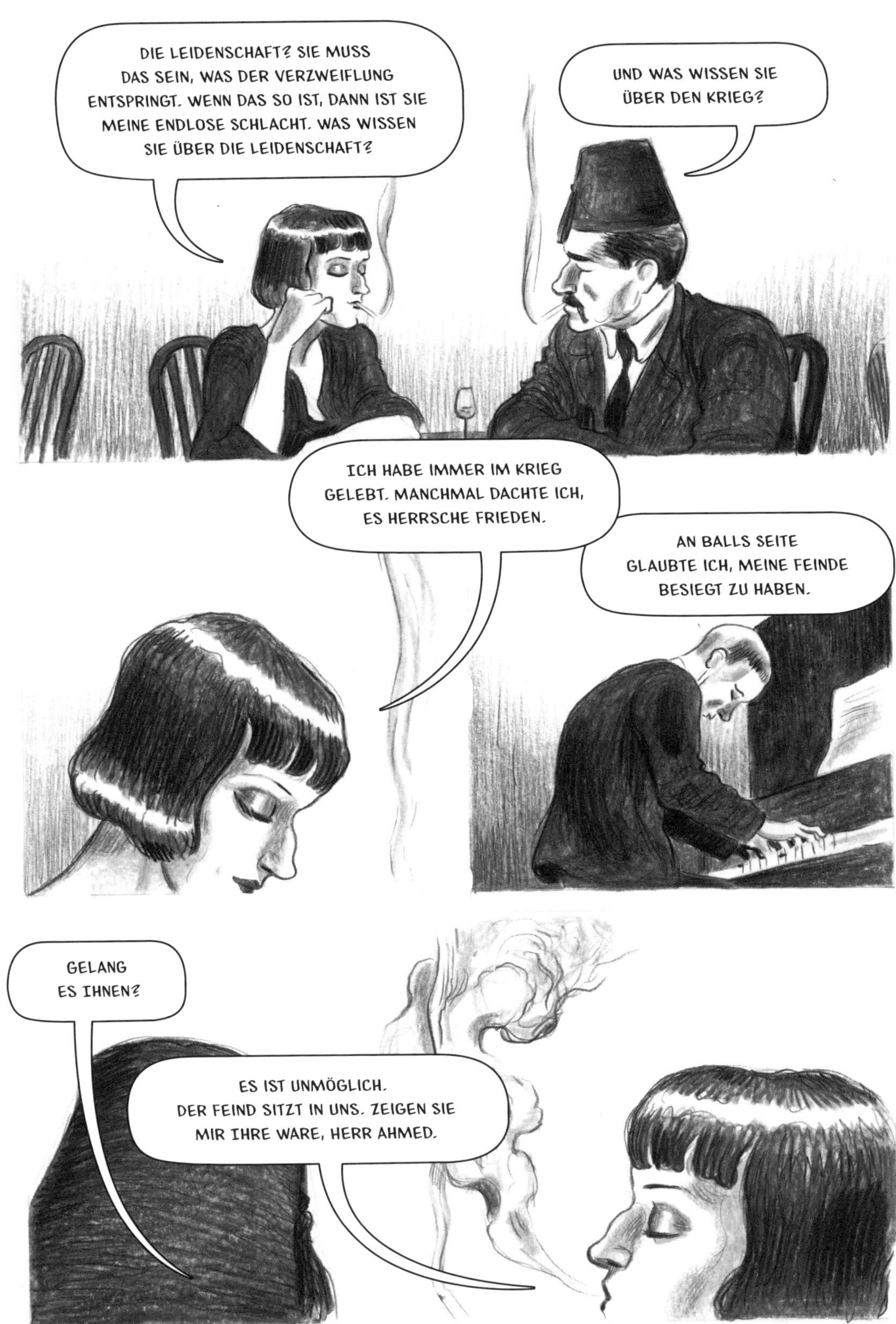
DIE LEIDENSCHAFT? SIE MUSS DAS SEIN, WAS DER VERZWEIFLUNG ENTSPRINGT. WENN DAS SO IST, DANN IST SIE MEINE ENDLOSE SCHLACHT. WAS WISSEN SIE ÜBER DIE LEIDENSCHAFT?
UND WAS WISSEN SIE ÜBER DEN KRIEG?
ICH HABE IMMER IM KRIEG GELEBT. MANCHMAL DACHTE ICH, ES HERRSCHE FRIEDEN.
AN BALLS SEITE GLAUBTE ICH, MEINE FEINDE BESIEGT ZU HABEN.
GELANG ES IHNEN?
ES IST UNMÖGLICH. DER FEIND SITZT IN UNS. ZEIGEN SIE MIR IHRE WARE, HERR AHMED.

FLAMINGOS KABARETT WAR RELATIV ERFOLGREICH IN ZÜRICH. ANSCHLIESSEND HEUERTE MAN UNS IN BERN AN.

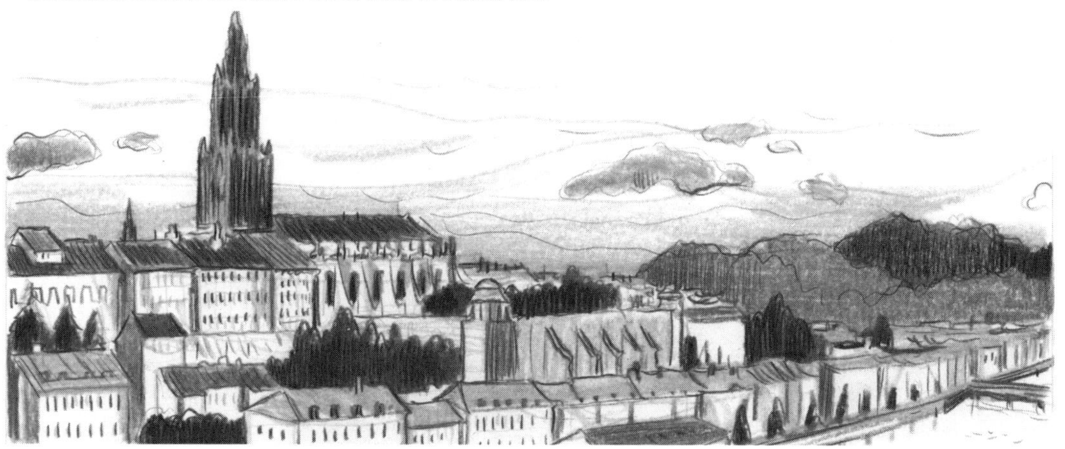

IN BERN ENTDECKTE ICH DEN SCHLIMMEN MAKEL DER SCHWEIZER: LANGEWEILE. ETWAS APPLAUS ZU BEKOMMEN WAR EIN ECHTER KRAFTAKT, EIN LÄCHELN FAST EIN DING DER UNMÖGLICHKEIT.

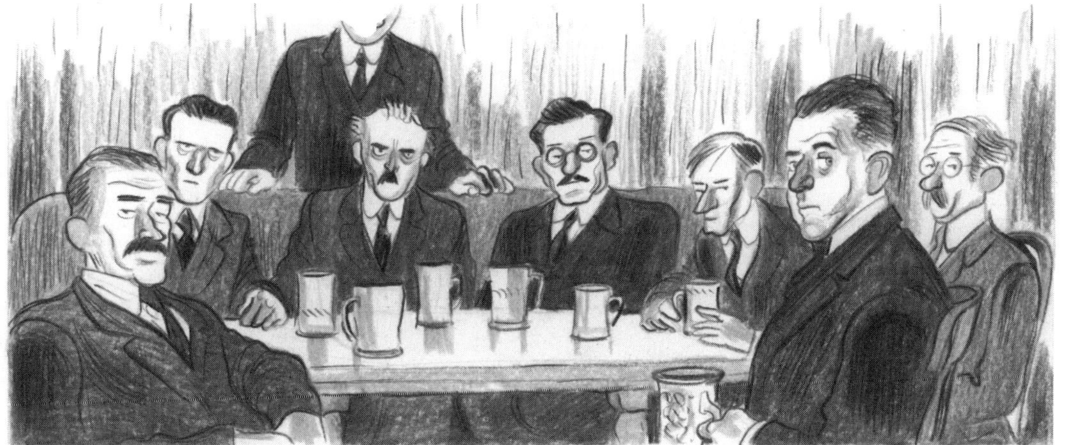

WIR TANZTEN, WIR SANGEN ... UND SIE TRANKEN BIER UND BLICKTEN MIT STARREN GESICHTERN WIE AFRIKANISCHE GÖTZENBILDER. ICH MACHTE MIR EINEN SPASS DARAUS ZU ÜBERLEGEN, AUS WELCHEM HOLZ SIE GESCHNITZT SEIN MOCHTEN:
BUCHSBAUM, MAHAGONI ...

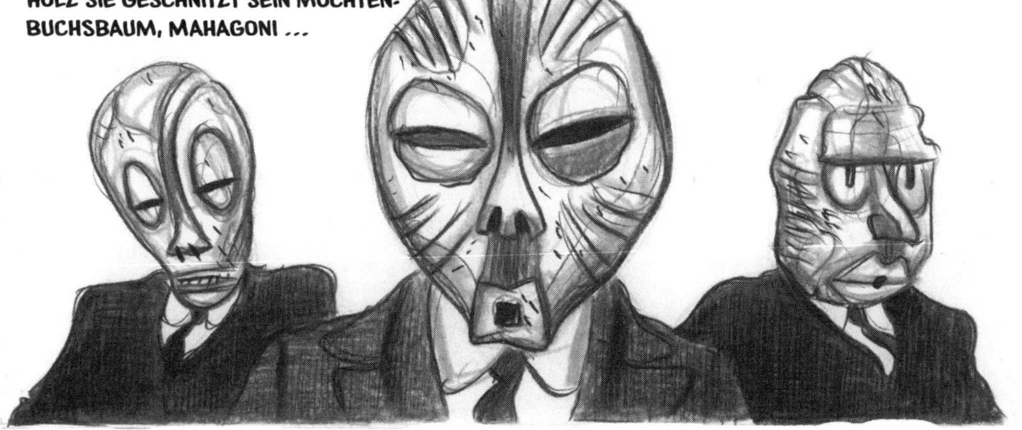

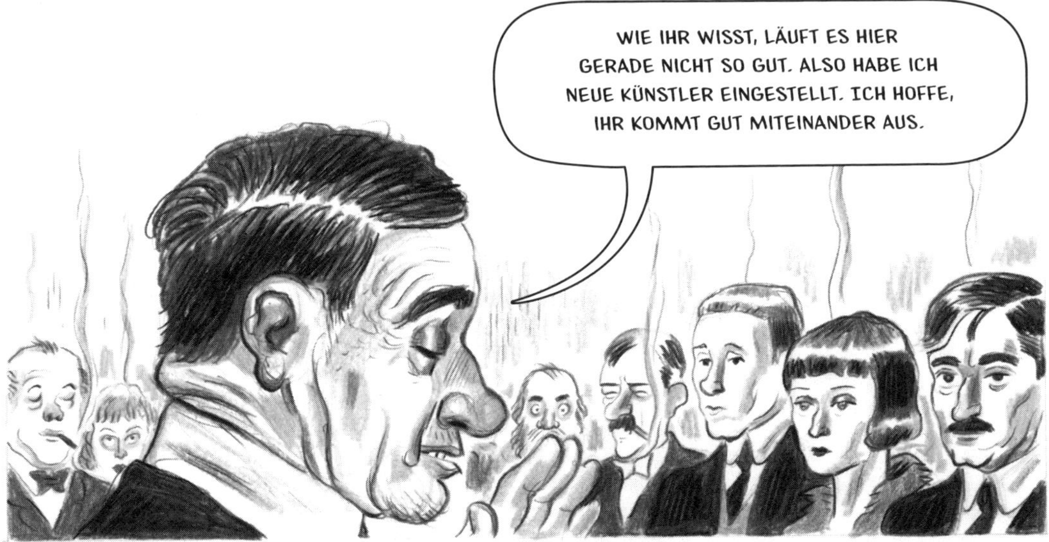

KÜNSTLER? FLAMINGO STELLTE ZIRKUSLEUTE EIN. EINEN SEILTÄNZER, ZWEI SCHLANGENMÄDCHEN …

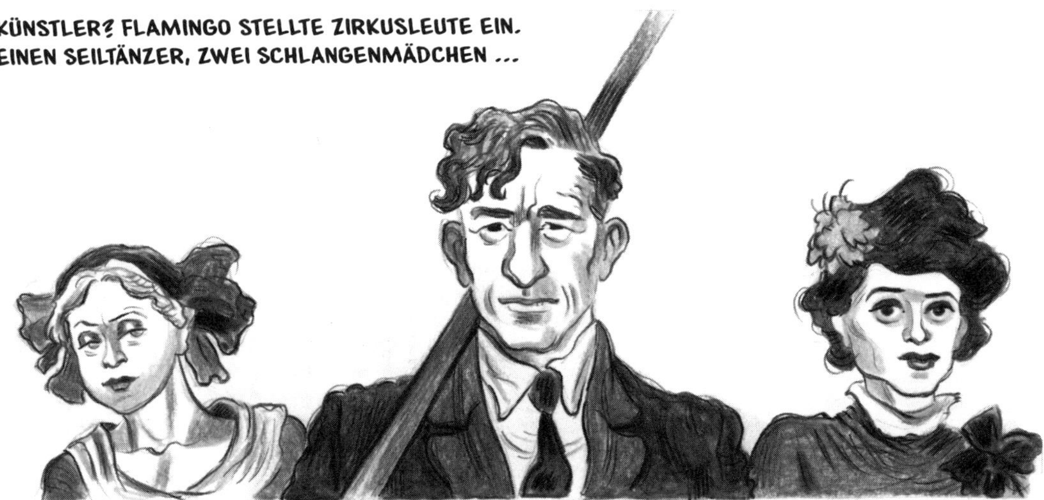

BALL UND ICH WAREN VON DEN LITERARISCHEN KABARETTS IN BERLIN UND MÜNCHEN ZU EINEM ZIRKUSKABARETT FÜR MAHAGONI-GÖTZENBILDER GEWECHSELT. ES IST NICHT IMMER LEICHT, DAS GLEICHGEWICHT ZU HALTEN.

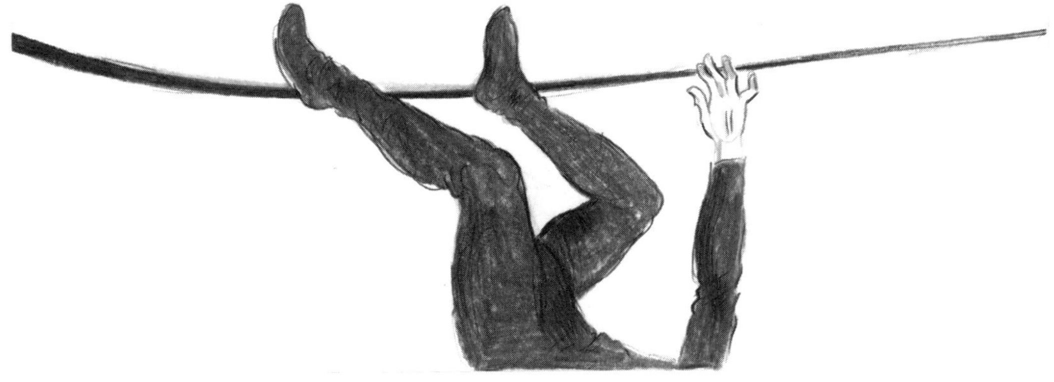

DAMIT NICHT GENUG, ES KAM AUCH NOCH BALLS MUTTER AUS DEUTSCHLAND ZU BESUCH.

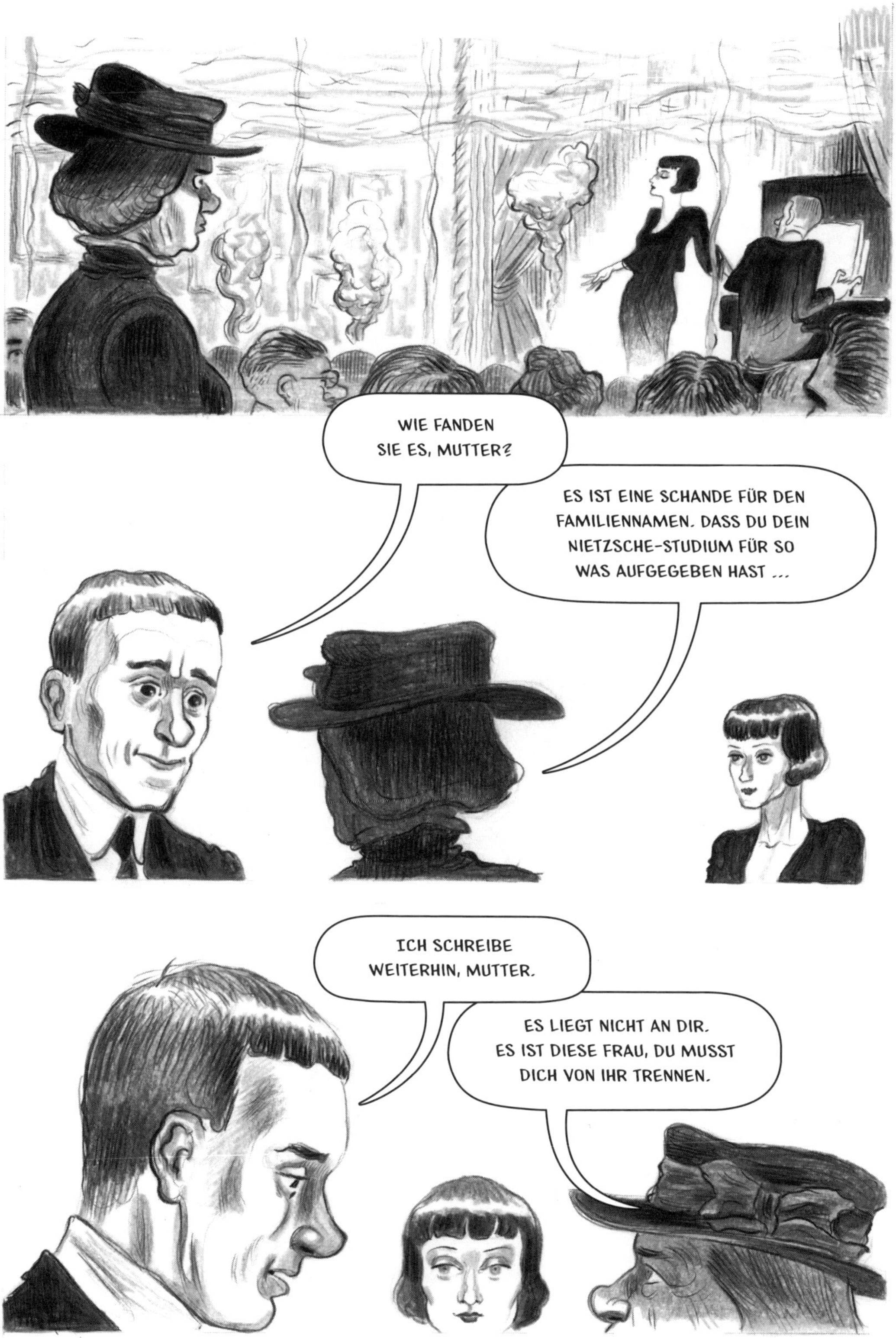

WIE FANDEN SIE ES, MUTTER?

ES IST EINE SCHANDE FÜR DEN FAMILIENNAMEN. DASS DU DEIN NIETZSCHE-STUDIUM FÜR SO WAS AUFGEGEBEN HAST …

ICH SCHREIBE WEITERHIN, MUTTER.

ES LIEGT NICHT AN DIR. ES IST DIESE FRAU, DU MUSST DICH VON IHR TRENNEN.

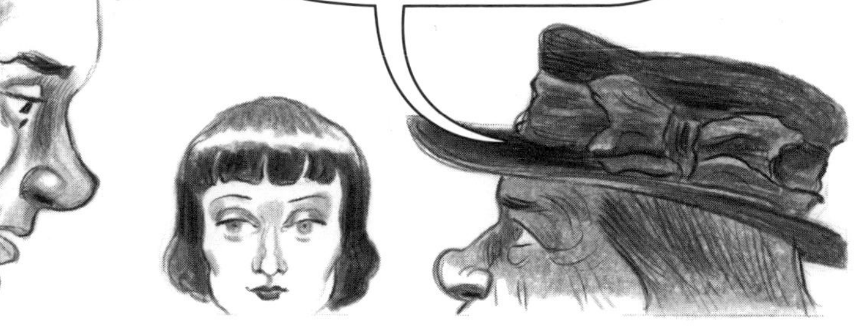

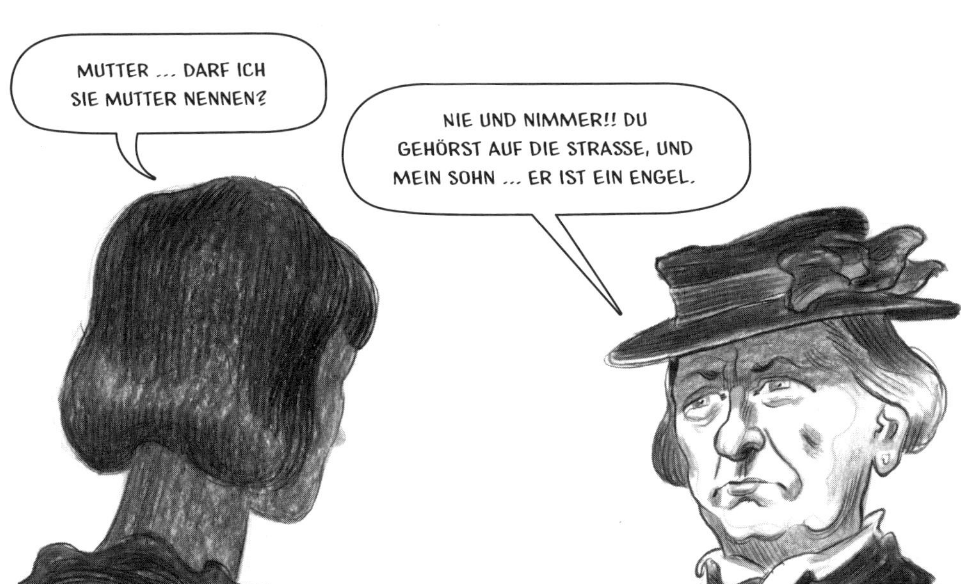

WAS SOLLTE ICH IHR ANTWORTEN? ICH HATTE MEINE MUTTER UND MEINE TOCHTER IM STICH GELASSEN UND SIE DEM ATLANTIKWIND ÜBERLASSEN.

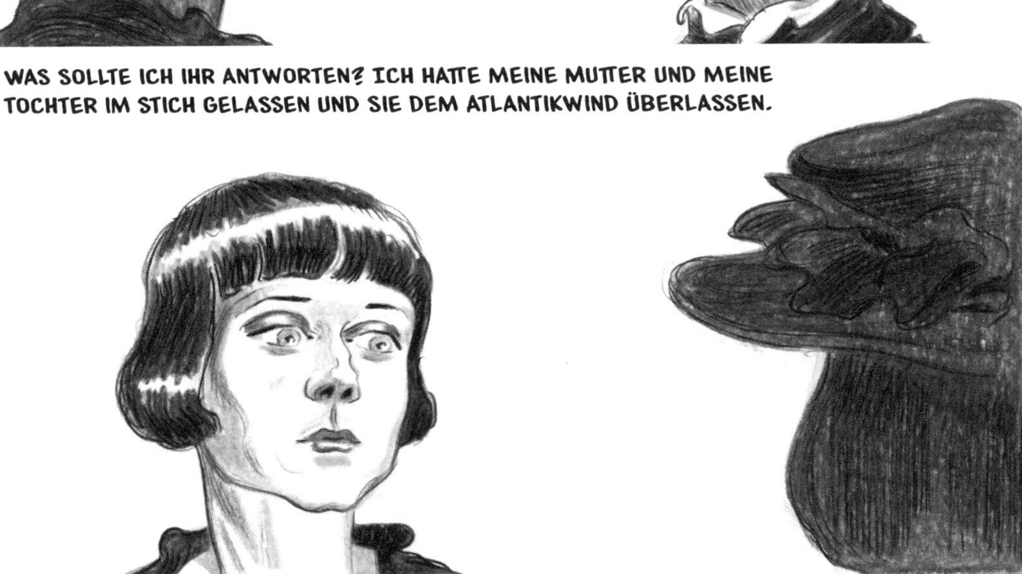

VÖLLIG AUS MEINEM GEDÄCHTNIS VERDRÄNGT, WARTETEN SIE VERGEBLICH AUF EINEN BRIEF IHRER TOCHTER UND MUTTER, DIE EINER MISERABLEN EXISTENZ FRÖNTE.

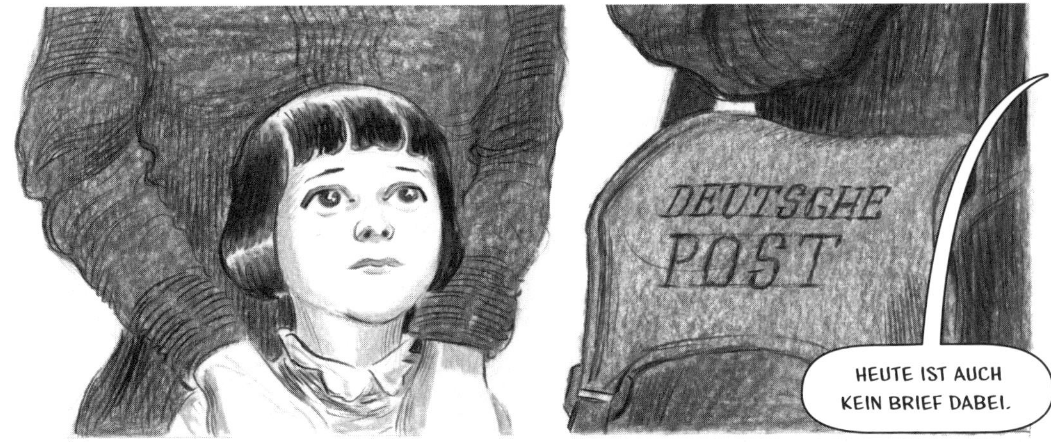

UNS WAR KALT IN BERN, SEHR KALT. DIE UNTERKUNFT WAR TROSTLOS, UND ES BILDETEN SICH ZWEI LAGER: DIE „KÜNSTLER" UND DIE „ZIRKUSLEUTE". EIN WELTKRIEG IN MINIATUR.

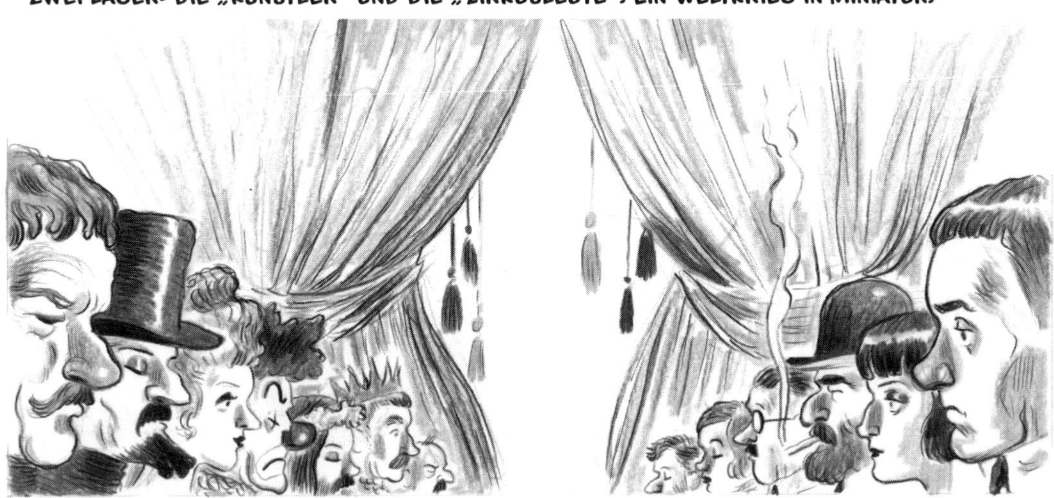

ICH WILL NICHTS BESCHÖNIGEN: BERN WAR EIN MISSERFOLG, UND WIR KEHRTEN ZURÜCK NACH ZÜRICH. DAS CABARET FLAMINGO BRACH ZUSAMMEN. DIE SCHLANGENMÄDCHEN BESCHULDIGTEN FLAMINGO, SIE VERGEWALTIGT ZU HABEN, UND ERSTATTETEN ANZEIGE BEI DER POLIZEI. EINE VON IHNEN WAR MINDERJÄHRIG.

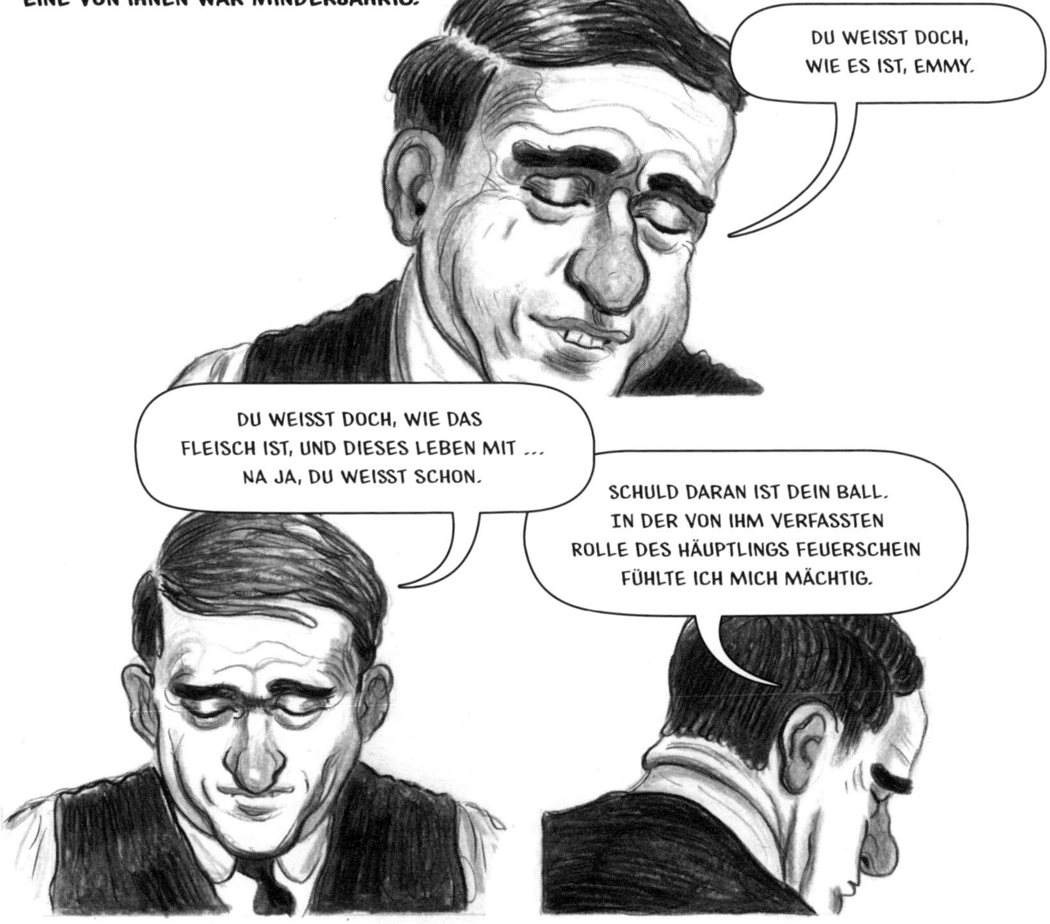

DU WEISST DOCH, WIE ES IST, EMMY.

DU WEISST DOCH, WIE DAS FLEISCH IST, UND DIESES LEBEN MIT ... NA JA, DU WEISST SCHON.

SCHULD DARAN IST DEIN BALL. IN DER VON IHM VERFASSTEN ROLLE DES HÄUPTLINGS FEUERSCHEIN FÜHLTE ICH MICH MÄCHTIG.

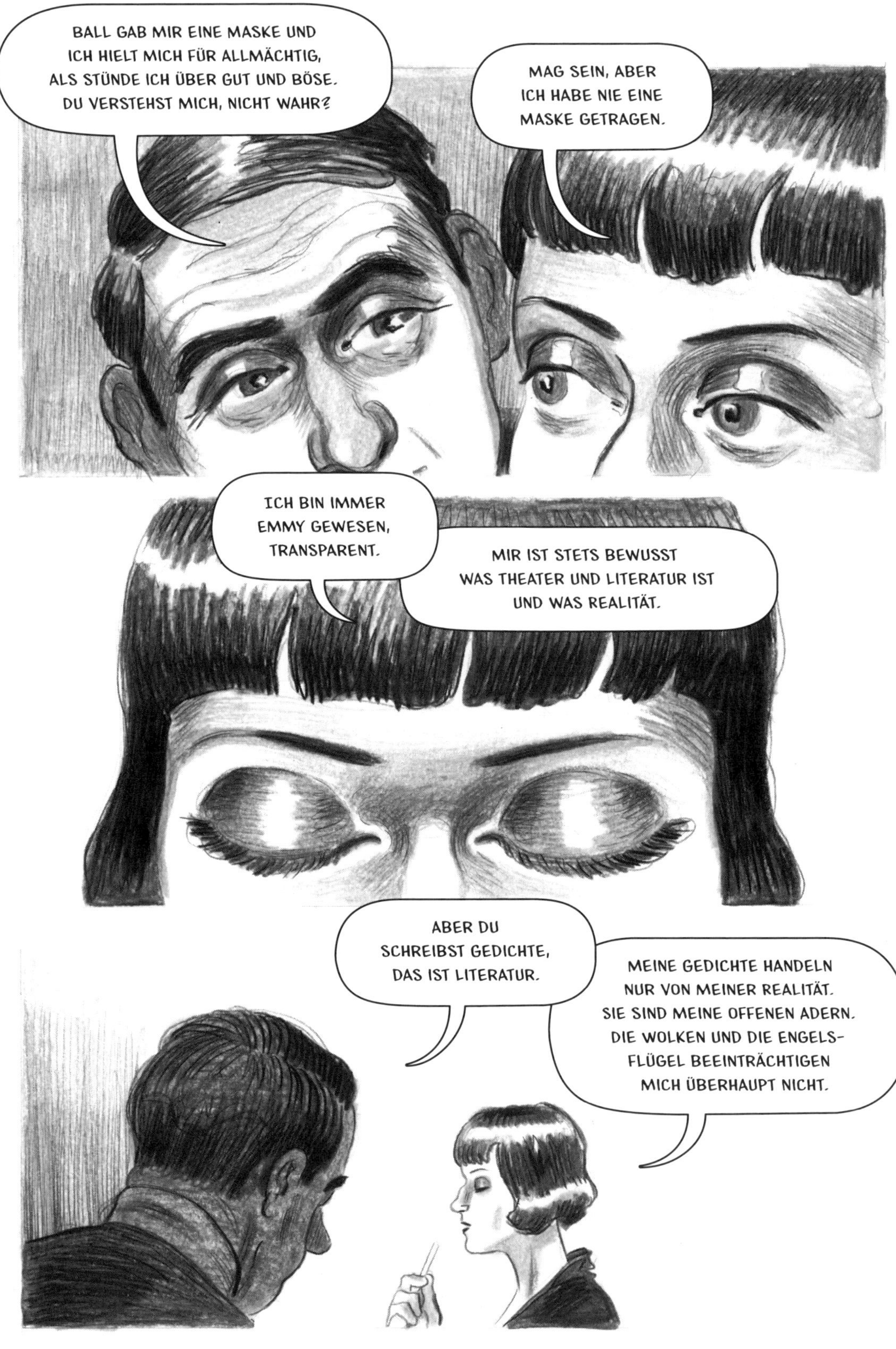
BALL GAB MIR EINE MASKE UND ICH HIELT MICH FÜR ALLMÄCHTIG, ALS STÜNDE ICH ÜBER GUT UND BÖSE. DU VERSTEHST MICH, NICHT WAHR?
MAG SEIN, ABER ICH HABE NIE EINE MASKE GETRAGEN.
ICH BIN IMMER EMMY GEWESEN, TRANSPARENT.
MIR IST STETS BEWUSST WAS THEATER UND LITERATUR IST UND WAS REALITÄT.
ABER DU SCHREIBST GEDICHTE, DAS IST LITERATUR.
MEINE GEDICHTE HANDELN NUR VON MEINER REALITÄT. SIE SIND MEINE OFFENEN ADERN. DIE WOLKEN UND DIE ENGELS-FLÜGEL BEEINTRÄCHTIGEN MICH ÜBERHAUPT NICHT.

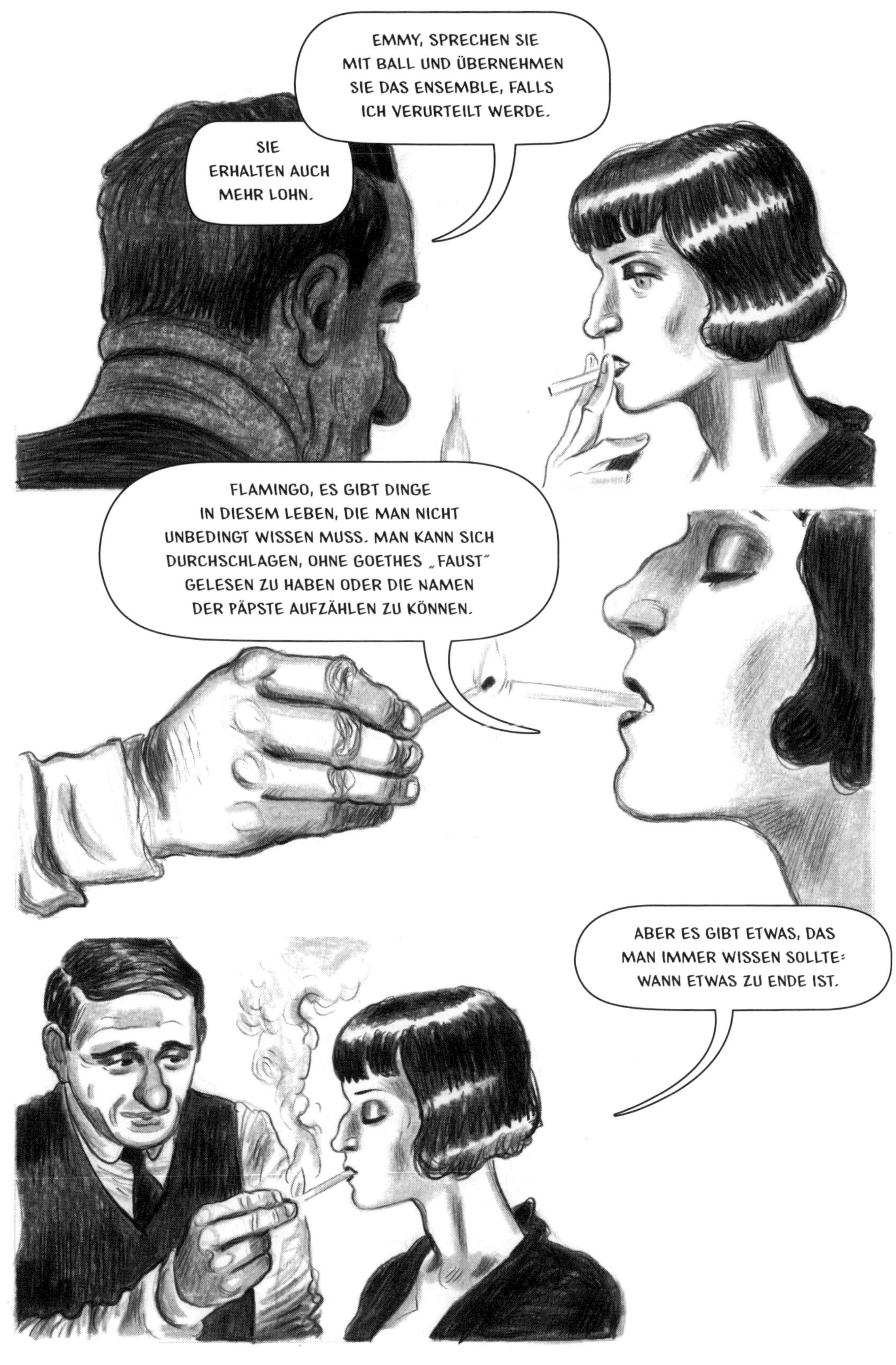
EMMY, SPRECHEN SIE MIT BALL UND ÜBERNEHMEN SIE DAS ENSEMBLE, FALLS ICH VERURTEILT WERDE.
SIE ERHALTEN AUCH MEHR LOHN.
FLAMINGO, ES GIBT DINGE IN DIESEM LEBEN, DIE MAN NICHT UNBEDINGT WISSEN MUSS. MAN KANN SICH DURCHSCHLAGEN, OHNE GOETHES „FAUST" GELESEN ZU HABEN ODER DIE NAMEN DER PÄPSTE AUFZÄHLEN ZU KÖNNEN.
ABER ES GIBT ETWAS, DAS MAN IMMER WISSEN SOLLTE: WANN ETWAS ZU ENDE IST.

FLAMINGO, ALSO MAX, WURDE VERURTEILT UND INHAFTIERT. SEIN KABARETT ZERFIEL. ETWAS WAR ZU ENDE GEGANGEN. BALL VERARBEITETE JENE EREIGNISREICHEN MONATE IN SEINEM ROMAN „FLAMETTI ODER VOM DANDYSMUS DER ARMEN". ER IST DER PIANIST MAYER IN DEM BUCH, ICH BIN DIE SOUBRETTE. JENE ZWEI MONATE ZWISCHEN ZIRKUS UND KABARETT LIESSEN MICH MEINE VORSTELLUNG VON GOTT ÜBERDENKEN.

IN ANBETRACHT DER WESEN, DIE ER ZU ERSCHAFFEN VERMOCHTE,
WAR GOTT VIELLEICHT NUR EIN SCHÖPFER VON ABSURDEN, ERLESENEN KADAVERN.
WELCHES ABSURDE EREIGNIS ER WOHL
ALS NÄCHSTES FÜR UNS VORBESTIMMT HATTE?

ENDE DES 5. KAPITELS

6. KAPITEL: Cabaret Voltaire

BALL BEGANN, SEINEN ROMAN „FLAMETTI" UND ZUGLEICH SEIN ESSAY ÜBER POLITISCHE PHILOSOPHIE „ZUR KRITIK DER DEUTSCHEN INTELLIGENZ" ZU SCHREIBEN. OHNE KABARETT GING UNS SOFORT WIEDER DIE TINTE AUS.

ERNEUT WAR ES AN DER ZEIT, UNSERE EXISTENZ ZU ÜBERDENKEN.

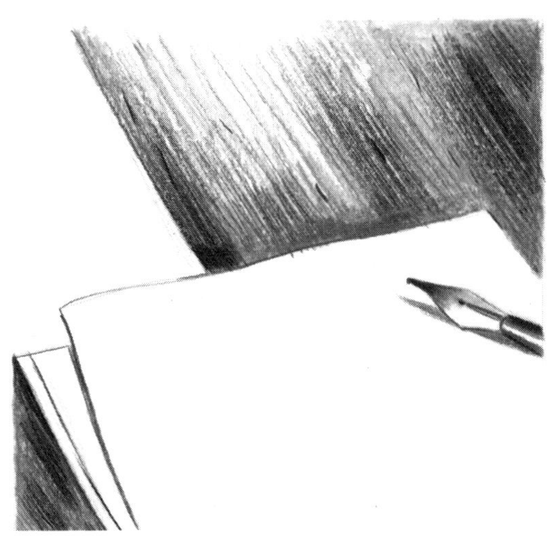

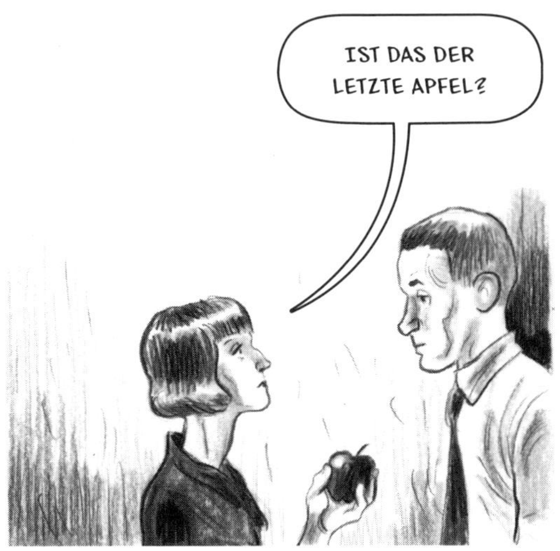

FEBRUAR 1916. ALS WIR AN DER SPIEGELGASSE VORBEIKAMEN, SAHEN WIR DAS LOKAL „HOLLÄNDISCHE MEIEREI". WIR EINIGTEN UNS MIT DEM EIGENTÜMER, HERRN EPHRAIM, UND ÜBERLEGTEN UNS EINEN GEHALTVOLLEN NAMEN.

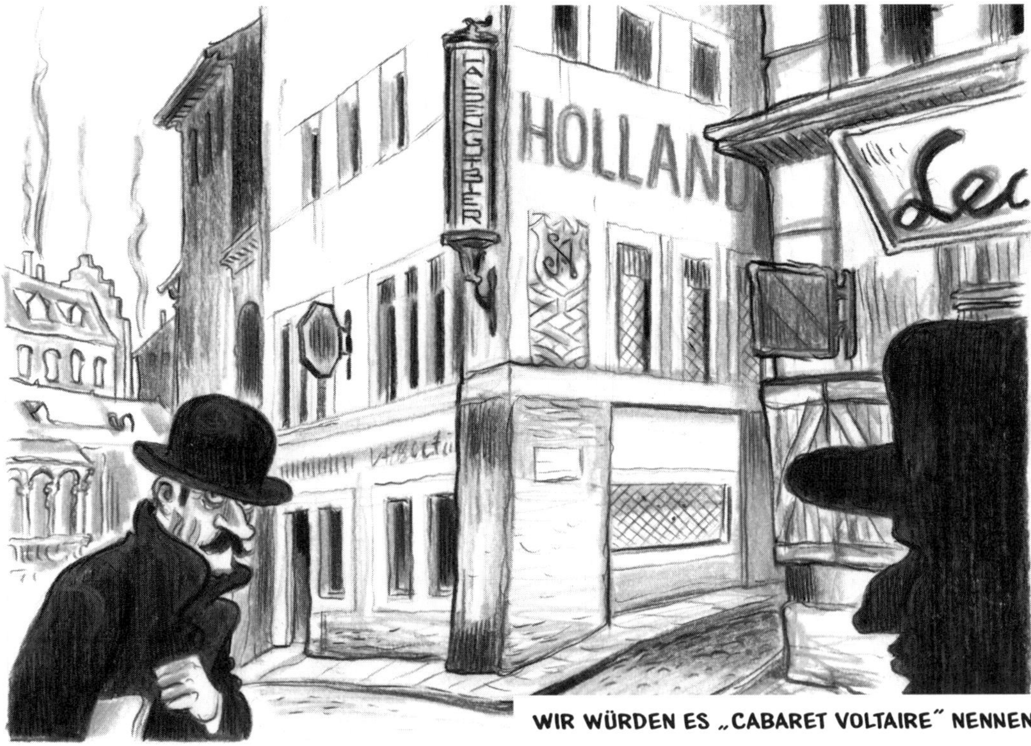

WIR WÜRDEN ES „CABARET VOLTAIRE" NENNEN.

WAS WAR DER URSPRUNGSGEDANKE? UNSER GANZES LEBEN IN EINER NACHT ZU KONZENTRIEREN, DENKE ICH. WIR WOLLTEN EIN KABARETT GRÜNDEN, MIT MUSIK, LITERATUR, KUNST UND MEHR.

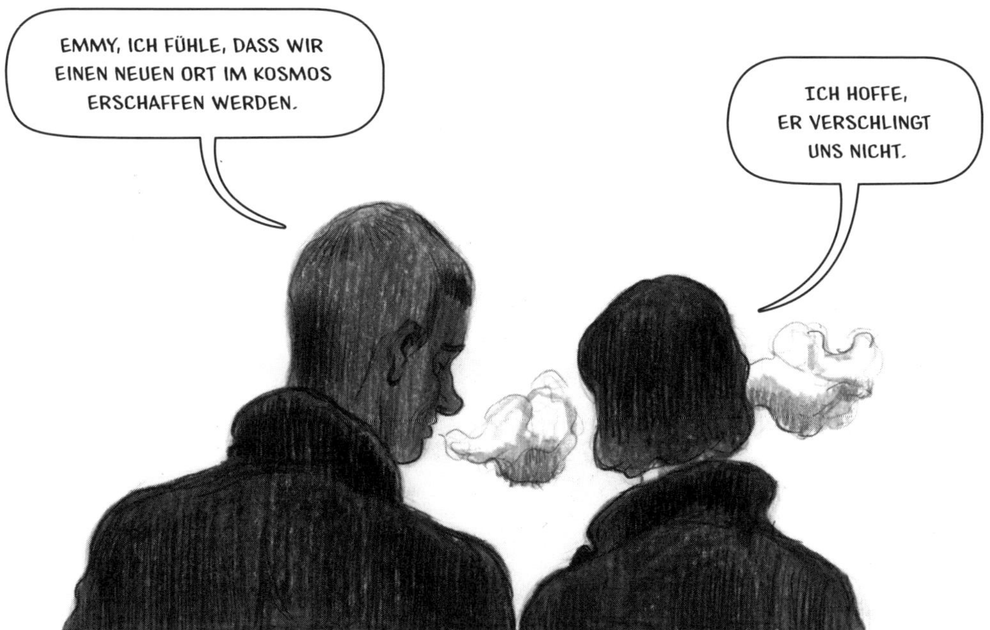

WIR SCHALTETEN EINE ANZEIGE MIT UNSEREM VORHABEN IN DER „NEUEN ZÜRCHER ZEITUNG". DER POLNISCHE MALER MARCEL SLODKI SCHUF EIN WUNDERBARES PLAKAT.

NEUE ZÜRCHER ZEITUNG.
2 FEBRUAR 1916.

CABARET VOLTAIRE.

Unter diesem Namen hat sich eine Gesellschaft junger Künstler und Literaten etabliert, deren Ziel es ist, einen Mittelpunkt für die künstlerische Unterhaltung und den geistigen Austausch zu schaffen. Das Prinzip der Künstlerkneipe soll sein, daß bei den täglichen Zusammenkünften musikalische und rezitatorische Vorträge der als Gäste verkehrenden Künstler stattfinden, und es ergeht an die junge Künstlerschaft Zürichs die Einladung, sich ohne Rücksicht auf eine besondere Kunstrichtung mit Vorschlägen und Beiträgen einzufinden.

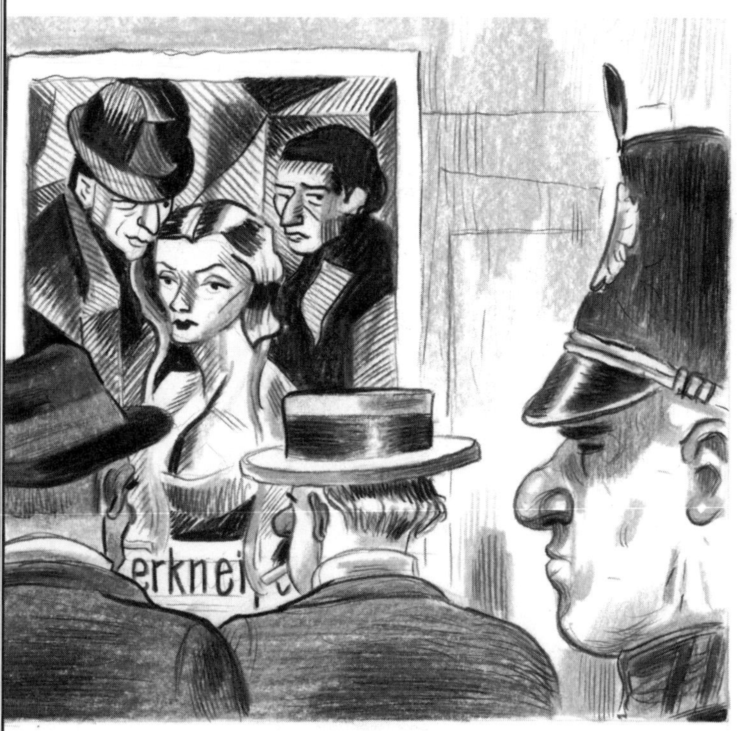

BALLS ZEITUNGSANNONCE WAR WIE DER RUF EINES PROPHETEN, WIE EINE WABE, AUF DIE EINIGE BIENEN GEWARTET ZU HABEN SCHIENEN.

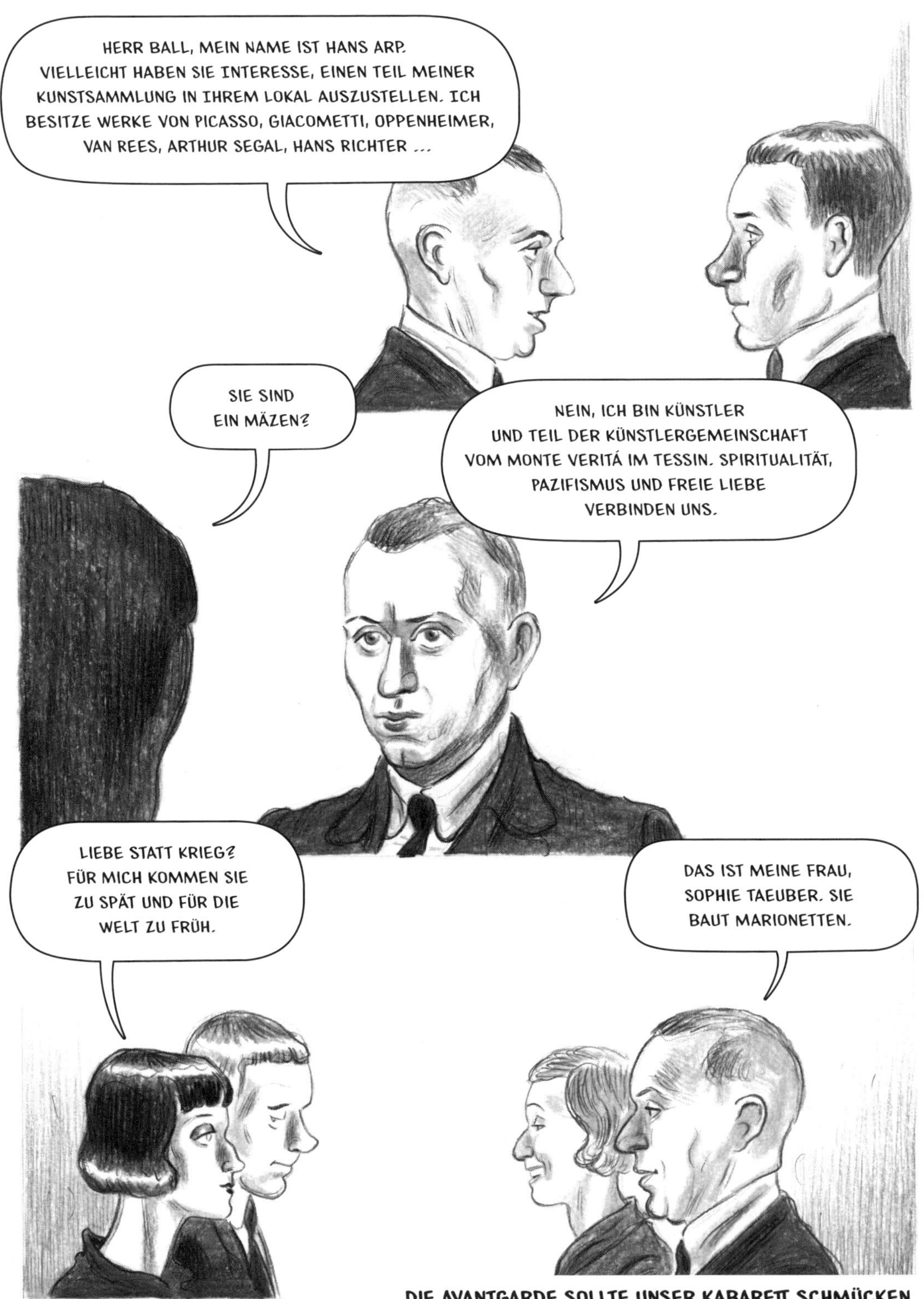

DIE AVANTGARDE SOLLTE UNSER KABARETT SCHMÜCKEN.

DANN KAM DER 5. FEBRUAR 1916. DIE WINTERSONNE LIESS ZÜRICH DEN GANZEN TAG ERSTRAHLEN. DAS CABARET VOLTAIRE WÜRDE BEI EINBRUCH DER DUNKELHEIT ÖFFNEN.

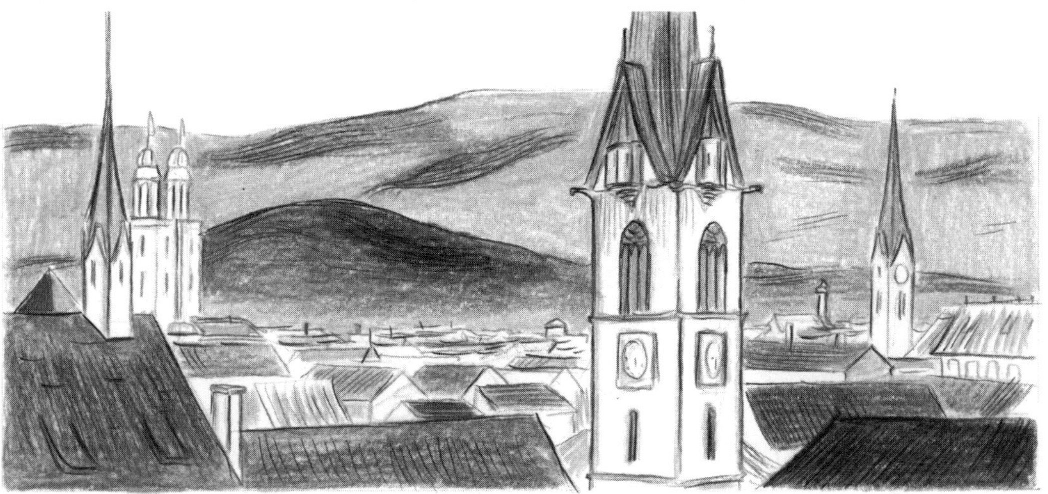

UM 18 UHR ERSCHIENEN VIER MÄNNER MIT MAPPEN VOLLER GEDICHTE, UM SIE AM SELBEN ABEND VORZUTRAGEN. ES WAREN DIE RUMÄNEN TRISTAN TZARA, GEORGES JANCO UND MARCEL JANCO UND DER ÖSTERREICHISCHE MALER MAX OPPENHEIMER VON DER WIENER SECESSION, DER ÜBRIGENS ZUSAMMEN MIT EGON SCHIELE VON DEN WIENER BÜRGERN ALS „PORNOGRAFISCHER" MALER BEZEICHNET WURDE.

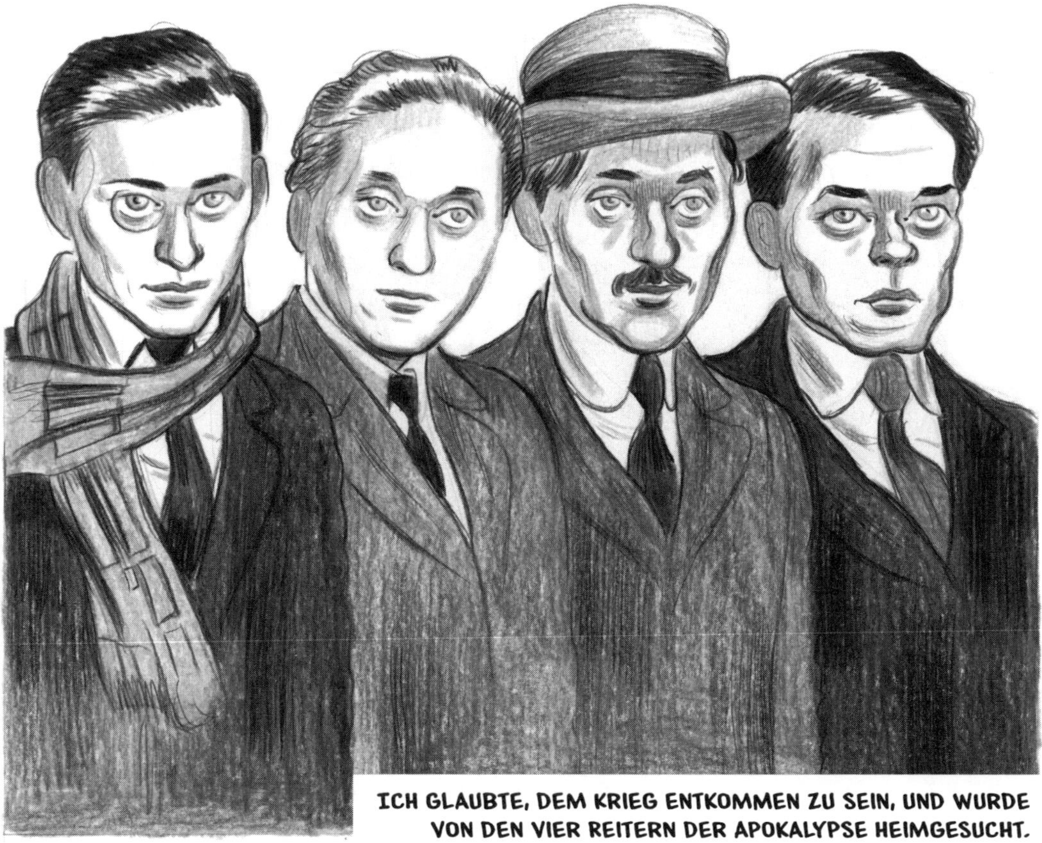

ICH GLAUBTE, DEM KRIEG ENTKOMMEN ZU SEIN, UND WURDE VON DEN VIER REITERN DER APOKALYPSE HEIMGESUCHT.

TZARA! EIGENTLICH HIESS ER SAMUEL ROSENSTOCK UND WAR GEBÜRTIG AUS MOINEŞTI, AN DER GRENZE ZU TRANSSILVANIEN. ER WAR IM JAHR 1896 GEBOREN WORDEN, ALS BRAM STOKER „DRACULA" SCHRIEB.

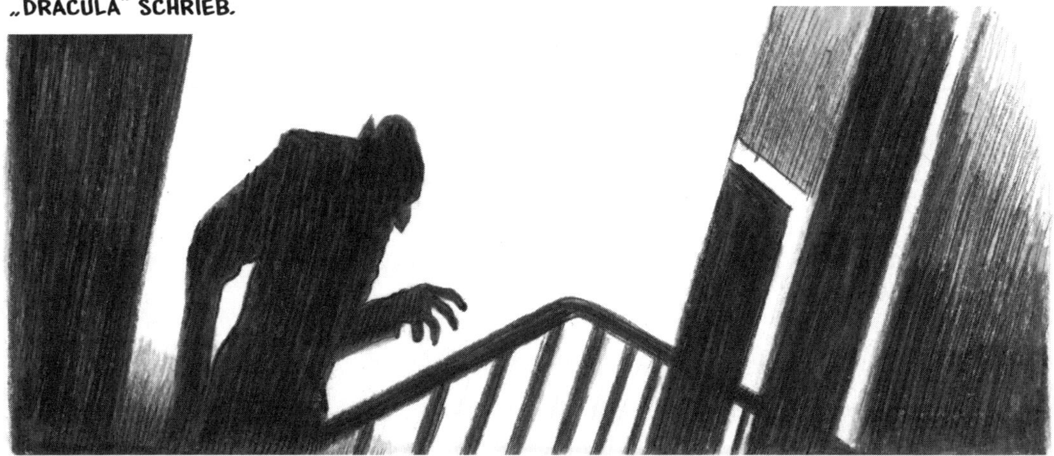

IN BUKAREST HATTE ER MATHEMATIK UND PHILOSOPHIE – VOR ALLEM NIETZSCHE – STUDIERT.

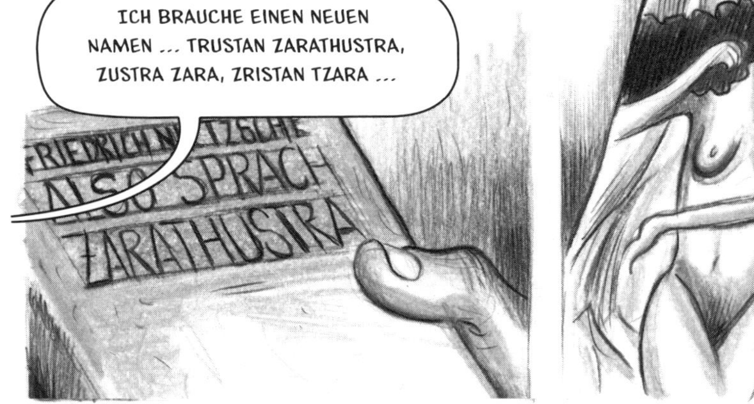

1916 HATTE ER ZUSAMMEN MIT MARCEL JANCO UND ION VINEA DIE LITERATURZEITSCHRIFT „SIMBOLUL" GEGRÜNDET.

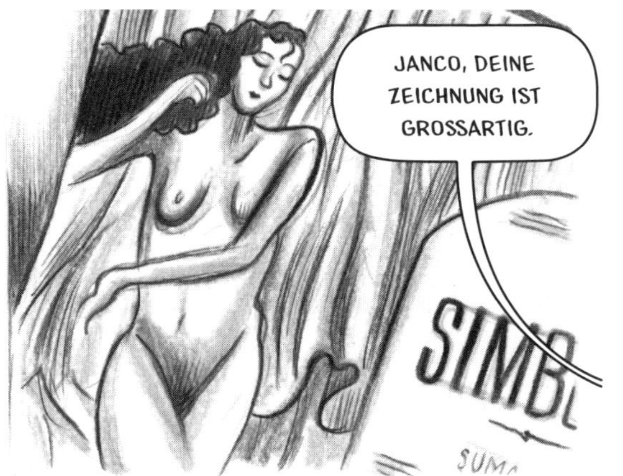

SEINE FAMILIE HATTE IHN ZUR UMERZIEHUNG NACH ZÜRICH GESCHICKT. SIE WUSSTEN NICHT, WAS SIE DAMIT TATEN.

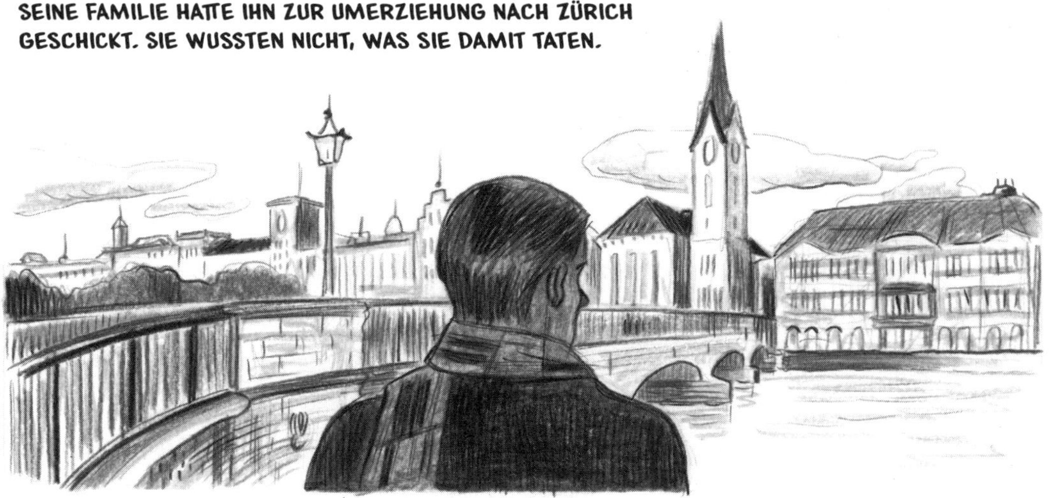

ICH GLAUBE, TZARA MERKTE ALS ERSTER, DASS DAS CABARET VOLTAIRE EIN PULVERFASS WAR.

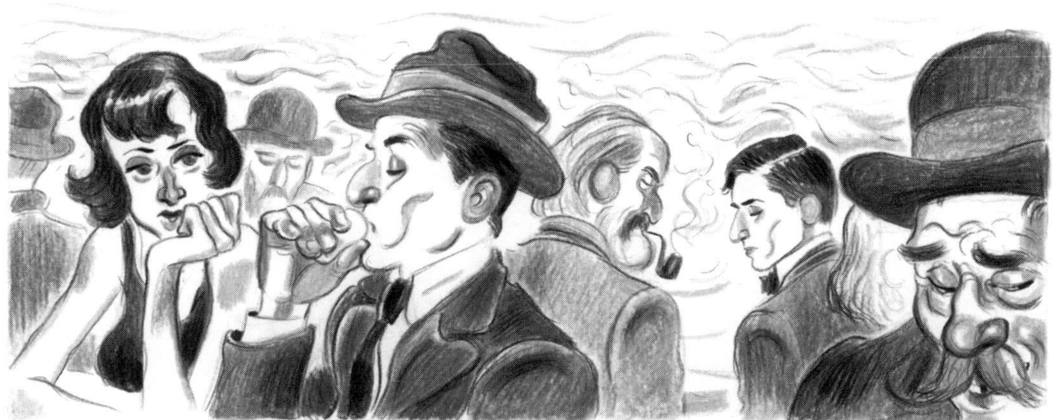

EIN PULVERFASS VOLLER ELEKTRIFIZIERTER GEHIRNE, VOLLER GESALBTER SEELEN.
OB VON GOTT GESALBT ODER VOM TEUFEL, WAR NICHT KLAR.

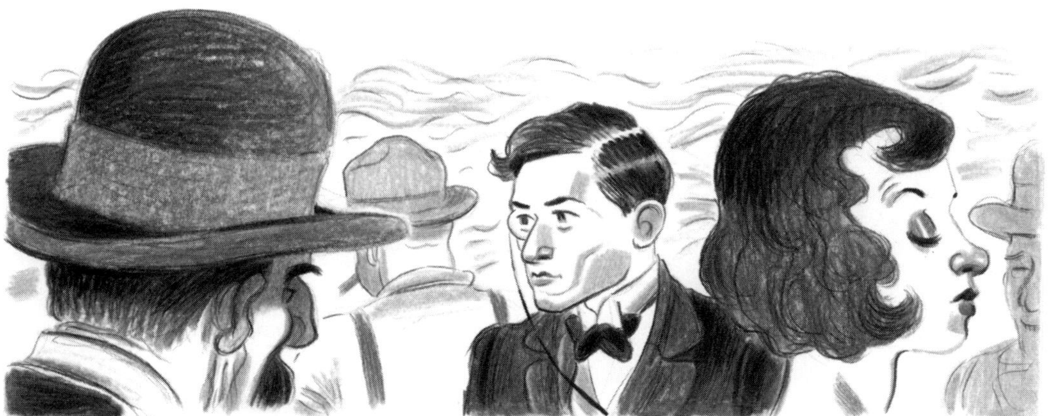

TZARA WAR DUNKELHÄUTIG UND VON BEZAUBERNDER SCHÖNHEIT.
ICH HÄTTE IHN SOGAR MEIN HERZ VERSCHLINGEN UND MEIN BLUT TRINKEN LASSEN.

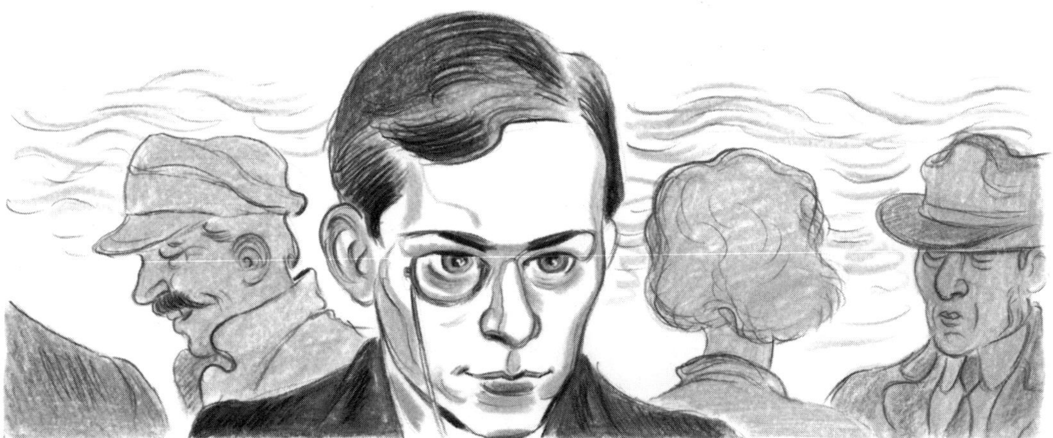

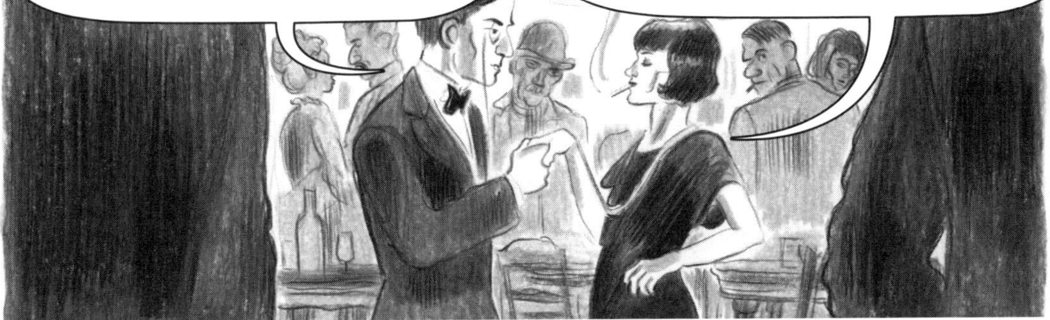

TZARA BETRAT AN JENEM ABEND ALS ERSTER DIE BÜHNE. AUS SEINEN TASCHEN HOLTE ER ZERKNITTERTE ZETTEL, AUF DENEN ER GEDICHTE AUF FRANZÖSISCH GESCHRIEBEN HATTE, DIE ER VORLAS WIE EIN HILFLOSES KIND, DAS VON SEINEN ELTERN VERLASSEN WURDE.

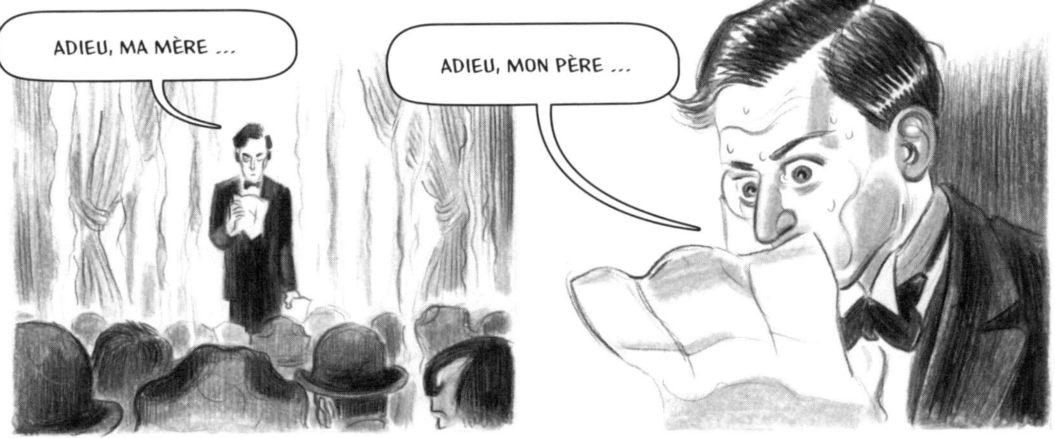

ALS ICH DIESEN HERZZERREISSENDEN RUF VERNAHM, WEINTE ICH WIE EIN KIND.

TZARA WAR DAS KIND EINER WELT OHNE MÜTTER UND OHNE HEIMAT.

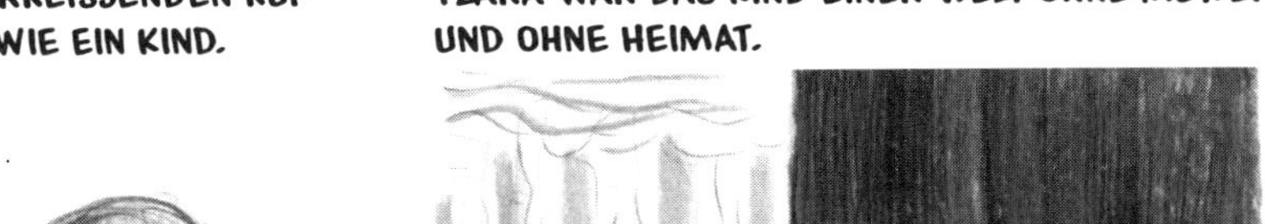

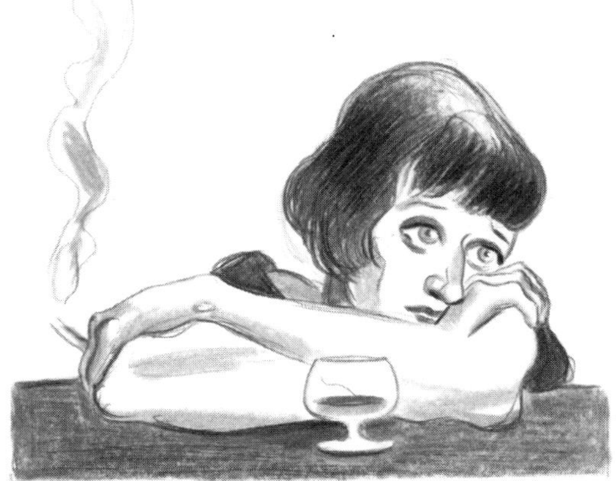

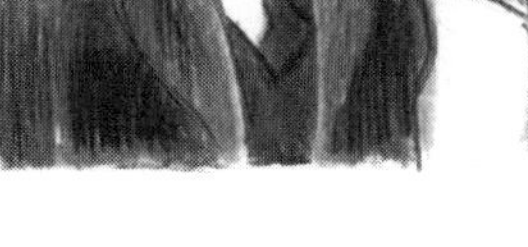

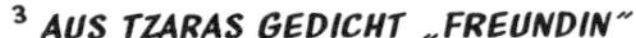

[3] AUS TZARAS GEDICHT „FREUNDIN“

[4] AUS EMMYS GEDICHT „TÄNZERIN“

MIT BALLS KLAVIERSPIEL IM HINTERGRUND TRAT HANS ARP AUF DIE BÜHNE, BEGLEITET VON SOPHIE TAEUBERS MARIONETTEN. ARP TRUG EINEN PYRAMIDENFÖRMIGEN ROCK.

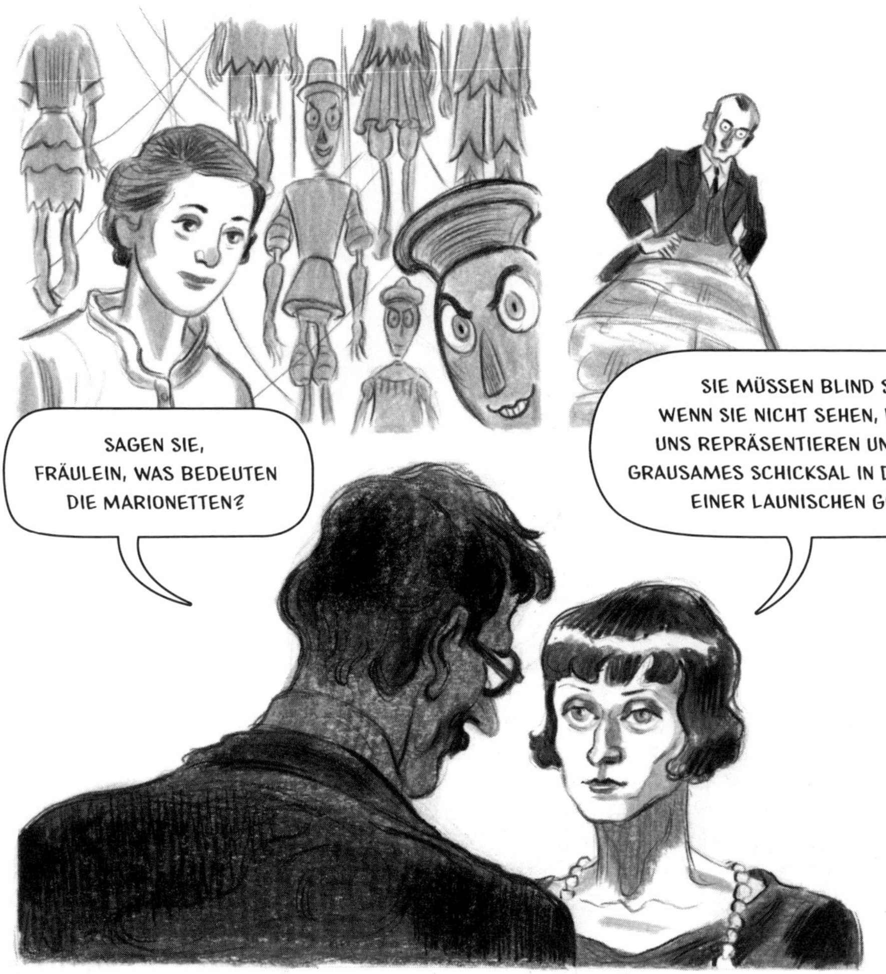

SAGEN SIE, FRÄULEIN, WAS BEDEUTEN DIE MARIONETTEN?

SIE MÜSSEN BLIND SEIN, WENN SIE NICHT SEHEN, DASS SIE UNS REPRÄSENTIEREN UND UNSER GRAUSAMES SCHICKSAL IN DEN HÄNDEN EINER LAUNISCHEN GÖTTIN.

ARP TRUG EIN GEDICHT VOR, DAS DEN WEG VORGAB, DEN WIR AN JENEM ABEND EINSCHLUGEN. ES HIESS „OPUS NULL“.

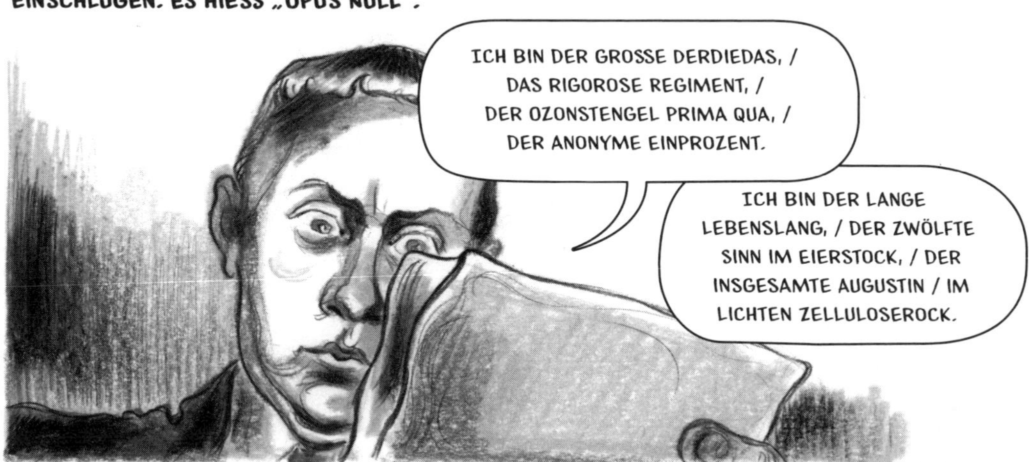

ALS DAS LOKAL BEREITS ÜBERFÜLLT WAR, KAM EINE GRUPPE RUSSEN MIT BALALAIKAS.

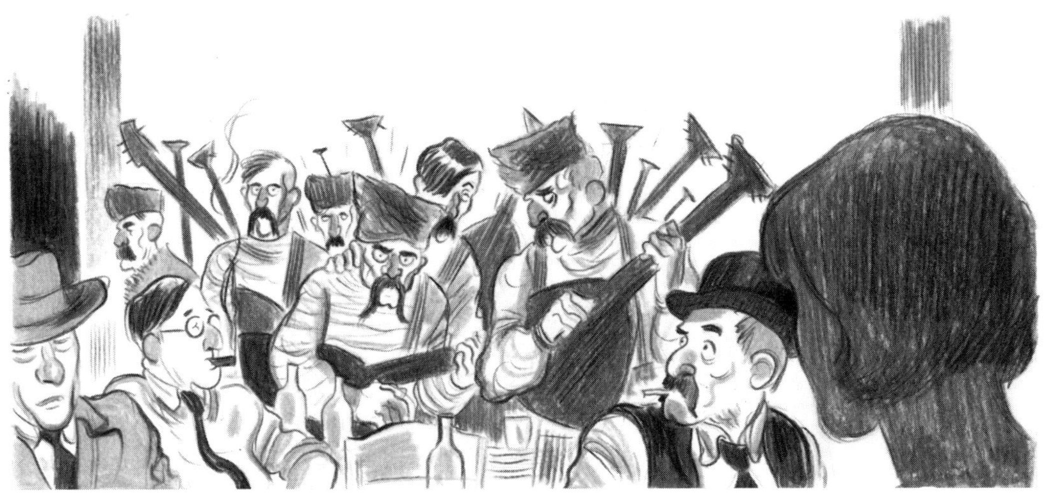

WIR MACHTEN PLATZ, UND ICH BAT SIE, MICH ZU BEGLEITEN. DANN GING ICH AUF DIE BÜHNE UND SANG EIN VON BALL VERFASSTES LIED.

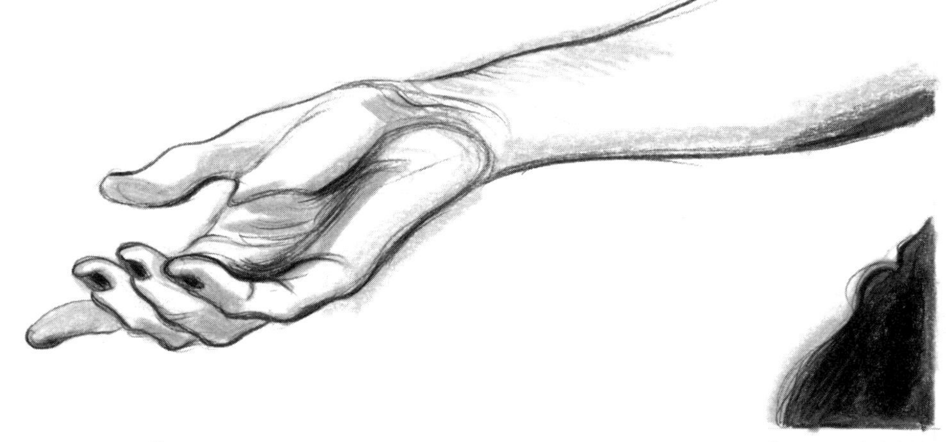

ES HIESS „TOTENTANZ" UND HANDELTE VOM KRIEG. DIE BALALAIKAS ZEIGTEN AUF MICH WIE DIE „DICKE BERTHA", DIE VON DEUTSCHLAND AUS BLEI UND TOD NACH ENGLAND SPUCKTE.

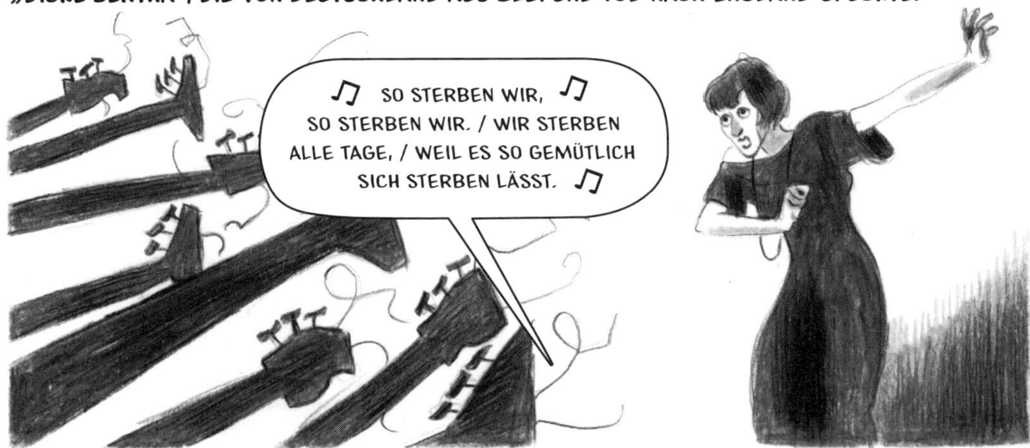

JA, ES LIESS SICH SO GEMÜTLICH STERBEN.
NUR WENIGE KILOMETER ENTFERNT BRÜLLTEN DIE KANONEN.

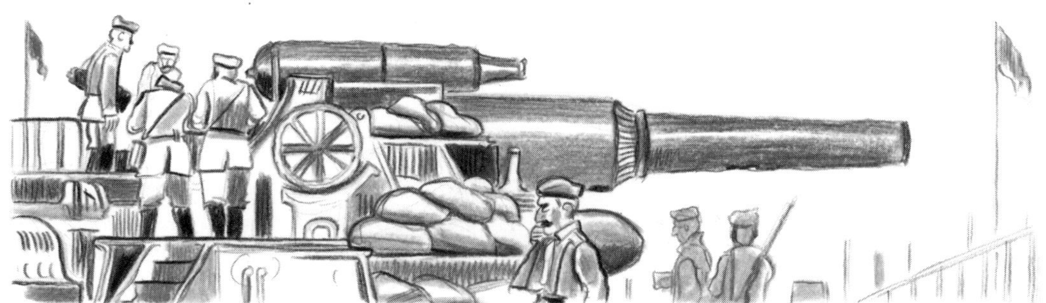

DIE WELT HATTE IHR ENGELSGESICHT VERLOREN UND WAR ZU EINEM TIER GEWORDEN, DAS DIE GABE DER VERNUNFT NICHT KANNTE.

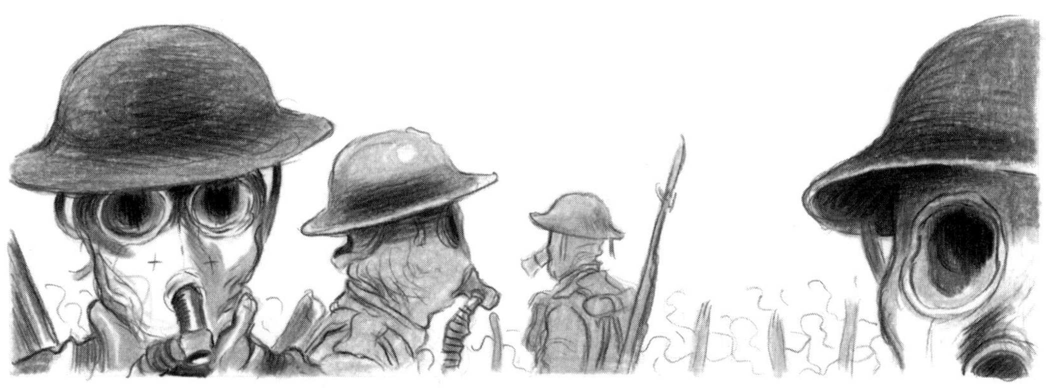

DIE TITANEN ERHOBEN SICH UND ZERSTÖRTEN DIE HIMMELSTÜRME.
DIE MAUERN WURDEN EINGERISSEN, MAN ZERTRAMPELTE,
ZERSTÖRTE UND VERNICHTETE.

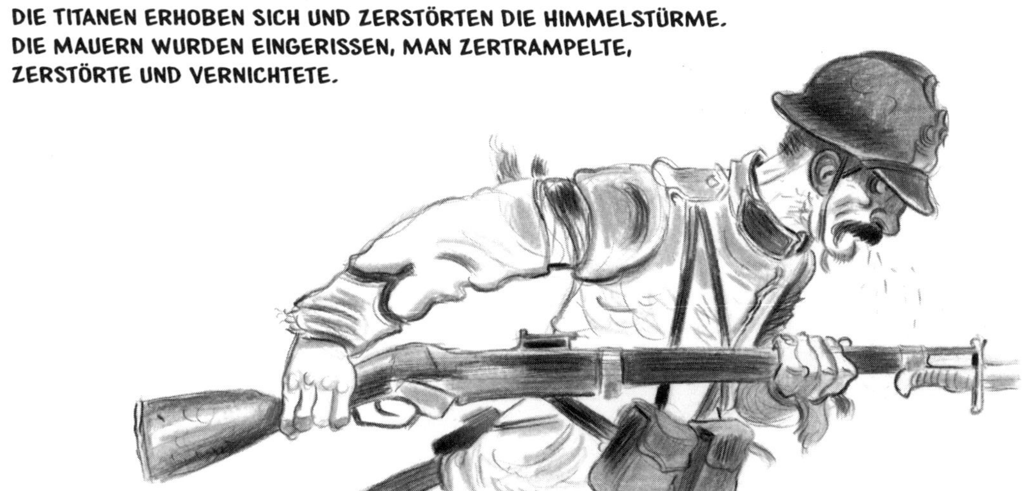

DIE KEIME DER MENSCHLICHEN SEELE WURDEN HERAUSGERISSEN UND DER MENSCH SELBST IN DYNAMIT VERWANDELT.

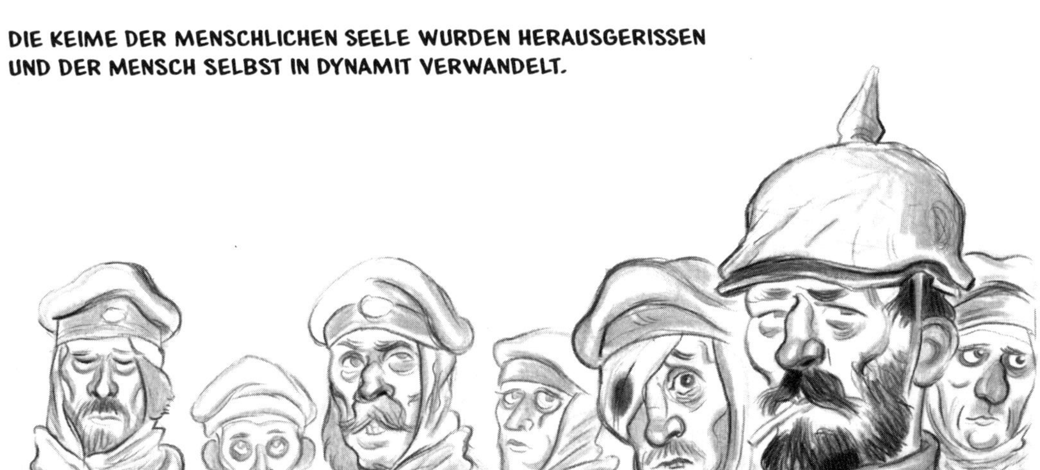

IN ZEITEN WIE DIESEN MUSS DER DICHTER SEINE STIMME ERHEBEN. AUCH ER FÜHRT KRIEG UNTER DEM BANNER DES FREIEN GEISTES. EINEN KRIEG, DER FÜR IMMER VERLOREN SCHEINT.

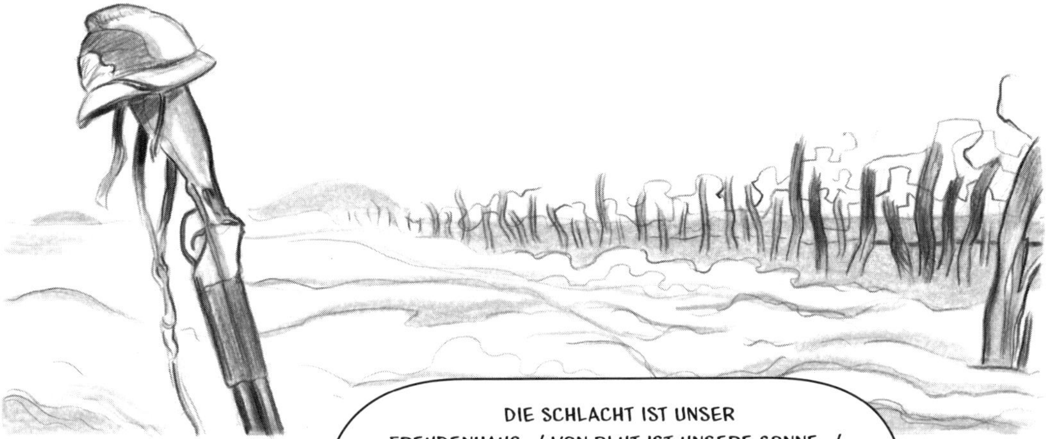

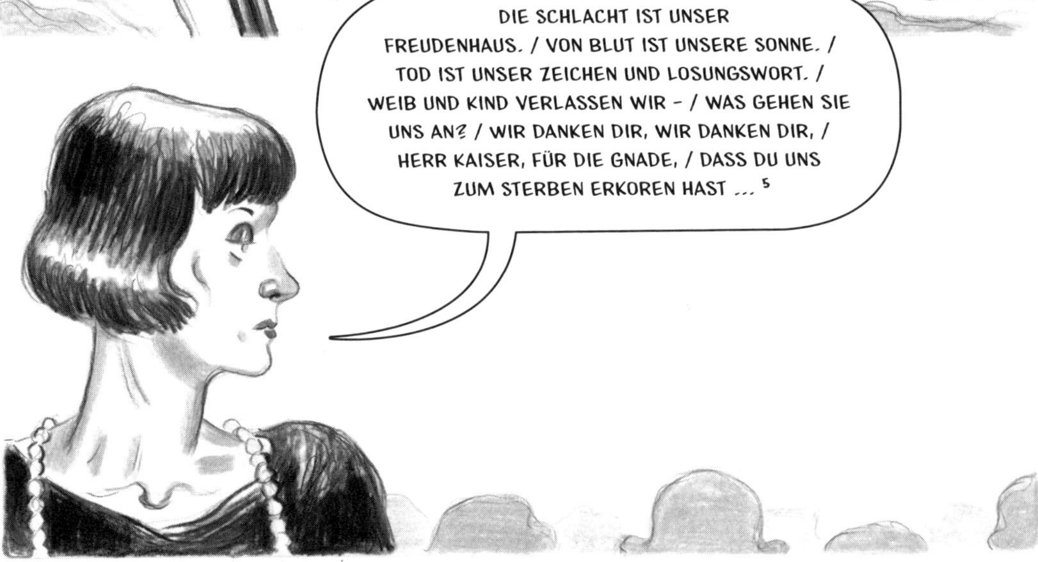

DIE SCHLACHT IST UNSER FREUDENHAUS. / VON BLUT IST UNSERE SONNE. / TOD IST UNSER ZEICHEN UND LOSUNGSWORT. / WEIB UND KIND VERLASSEN WIR – / WAS GEHEN SIE UNS AN? / WIR DANKEN DIR, WIR DANKEN DIR, / HERR KAISER, FÜR DIE GNADE, / DASS DU UNS ZUM STERBEN ERKOREN HAST ...[5]

[5] *AUS DEM GEDICHT „TOTENTANZ“ VON HUGO BALL*

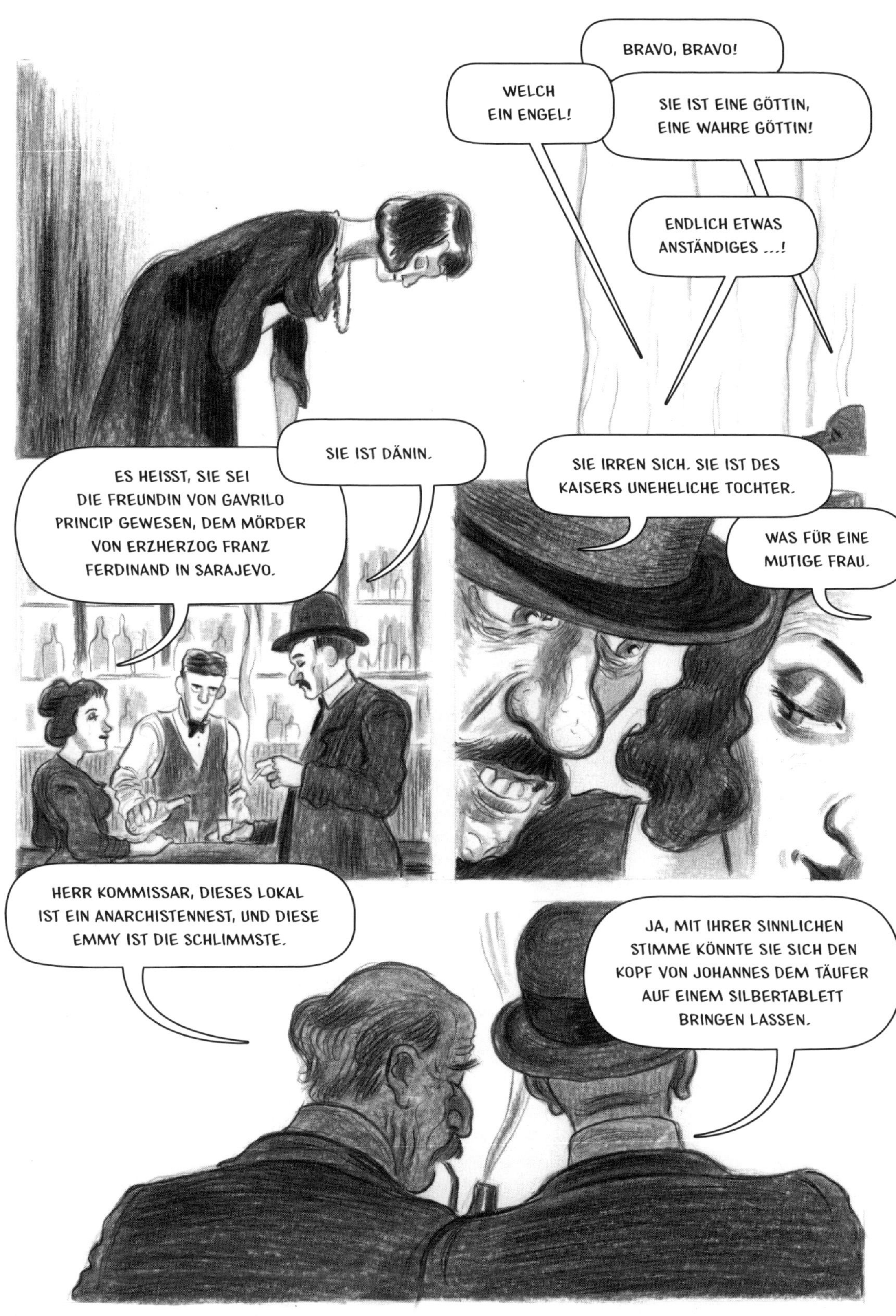
BRAVO, BRAVO!
WELCH EIN ENGEL!
SIE IST EINE GÖTTIN, EINE WAHRE GÖTTIN!
ENDLICH ETWAS ANSTÄNDIGES ...!
ES HEISST, SIE SEI DIE FREUNDIN VON GAVRILO PRINCIP GEWESEN, DEM MÖRDER VON ERZHERZOG FRANZ FERDINAND IN SARAJEVO.
SIE IST DÄNIN.
SIE IRREN SICH. SIE IST DES KAISERS UNEHELICHE TOCHTER.
WAS FÜR EINE MUTIGE FRAU.
HERR KOMMISSAR, DIESES LOKAL IST EIN ANARCHISTENNEST, UND DIESE EMMY IST DIE SCHLIMMSTE.
JA, MIT IHRER SINNLICHEN STIMME KÖNNTE SIE SICH DEN KOPF VON JOHANNES DEM TÄUFER AUF EINEM SILBERTABLETT BRINGEN LASSEN.

EINIGE ANWOHNER AUS DER STRASSE DES CABARETS WAREN AN JENEM ABEND EBENFALLS ANWESEND.

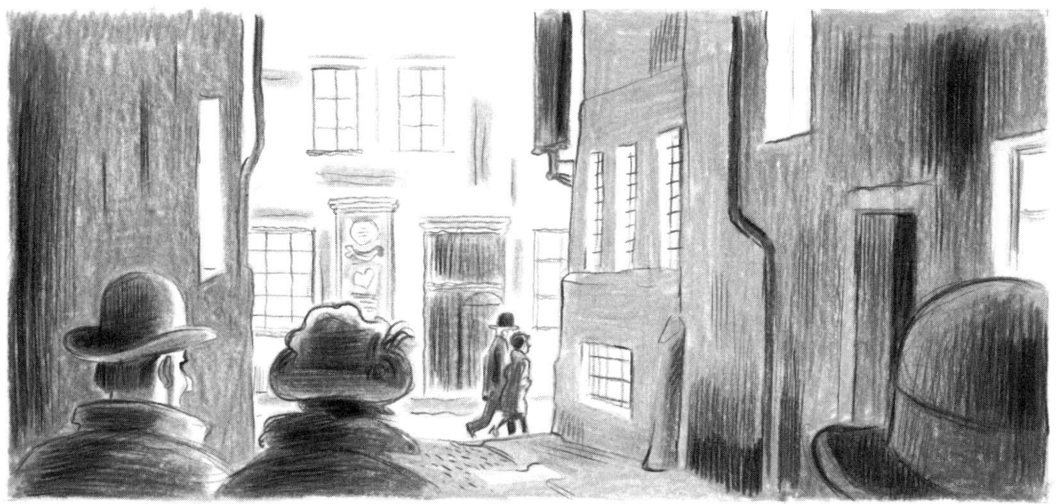

UNTER IHNEN ZWEI STRENG BLICKENDE, GUT GEKLEIDETE RUSSEN. IN EINER ECKE SITZEND VERSUCHTEN SIE, DEM TRUBEL ZU ENTKOMMEN. SIE WOHNTEN IN DER SPIEGELGASSE 14.

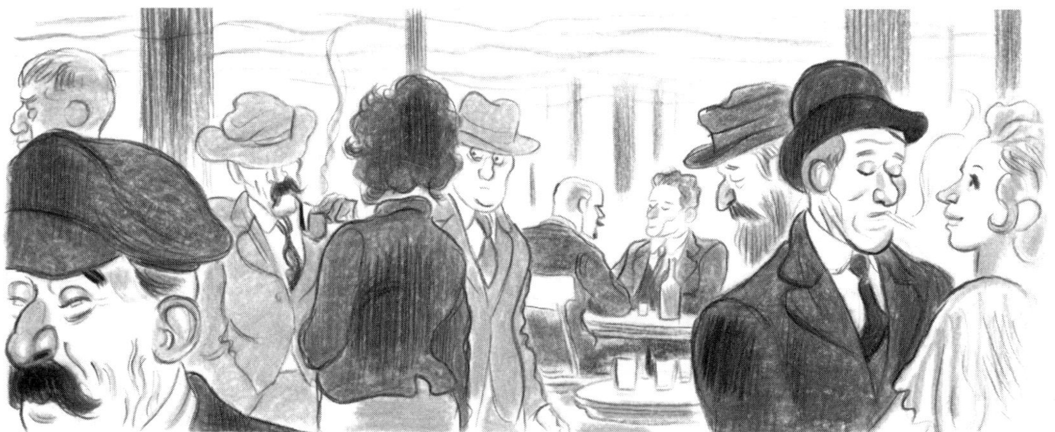

DER EINE SCHRIEB UNAUFHÖRLICH, OBWOHL MAN AUF DEN ERSTEN BLICK SEHEN KONNTE, DASS ER WOHL KAUM EIN DICHTER WAR.

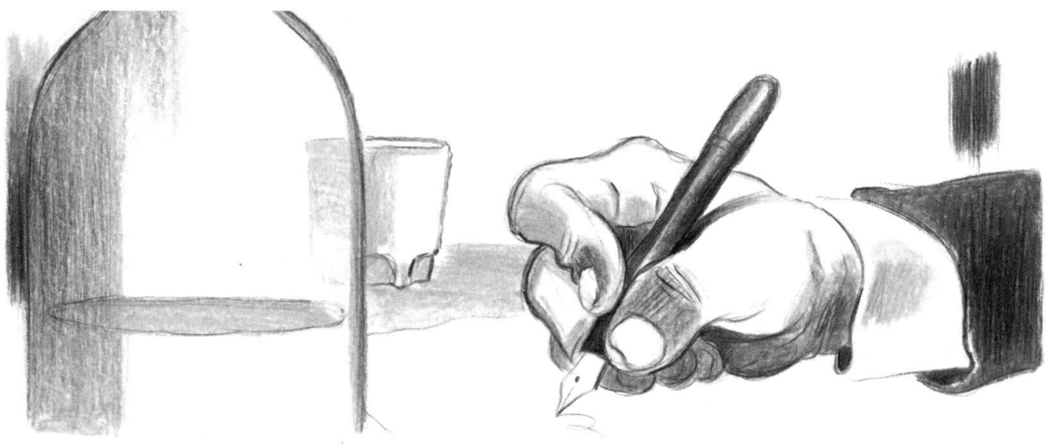

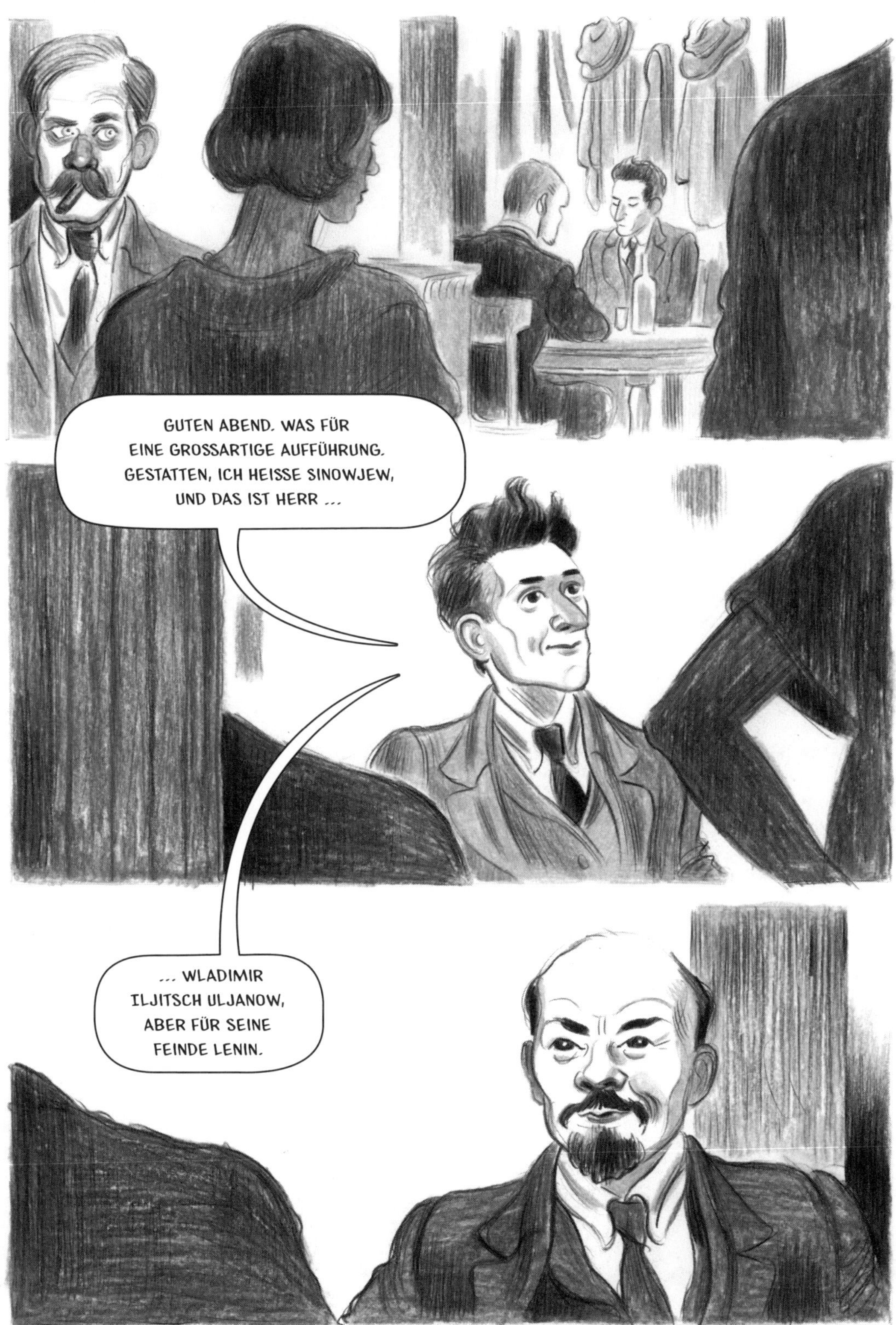
GUTEN ABEND. WAS FÜR
EINE GROSSARTIGE AUFFÜHRUNG.
GESTATTEN, ICH HEISSE SINOWJEW,
UND DAS IST HERR ...
... WLADIMIR
ILJITSCH ULJANOW,
ABER FÜR SEINE
FEINDE LENIN.

HOCHERFREUT. WIE FINDEN SIE DIE VORSTELLUNG?

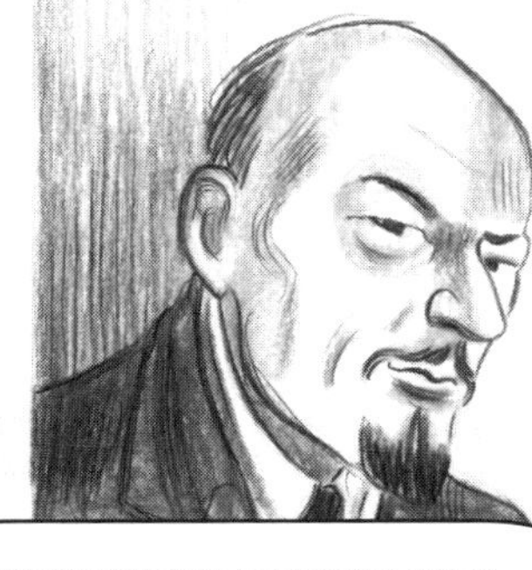

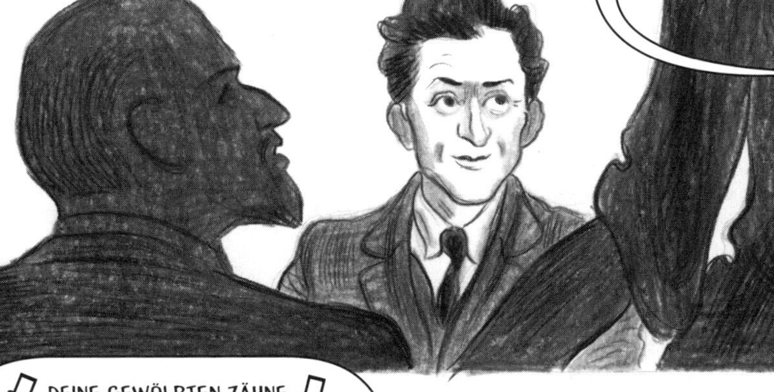

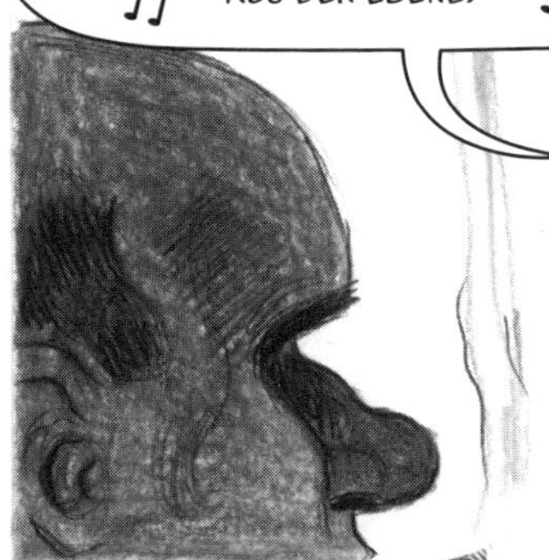

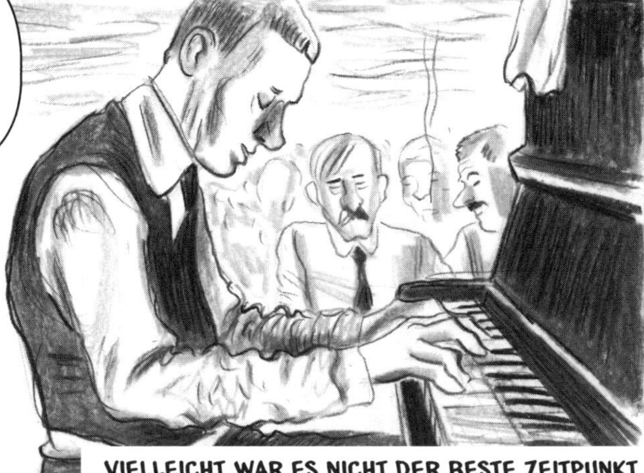

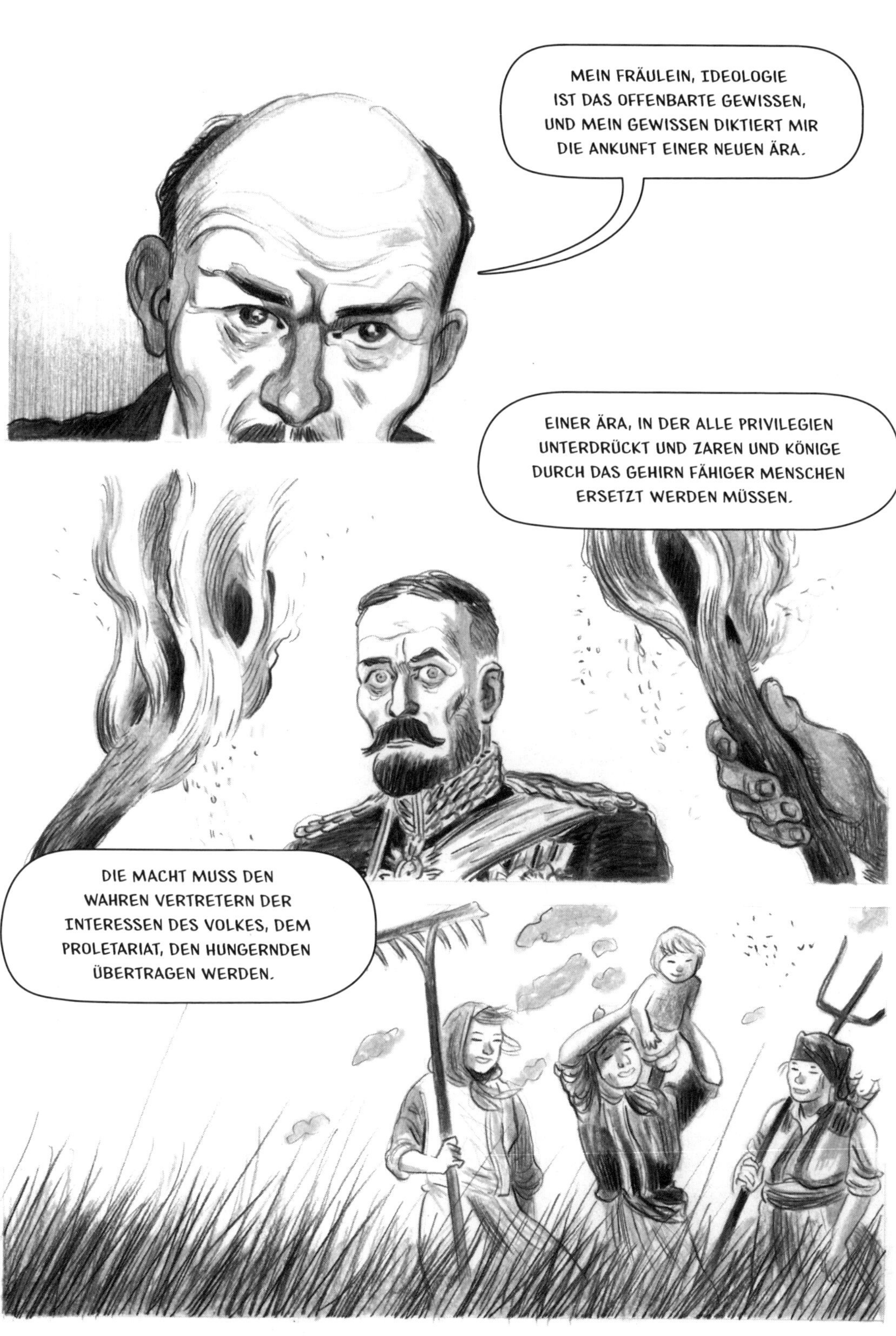
MEIN FRÄULEIN, IDEOLOGIE IST DAS OFFENBARTE GEWISSEN, UND MEIN GEWISSEN DIKTIERT MIR DIE ANKUNFT EINER NEUEN ÄRA.
EINER ÄRA, IN DER ALLE PRIVILEGIEN UNTERDRÜCKT UND ZAREN UND KÖNIGE DURCH DAS GEHIRN FÄHIGER MENSCHEN ERSETZT WERDEN MÜSSEN.
DIE MACHT MUSS DEN WAHREN VERTRETERN DER INTERESSEN DES VOLKES, DEM PROLETARIAT, DEN HUNGERNDEN ÜBERTRAGEN WERDEN.

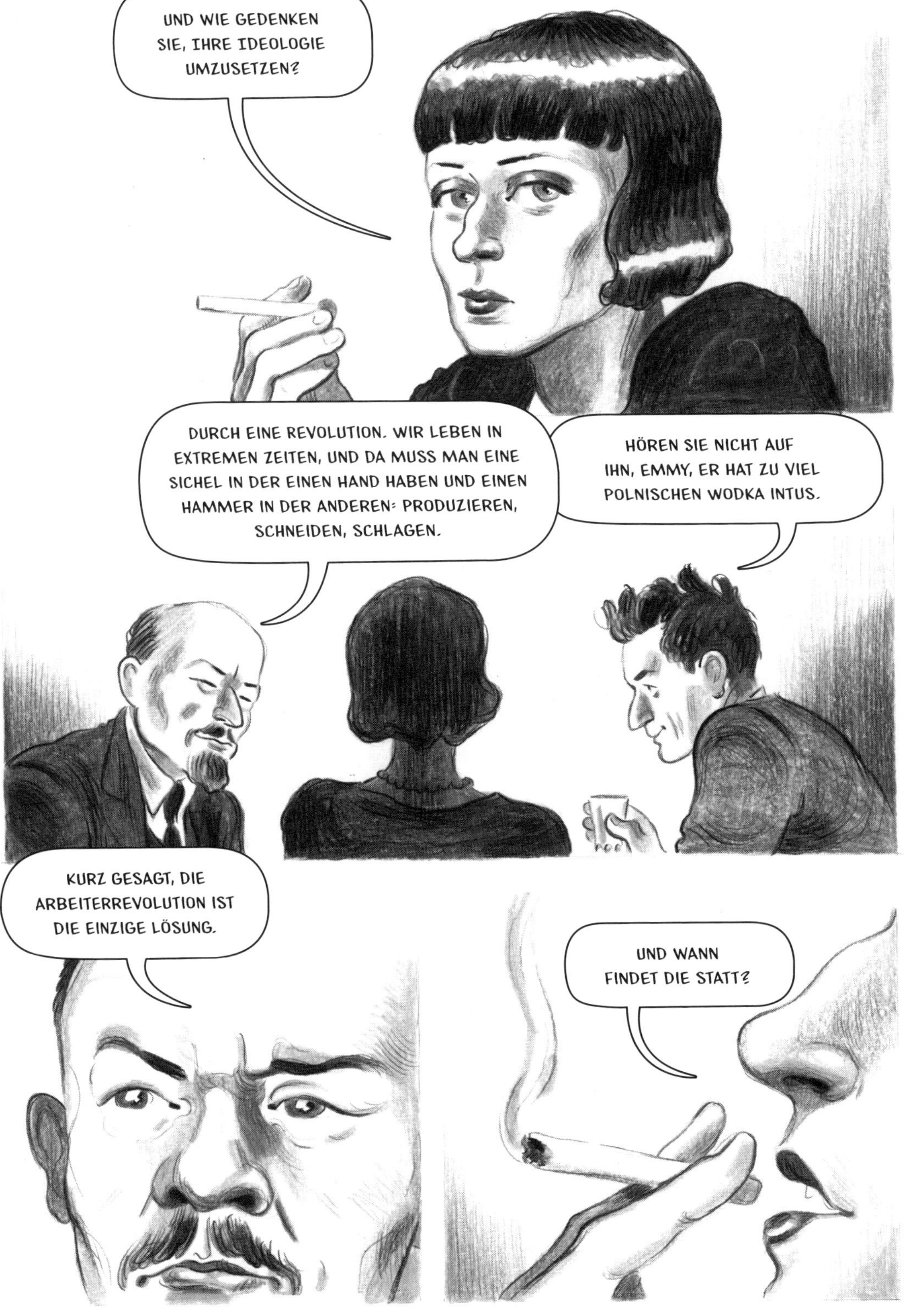
UND WIE GEDENKEN SIE, IHRE IDEOLOGIE UMZUSETZEN?
DURCH EINE REVOLUTION. WIR LEBEN IN EXTREMEN ZEITEN, UND DA MUSS MAN EINE SICHEL IN DER EINEN HAND HABEN UND EINEN HAMMER IN DER ANDEREN: PRODUZIEREN, SCHNEIDEN, SCHLAGEN.
HÖREN SIE NICHT AUF IHN, EMMY, ER HAT ZU VIEL POLNISCHEN WODKA INTUS.
KURZ GESAGT, DIE ARBEITERREVOLUTION IST DIE EINZIGE LÖSUNG.
UND WANN FINDET DIE STATT?

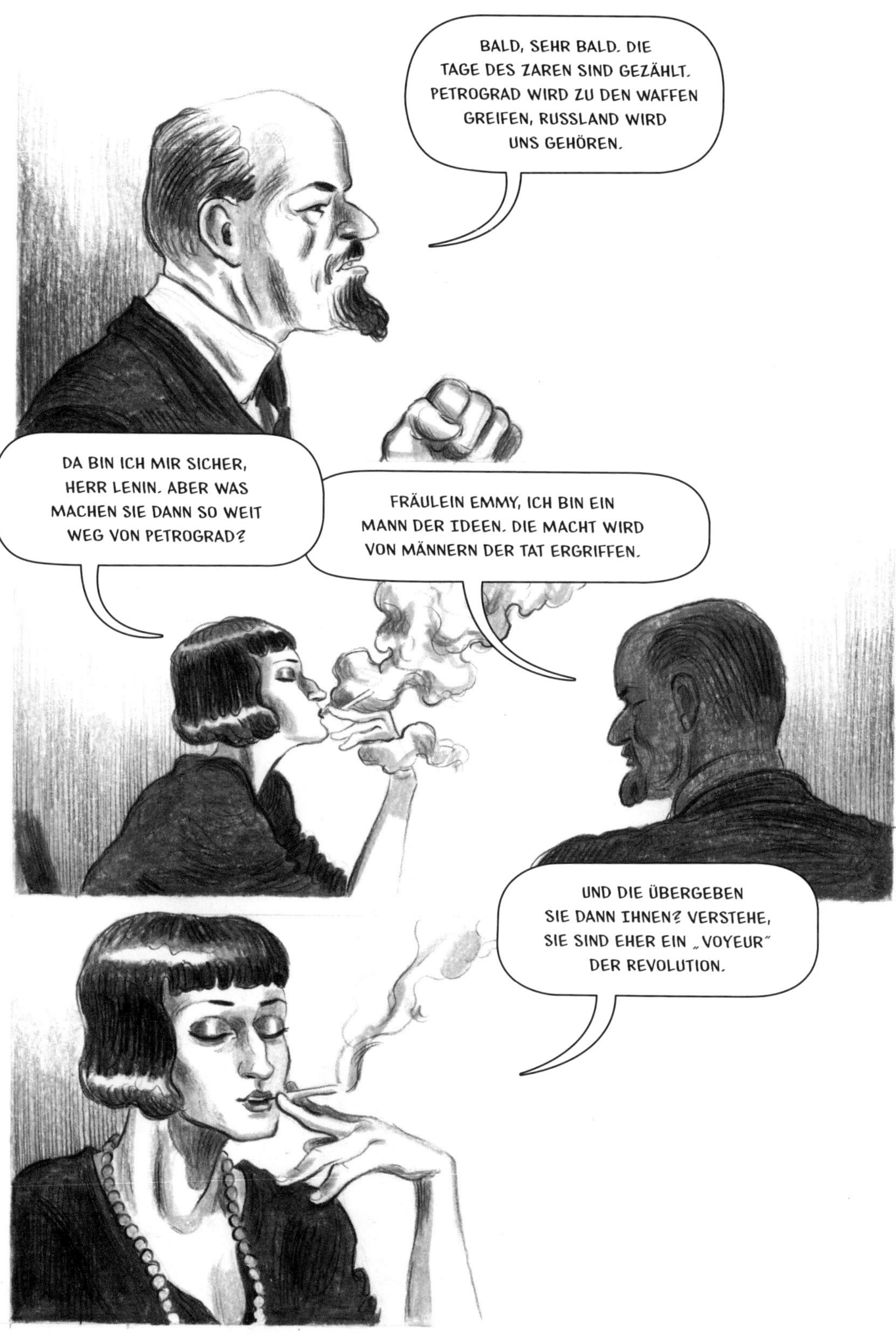
BALD, SEHR BALD. DIE TAGE DES ZAREN SIND GEZÄHLT. PETROGRAD WIRD ZU DEN WAFFEN GREIFEN, RUSSLAND WIRD UNS GEHÖREN.
DA BIN ICH MIR SICHER, HERR LENIN. ABER WAS MACHEN SIE DANN SO WEIT WEG VON PETROGRAD?
FRÄULEIN EMMY, ICH BIN EIN MANN DER IDEEN. DIE MACHT WIRD VON MÄNNERN DER TAT ERGRIFFEN.
UND DIE ÜBERGEBEN SIE DANN IHNEN? VERSTEHE, SIE SIND EHER EIN „VOYEUR" DER REVOLUTION.

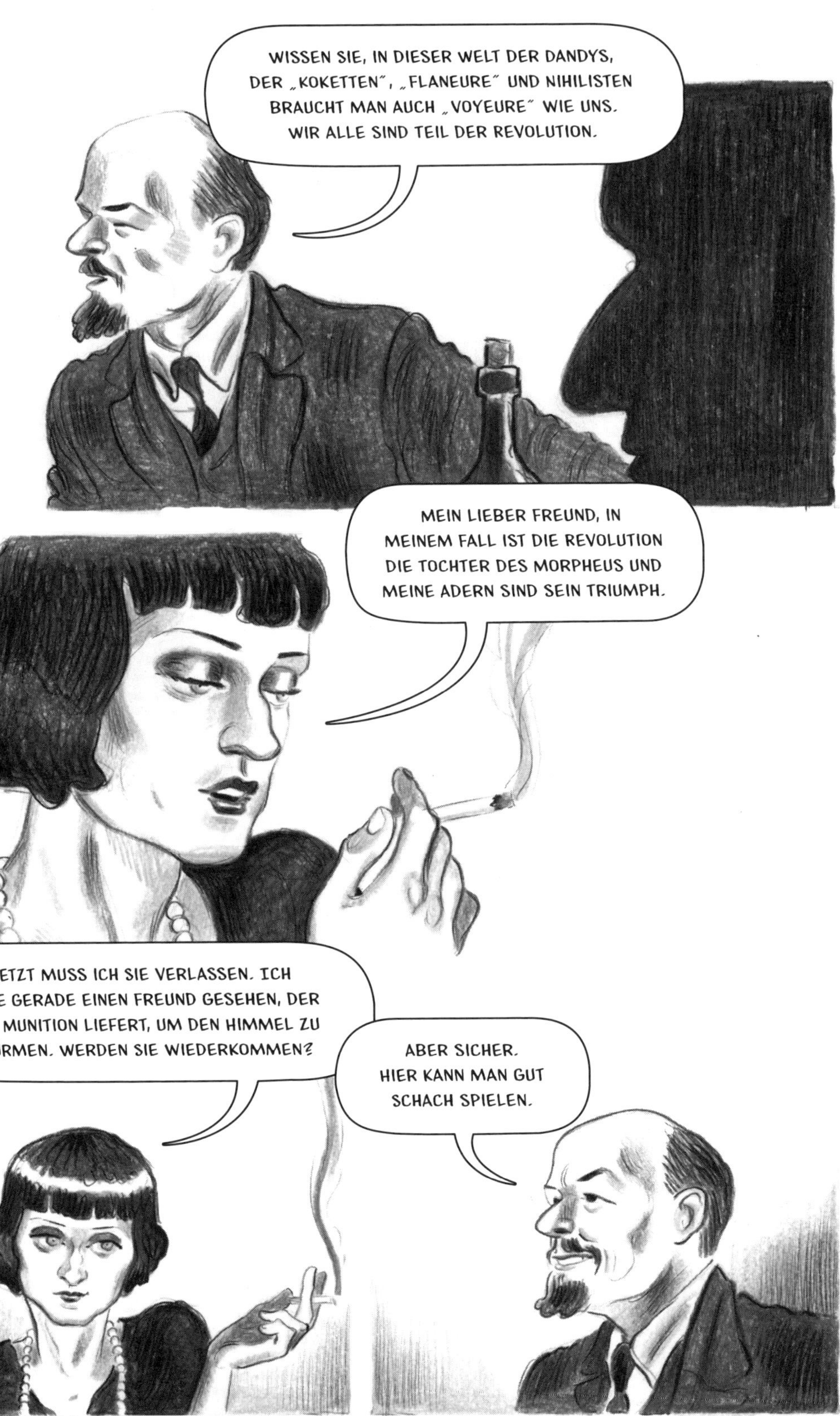
WISSEN SIE, IN DIESER WELT DER DANDYS, DER „KOKETTEN", „FLANEURE" UND NIHILISTEN BRAUCHT MAN AUCH „VOYEURE" WIE UNS. WIR ALLE SIND TEIL DER REVOLUTION.
MEIN LIEBER FREUND, IN MEINEM FALL IST DIE REVOLUTION DIE TOCHTER DES MORPHEUS UND MEINE ADERN SIND SEIN TRIUMPH.
JETZT MUSS ICH SIE VERLASSEN. ICH HABE GERADE EINEN FREUND GESEHEN, DER MIR MUNITION LIEFERT, UM DEN HIMMEL ZU STÜRMEN. WERDEN SIE WIEDERKOMMEN?
ABER SICHER. HIER KANN MAN GUT SCHACH SPIELEN.

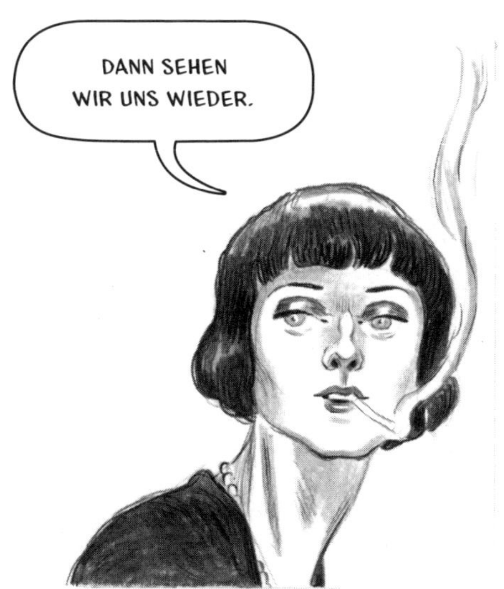

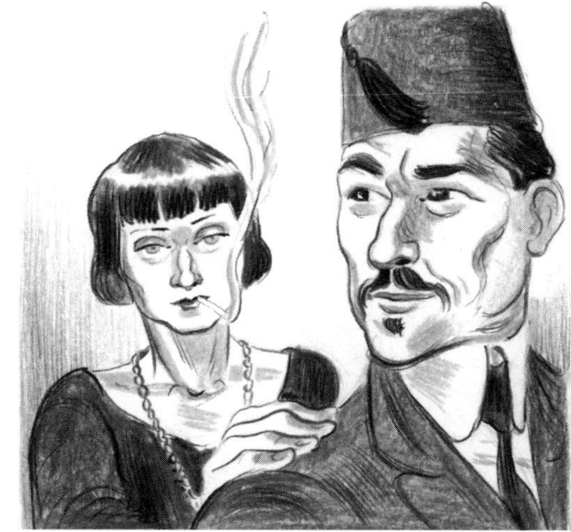

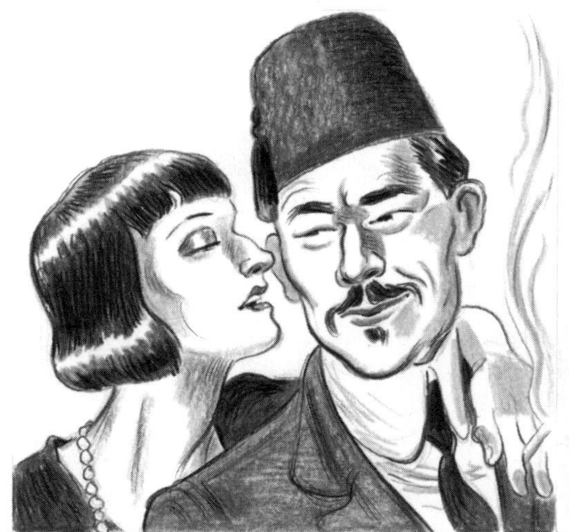

BALL RATIONIERTE MEIN MORPHIUM
UND VERMIED DEN GESCHLECHTSVERKEHR.

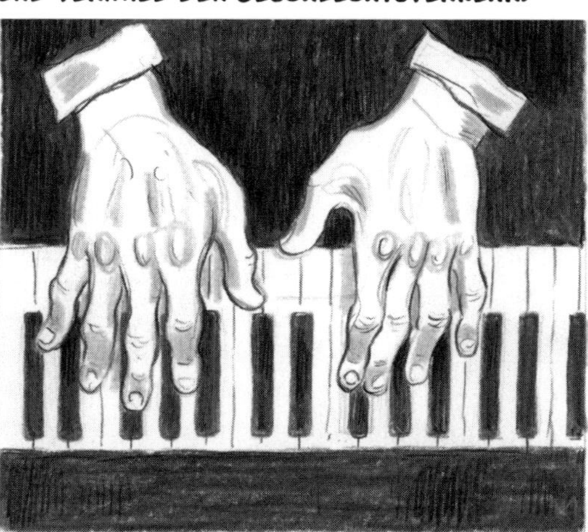

WER HÄTTE DAS ABSURDE KABARETT, DAS WIR GERADE GESCHAFFEN HATTEN,
OHNE DIE HILFE EINES CHARONS ÜBERLEBEN KÖNNEN?

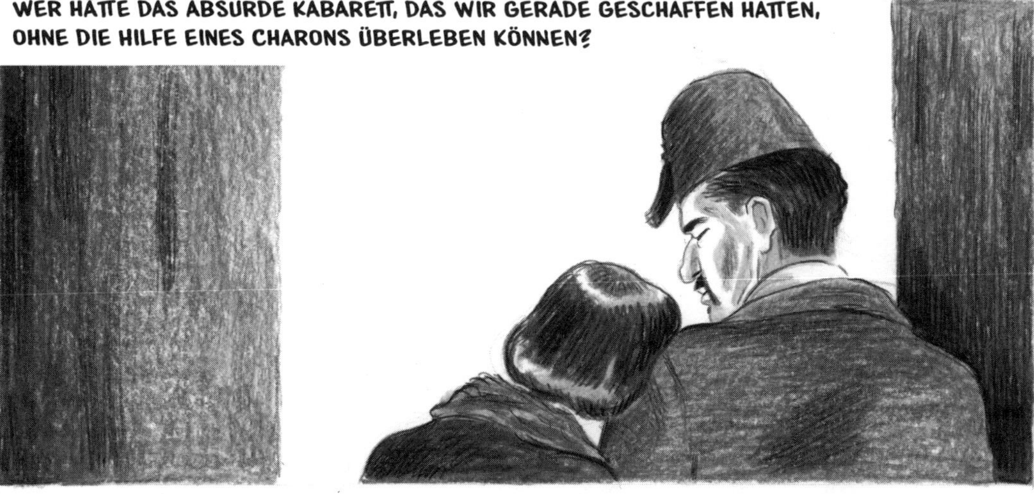

ENDE DES 6. KAPITELS

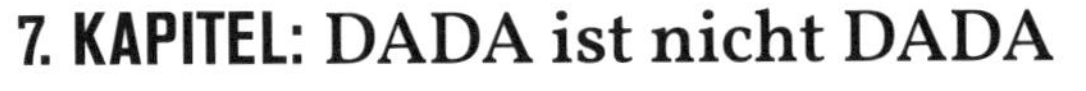

7. KAPITEL: DADA ist nicht DADA

AN JENEM ERSTEN ABEND DES CABARET VOLTAIRE WURDE DIE LUNTE FÜR ETWAS ANGEZÜNDET, DAS FÜR DIE EINEN NEUE KUNST UND FÜR DIE ANDEREN ANTIKUNST WAR. FÜR MICH WAR ES DER BEGINN DES ABSURDEN ALS LEBENSGRUNDLAGE.

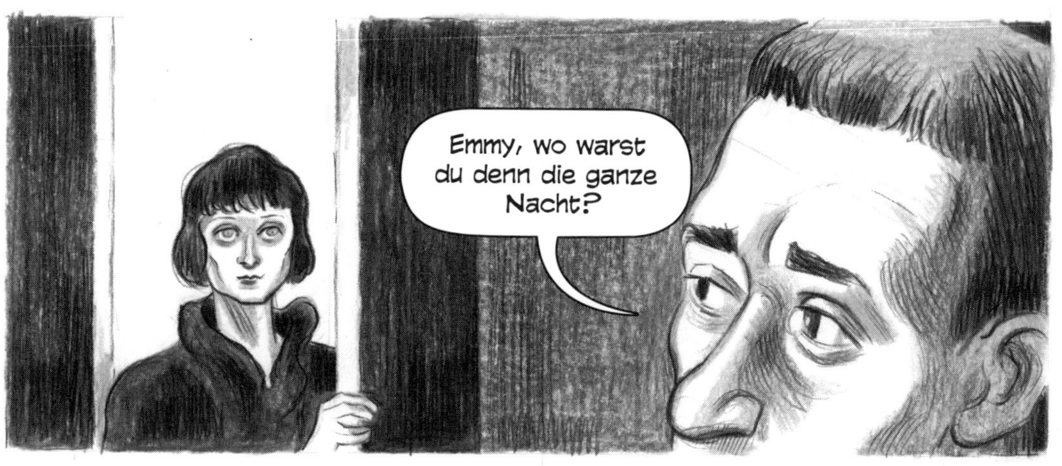

HAT ER MIR GEGLAUBT ODER NUR SO GETAN?

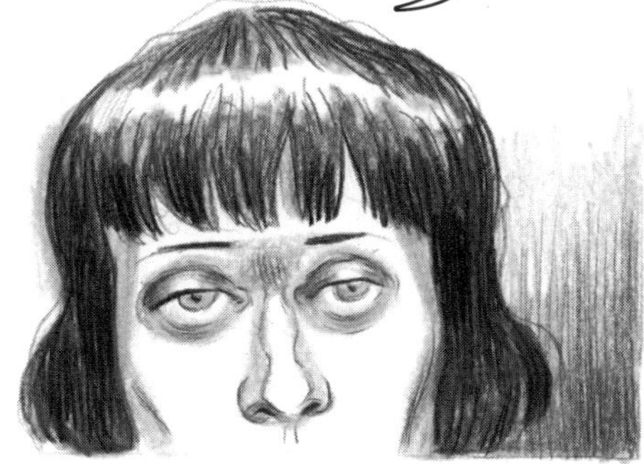

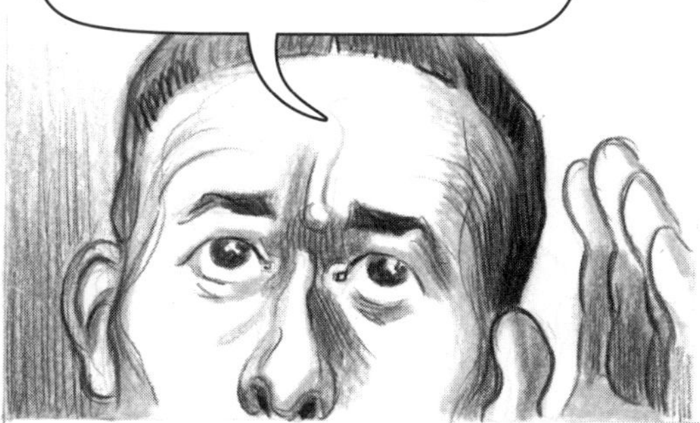

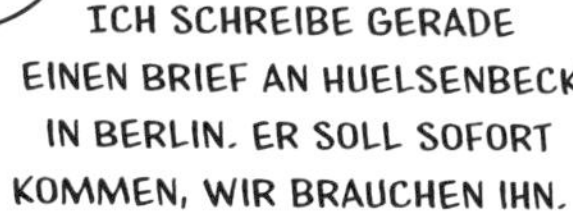

NUR WENIGE TAGE SPÄTER, AM 26. FEBRUAR, STAND HUELSENBECK BEREITS IN ZÜRICH AUF DER BÜHNE DES CABARET VOLTAIRE UND TRUG MIT SEINER TROMMEL SEINE „NEGERGEDICHTE" VOR. ER ERKANNTE IN BALLS AUGEN UND IN TZARAS MONOKEL DAS AUSMASS DESSEN, WAS DA GERADE ENTSTAND. SEIN FALSCHER AFRIKANISCHER RHYTHMUS WIRKTE HYPNOTISCH.

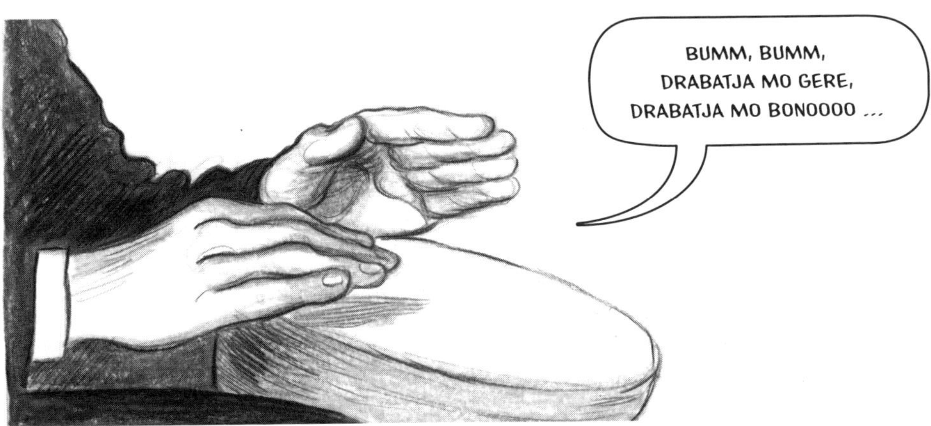

JANCO UND SEINE PRIMITIVEN MASKEN VERWANDELTEN DAS KABARETT IN EIN PANDÄMONIUM.

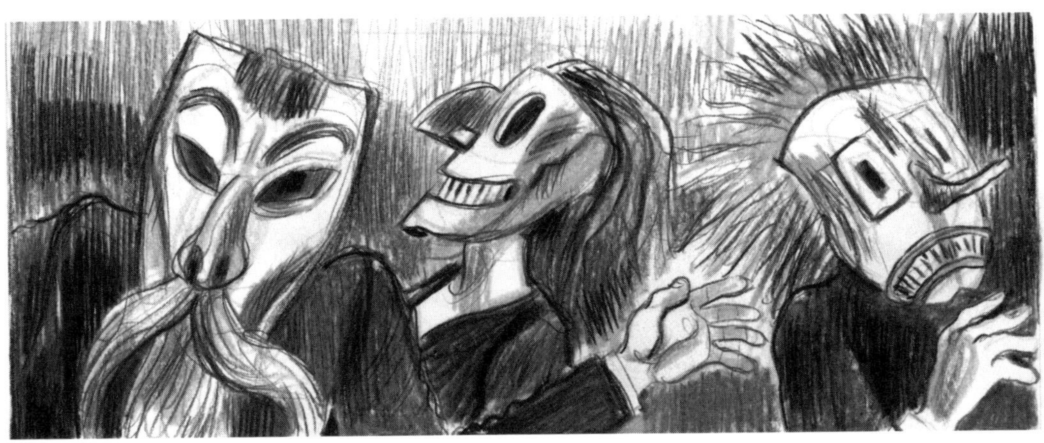

WENN MAN DIE MASKEN AUFSETZTE, WURDE MAN ZU EINEM GOTT DES IRRATIONALEN UND TANZTE IMMERFORT IN EKSTASE.

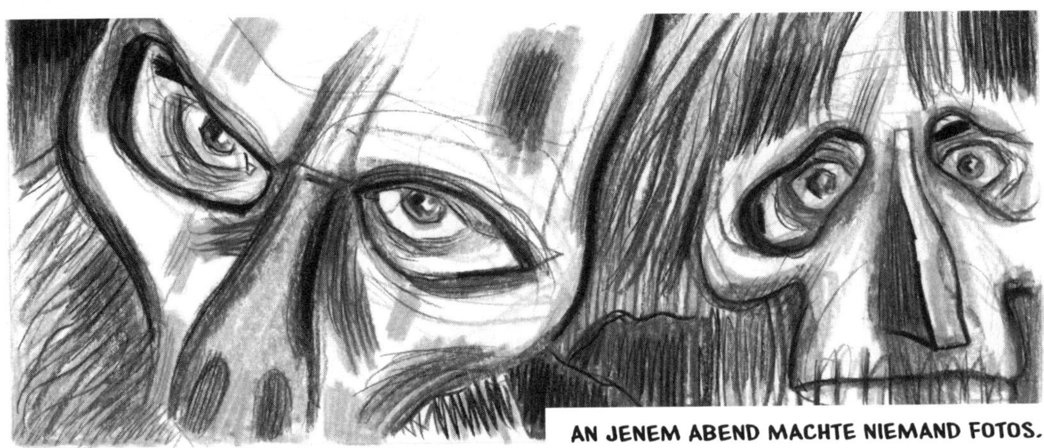

AN JENEM ABEND MACHTE NIEMAND FOTOS.

DOCH MARCEL JANCO BRACHTE UNS IN EINEM WERK AUF DIE LEINWAND, DAS HEUTE VERSCHOLLEN IST. DARAUF WAR HUGO BALL AM KLAVIER ZU SEHEN, TRISTAN TZARA MIT AUSGESTRECKTEN ARMEN, RICHARD HUELSENBECK UND MARCEL JANCO, UND ICH, WIE ICH HANS ARP UMARME. ACH, UND HERR EPHRAIM, DER BESITZER DES LOKALS, MIT SEINER SCHÜRZE NEBEN BALL IM HINTERGRUND.

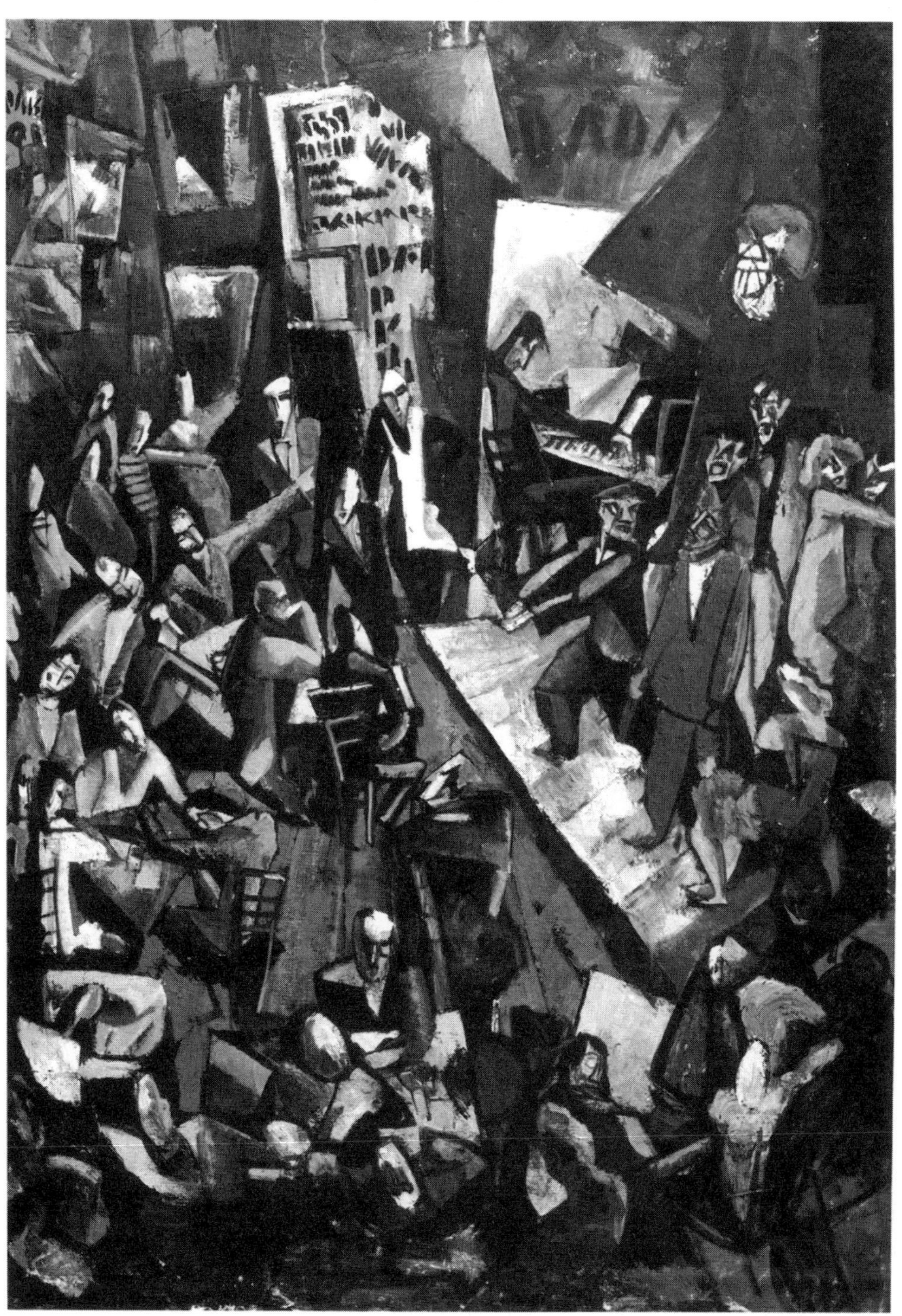

WIE BALL VORAUSGESAGT HATTE, WAR JEDER ABEND ANDERS, UND ES GAB KEINEN DICHTER DER AVANTGARDE, DER NICHT REZITIERT WURDE, VON APOLLINAIRE UND JARRY BIS HIN ZUM FUTURISTISCHEN MARINETTI, EINEM KRIEGSTREIBER. DAS CABARET VOLTAIRE WAR DAS KULTURELLE ZENTRUM EUROPAS. DIE SCHWEIZ EXISTIERTE FÜR EINEN TAG.

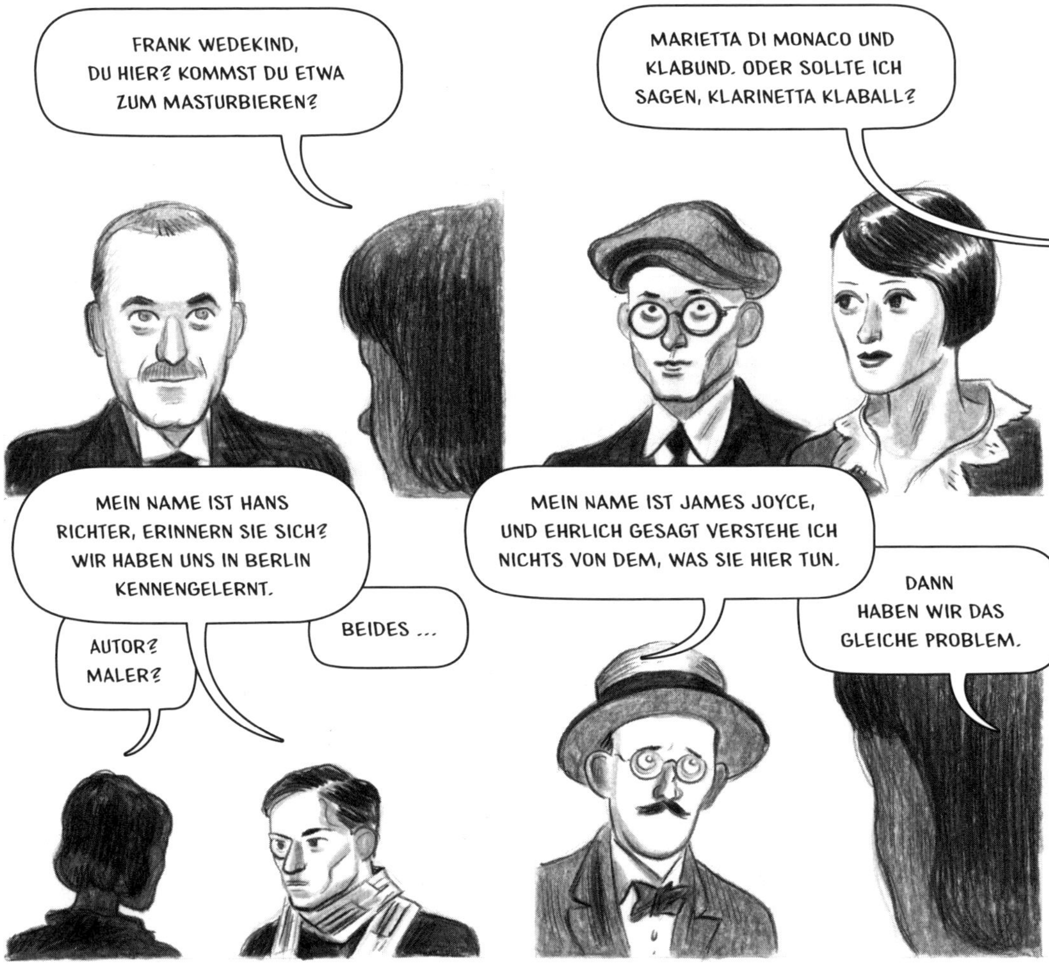

FRANK WEDEKIND, DU HIER? KOMMST DU ETWA ZUM MASTURBIEREN?

MARIETTA DI MONACO UND KLABUND. ODER SOLLTE ICH SAGEN, KLARINETTA KLABALL?

MEIN NAME IST HANS RICHTER, ERINNERN SIE SICH? WIR HABEN UNS IN BERLIN KENNENGELERNT.

AUTOR? MALER?

BEIDES ...

MEIN NAME IST JAMES JOYCE, UND EHRLICH GESAGT VERSTEHE ICH NICHTS VON DEM, WAS SIE HIER TUN.

DANN HABEN WIR DAS GLEICHE PROBLEM.

ES WAR SCHWER ZU VERSTEHEN. AM 30. MÄRZ ERFAND BALL DAS SIMULTANGEDICHT. TZARA, HUELSENBECK UND JANCO REZITIERTEN GLEICHZEITIG VERSCHIEDENE GEDICHTE IN VERSCHIEDENEN SPRACHEN MIT BALLS KLAVIERSPIEL ALS KONTRAPUNKT.

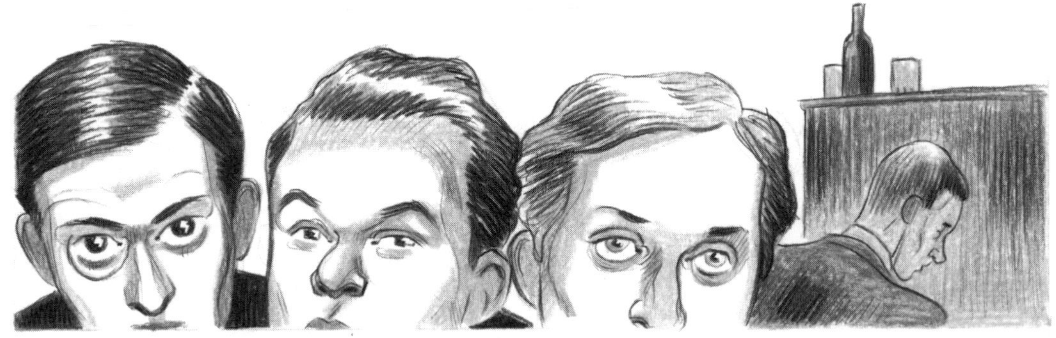

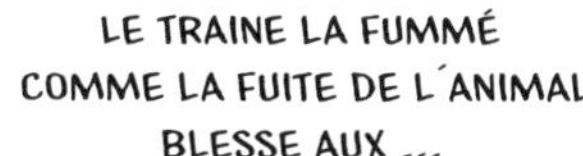

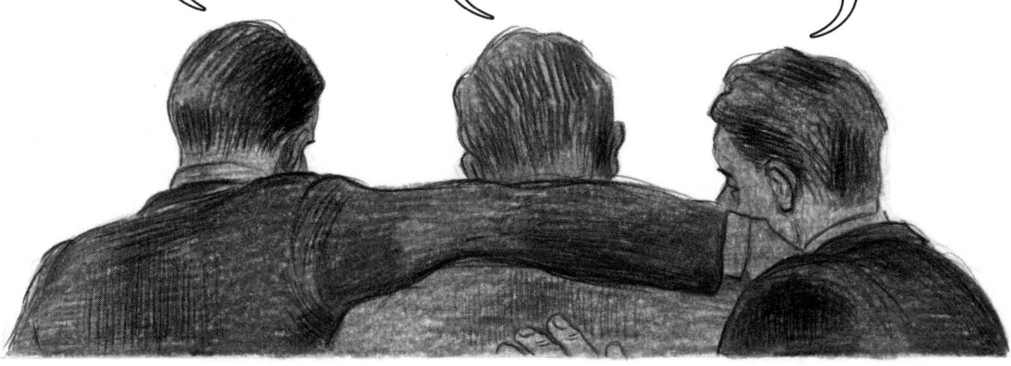

ICH GLAUBE, BALL WAR DER DON QUICHOTTE JENER BEWEGUNG. SO HAT ER EINEN SEINER BRIEFE AN MICH UNTERSCHRIEBEN. HUELSENBECK WAR SEIN TREUER SANCHO UND TZARA DER AFFE VON MEISTER PEDRO, DEM PUPPENSPIELER.

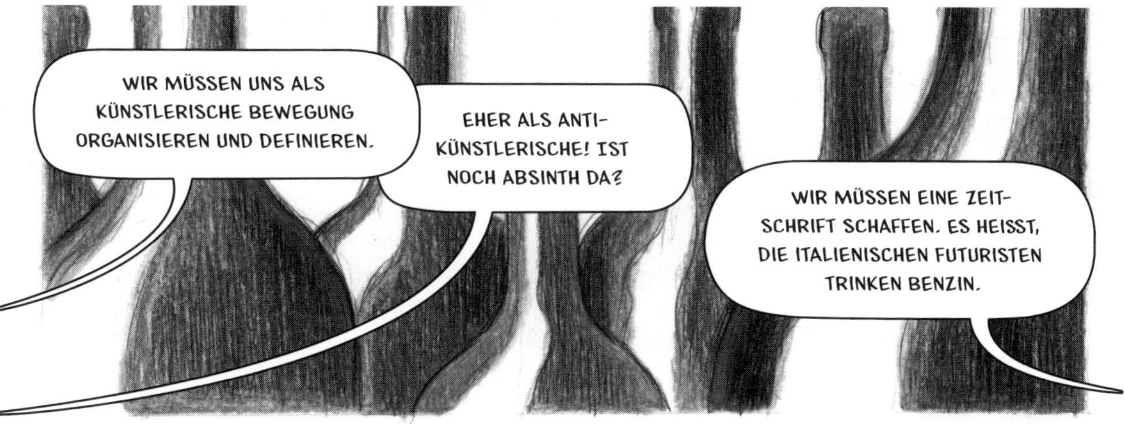

MAN BEZEICHNETE UNS ALS NIHILISTEN. HERR EPHRAIM BEGANN SICH SORGEN ZU MACHEN.

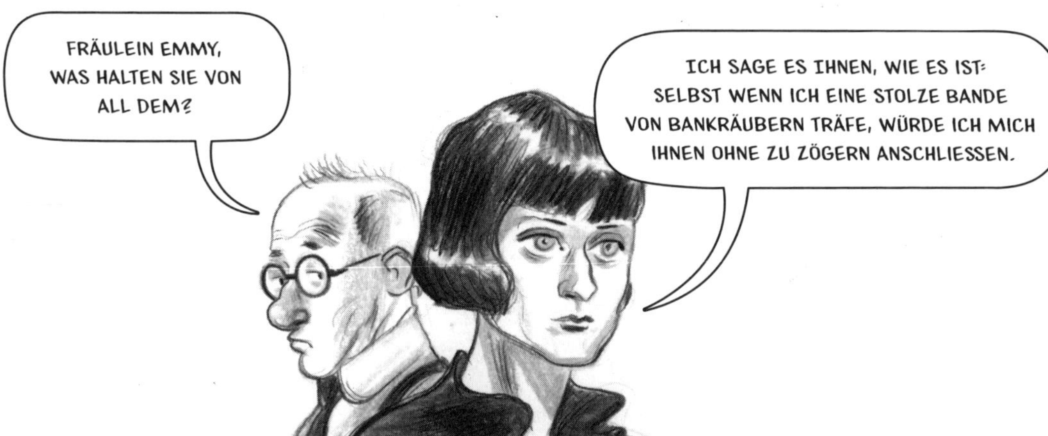

AM 18. APRIL NOTIERTE BALL IN SEINEM TAGEBUCH ZUM ERSTEN MAL DAS WORT „DADA“. WER HAT ES ERFUNDEN?

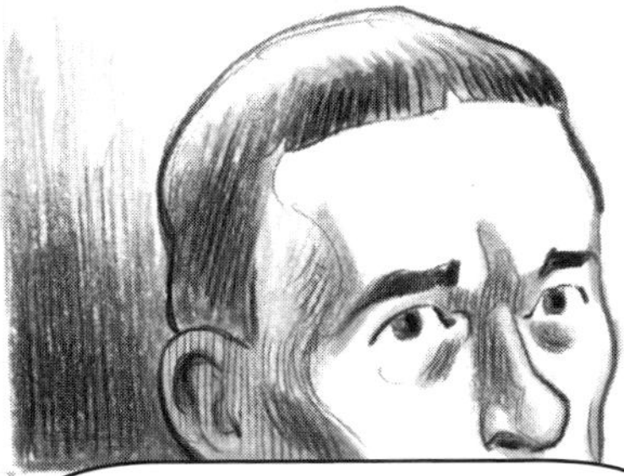

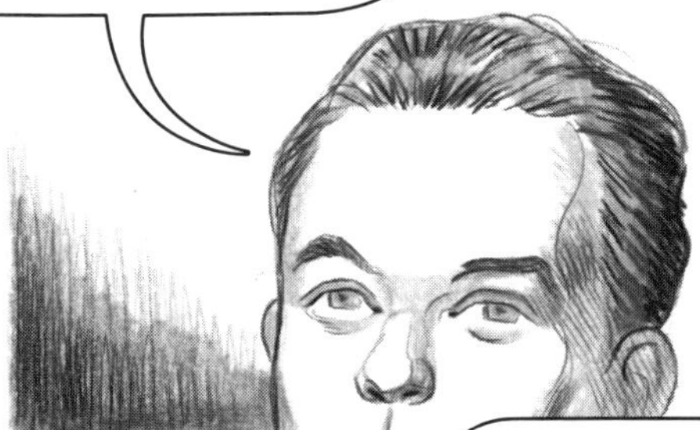

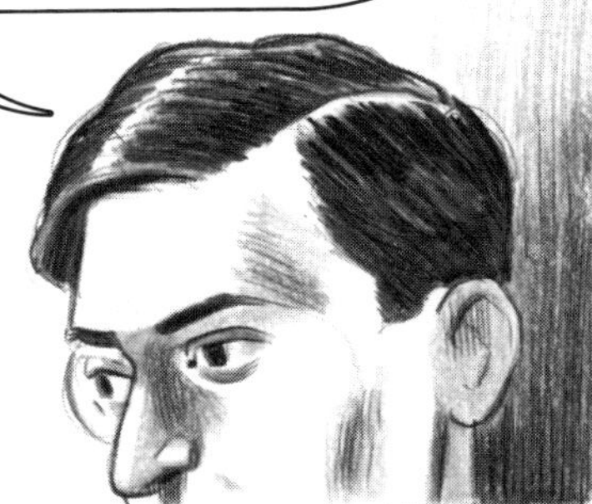

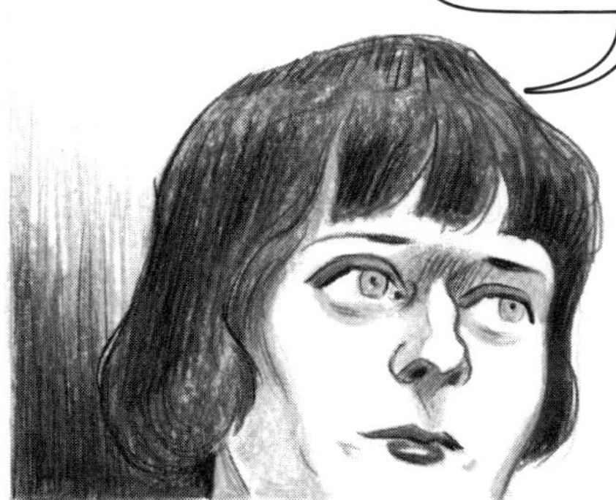

ES WAR EIN WORT, DAS ICH OFT ZU BALL SAGTE, EINE ART SCHLÜSSELWORT, UM IHN WIE EINEN KLEINEN JUNGEN WISSEN ZU LASSEN, WENN ICH MAL RAUSGEHEN WOLLTE. „DA“ IST JA EIN DEUTSCHES ADVERB. DAS HABE ICH BEREITS IN MEINEM MANUSKRIPT „REBELLEN UND BEKENNER“ ERKLÄRT. WARUM WIRD ES ALSO VON KEINEM KUNSTHISTORIKER BERÜCKSICHTIGT? VIELLEICHT WEIL ICH EINE FRAU BIN.

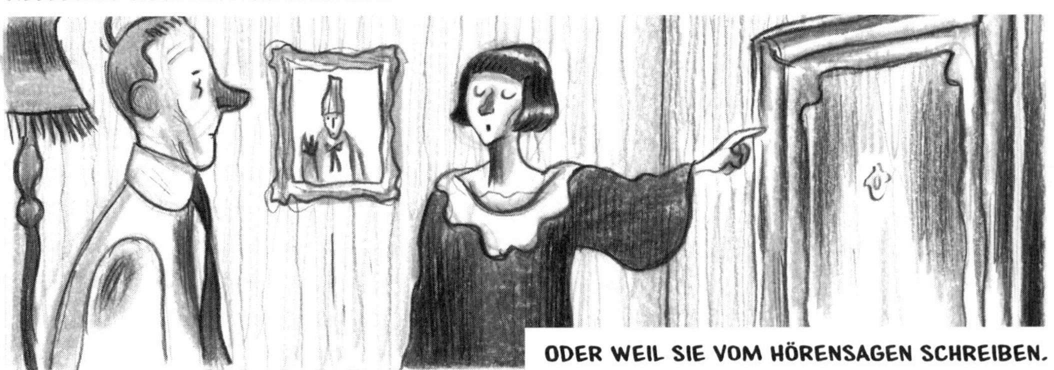

DADA. DADAISMUS. WAR DAS ETWAS NEUES? WAR NICHT MEIN GANZES LEBEN DADA? WAR ES KUNST? WAR NICHT SCHON MARCEL DUCHAMP MIT SEINEM 1913 BEGONNENEN WERK „DIE BRAUT VON IHREN JUNGGESELLEN NACKT ENTBLÖSST" DADA? WAREN ES NICHT AUCH FRANK WEDEKINDS AUFFÜHRUNGEN?

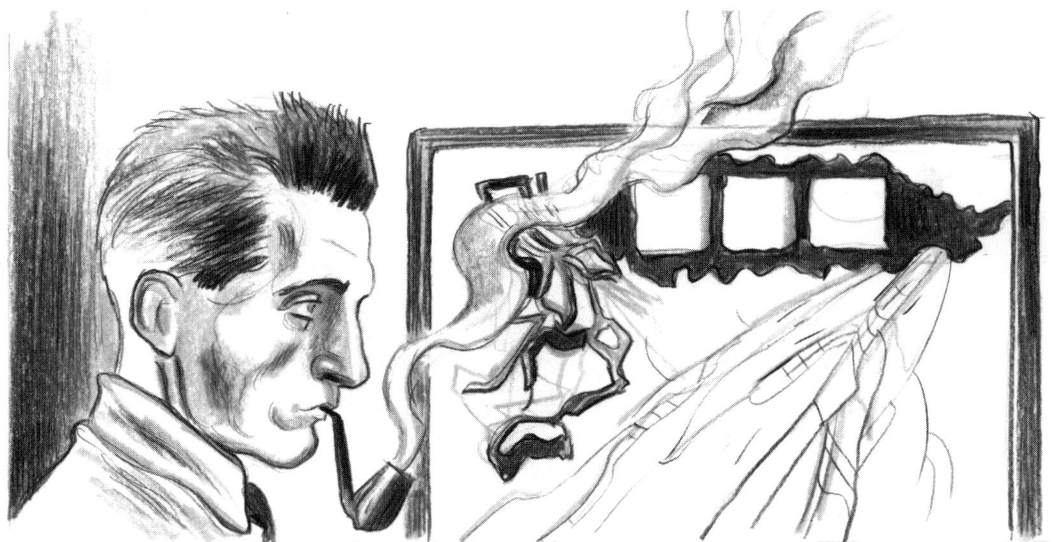

DADA SCHAUKELTE ZWISCHEN DEN WOLKEN UND DER KRIEGSZEPPELIN LIESS ES ZU UNSEREN FÜSSEN FALLEN. DADA WAR AUCH DIE ZEITSCHRIFT „MAINTENANT" DES SCHRIFTSTELLERS ARTHUR CRAVAN, OSCAR WILDES NEFFE. AM 23. APRIL 1916 VERANSTALTETE CRAVAN IN BARCELONA DEN GRÖSSTMÖGLICHEN DADAISTISCHEN AKT, DAS ERSTE HAPPENING IN DER GESCHICHTE.

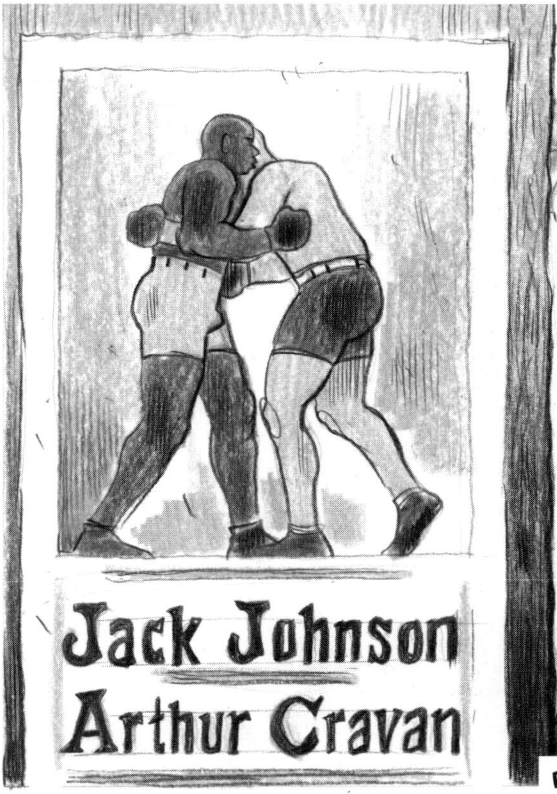

Jack Johnson
Arthur Cravan

ER FORDERTE DEN BOXWELTMEISTER HERAUS.

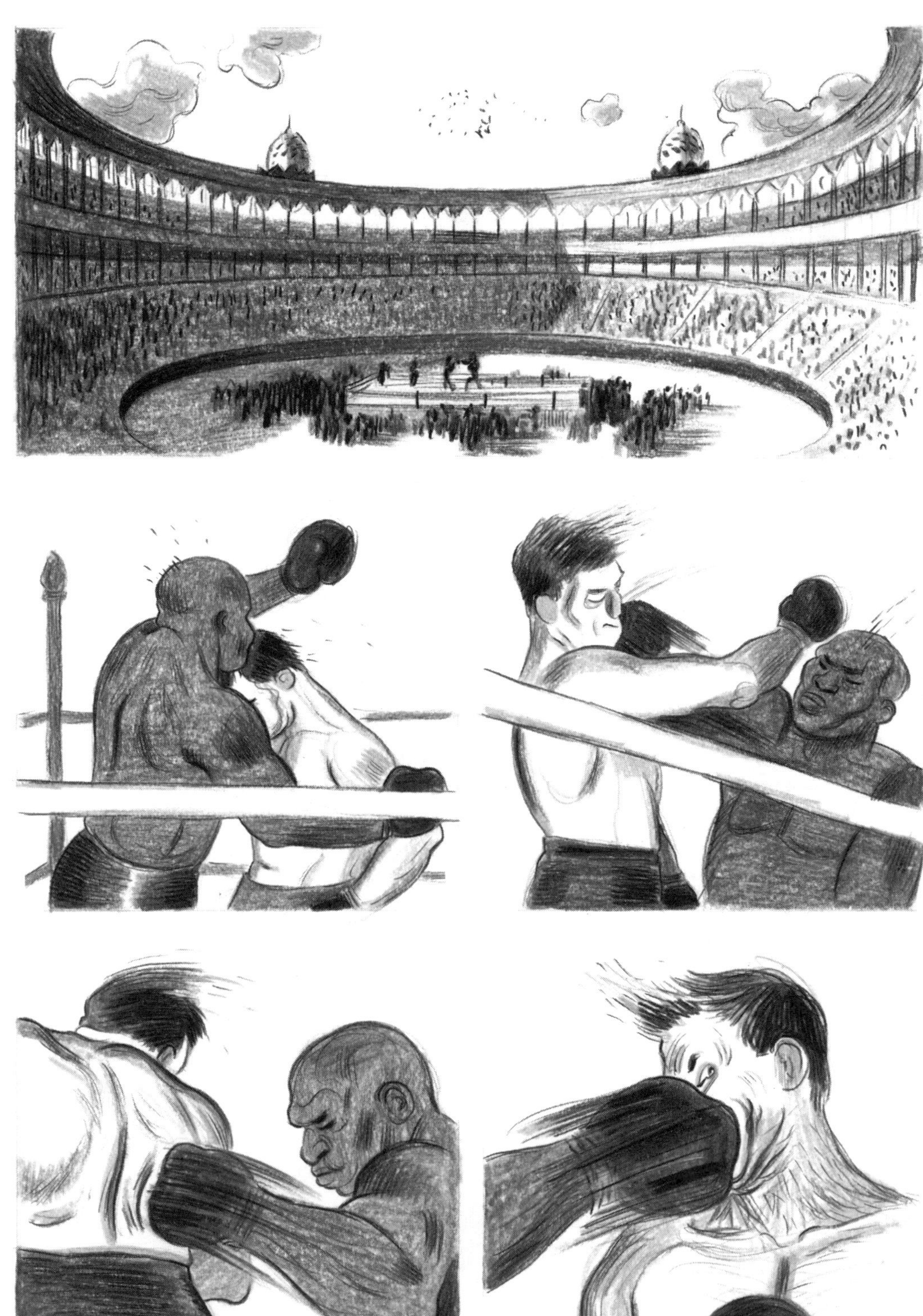

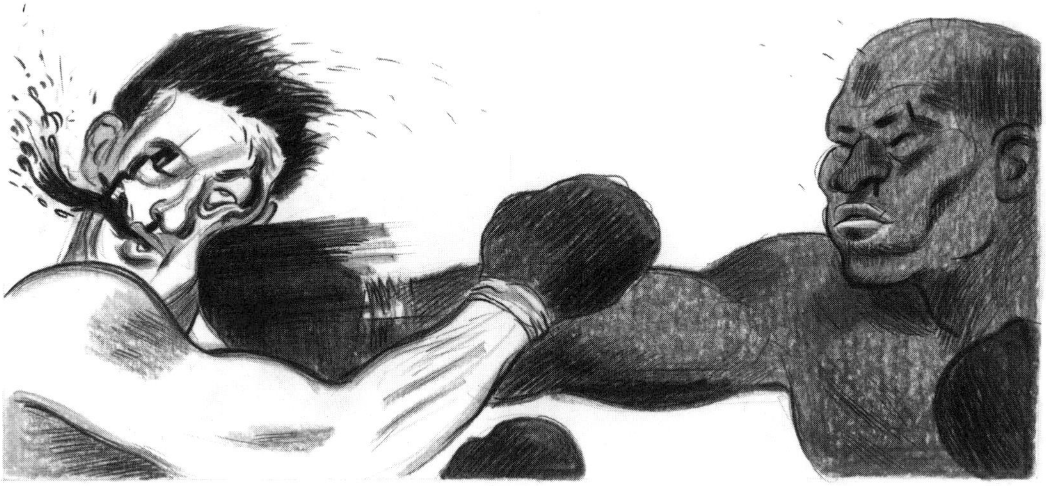

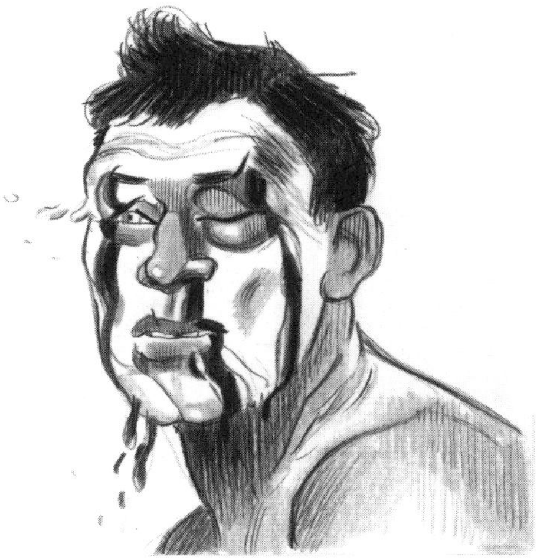

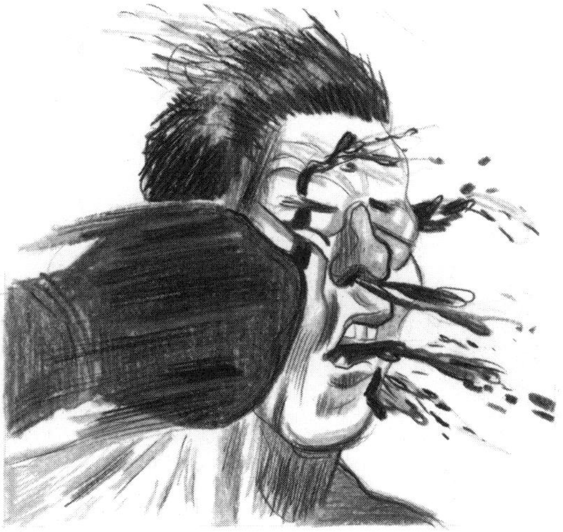

ARTHUR CRAVAN VERLOR DURCH K. O. IN DER 6. RUNDE.

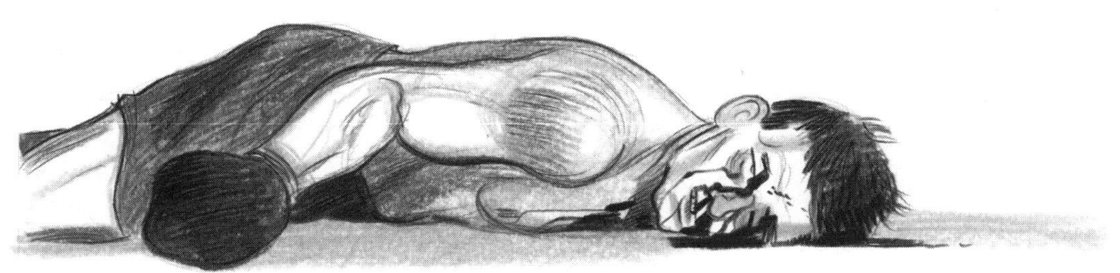

ER WAR VÖLLIG BETRUNKEN ANGETRETEN.

DOCH ZURÜCK NACH ZÜRICH. AM 15. MAI VERÖFFENTLICHTEN WIR DIE ERSTE UND EINZIGE AUSGABE DER ZEITSCHRIFT „CABARET VOLTAIRE". SIE ENTHIELT AUCH GEDICHTE VON MIR. TZARA GLAUBTE, ER HÄTTE DAS RAD ERFUNDEN.

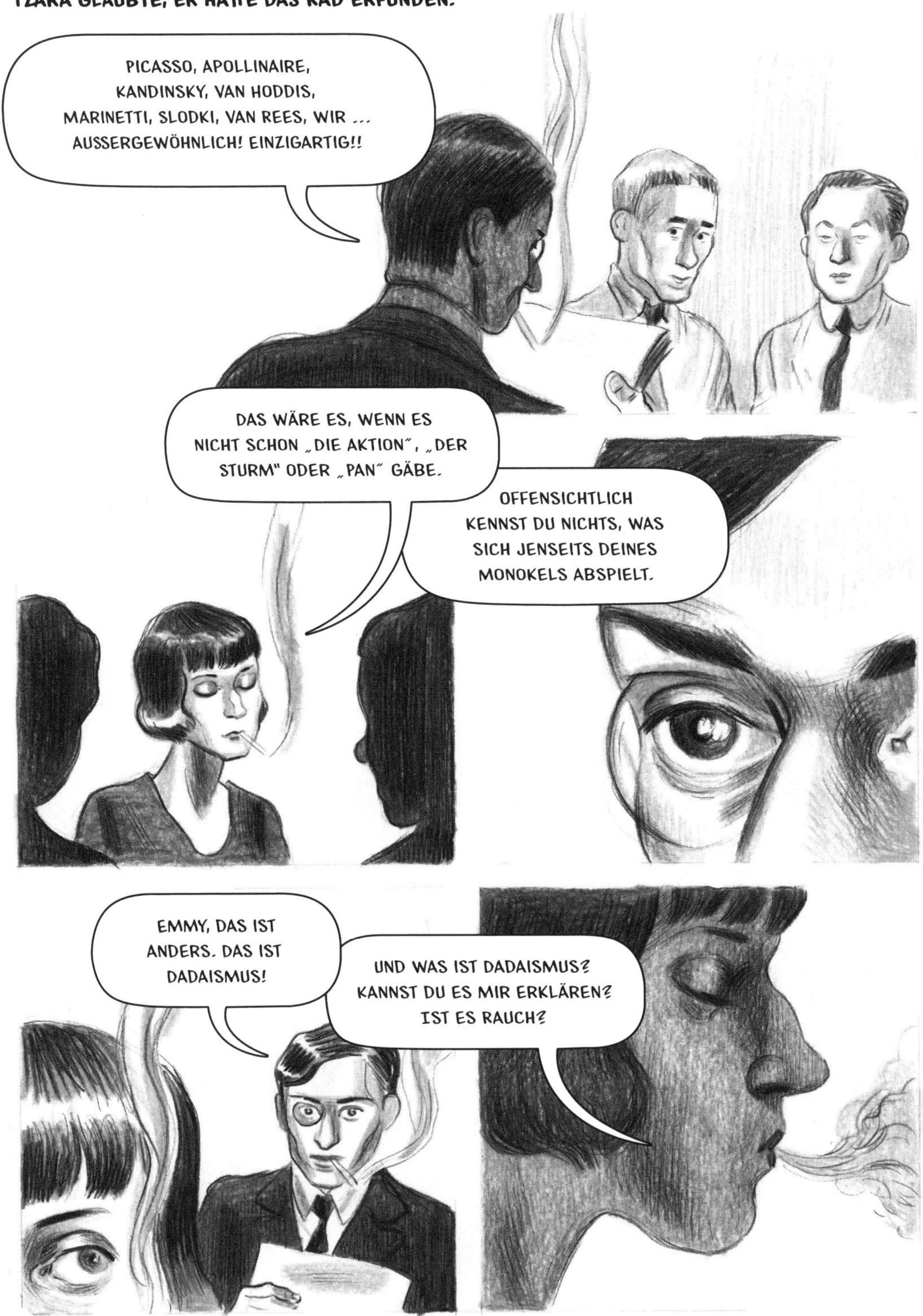

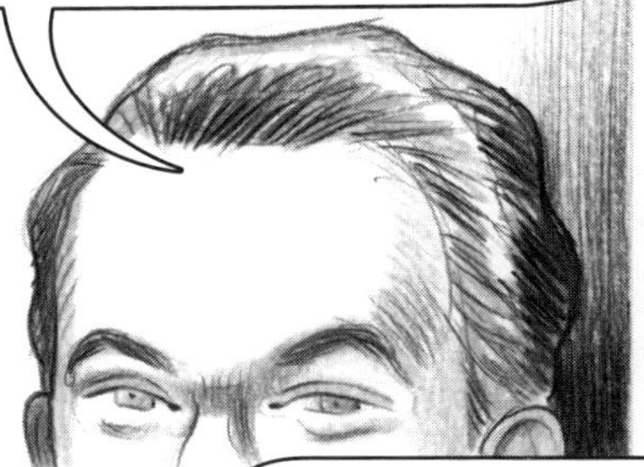

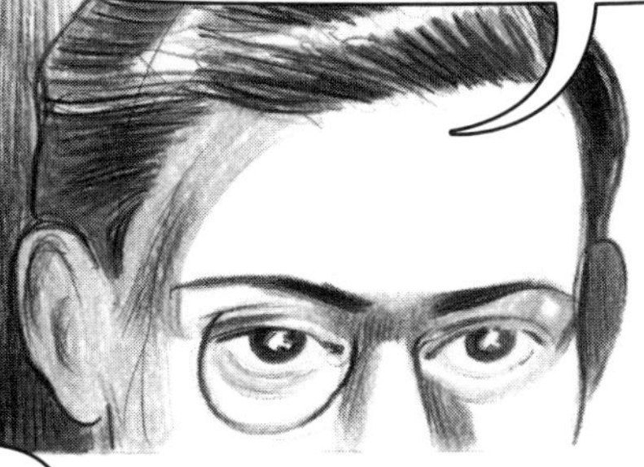

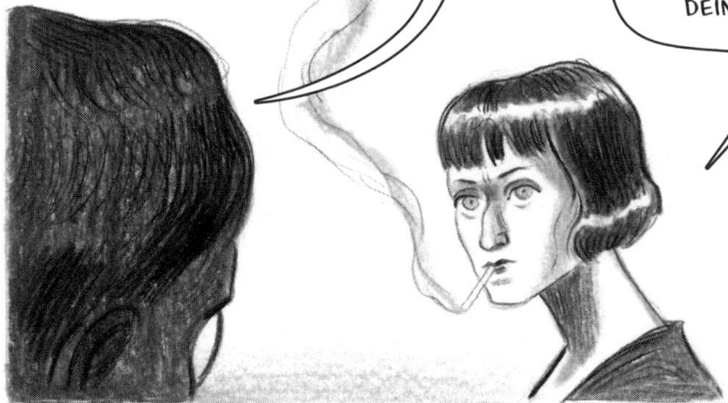

ZWISCHEN MIR UND TZARA GAB ES GANZ KLAR EINE UNGELÖSTE SEXUELLE SPANNUNG. DIE SPANNUNG WÜRDE SPÄTER AUCH ZWISCHEN IHM UND BALL, ANDRÉ BRETON UND DEN SURREALISTEN HERRSCHEN. TZARA VERSTRÖMTE SPANNUNG.

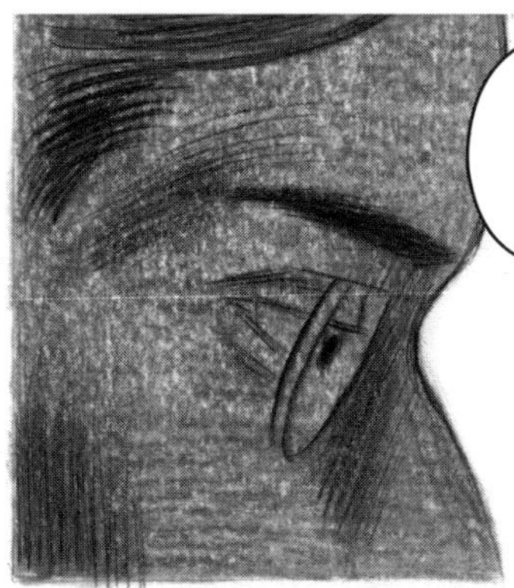

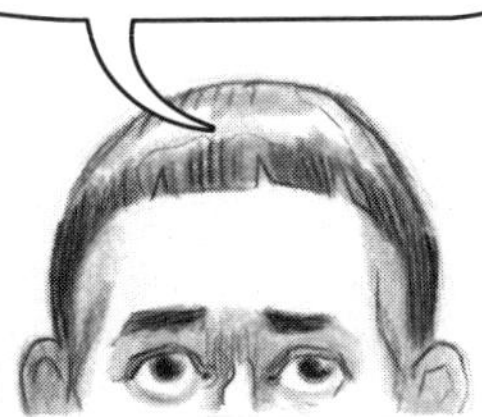

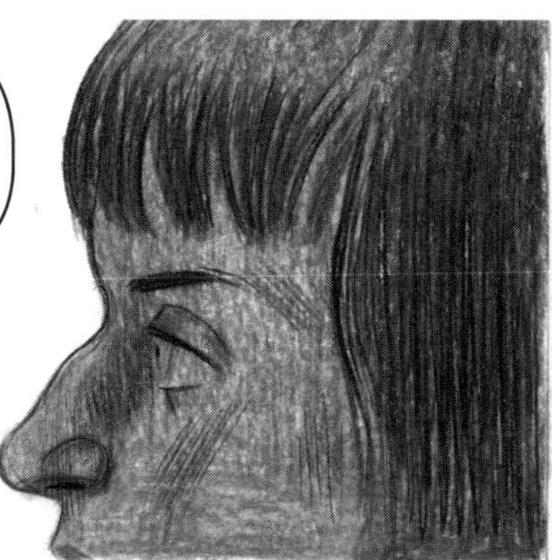

DADA WAR ALLES UND NICHTS.
KUNST UND ANTIKUNST.
DADA WAR DADA UND WAR ES NICHT.

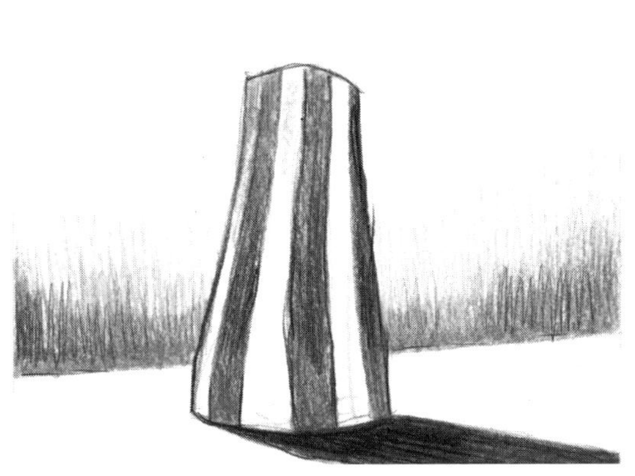

FÜR BALL WAR DER DADAISMUS EINE RELIGIÖSE STRÖMUNG. UND ER WAR DER DADA-BISCHOF.

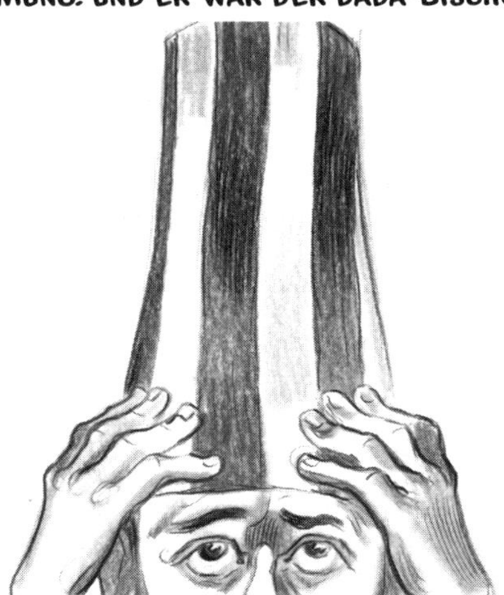

ALS SOLCHER, IN EINEN VON MARCEL JANCO GEFERTIGTEN ANZUG GEKLEIDET, REZITIERTE ER AM 23. JUNI 1916 SEINE LAUTGEDICHTE, EINE SINNLOSE POESIE AUF DER SUCHE NACH DEM SINN DES LEBENS. ICH PRÄSENTIERE IHNEN DEN INTELLIGENTESTEN MANN DER WELT, WIE ER SEIN GEDICHT „KARAWANE" VORTRÄGT.

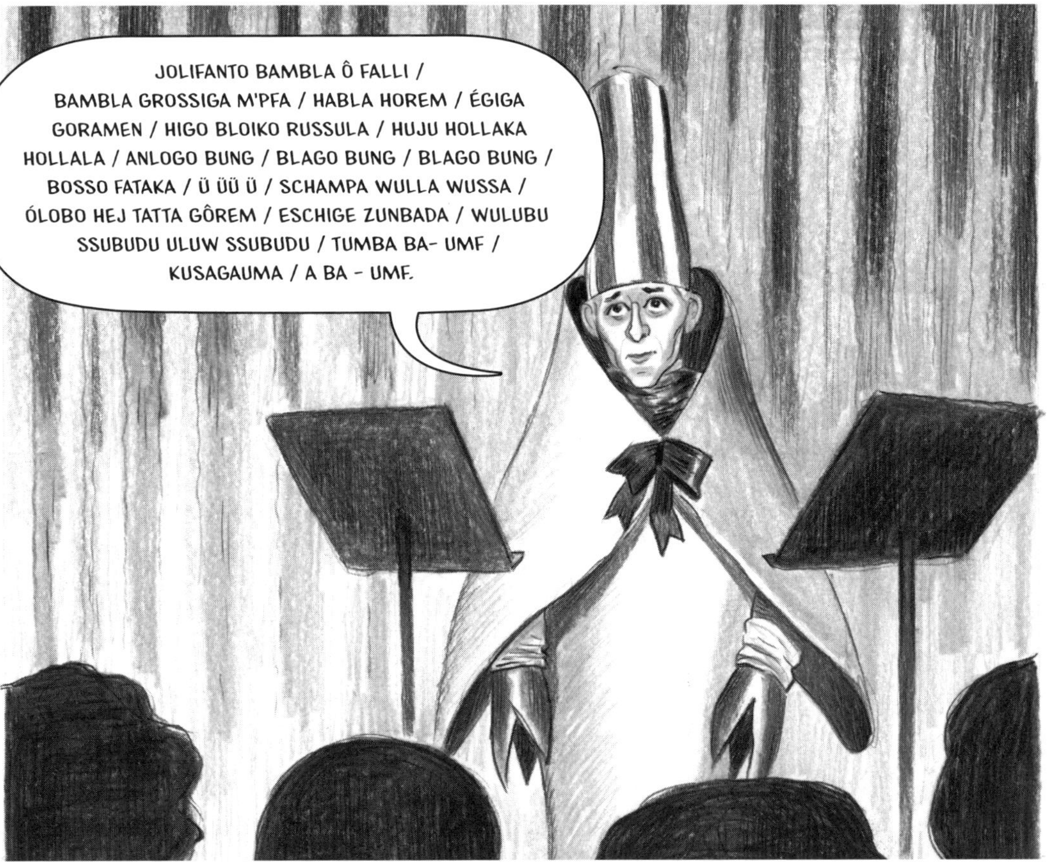

JOLIFANTO BAMBLA Ô FALLI / BAMBLA GROSSIGA M'PFA / HABLA HOREM / ÉGIGA GORAMEN / HIGO BLOIKO RUSSULA / HUJU HOLLAKA HOLLALA / ANLOGO BUNG / BLAGO BUNG / BLAGO BUNG / BOSSO FATAKA / Ü ÜÜ Ü / SCHAMPA WULLA WUSSA / ÓLOBO HEJ TATTA GÔREM / ESCHIGE ZUNBADA / WULUBU SSUBUDU ULUW SSUBUDU / TUMBA BA- UMF / KUSAGAUMA / A BA - UMF.

BALL REZITIERTE DIESE VERSE IN KÜNSTLERISCHER TRANCE, IM STIL DER CHRISTLICHEN LITURGIE.

DAS WAR DER SCHWANENGESANG DES CABARET VOLTAIRE. EIN KABARETT, DAS IN DEN AUGEN VON HERRN EPHRAIM WENIGER PUBLIKUM ANZOG ALS NÖTIG. DAS PUBLIKUM WOLLTE MICH SINGEN SEHEN. DIE MENSCHEN ZOGEN DIE MELODIE DEM WORT VOR.

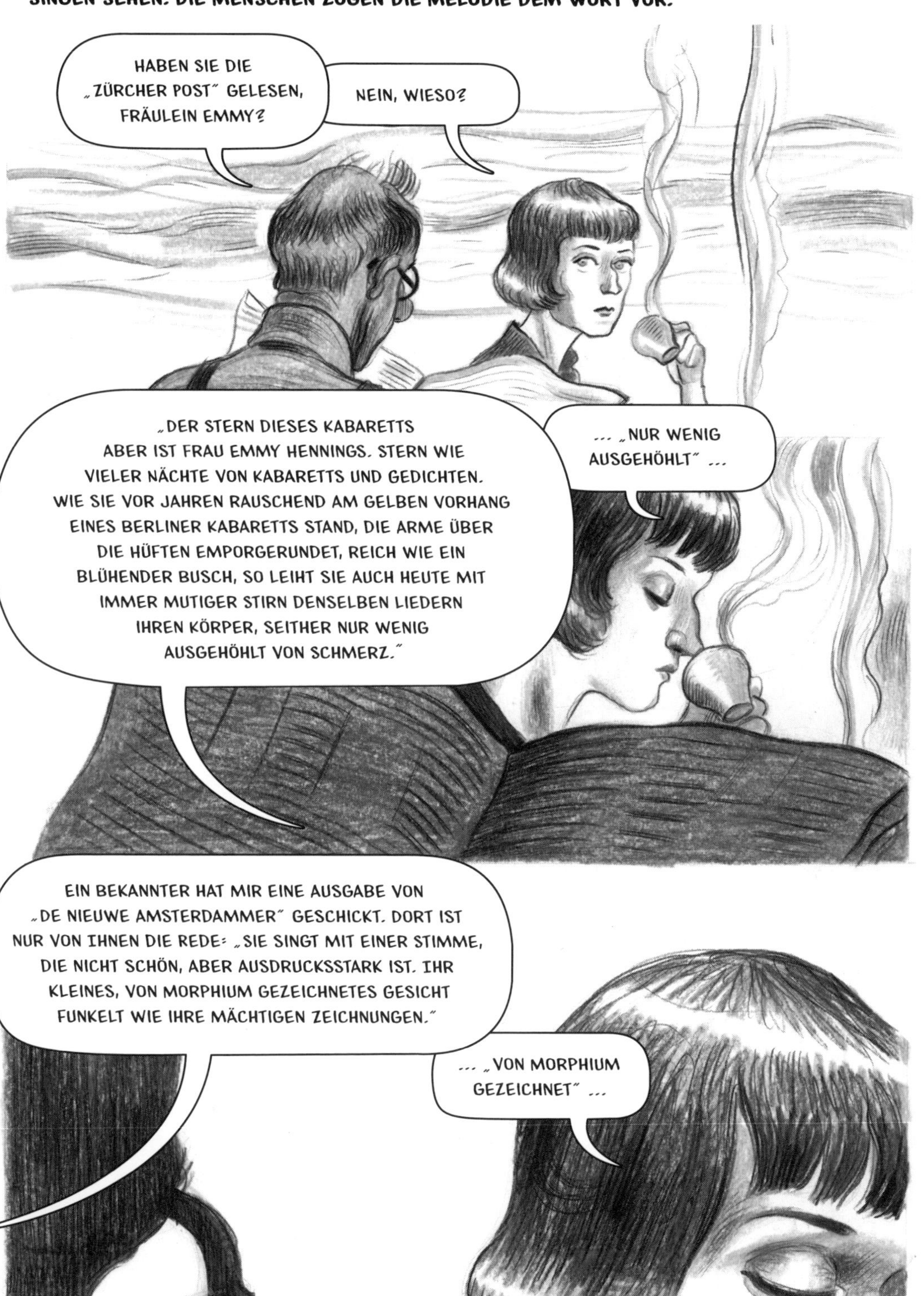

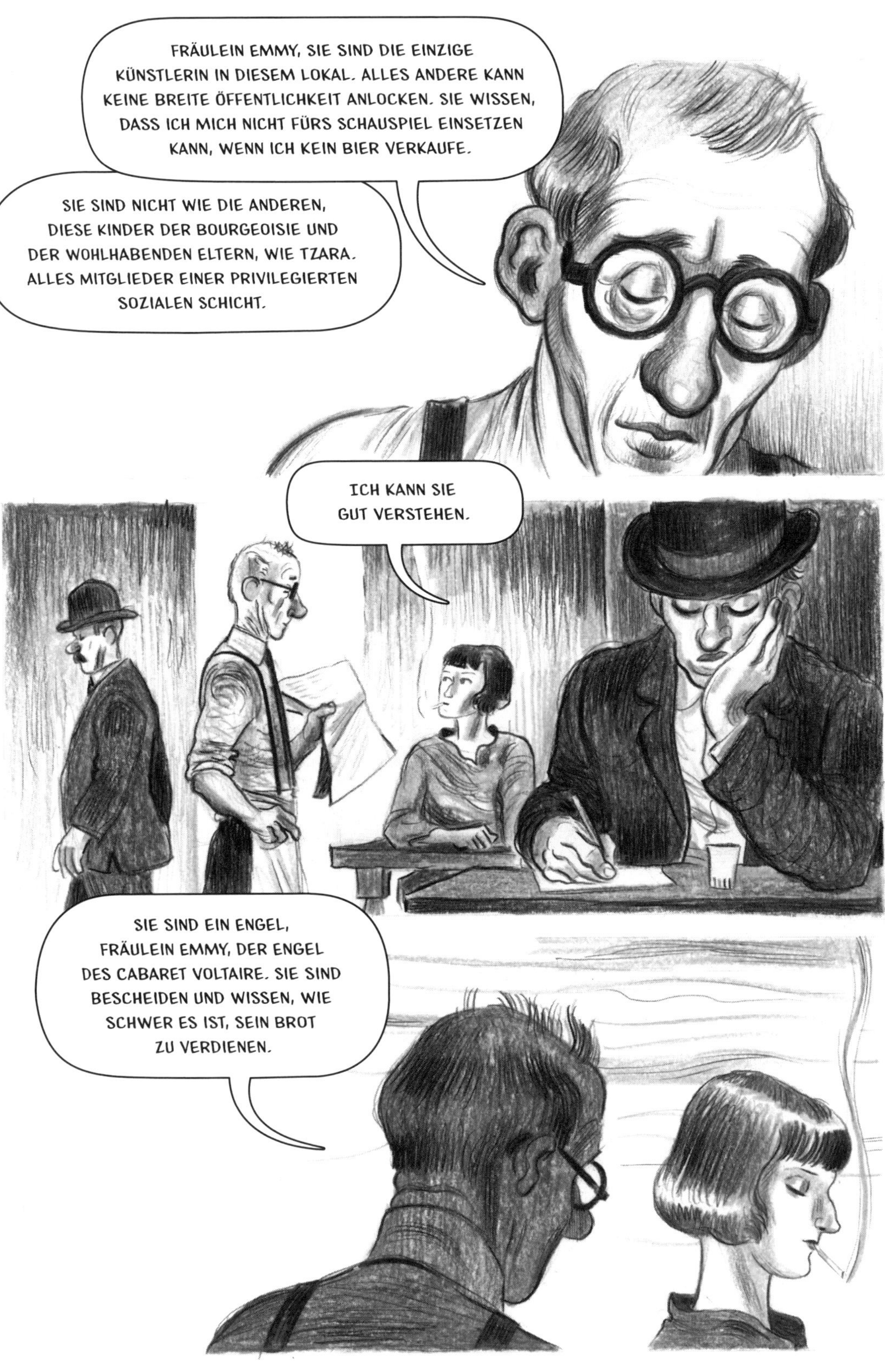
FRÄULEIN EMMY, SIE SIND DIE EINZIGE KÜNSTLERIN IN DIESEM LOKAL. ALLES ANDERE KANN KEINE BREITE ÖFFENTLICHKEIT ANLOCKEN. SIE WISSEN, DASS ICH MICH NICHT FÜRS SCHAUSPIEL EINSETZEN KANN, WENN ICH KEIN BIER VERKAUFE.
SIE SIND NICHT WIE DIE ANDEREN, DIESE KINDER DER BOURGEOISIE UND DER WOHLHABENDEN ELTERN, WIE TZARA. ALLES MITGLIEDER EINER PRIVILEGIERTEN SOZIALEN SCHICHT.
ICH KANN SIE GUT VERSTEHEN.
SIE SIND EIN ENGEL, FRÄULEIN EMMY, DER ENGEL DES CABARET VOLTAIRE. SIE SIND BESCHEIDEN UND WISSEN, WIE SCHWER ES IST, SEIN BROT ZU VERDIENEN.

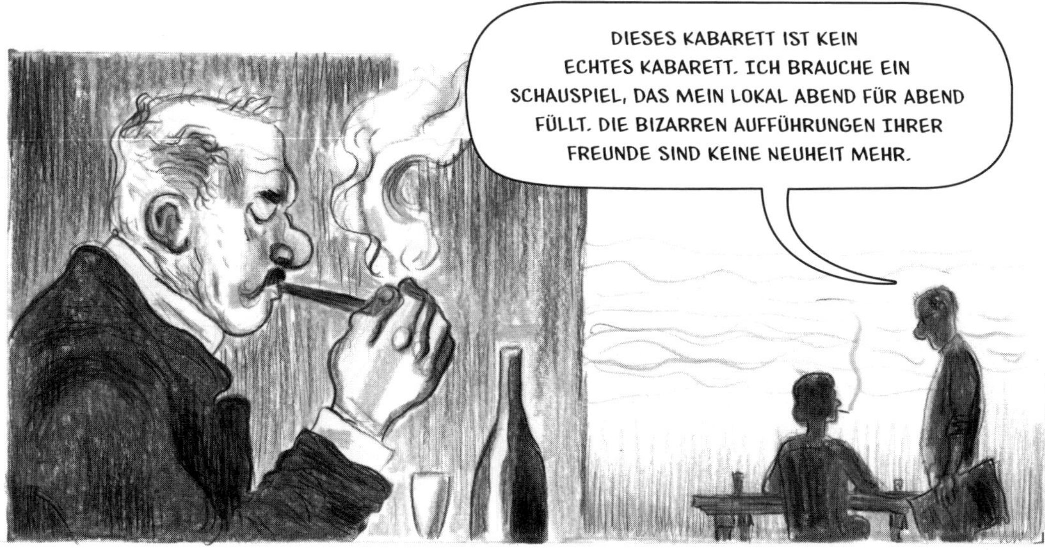

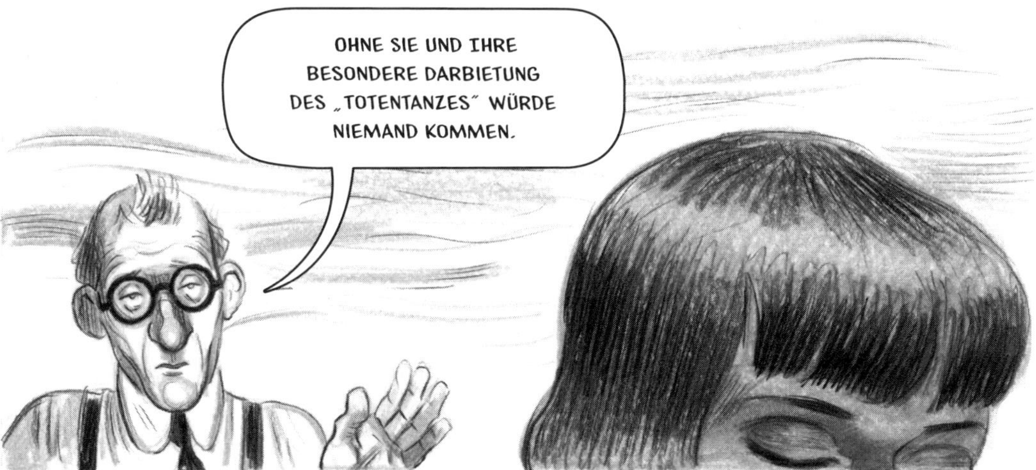

ENDE JUNI BEENDETE HERR EPHRAIM DEN VERTRAG MIT UNS. IM ALTER VON NUR FÜNF MONATEN STARB DAS CABARET VOLTAIRE IN DER SPIEGELGASSE UND EIN WILDER DADAISMUS WURDE GEBOREN.

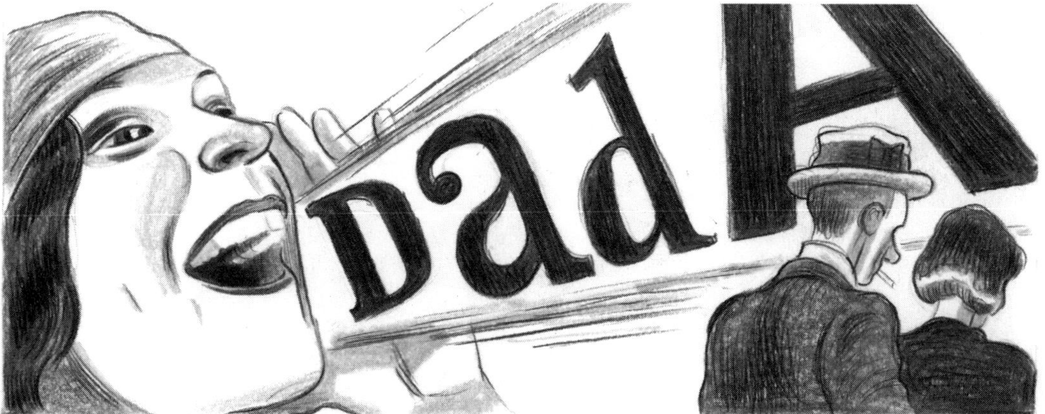

WIE AUS GEWOHNHEIT ORGANISIERTEN WIR DIE SOGENANNTEN „DADA-SOIREEN“. VON IRGENDETWAS MUSSTEN WIR JA LEBEN. DIE ERSTE FAND AM 14. JULI 1916 IM ZÜRICHER „ZUNFTHAUS ZUR WAAG“ STATT, EINEM SCHÖNEN BLAUEN HAUS.

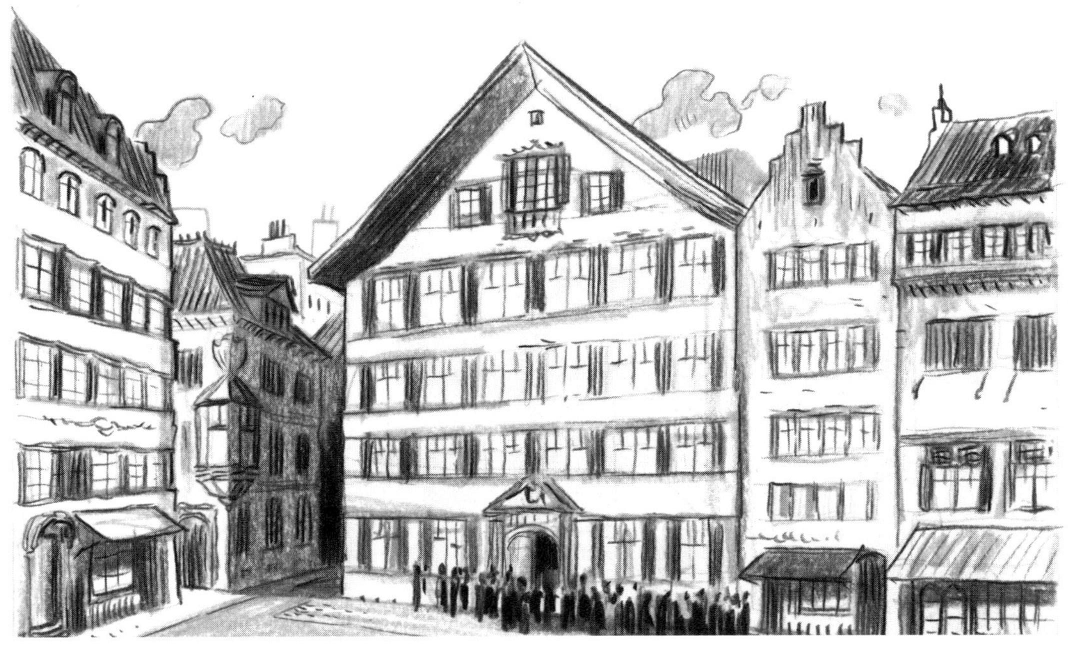

BALL ZOG WIEDER SEIN DADA-BISCHOFSKOSTÜM AN. TZARA LAS SEIN „MANIFEST DES HERRN ANTIPYRINE“. HUELSENBECK UND BALL PRÄSENTIERTEN EIN WEITERES DADA-MANIFEST. MANIFESTE, MANIFESTE, MANIFESTE ...

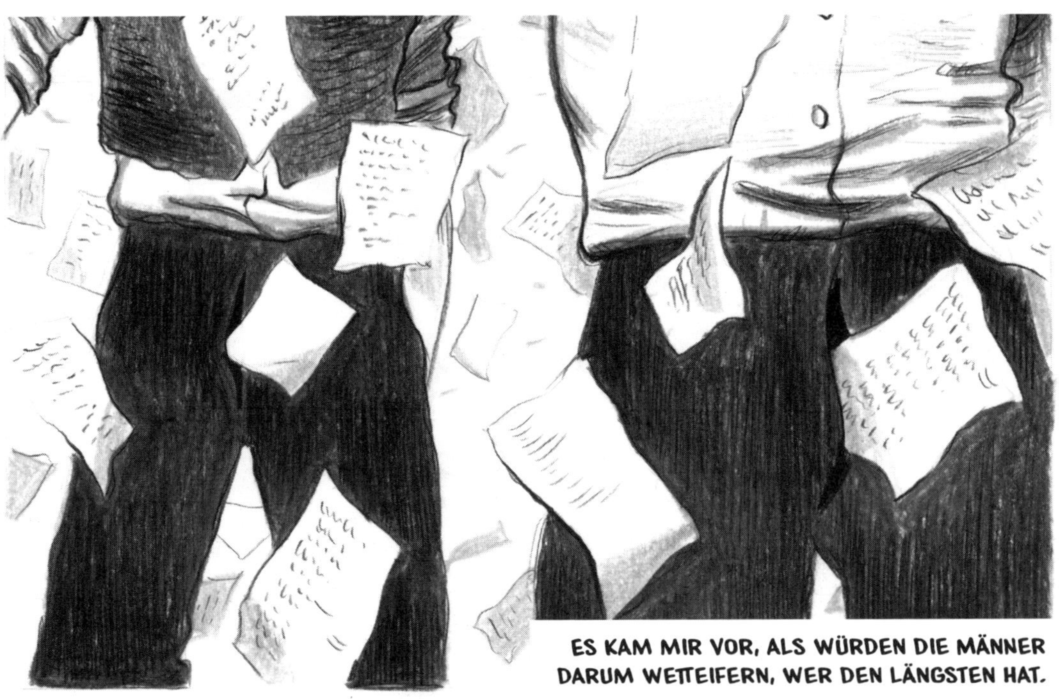

ICH HATTE ALL DIE ELITÄREN ÄUSSERUNGEN SATT. SOGAR BALL HATTE GENUG DAVON.

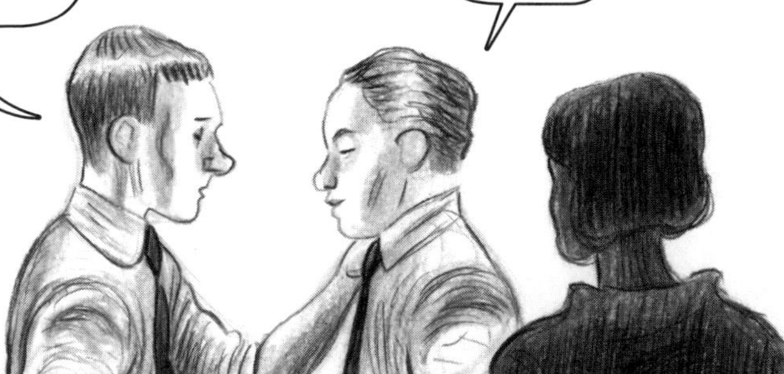

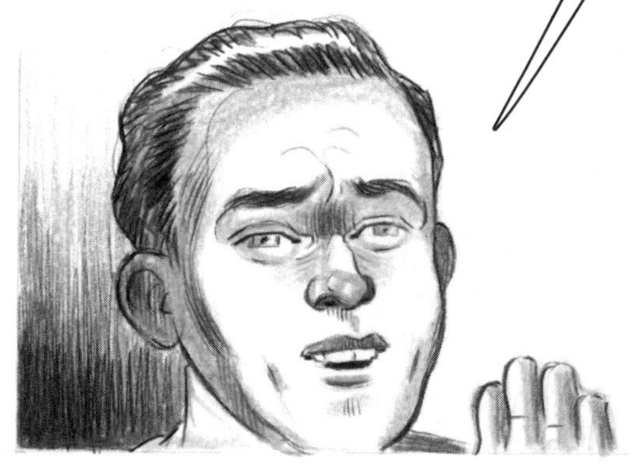

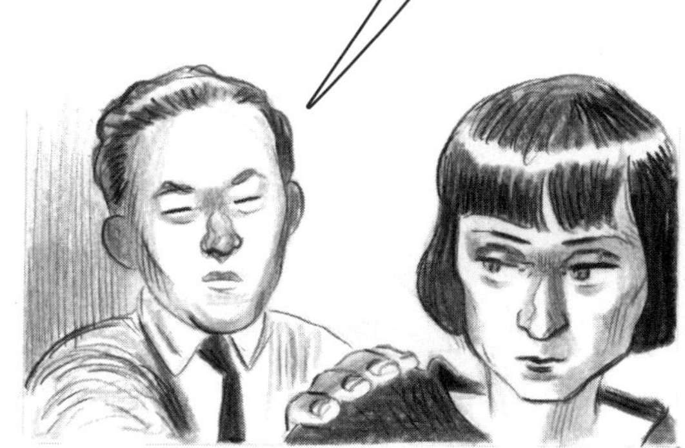

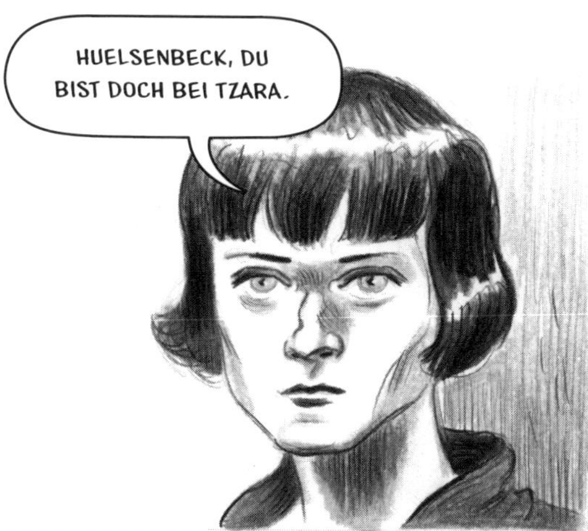

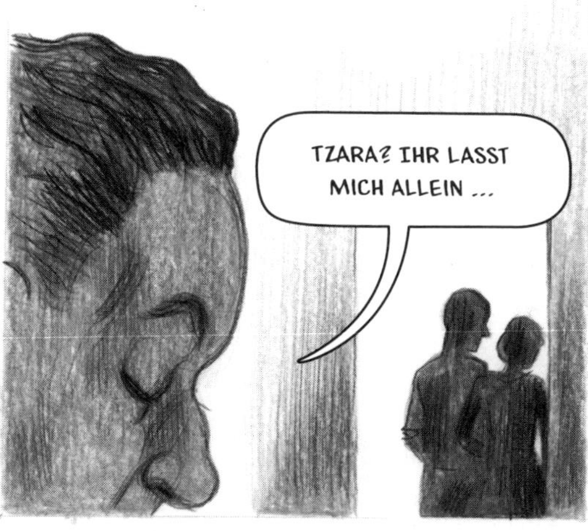

HUELSENBECK WEINTE WIE EIN DADA-KIND.

IM JULI 1916 GINGEN WIR NACH ASCONA. DAMIT FOLGTEN WIR DEM RAT HANS ARPS, DER UNS VOM NAHE GELEGENEN MONTE VERITÀ ERZÄHLT HATTE. MONTE VERITÀ, DER BERG DER WAHRHEIT. MEIN LEBEN LANG HATTE ICH NACHTS GELEBT, UND NUN LANDETE ICH AN EINEM ORT MIT ZU VIEL LICHT UND EINEM SEE VOLLER WASSER STATT KOGNAK.

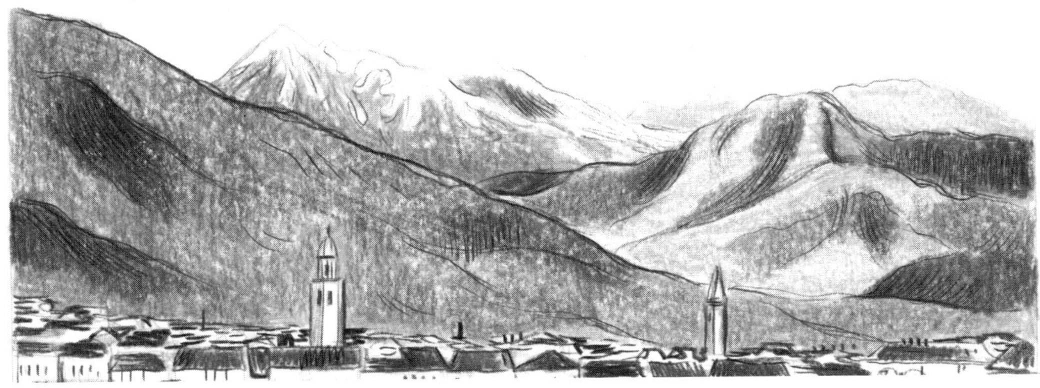

WAS WIR DORT VORFANDEN? EINE GEMEINSCHAFT VON KÜNSTLERN, THEOSOPHEN, VEGETARIERN, NUDISTEN ... SEIT ENDE DES 19. JAHRHUNDERTS WAREN SIE VOM MONTE VERITÀ ALS ORT DER UTOPIE ANGELOCKT WORDEN.

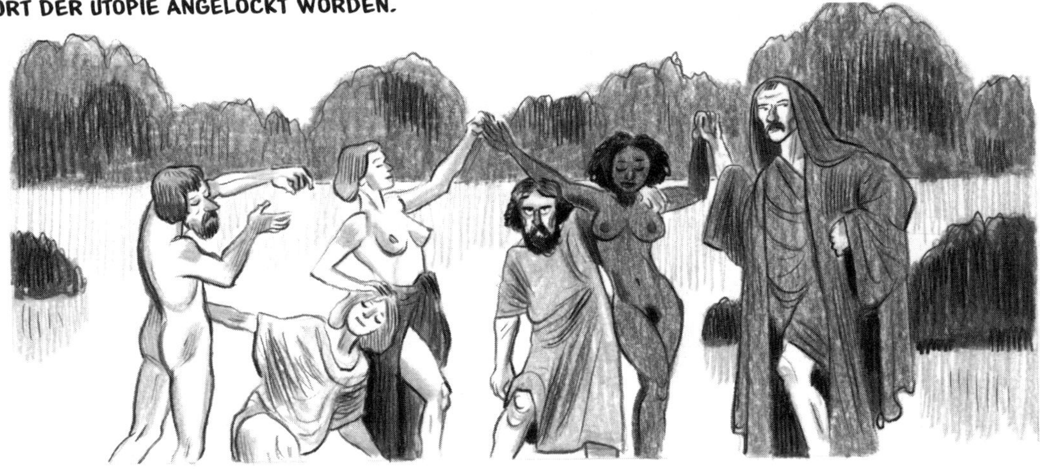

ISADORA DUNCAN, ELSE LASKER-SCHÜLER, RAINER MARIA RILKE, DIE TANZREVOLUTIONÄRE RUDOLPH LABAN UND MARY WIGMAN, MEIN EHEMALIGER ANARCHISTISCHER LIEBHABER ERICH MÜHSAM, HERMANN HESSE ... SIE ALLE ZOG ES IRGENDWANN EINMAL ZUM MONTE VERITÀ.

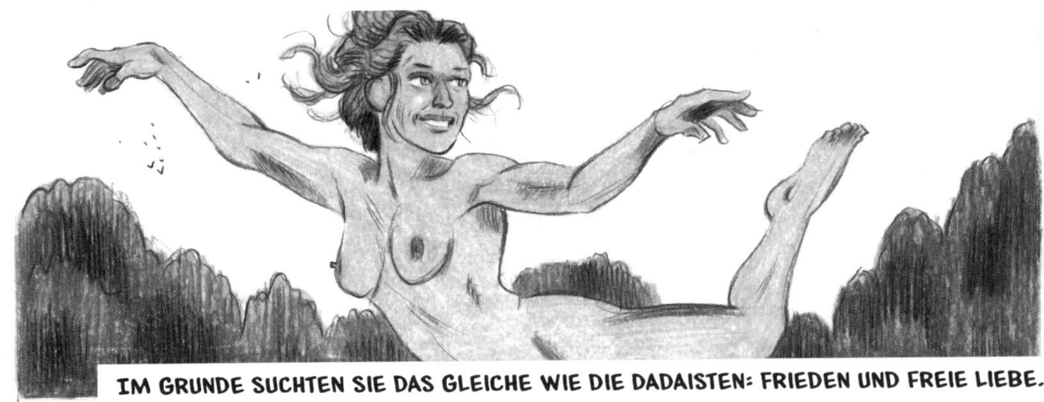

MEIN LIEBER, SCHAMHAFTER BALL SCHRIEB – UMGEBEN VON NACKTEN KÖRPERN – ÜBER LUTHER, NIETZSCHE UND SCHOPENHAUER.

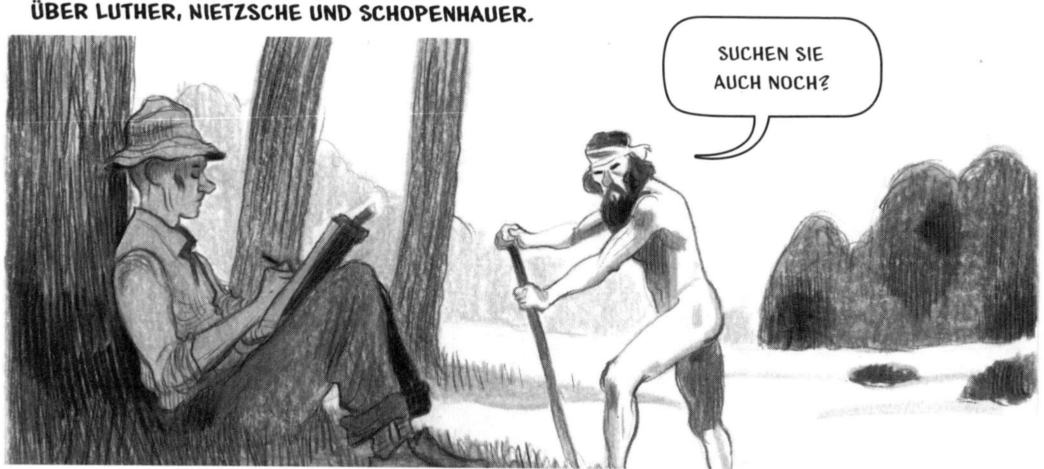

FÜR BALL UND MICH WAR ES EIN GUTER ORT, UM ÜBER DIE ART UNSERER BEZIEHUNG ZU SPRECHEN.

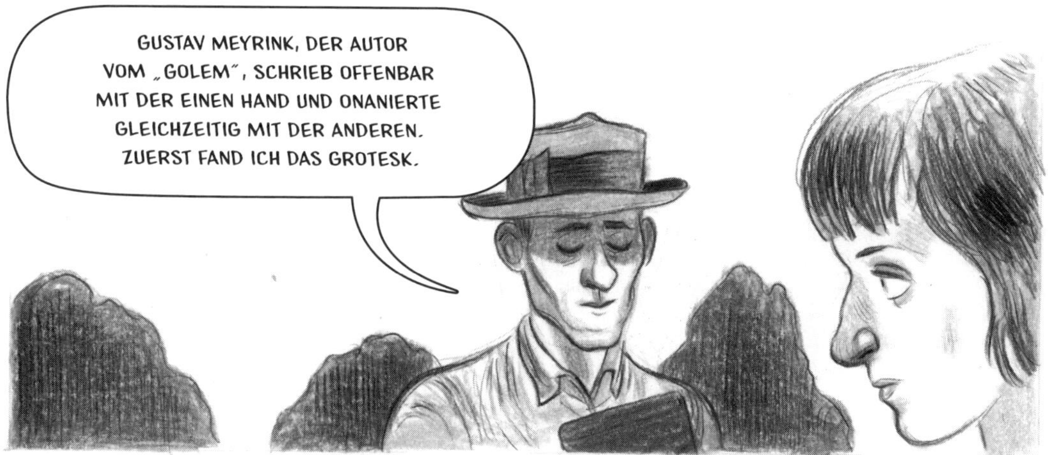

ANFANG 1917 KEHRTE ICH NACH ZÜRICH ZURÜCK, OHNE BALL, DEN MYSTISCHEN EINSIEDLER.

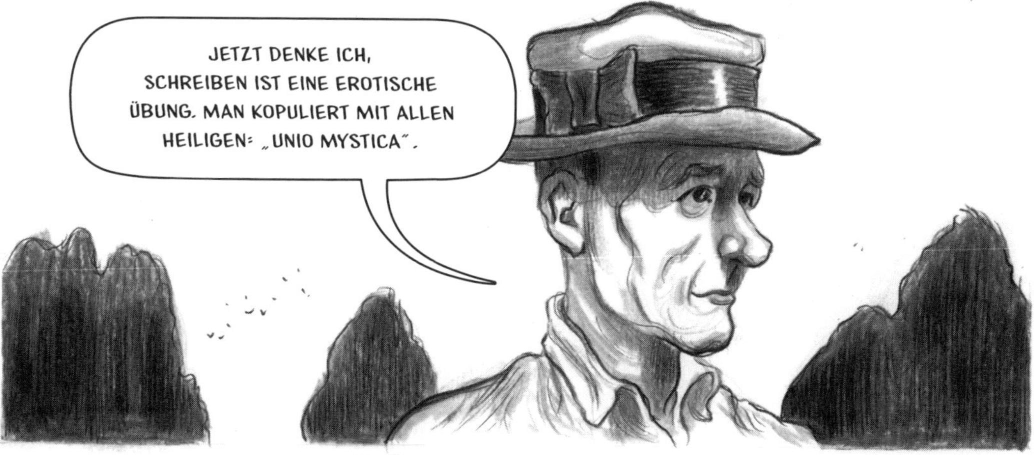

IN ZÜRICH TRAF ICH DIESEN REVOLUTIONÄR WIEDER.

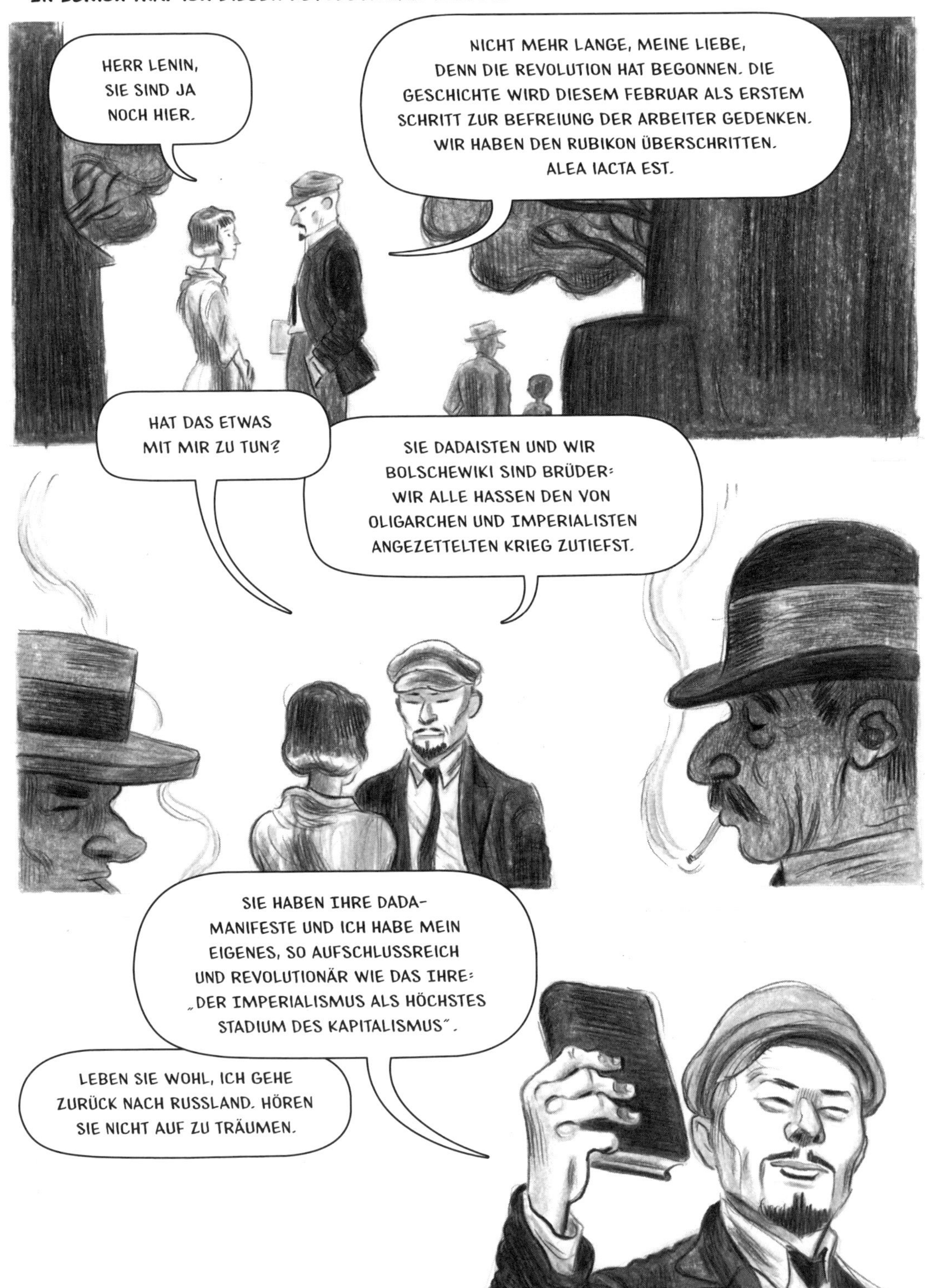

DER ZAR DANKTE AB. DIE OKTOBERREVOLUTION BRACHTE DIE BOLSCHEWIKI AN DIE MACHT, WIE LENIN ES PROPHEZEIT HATTE.

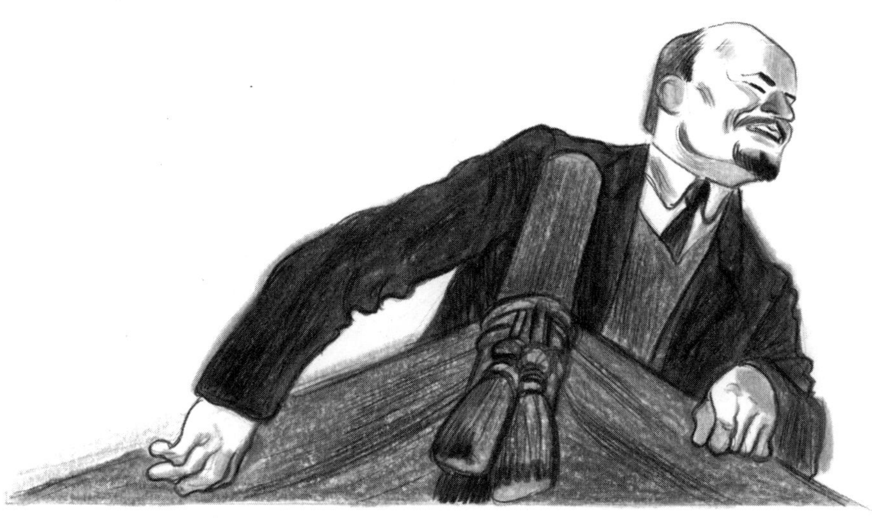

DER WELTKRIEG GING WEITER. MEINER AUCH. BALL KEHRTE NACH ZÜRICH ZURÜCK UND ERÖFFNETE AM 17. MÄRZ 1917 ZUSAMMEN MIT TZARA EINE KUNSTGALERIE NAMENS „GALERIE DADA". IM JULI ERSCHIEN DAS MAGAZIN „DADA". FRANZÖSISCHE FLUGZEUGE BOMBARDIERTEN DEUTSCHLAND MIT BALLS „TOTENTANZ".

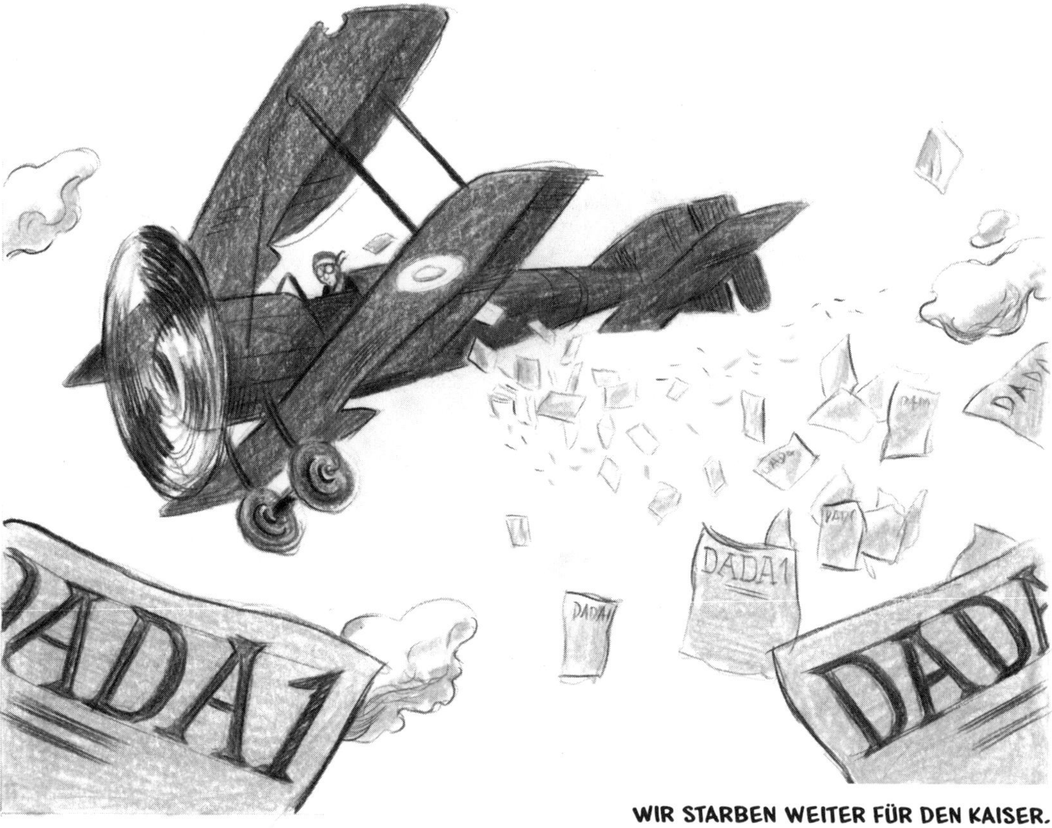

WIR STARBEN WEITER FÜR DEN KAISER.

WEDER BALL NOCH ICH WIRKTEN AN DEN DADA-MAGAZINEN MIT. SIE WAREN TZARAS SCHÖPFUNG. ERST ERSCHIENEN SIE IN ZÜRICH, DANN IN PARIS. BALL HATTE SCHON WIEDER ANDERE DINGE IM KOPF.

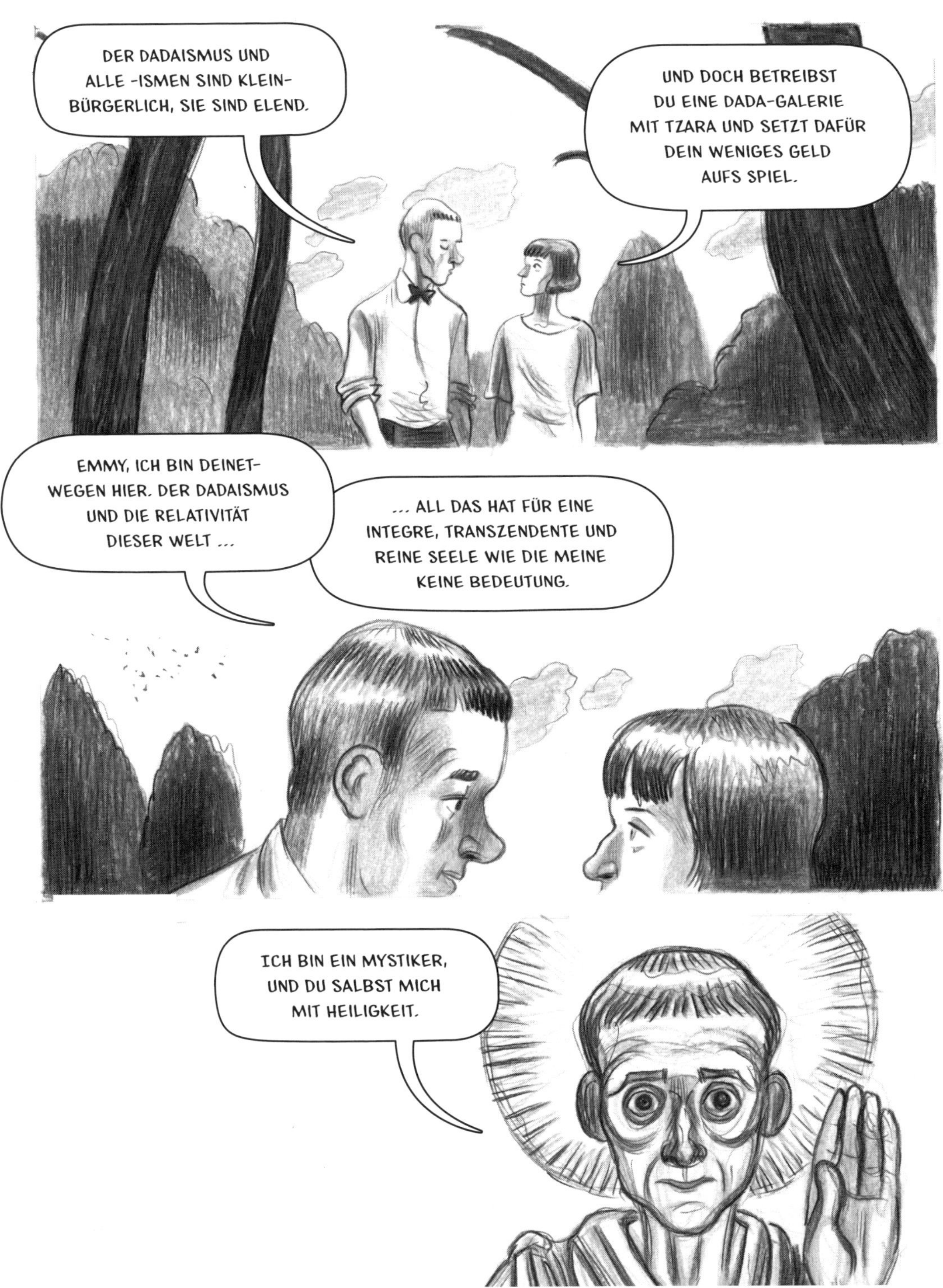

KURZ DARAUF FING BALL AN, SEIN BUCH „BYZANTINISCHES CHRISTENTUM. DREI HEILIGENLEBEN" ZU SCHREIBEN.

TZARAS UND BALLS DADA-GALERIE WAR EIN STÄNDIGER KONFLIKTHERD. NOCH DAZU WAR IHR VERSUCH, SIE MIT VORTRÄGEN FÜR DIE DAMEN DER GEHOBENEN GESELLSCHAFT ODER FÜR DIE ARBEITER IN EIN SOZIALES ZENTRUM ZU VERWANDELN, WENIG DADAISTISCH. BALL WARF TZARA VOR, GELD EINZUBEHALTEN. SCHULDEN ENTSTANDEN, DIE BALL ÜBERNAHM, ALS DIE GALERIE SCHLOSS. DER URSPRÜNGLICHE KERN DER DADAISTEN WURDE GESPRENGT. DIE SPLITTER ERREICHTEN DIE GANZE WELT – VON NEW YORK BIS JAPAN. WIE DER KRIEG, UND VIELLEICHT AUCH WEGEN DER VERHEERENDEN AUSWIRKUNGEN DES KRIEGES, HATTE DADA WELTWEITE AUSMASSE. IN NEW YORK PRÄSENTIERTE MARCEL DUCHAMP 1917 SEIN WERK „FOUNTAIN".

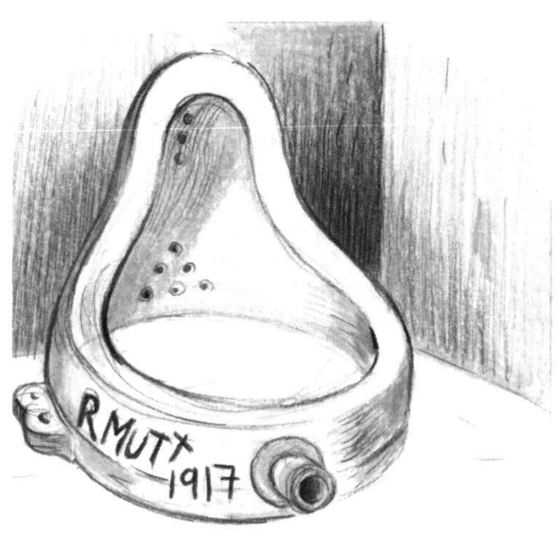

MAN RAY, FRANCIS PICABIA, MARCEL DUCHAMP UND ARTHUR CRAVAN VERSCHRIEBEN SICH DER PROVOKATION IM HERZEN NEW YORKS. IHR ZIEL WAR ES EINZIG UND ALLEIN, DIE BOURGEOISIE ZU SCHOCKIEREN UND ETABLIERTE ANSTANDSREGELN ZU BRECHEN.

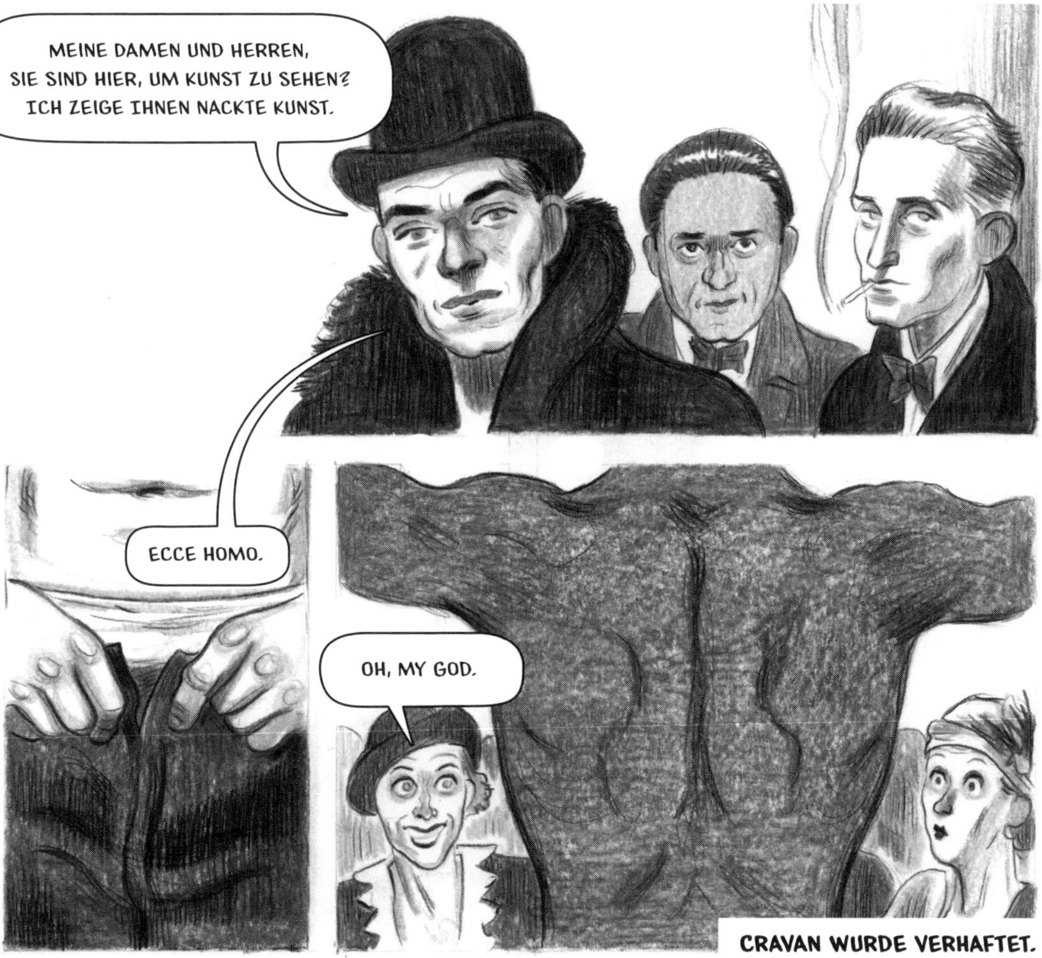

MEINE DAMEN UND HERREN, SIE SIND HIER, UM KUNST ZU SEHEN? ICH ZEIGE IHNEN NACKTE KUNST.

ECCE HOMO.

OH, MY GOD.

CRAVAN WURDE VERHAFTET.

HUELSENBECK KEHRTE NACH BERLIN ZURÜCK UND GRÜNDETE ZUSAMMEN MIT JOHN HEARTFIELD ALIAS „MONTEURDADA", HANNAH HÖCH, RAOUL HAUSMANN ALIAS „DADASOPH", DEM VON DER POLIZEI FÜR VERRÜCKT ERKLÄRTEN JOHANNES BAADER UND GEORGE GROSZ DIE RADIKALSTE UND UMSTRITTENSTE DADA-GRUPPE.

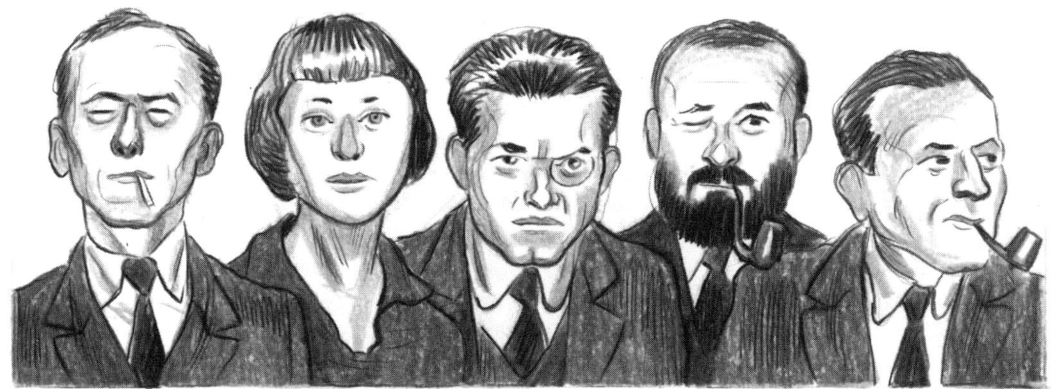

DIE COLLAGE WAR DAS KÖNIGREICH DES BERLINER DADAISMUS, DER AUCH DIE FOTOMONTAGE ERFAND. DIE MITGLIEDER HOLTEN DEN DADA AUS DEN GESCHLOSSENEN LOKALEN AUF DIE STRASSE. IHRE AUFTRITTE ENDETEN UNWEIGERLICH IN HANDGEMENGEN UND TUMULTEN.

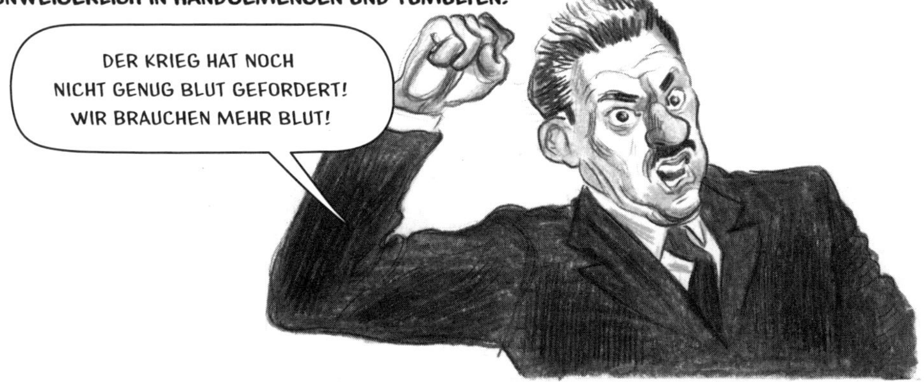

DER MALER GEORGE GROSZ SPAZIERTE ALS „DADA-TOD" VERKLEIDET ÜBER DEN KURFÜRSTENDAMM.

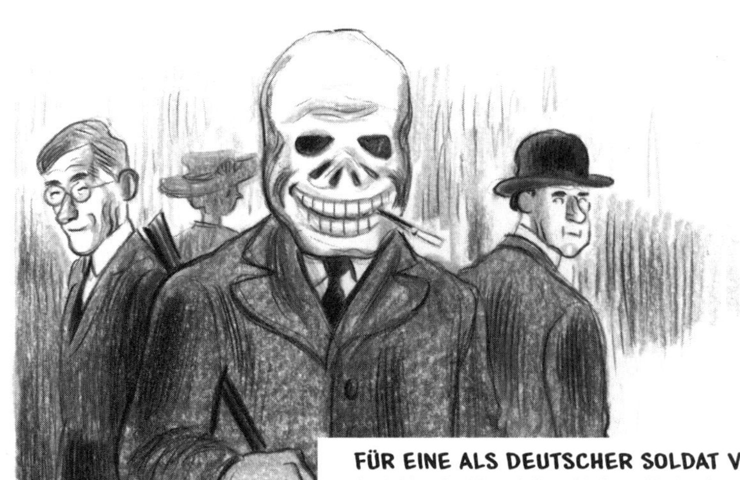

FÜR EINE ALS DEUTSCHER SOLDAT VERKLEIDETE PUPPE AUF DER „ERSTEN INTERNATIONALEN DADA-MESSE" KAMEN SIE VOR GERICHT.

EBENFALLS IN BERLIN SCHUF GERHARD PREISS DEN „DADA-TROTT". SEIN AUFZUG PASSTE IN KEINE SCHUBLADE, SEIN TANZ AUCH NICHT.

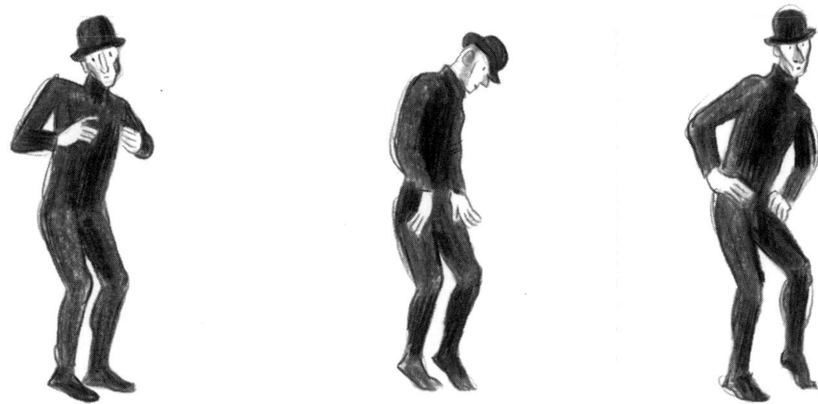

IN KÖLN SCHUFEN MAX ERNST, JOHANNES BAARGELD UND HANS ARP EIN WEITERES DADA-ZENTRUM. IHRE ZEITSCHRIFT „DER VENTILATOR" WURDE VON DEN BEHÖRDEN VERBOTEN.

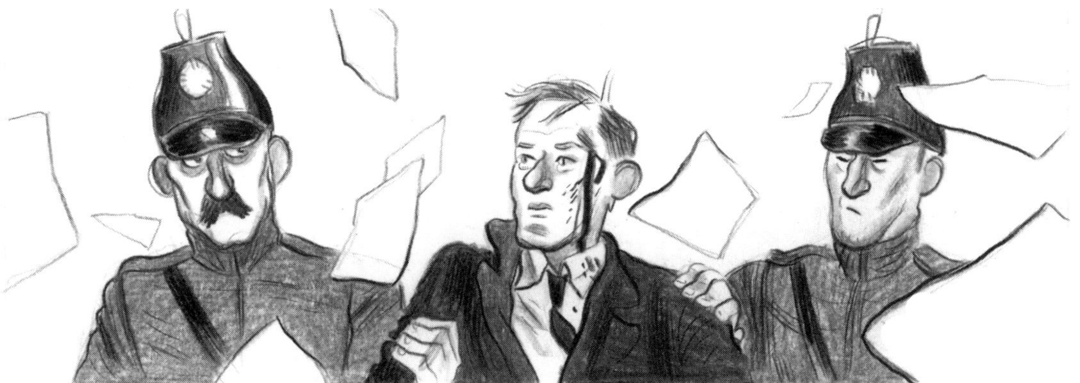

IN HANNOVER GRÜNDETE KURT SCHWITTERS, DER WEGEN DEPRESSIONEN UND EPILEPTISCHEN ANFÄLLEN DIE SCHÜTZENGRÄBEN VERLASSEN DURFTE, SEINE EIGENE DADA-ZEITSCHRIFT „MERZ". DARIN VERÖFFENTLICHT ER EINES DER EINFLUSSREICHSTEN GEDICHTE DER DEUTSCHEN SPRACHE: „AN ANNA BLUME".

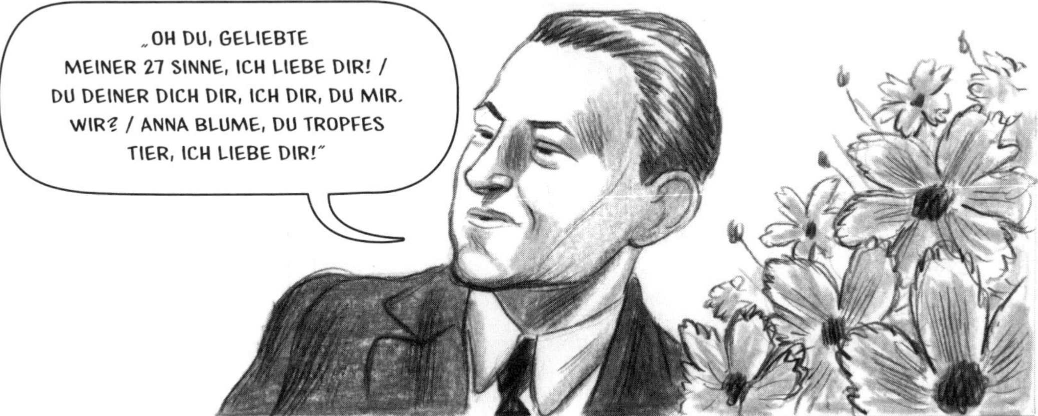

IN PARIS SAHEN ANDRÉ BRETON, PAUL ÉLUARD UND LOUIS ARAGON DER ANKUNFT TRISTAN TZARAS WIE DER EINES MESSIAS ENTGEGEN.

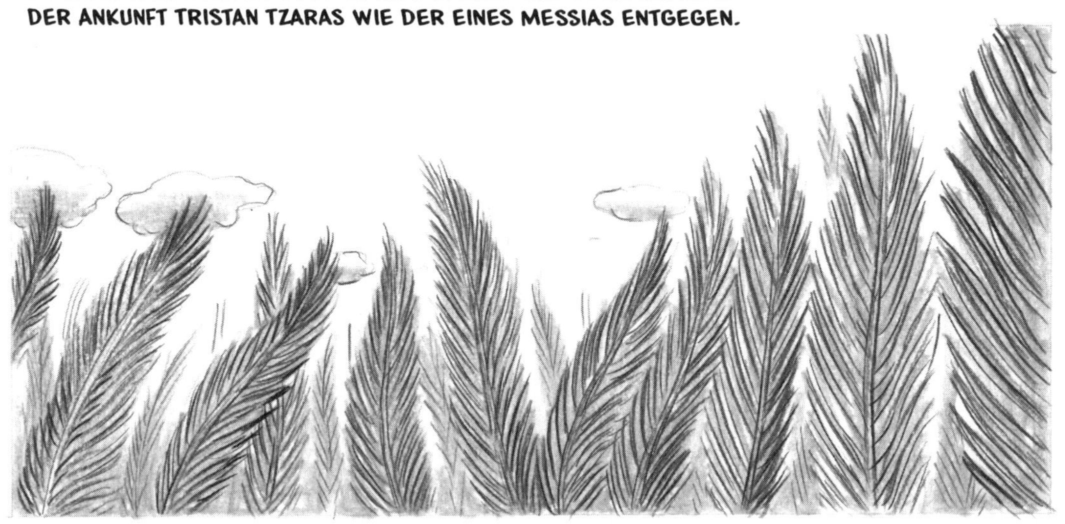

ES WAR EIN UNERTRÄGLICHER MESSIAS, DEN SIE MIT DER ERFINDUNG DES SURREALISMUS KREUZIGTEN.

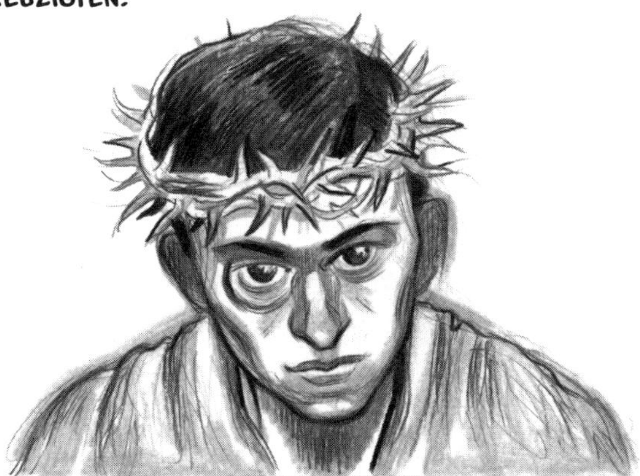

IN RUSSLAND BEWEGTEN SICH BURLJUK, MAJAKOWSKI UND RODTSCHENKO ZWISCHEN FUTURISMUS, KONSTRUKTIVISMUS, DADAISMUS UND DER BOLSCHEWISTISCHEN REVOLUTION.

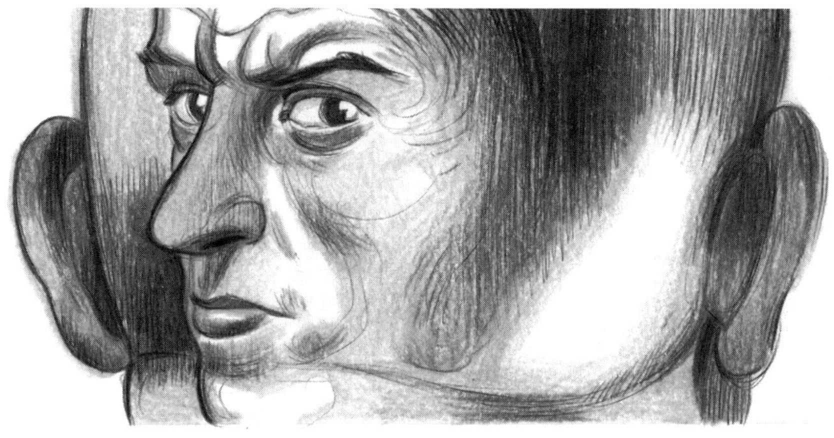

DER DADA-GEIST NISTETE SICH AUCH IN JAPAN EIN, WO SHINKICHI TAKAHASHI BEHAUPTETE, BUDDHA IM DADAISMUS ZU SEHEN.

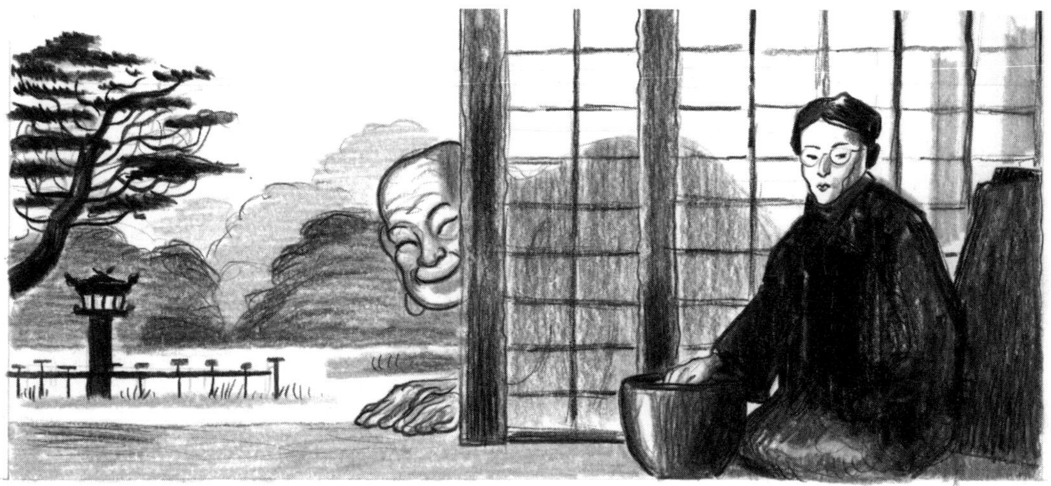

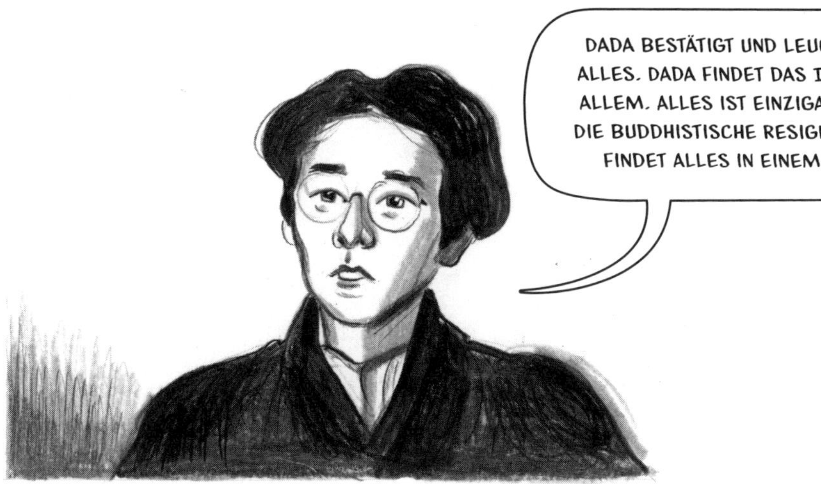

TAKAHASHI SCHRIEB EIN GEDICHT, UNTER DAS ICH GERNE MEINEN NAMEN GESETZT HÄTTE.

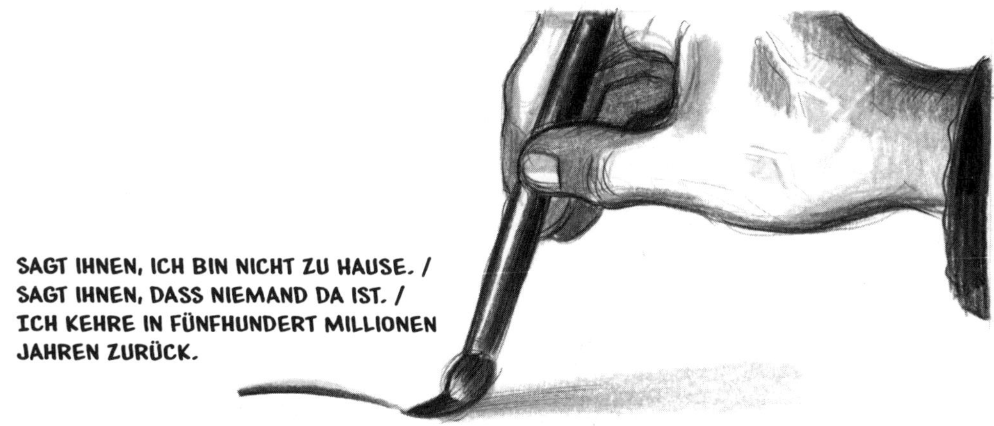

SAGT IHNEN, ICH BIN NICHT ZU HAUSE. SAGT IHNEN, DASS NIEMAND DA IST.
ICH VERSUCHTE, NICHT ZU HAUSE ZU SEIN. ICH VERSUCHTE, DASS NIEMAND DA WAR.
ICH FLÜCHTETE IN EIN KLOSTER. ICH WAR JA IMMER ZIEMLICH RELIGIÖS.

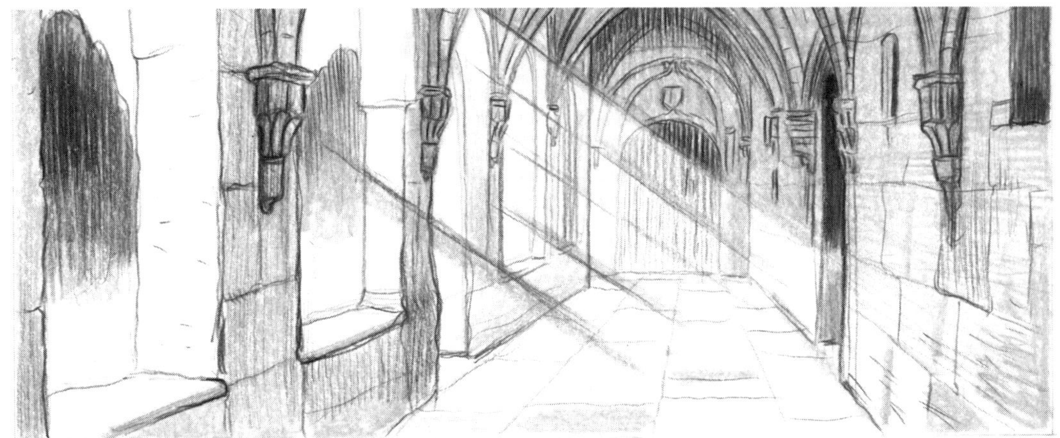

BALL GING NACH BERN, UM FÜR DIE NEUE PUBLIKATION „DIE FREIE ZEITUNG" ZU ARBEITEN.
DER DADAISMUS VERSCHWAND AUS UNSEREM LEBEN.

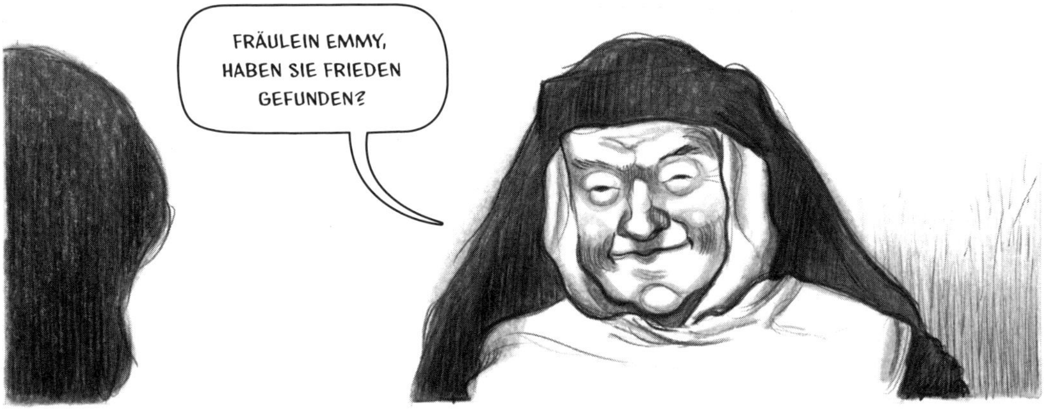

FRÄULEIN EMMY, HABEN SIE FRIEDEN GEFUNDEN?

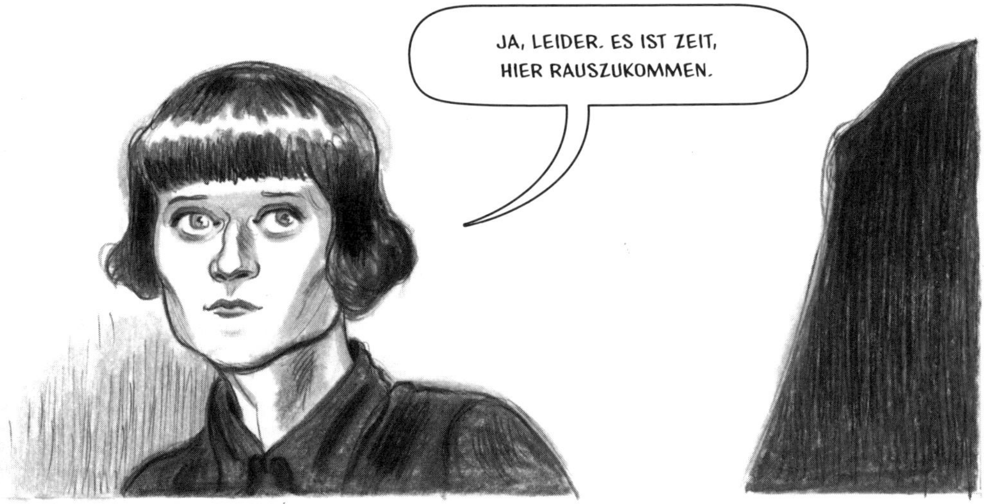

JA, LEIDER. ES IST ZEIT, HIER RAUSZUKOMMEN.

ENDE DES 7. KAPITELS

8. KAPITEL: Siddhartha in den Wolken

DIE DADAISTEN HASSTEN DIE BÜRGERLICHE KUNST. SIE HASSTEN DEN KRIEG.

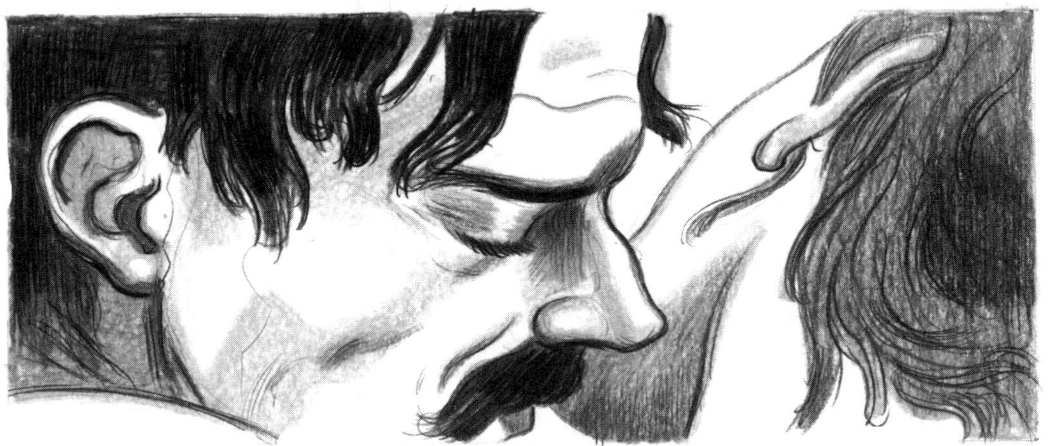

SIE WAREN ZUM ABSOLUTEN HASS FÄHIG.

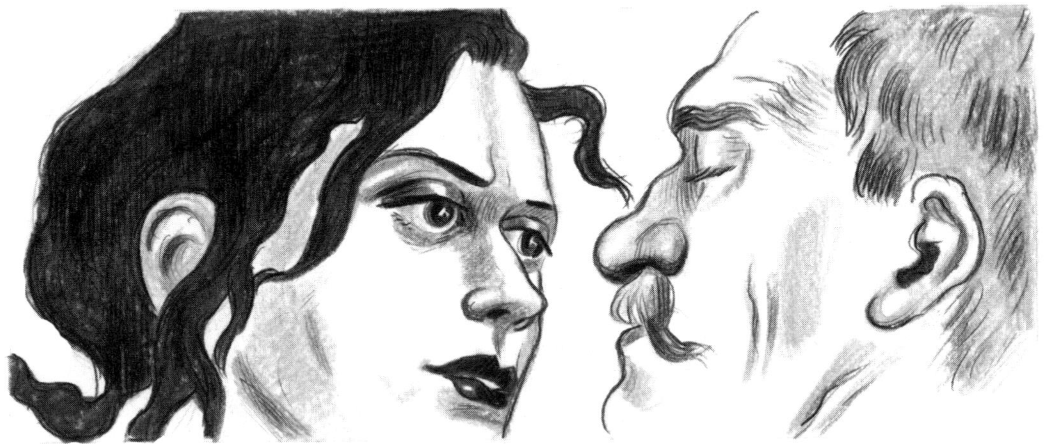

ABER NICHT ZUR LIEBE.

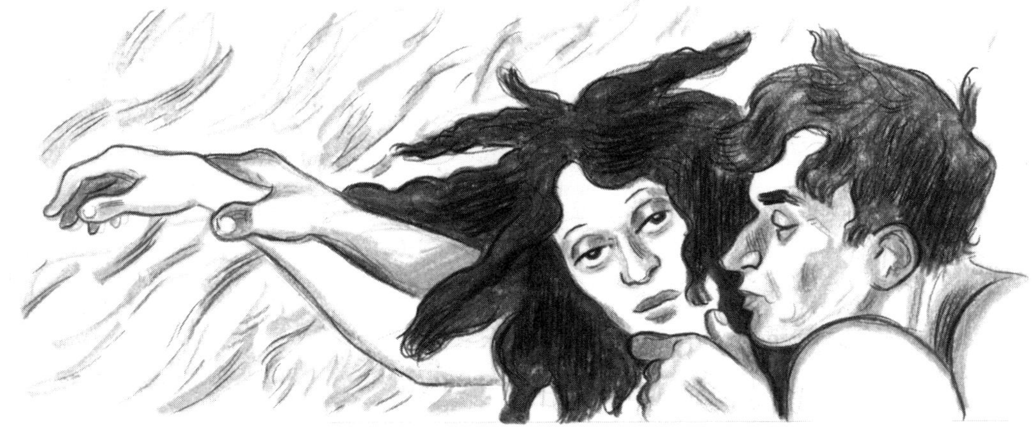

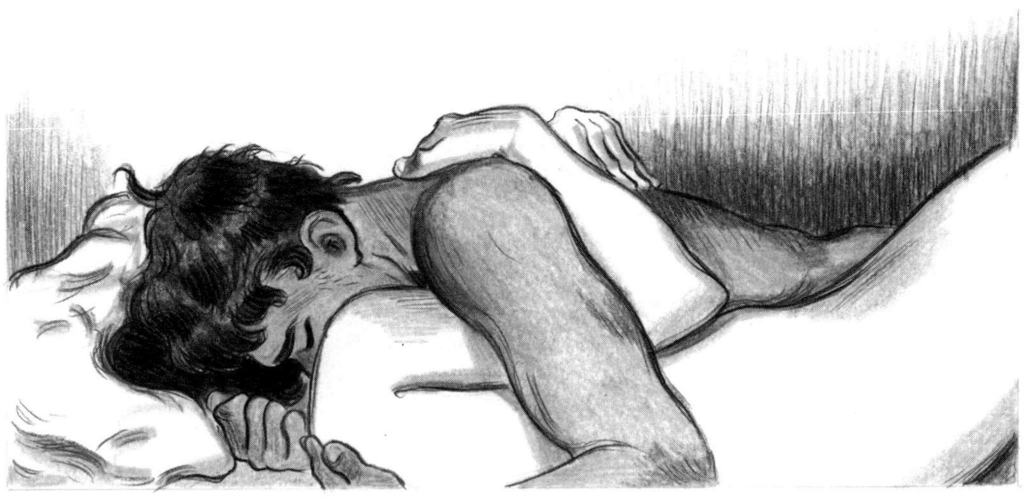

EINE LIEBE WIE JENE, DIE ICH ENDE 1917 FÜR DIESEN SPANIER EMPFAND.

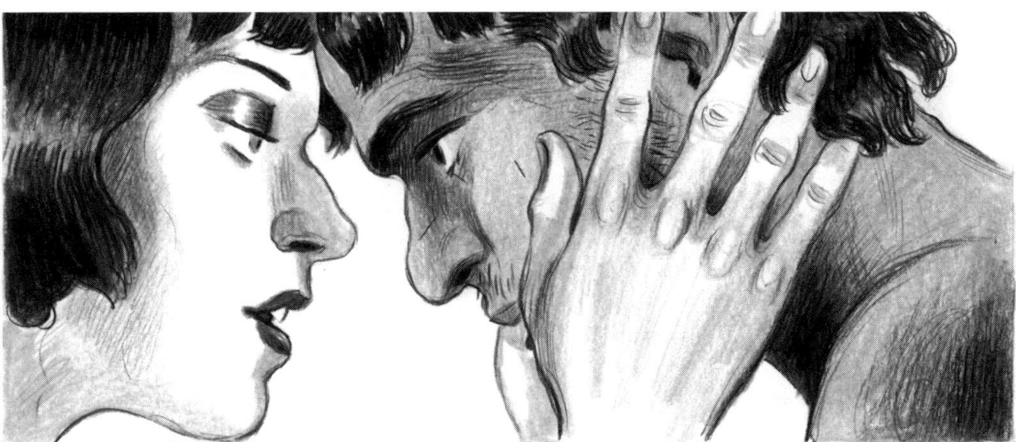

JULIO ÁLVAREZ DEL VAYO WAR DAMALS NUR EIN KRIEGSKORRESPONDENT. JAHRE SPÄTER WURDE ER MINISTER DER ZWEITEN SPANISCHEN REPUBLIK, BOTSCHAFTER IN MEXIKO UND 1973 GRÜNDER DER FRAP, EINER EXTREM LINKEN GRUPPE, DIE DEN BEWAFFNETEN KAMPF MIT TERRORISTISCHEN AKTIONEN GEGEN DIE DIKTATUR FRANCOS VERTEIDIGTE.

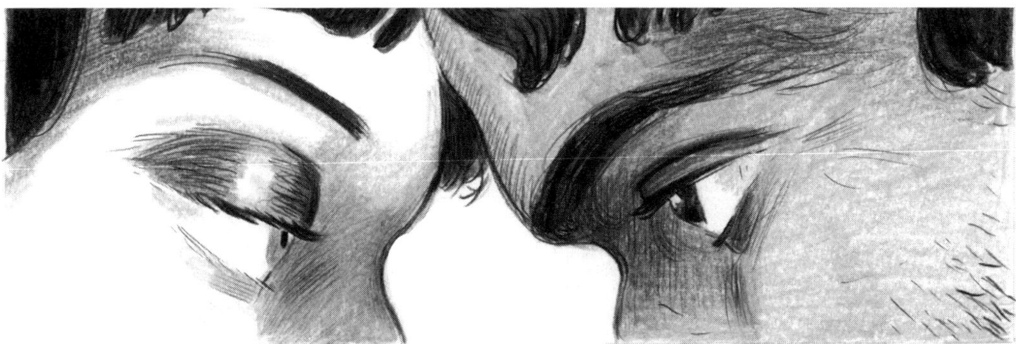

Ich hatte Del Vayo bei einem Handgemenge kennengelernt. Ich trat wieder in Zürich in Kabaretts auf und einige deutsche Kaiser-Anhänger kamen auf die Bühne, um mich zu verprügeln. Del Vayo war unter den Zuschauern. Noch nie hatte ich jemanden gesehen, der so viele Schläge in so kurzer Zeit verteilen konnte.

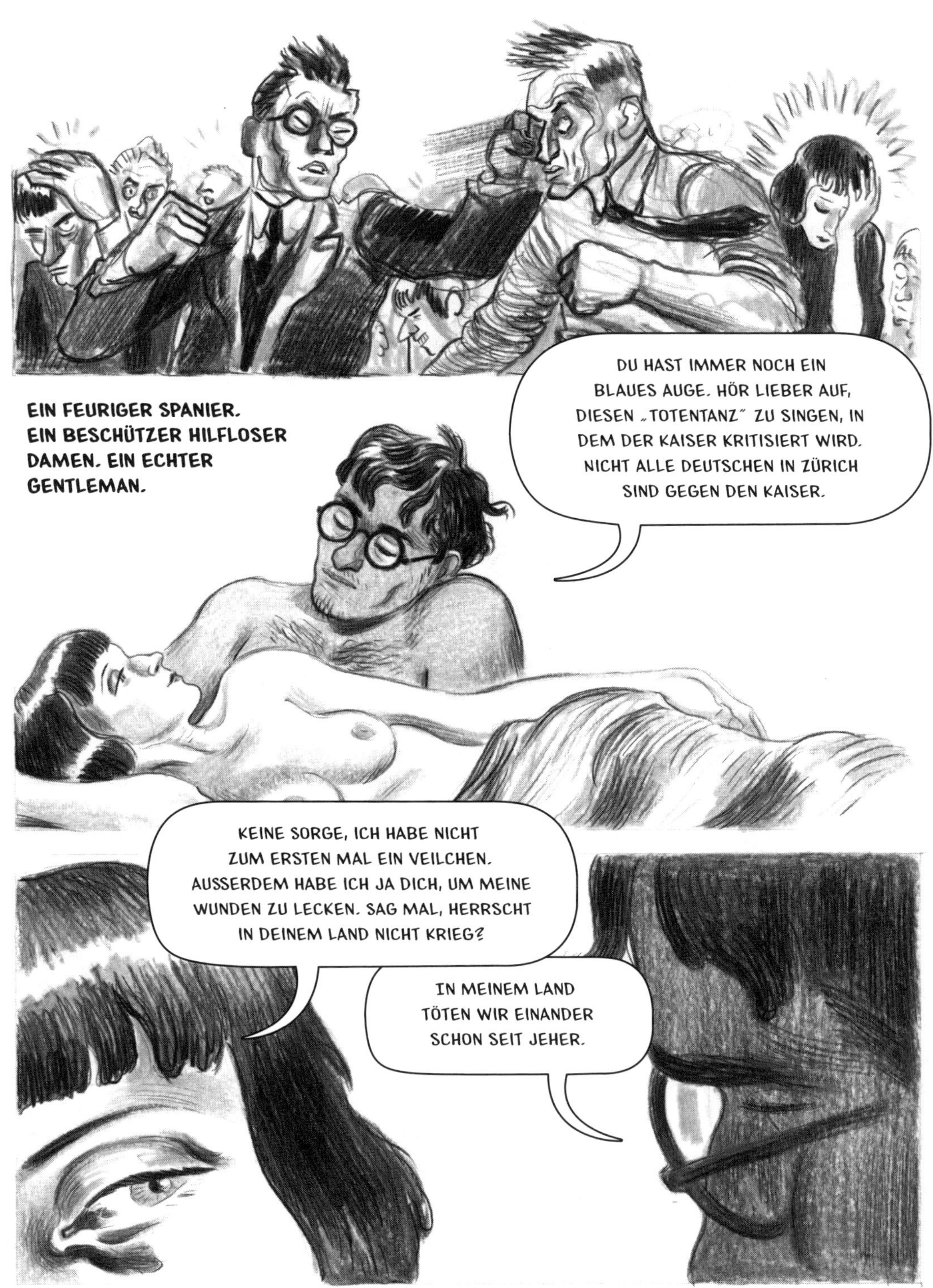

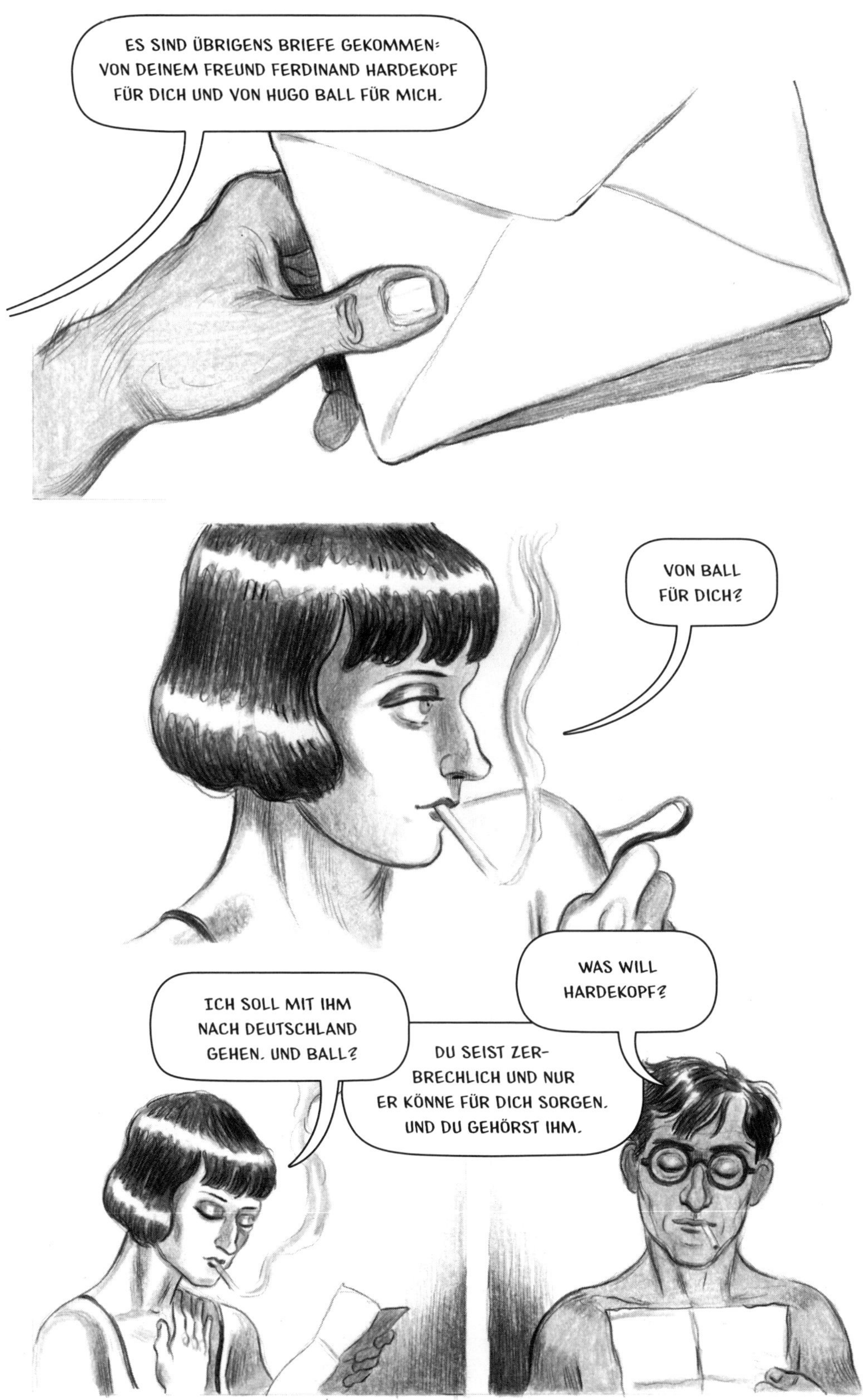
ES SIND ÜBRIGENS BRIEFE GEKOMMEN:
VON DEINEM FREUND FERDINAND HARDEKOPF
FÜR DICH UND VON HUGO BALL FÜR MICH.
VON BALL
FÜR DICH?
WAS WILL
HARDEKOPF?
ICH SOLL MIT IHM
NACH DEUTSCHLAND
GEHEN. UND BALL?
DU SEIST ZER-
BRECHLICH UND NUR
ER KÖNNE FÜR DICH SORGEN.
UND DU GEHÖRST IHM.

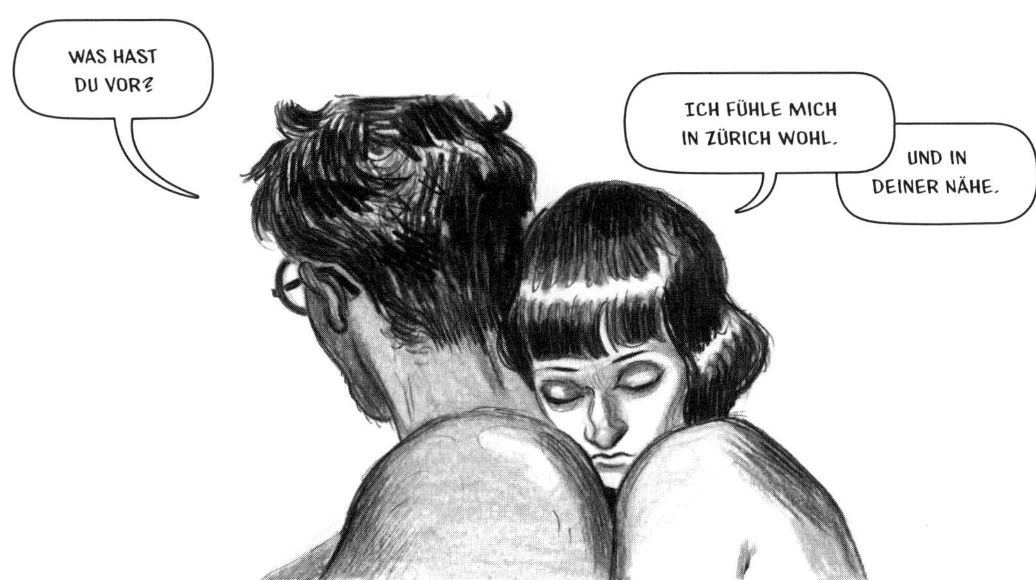

ICH WAR WIEDER EIN KABARETT-STAR. VIELLEICHT NUR FÜR BETRUNKENE UND MELANCHOLIKER, ABER DOCH EIN STAR.

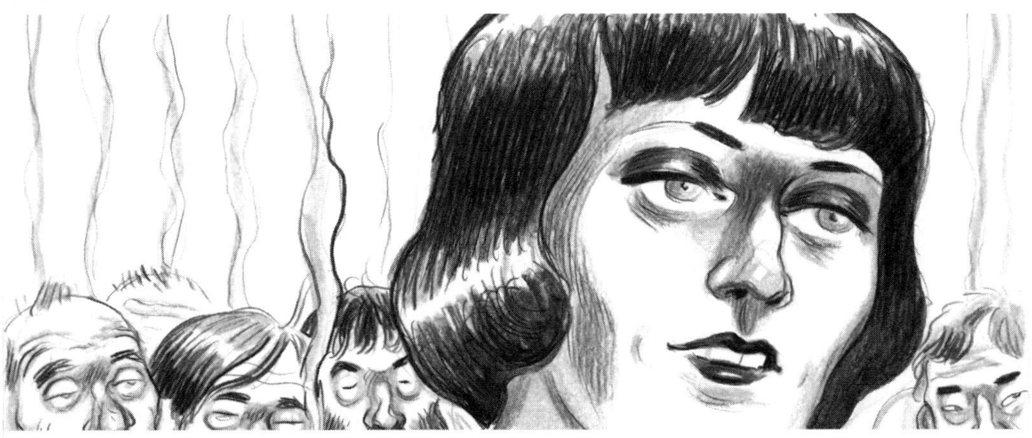

DEL VAYO SASS IN DER ERSTEN REIHE UND AUS SEINER WESTE LUGTE EIN TASCHENMESSER.

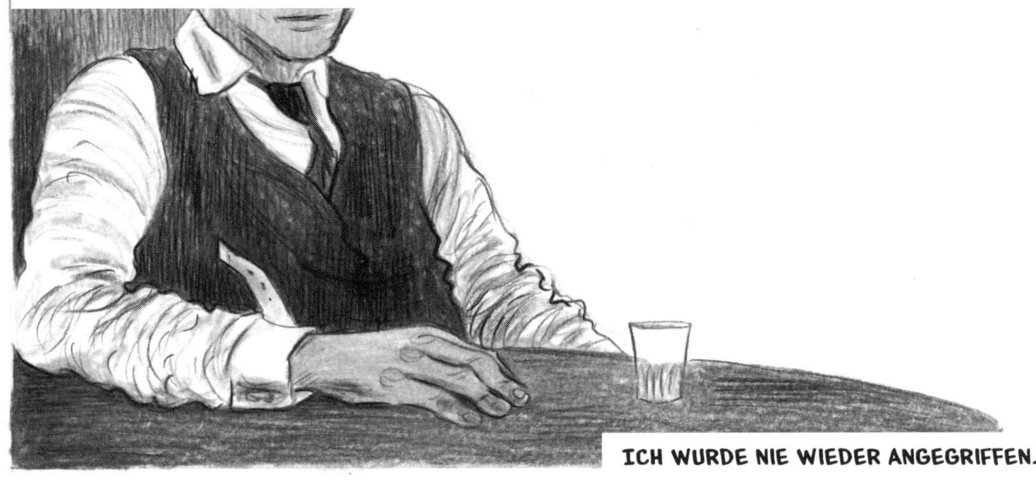

EINES TAGES VERWANDELTE SICH DIESE WOLKE DES GLÜCKS IN NEBEL.

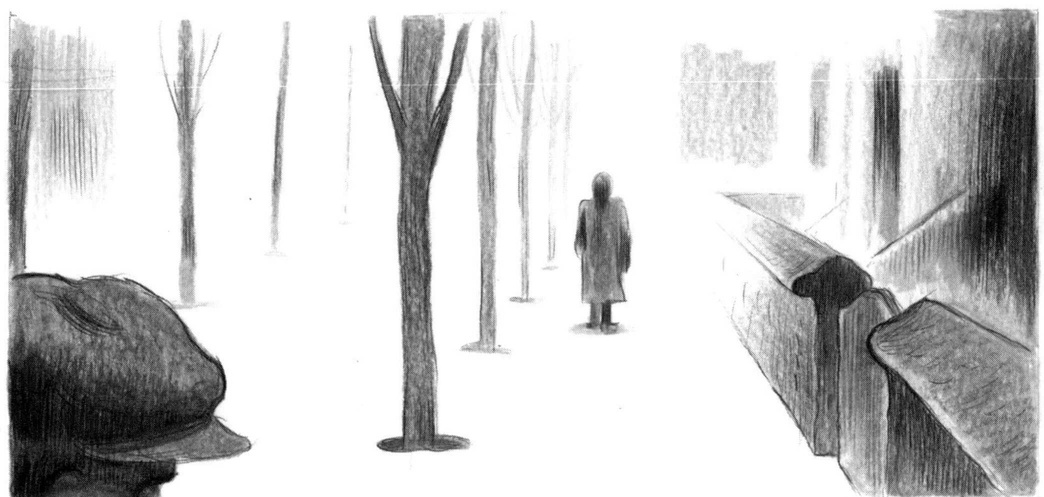

BALL KAM NACH ZÜRICH, UM MICH VON DEL VAYO ZU TRENNEN.

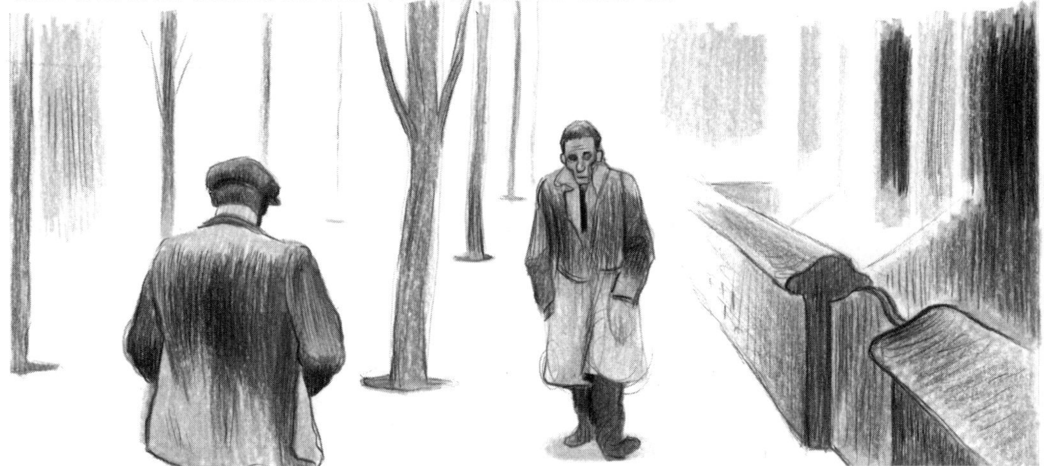

MIT EINER PISTOLE IN DER HAND SUCHTE ER IN DER GANZEN STADT NACH UNS.
WIR VERSTECKTEN UNS IN HANS RICHTERS HAUS.

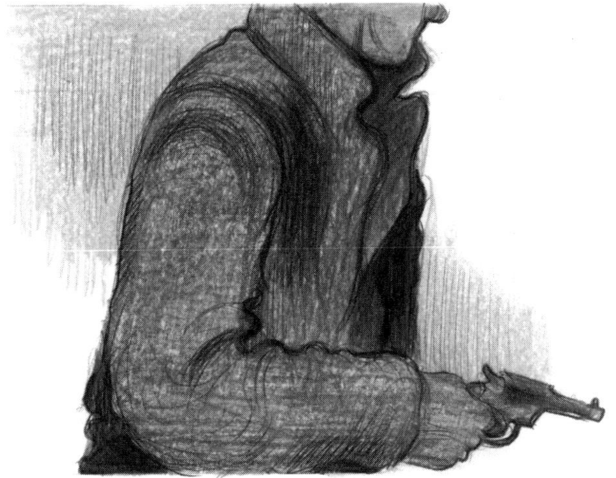

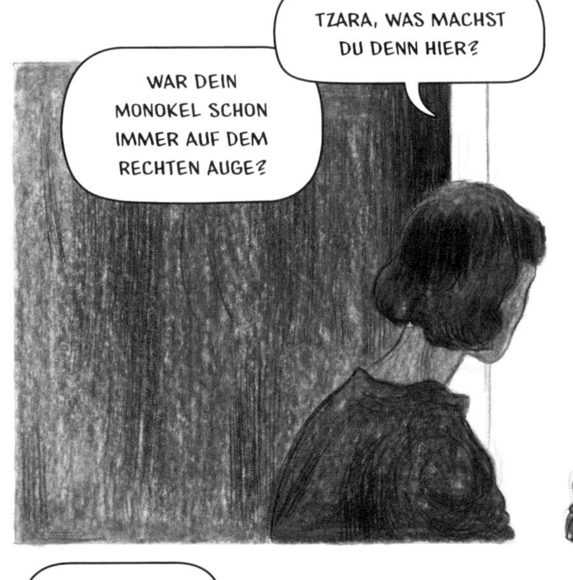
TZARA, WAS MACHST DU DENN HIER?
WAR DEIN MONOKEL SCHON IMMER AUF DEM RECHTEN AUGE?

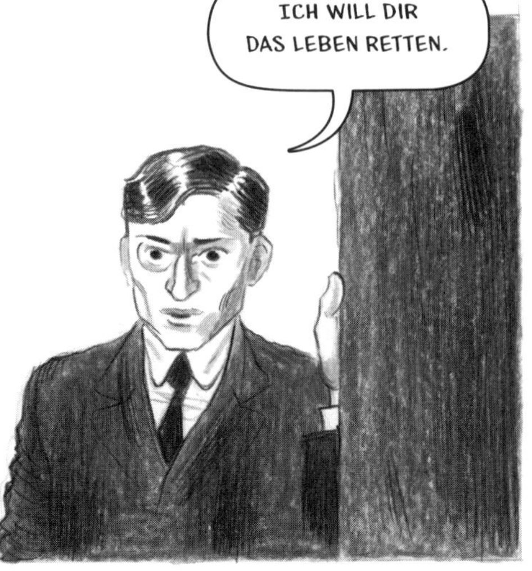
ICH WILL DIR DAS LEBEN RETTEN.

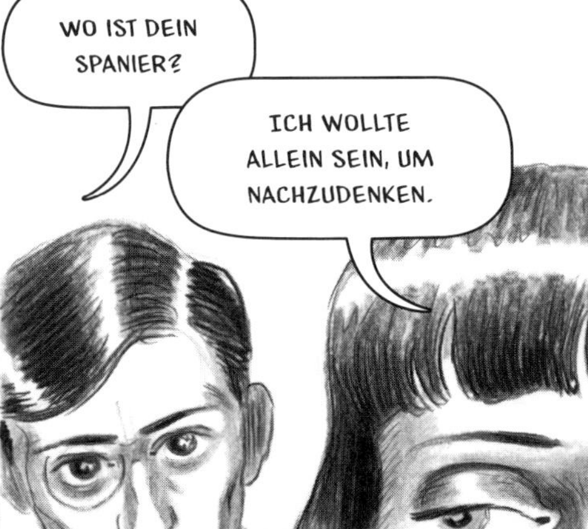
WO IST DEIN SPANIER?
ICH WOLLTE ALLEIN SEIN, UM NACHZUDENKEN.

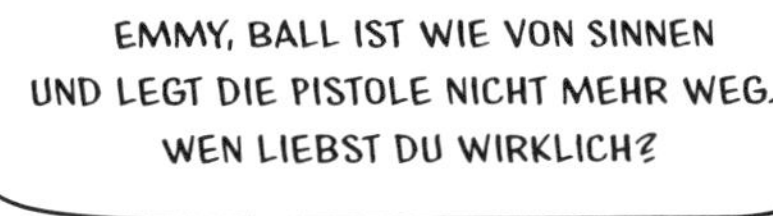
EMMY, BALL IST WIE VON SINNEN UND LEGT DIE PISTOLE NICHT MEHR WEG. WEN LIEBST DU WIRKLICH?

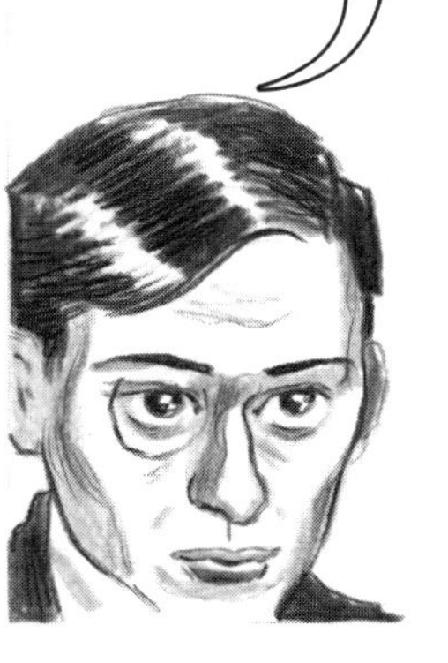

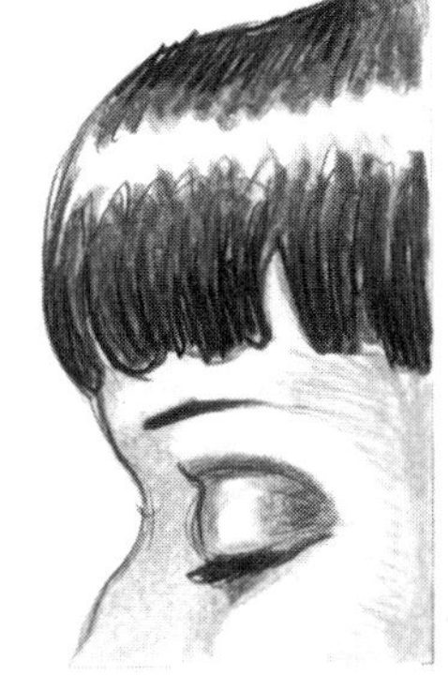

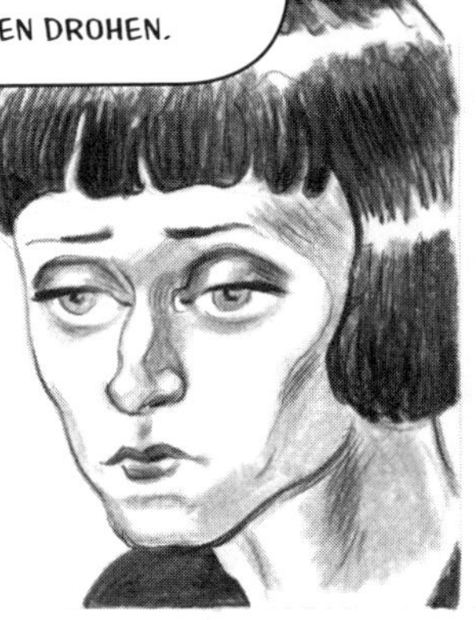
ICH WEISS ES NICHT. MIT MEINEM SPANISCHEN QUICHOTTE REITE ICH DURCH DIE WOLKEN UND SEHE MÜHLEN, WO RIESEN DROHEN.

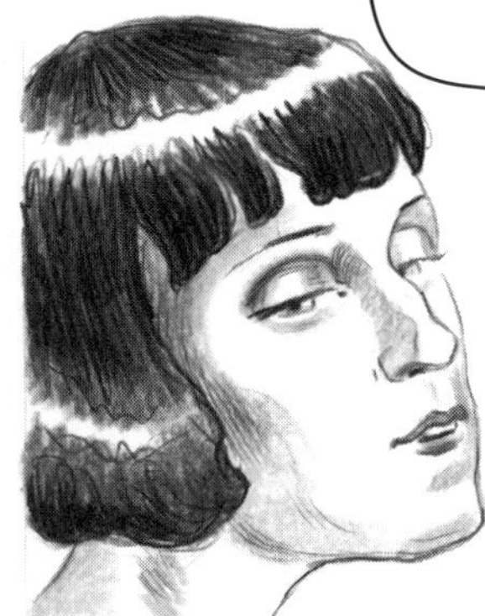
UND BALL ... BALL IST DER MANN, MIT DEM ICH BETEN KANN.

WARUM ICH DEN MANN ZUM BETEN WÄHLTE?

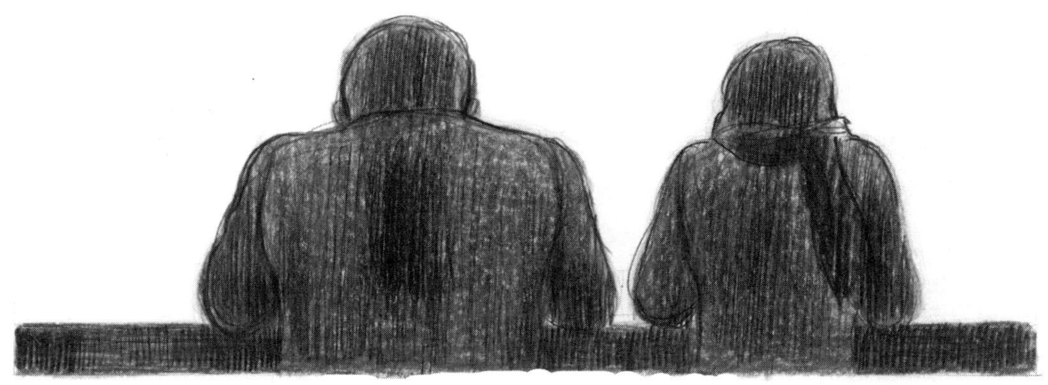

VIELLEICHT, WEIL ER IMMER WIE EIN VATER FÜR MEINE TOCHTER WAR.

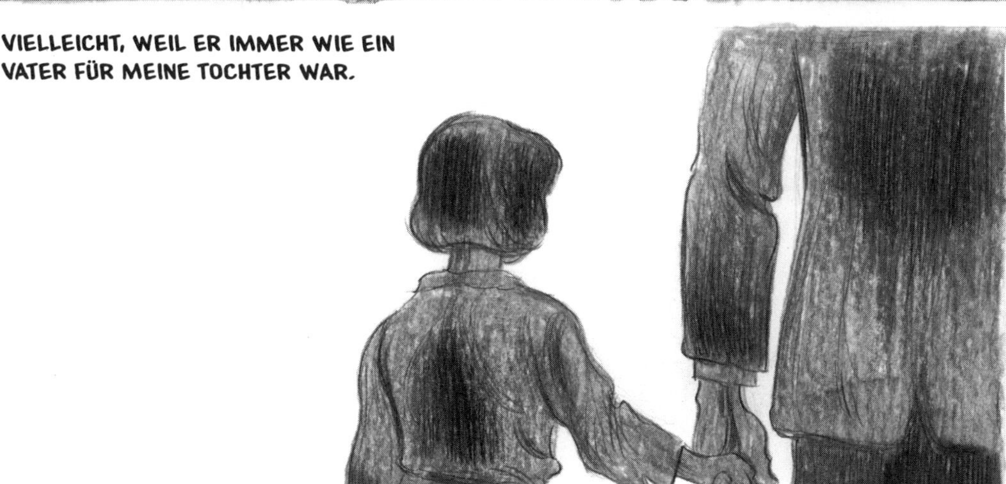

JA, MEINE VERGESSENE TOCHTER. KURZ NACH DER ERÖFFNUNG DES CABARET VOLTAIRE STARB MEINE MUTTER IN FLENSBURG. MEINE NEUNJÄHRIGE TOCHTER ANNEMARIE UND IHR KLEINER KOFFER WURDEN ZU VOLLMITGLIEDERN DES DADAISMUS.

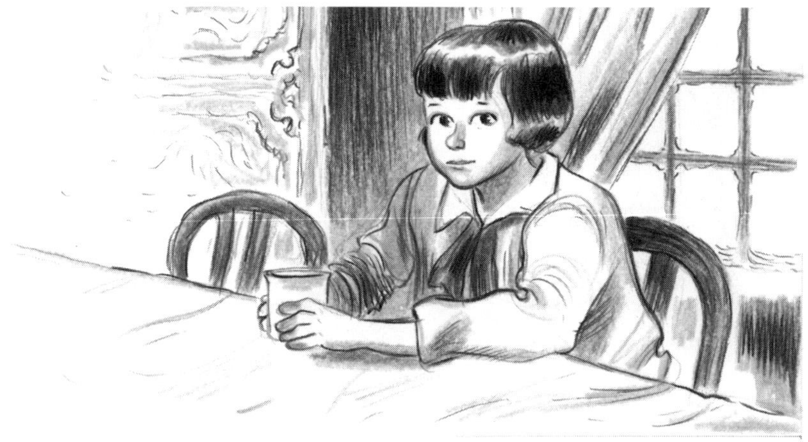

BALL NAHM SIE WIE EINE ECHTE TOCHTER AUF.

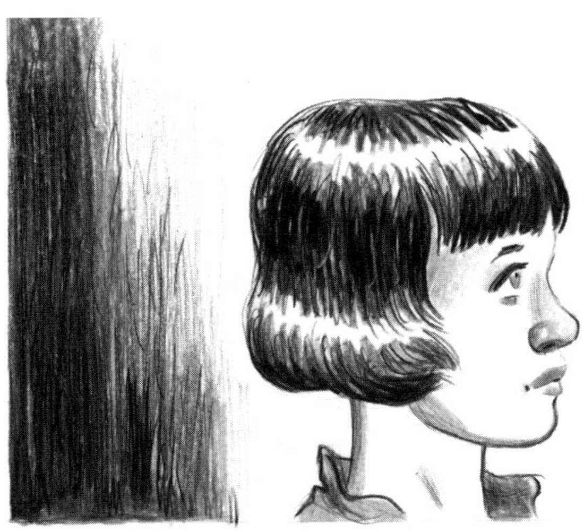

AB UND ZU HABEN WIR ANNEMARIE BEI FREUNDEN GELASSEN. MANCHMAL BLIEB SIE BEI BALL, DANN WIEDER BEI MIR. DANN WIEDER LEBTEN WIR DREI ZUSAMMEN. NEIN, ICH WAR KEINE PERFEKTE MUTTER.

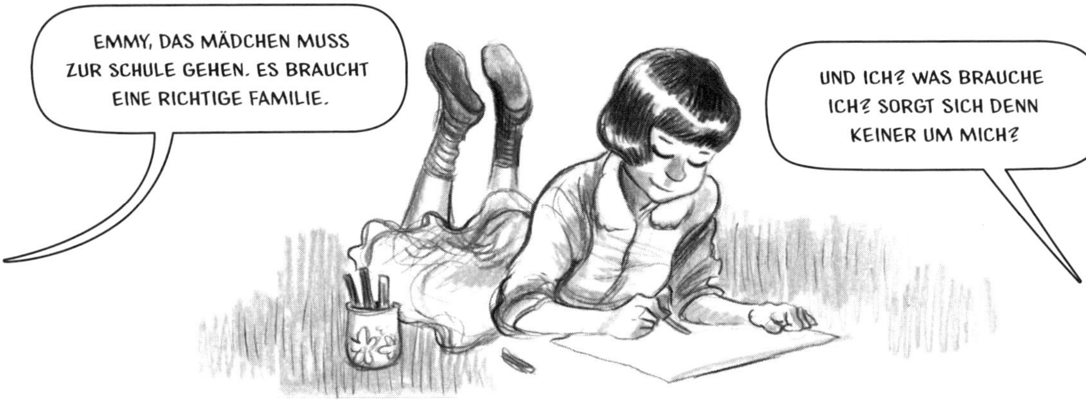

EMMY, DAS MÄDCHEN MUSS ZUR SCHULE GEHEN. ES BRAUCHT EINE RICHTIGE FAMILIE.

UND ICH? WAS BRAUCHE ICH? SORGT SICH DENN KEINER UM MICH?

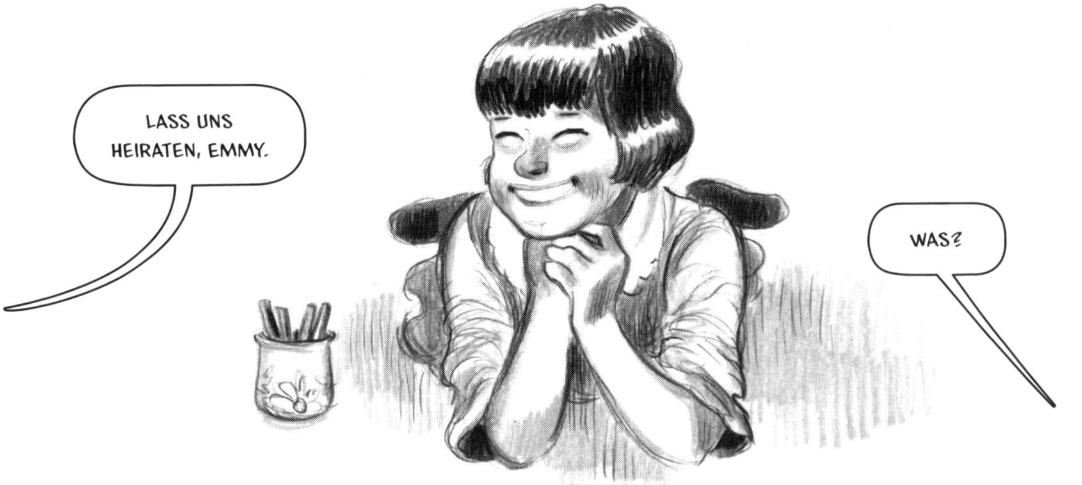

LASS UNS HEIRATEN, EMMY.

WAS?

ICH WÄHLTE BALL FÜR IMMER. ZUR GLEICHEN ZEIT ENDETE DER KRIEG. DEUTSCHLAND ERGAB SICH, DER KAISER DANKTE AB. WENN SOGAR BALL FÄHIG WAR, ZUR PISTOLE ZU GREIFEN, DANN WAR ES ZEIT, DIESEN IRRSINN TATSÄCHLICH ZU BEENDEN.

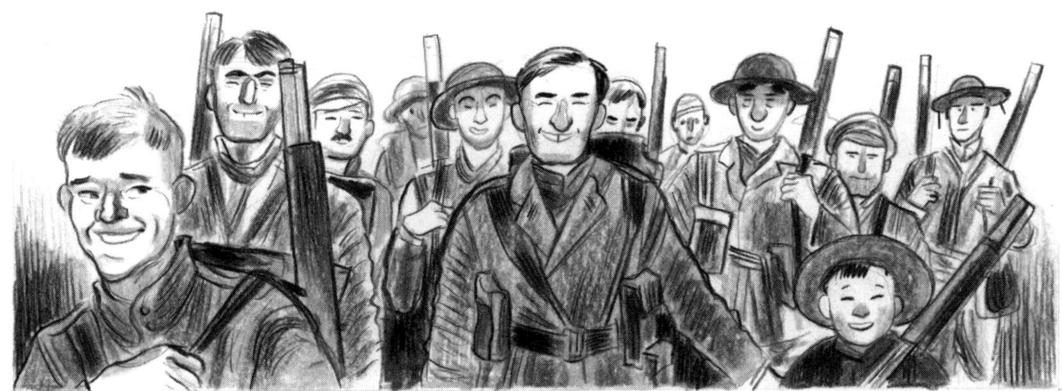

DER FRIEDENSVERTRAG VON VERSAILLES VON 1919 LEGTE ALLERDINGS DEN GRUNDSTEIN FÜR EINEN KOMMENDEN, NOCH SCHRECKLICHEREN KRIEG.

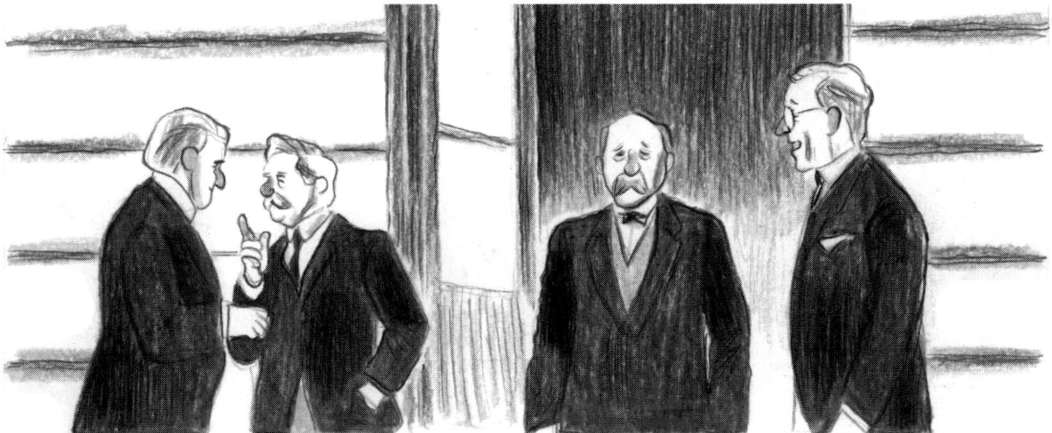

UND ICH ERKRANKTE AN DER VERHEERENDEN, TÖDLICHEN SPANISCHEN GRIPPE. EIN WINK DES SCHICKSALS WEGEN DEL VAYO?

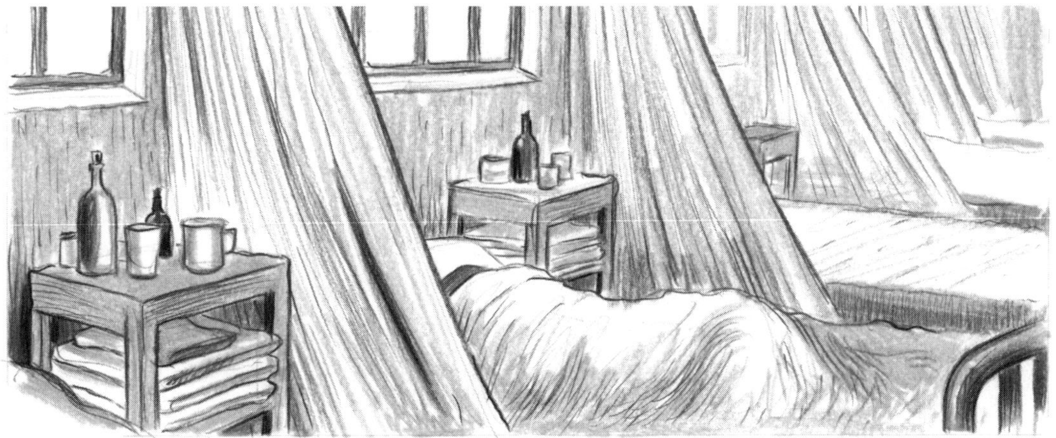

STERBEN, LEBEN, TRÄUMEN.

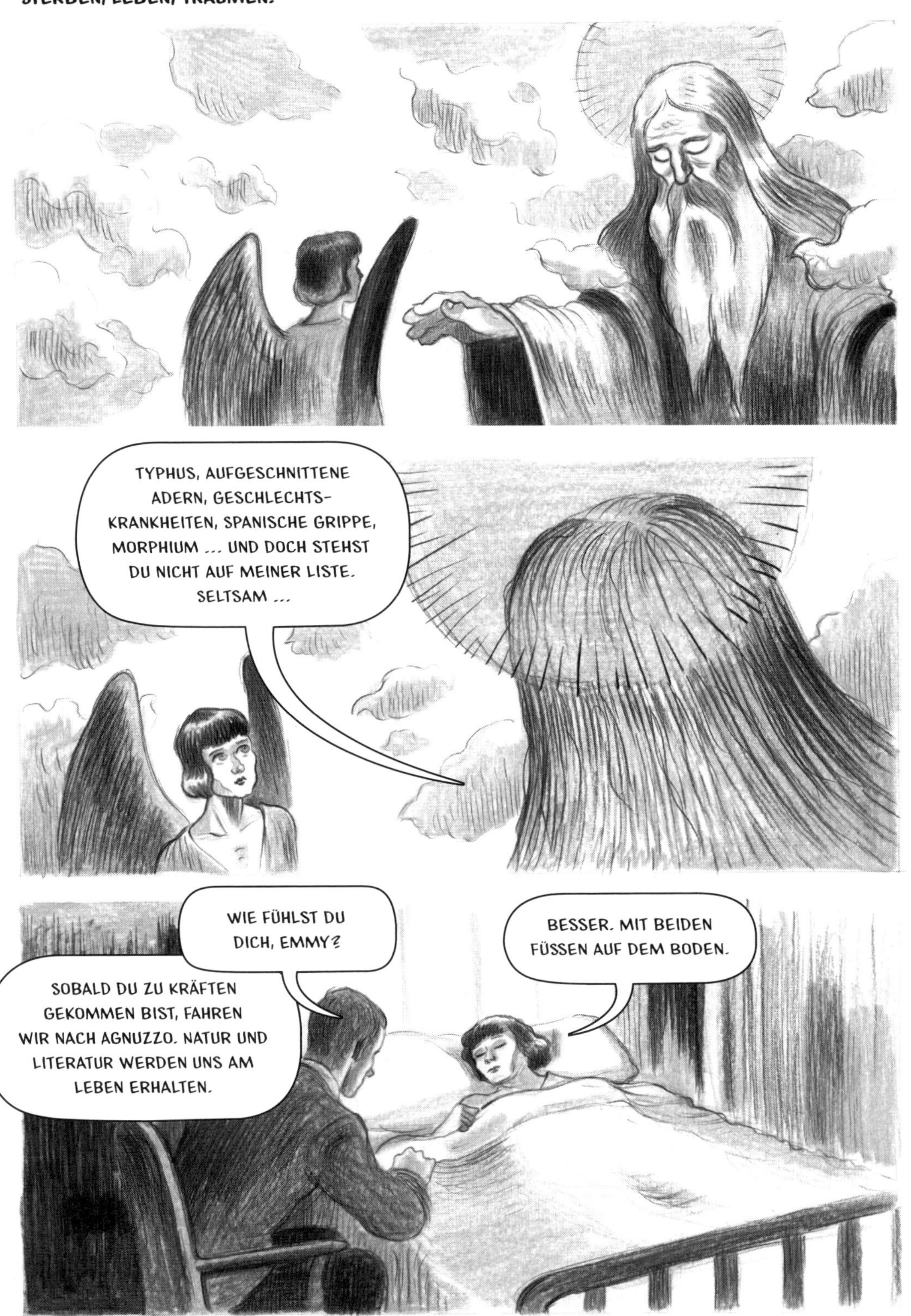

AGNUZZO. EIN KLEINER SCHWEIZER ORT AN DER GRENZE ZU ITALIEN, AN EINEM HÜBSCHEN SEE.

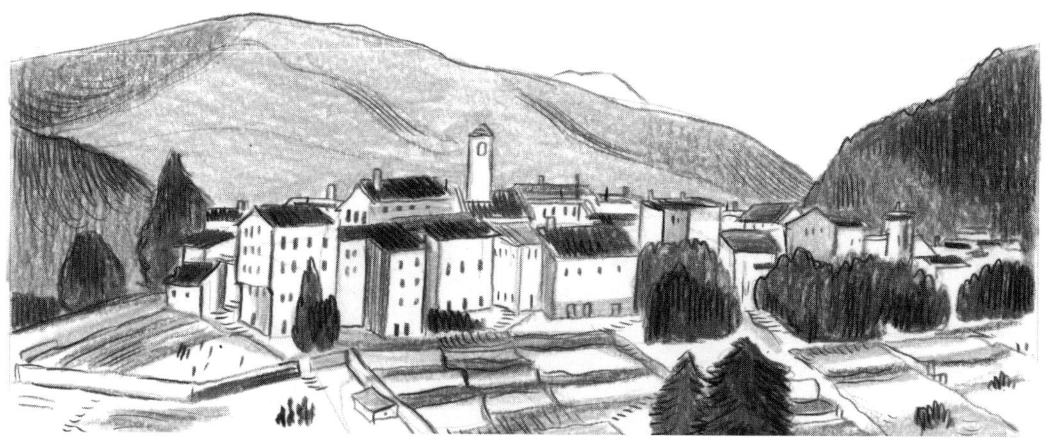

WIR HEIRATETEN 1920 IN BERN. WALTER BENJAMIN WAR BEI DER FEIER DABEI. DIE DEUTSCHE INTELLIGENZ SCHIEN UNS ZU LIEBEN.

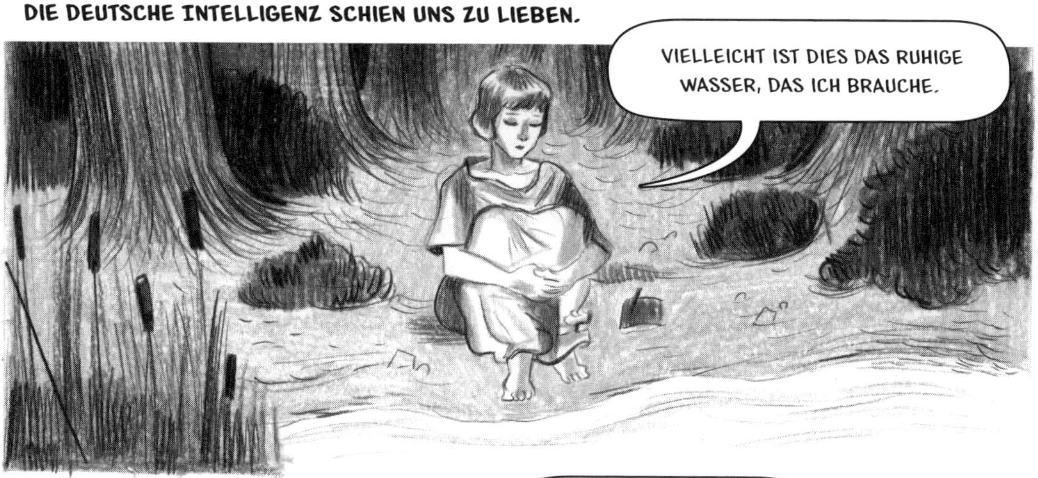

VIELLEICHT IST DIES DAS RUHIGE WASSER, DAS ICH BRAUCHE.

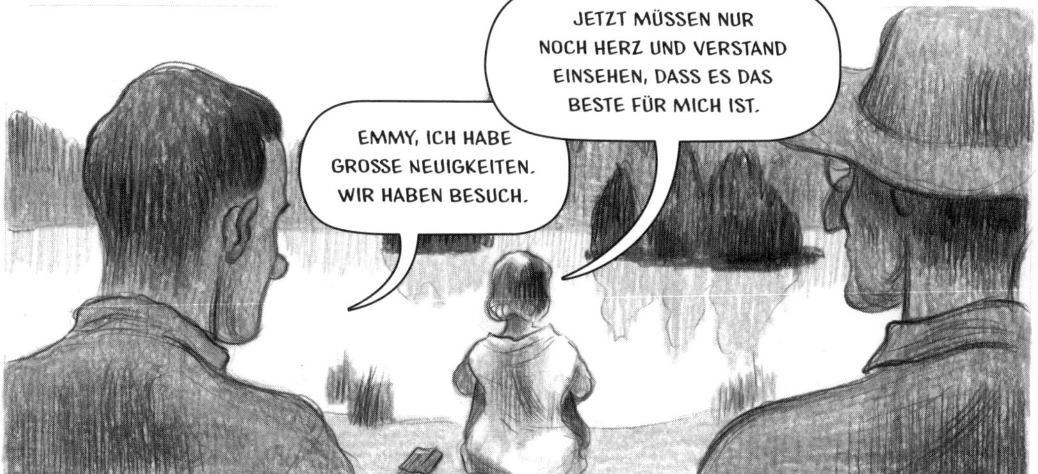

JETZT MÜSSEN NUR NOCH HERZ UND VERSTAND EINSEHEN, DASS ES DAS BESTE FÜR MICH IST.

EMMY, ICH HABE GROSSE NEUIGKEITEN. WIR HABEN BESUCH.

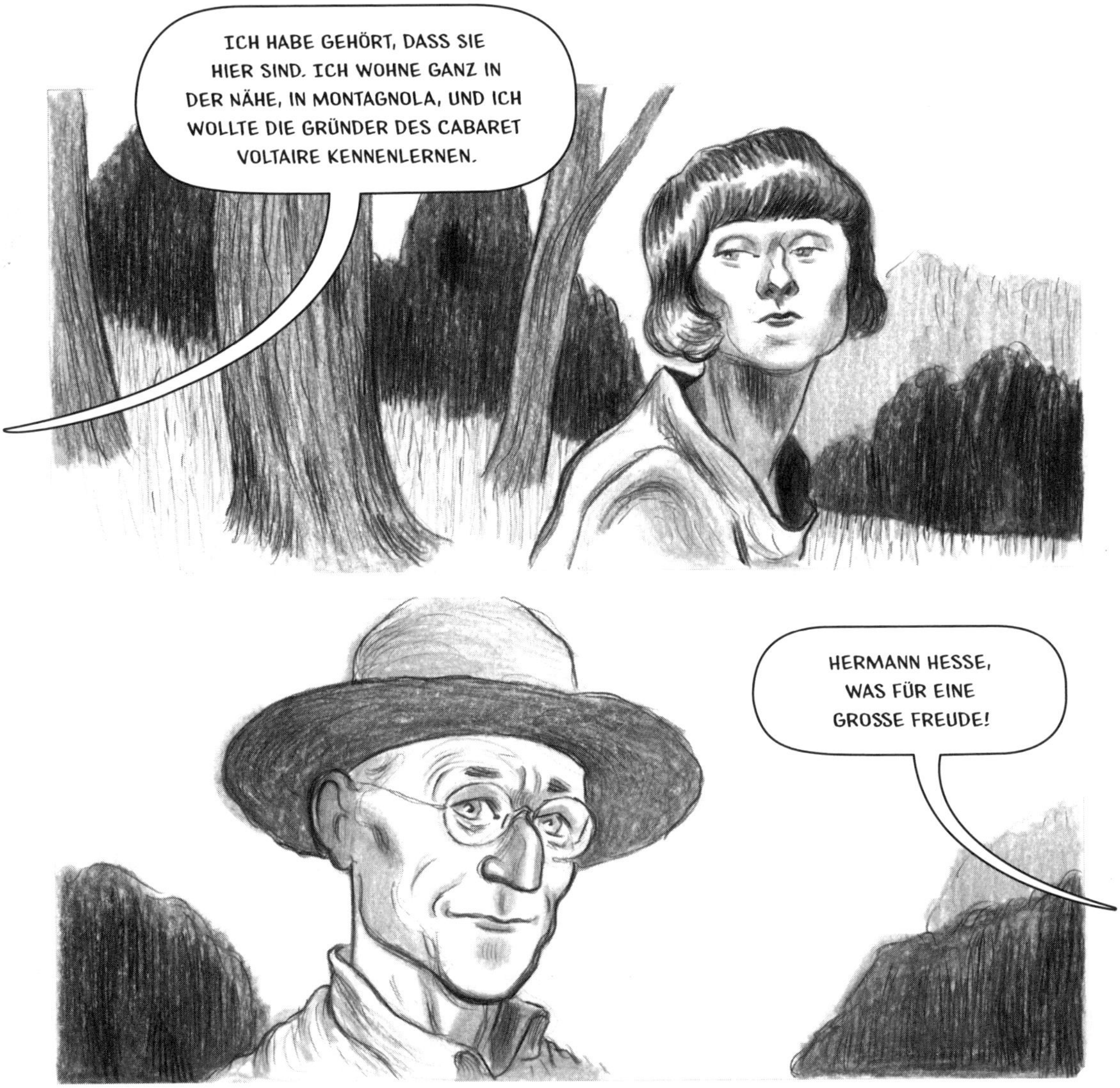

ICH HABE GEHÖRT, DASS SIE HIER SIND. ICH WOHNE GANZ IN DER NÄHE, IN MONTAGNOLA, UND ICH WOLLTE DIE GRÜNDER DES CABARET VOLTAIRE KENNENLERNEN.

HERMANN HESSE, WAS FÜR EINE GROSSE FREUDE!

VON JENEM TAG AN WAREN WIR ENGE FREUNDE. MANCHMAL BESUCHTE ER UNS, DANN WIEDER BESUCHTEN WIR IHN.

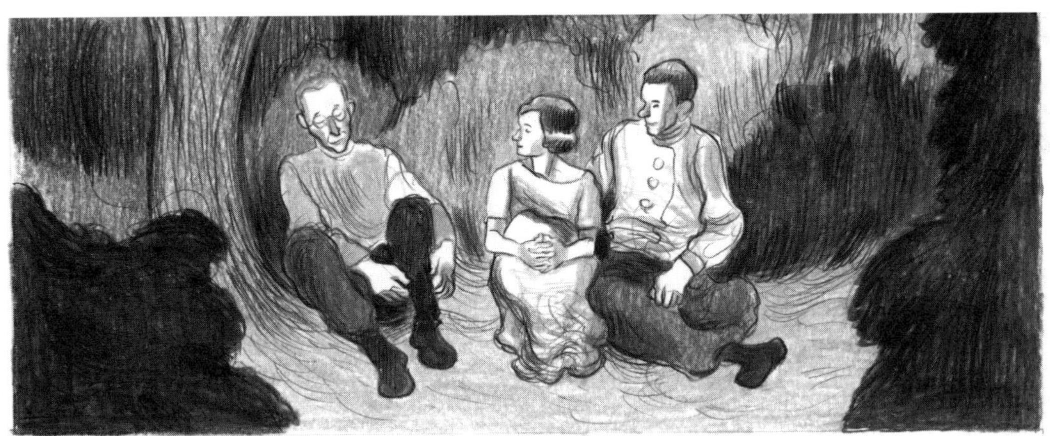

HATTEN WIR UNSER ARKADIEN GEFUNDEN? DAS WAREN WOHL UNSERE GLÜCKLICHEN, WENN AUCH KURZEN ZWANZIGER JAHRE.

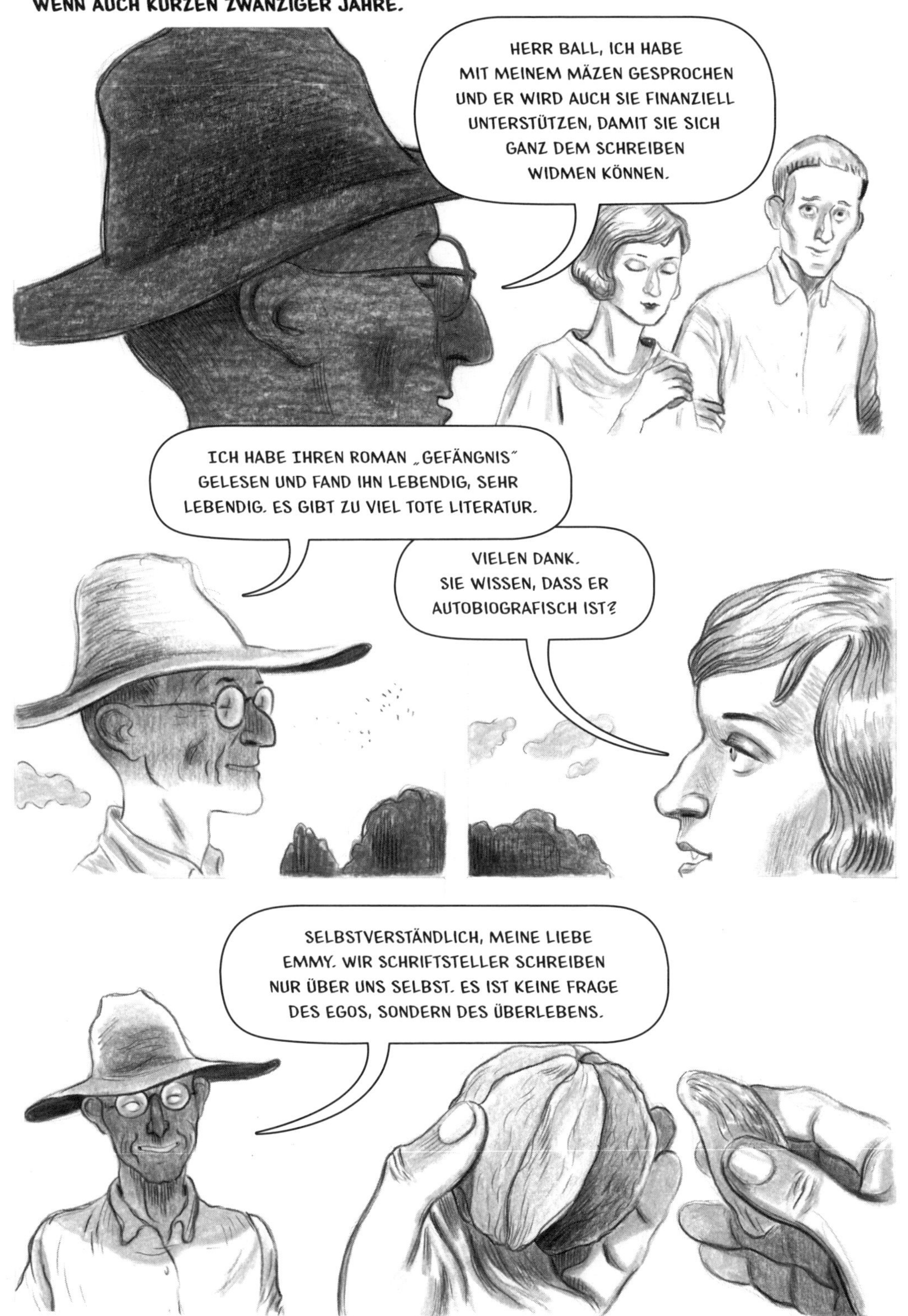

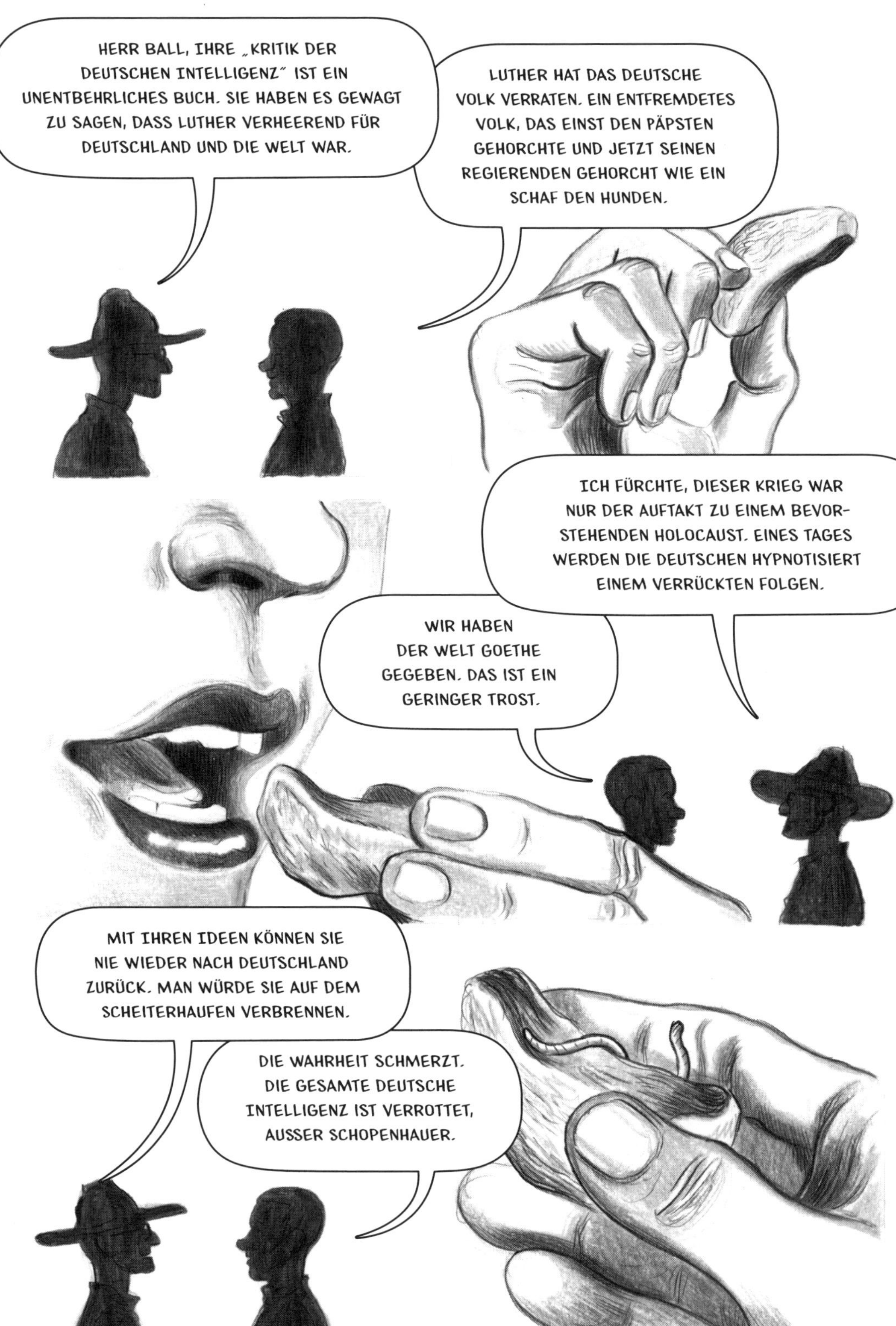
HERR BALL, IHRE „KRITIK DER DEUTSCHEN INTELLIGENZ“ IST EIN UNENTBEHRLICHES BUCH. SIE HABEN ES GEWAGT ZU SAGEN, DASS LUTHER VERHEEREND FÜR DEUTSCHLAND UND DIE WELT WAR.
LUTHER HAT DAS DEUTSCHE VOLK VERRATEN. EIN ENTFREMDETES VOLK, DAS EINST DEN PÄPSTEN GEHORCHTE UND JETZT SEINEN REGIERENDEN GEHORCHT WIE EIN SCHAF DEN HUNDEN.
ICH FÜRCHTE, DIESER KRIEG WAR NUR DER AUFTAKT ZU EINEM BEVORSTEHENDEN HOLOCAUST. EINES TAGES WERDEN DIE DEUTSCHEN HYPNOTISIERT EINEM VERRÜCKTEN FOLGEN.
WIR HABEN DER WELT GOETHE GEGEBEN. DAS IST EIN GERINGER TROST.
MIT IHREN IDEEN KÖNNEN SIE NIE WIEDER NACH DEUTSCHLAND ZURÜCK. MAN WÜRDE SIE AUF DEM SCHEITERHAUFEN VERBRENNEN.
DIE WAHRHEIT SCHMERZT. DIE GESAMTE DEUTSCHE INTELLIGENZ IST VERROTTET, AUSSER SCHOPENHAUER.

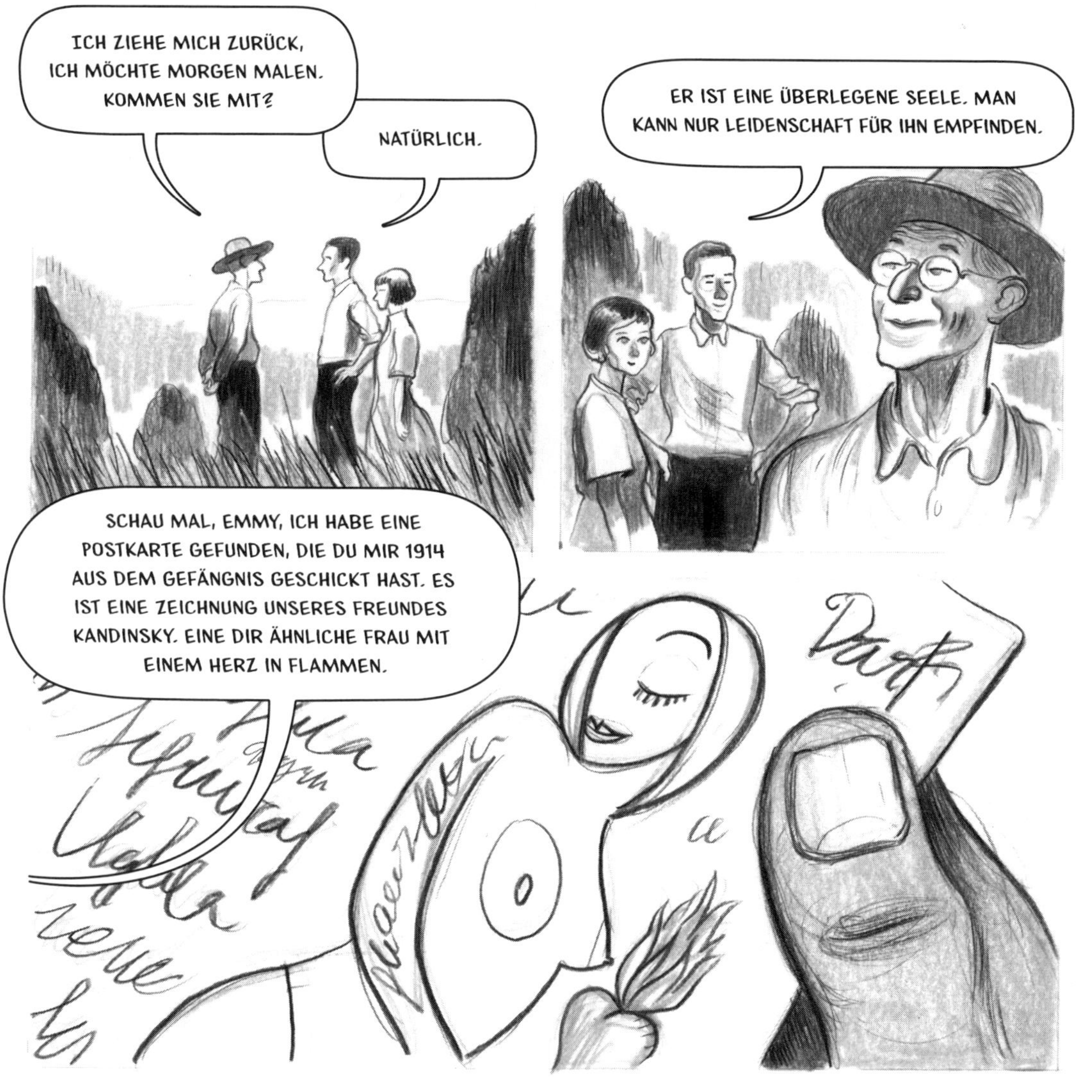

ICH ZIEHE MICH ZURÜCK, ICH MÖCHTE MORGEN MALEN. KOMMEN SIE MIT?

NATÜRLICH.

ER IST EINE ÜBERLEGENE SEELE. MAN KANN NUR LEIDENSCHAFT FÜR IHN EMPFINDEN.

SCHAU MAL, EMMY, ICH HABE EINE POSTKARTE GEFUNDEN, DIE DU MIR 1914 AUS DEM GEFÄNGNIS GESCHICKT HAST. ES IST EINE ZEICHNUNG UNSERES FREUNDES KANDINSKY. EINE DIR ÄHNLICHE FRAU MIT EINEM HERZ IN FLAMMEN.

EIN HERZ IN FLAMMEN ... HATTE ICH AN DIESEM ORT AUFGEHÖRT ZU BRENNEN, DIESEM ORT, DEN BALL ALS PARADIES EMPFAND?

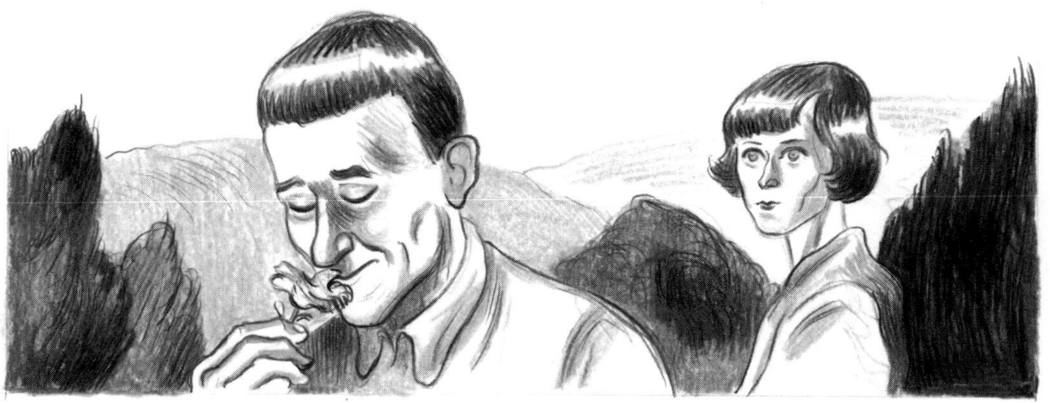

WIR FÜHLTEN UNS ALS SCHRIFTSTELLER, INTELLEKTUELLE, UND SUCHTEN NACH INSPIRATION IN DEN BLÜTENBLÄTTERN. IN DIESEN JAHREN ERSCHIENEN MEINE BÜCHER „DAS BRANDMAL", „HELLE NACHT", „DAS EWIGE LIED" UND „DER GANG ZUR LIEBE".

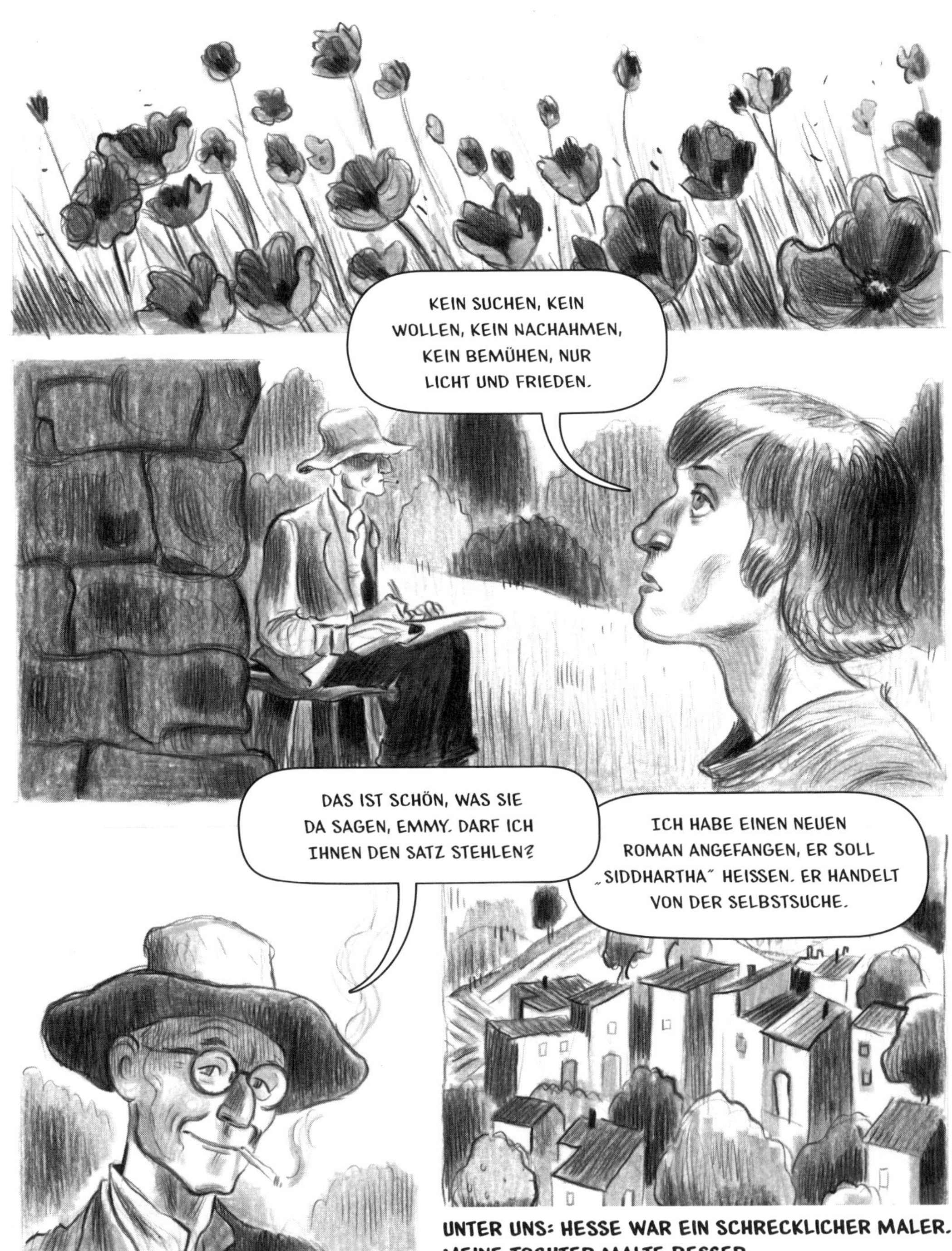

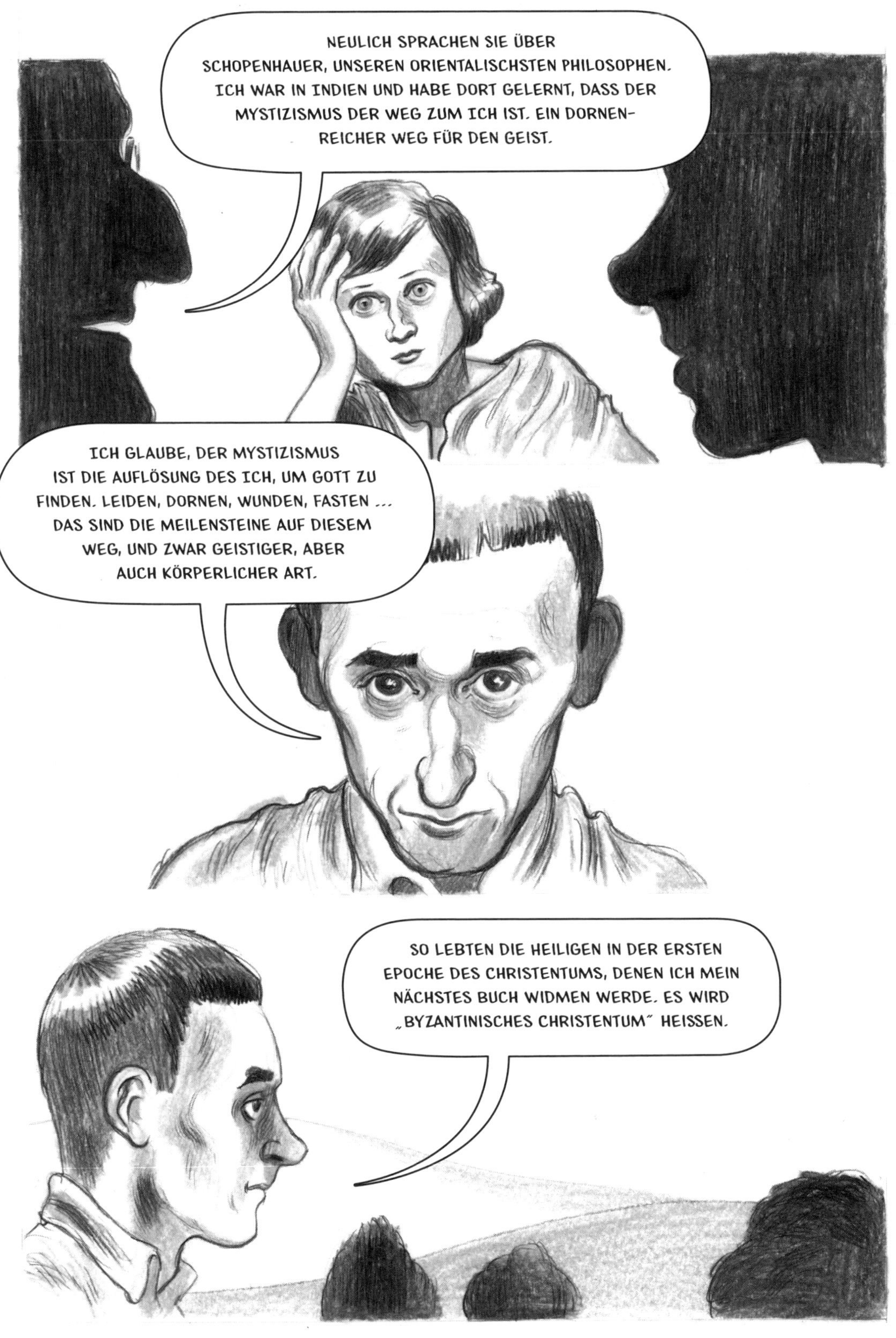
NEULICH SPRACHEN SIE ÜBER SCHOPENHAUER, UNSEREN ORIENTALISCHSTEN PHILOSOPHEN. ICH WAR IN INDIEN UND HABE DORT GELERNT, DASS DER MYSTIZISMUS DER WEG ZUM ICH IST. EIN DORNENREICHER WEG FÜR DEN GEIST.
ICH GLAUBE, DER MYSTIZISMUS IST DIE AUFLÖSUNG DES ICH, UM GOTT ZU FINDEN. LEIDEN, DORNEN, WUNDEN, FASTEN ... DAS SIND DIE MEILENSTEINE AUF DIESEM WEG, UND ZWAR GEISTIGER, ABER AUCH KÖRPERLICHER ART.
SO LEBTEN DIE HEILIGEN IN DER ERSTEN EPOCHE DES CHRISTENTUMS, DENEN ICH MEIN NÄCHSTES BUCH WIDMEN WERDE. ES WIRD „BYZANTINISCHES CHRISTENTUM“ HEISSEN.

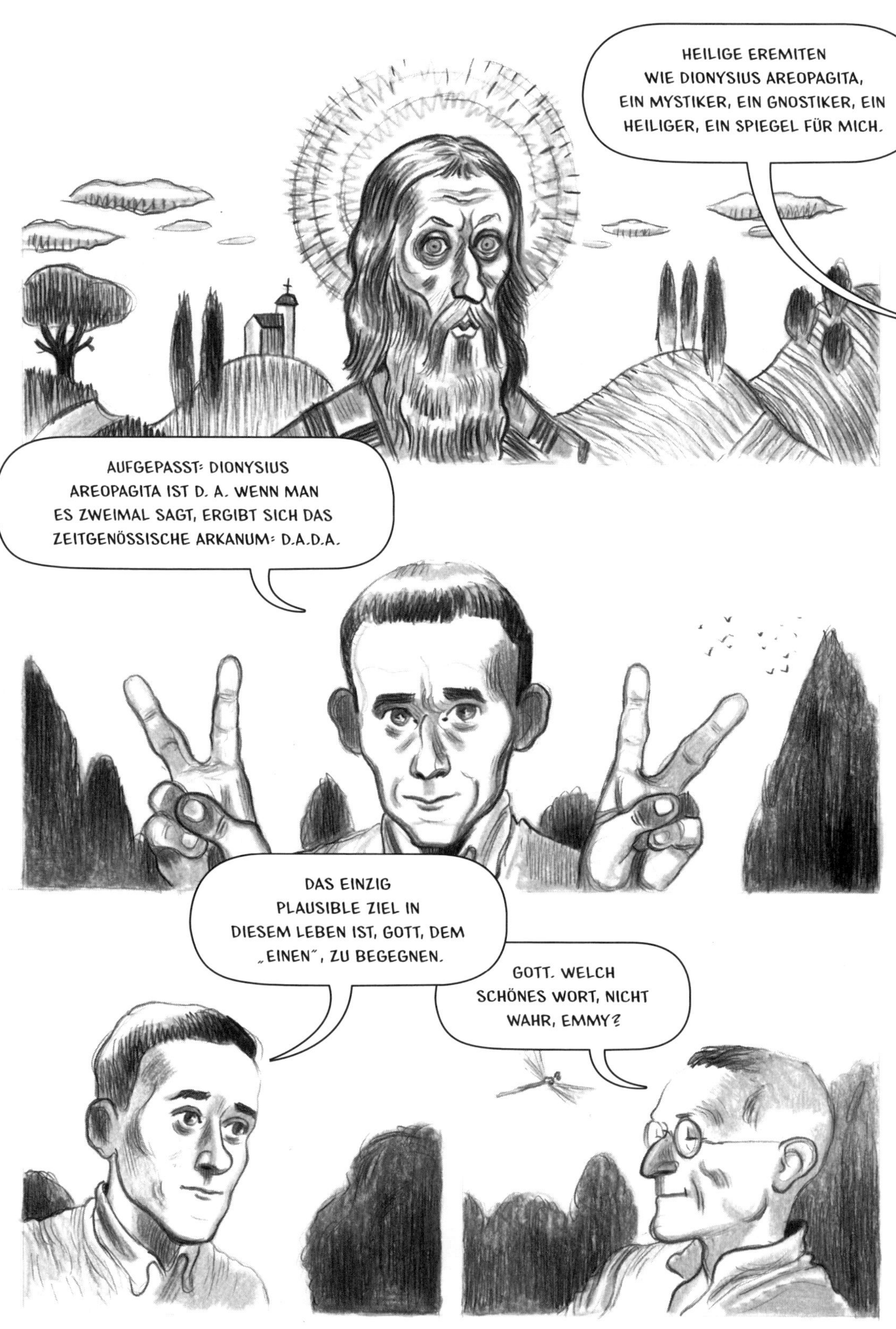
HEILIGE EREMITEN WIE DIONYSIUS AREOPAGITA, EIN MYSTIKER, EIN GNOSTIKER, EIN HEILIGER, EIN SPIEGEL FÜR MICH.
AUFGEPASST: DIONYSIUS AREOPAGITA IST D. A. WENN MAN ES ZWEIMAL SAGT, ERGIBT SICH DAS ZEITGENÖSSISCHE ARKANUM: D.A.D.A.
DAS EINZIG PLAUSIBLE ZIEL IN DIESEM LEBEN IST, GOTT, DEM „EINEN", ZU BEGEGNEN.
GOTT. WELCH SCHÖNES WORT, NICHT WAHR, EMMY?

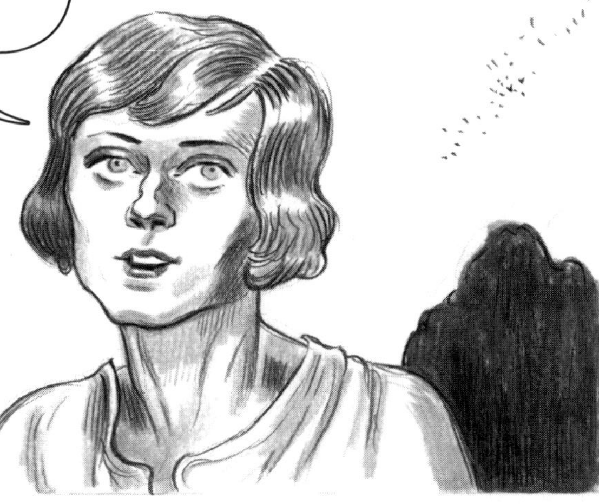

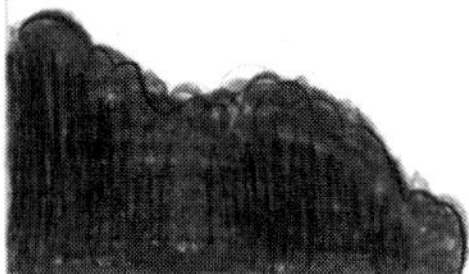

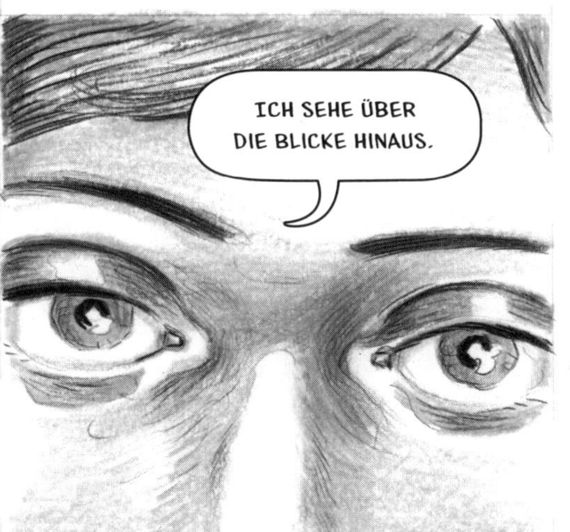

HESSE UND BALL WAREN SEHR ENG BEFREUNDET.

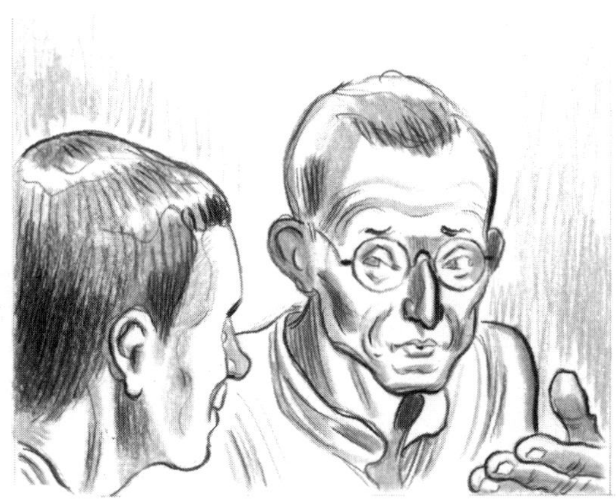

BALL SAH HESSE MIT EINER ZÄRTLICHKEIT AN, DIE ICH NOCH NIE IN SEINEN AUGEN GESEHEN HATTE. DARF ICH DAS SO SAGEN?

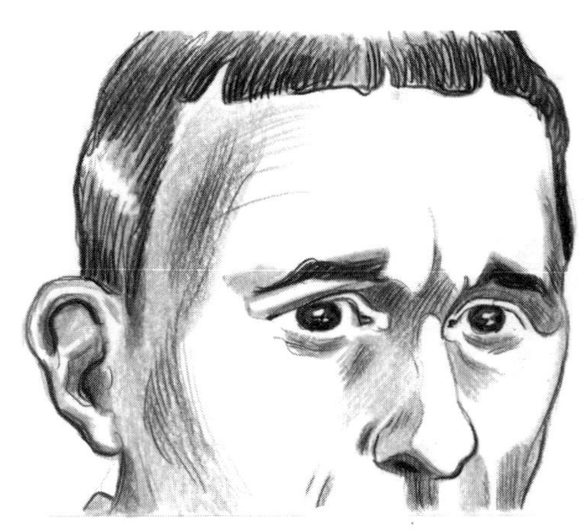

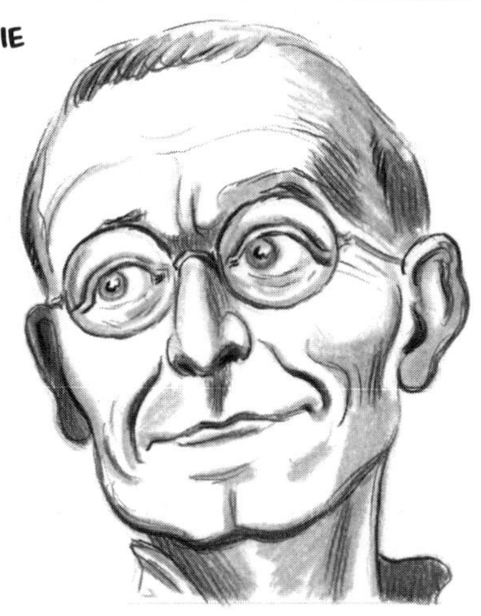

HESSE LIEBTE BALL MEHR ALS SEINE DREI FRAUEN.

SIDDHARTHA WAR HESSE, BALL WAR GOVINDA. ALS HESSES ROMAN 1922 ERSCHIEN, HATTE ICH DARAN KEINEN ZWEIFEL. BEIDE WOLLTEN HEILIGKEIT ERREICHEN, JEDER AUF SEINE EIGENE WEISE. DER EINE WIE EIN WESTLICHER HEILIGER, DER ANDERE WIE EIN ORIENTALISCHER.

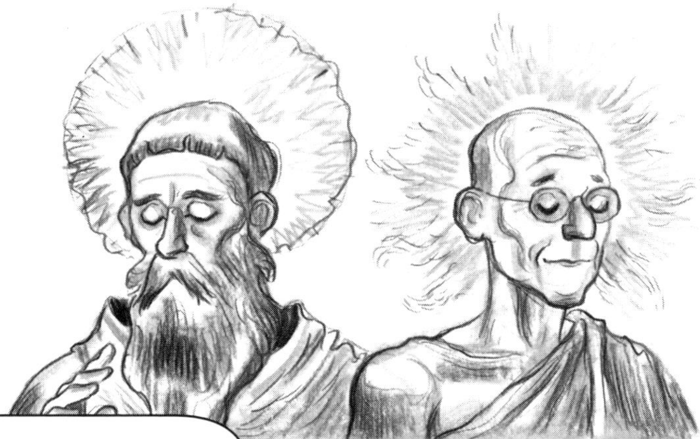

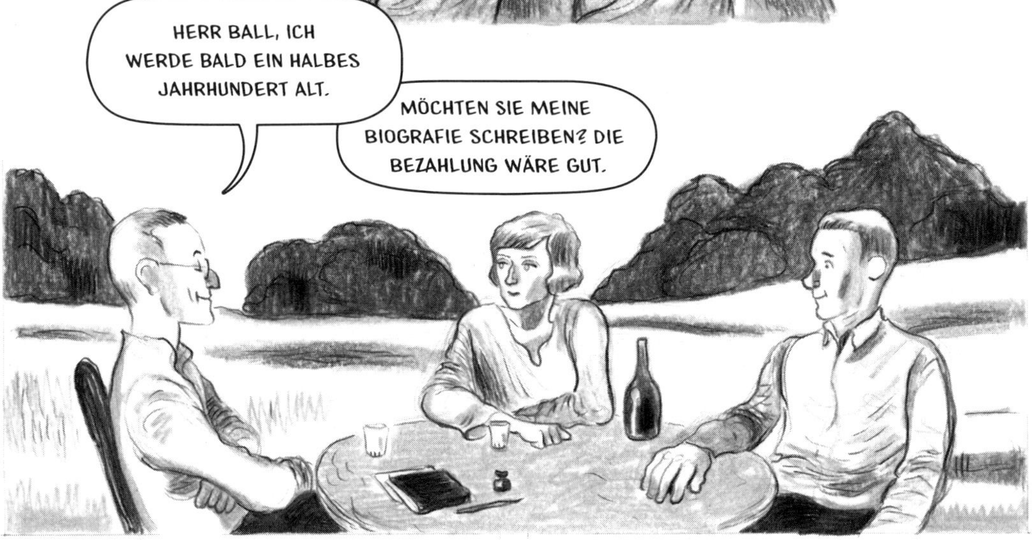

HERR BALL, ICH WERDE BALD EIN HALBES JAHRHUNDERT ALT.

MÖCHTEN SIE MEINE BIOGRAFIE SCHREIBEN? DIE BEZAHLUNG WÄRE GUT.

DIE VON BALL VERFASSTE HESSE-BIOGRAFIE IST GOVINDAS LIEBESERKLÄRUNG AN SIDDHARTHA.

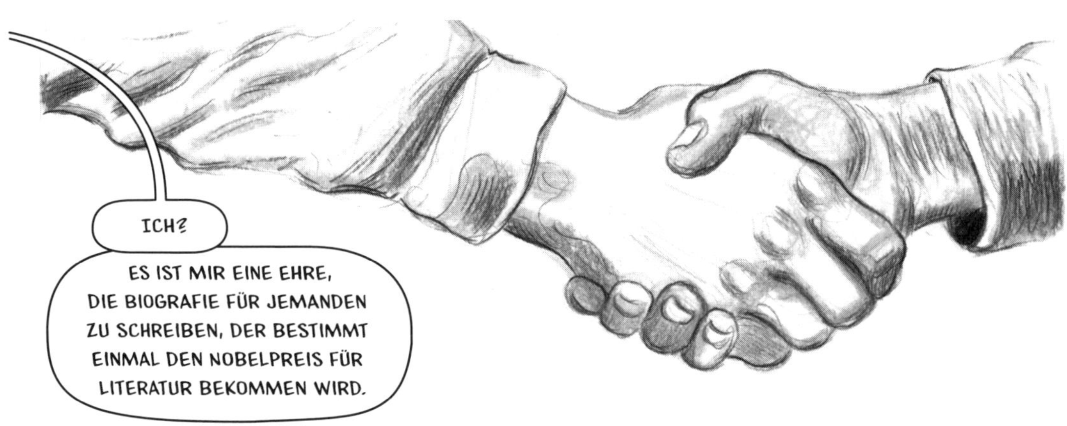

IM JAHR DER VERÖFFENTLICHUNG, 1927, WURDE BEI BALL MAGENKREBS DIAGNOSTIZIERT. ER STARB AM 14. SEPTEMBER 1927 MIT LEEREM MAGEN. SEIN WERK „BYZANTINISCHES CHRISTENTUM" WAR BEREITS ERSCHIENEN, WIE AUCH „DIE FOLGEN DER REFORMATION", EINE ÜBERARBEITUNG VON „ZUR KRITIK DER DEUTSCHEN INTELLIGENZ", DAS IHM DIE FEINDSCHAFT EINIGER DEUTSCHER RELIGIÖSER KREISE UND EINEN KONFLIKT MIT DEM PHILOSOPHEN CARL SCHMITT EINGEBRACHT HATTE.

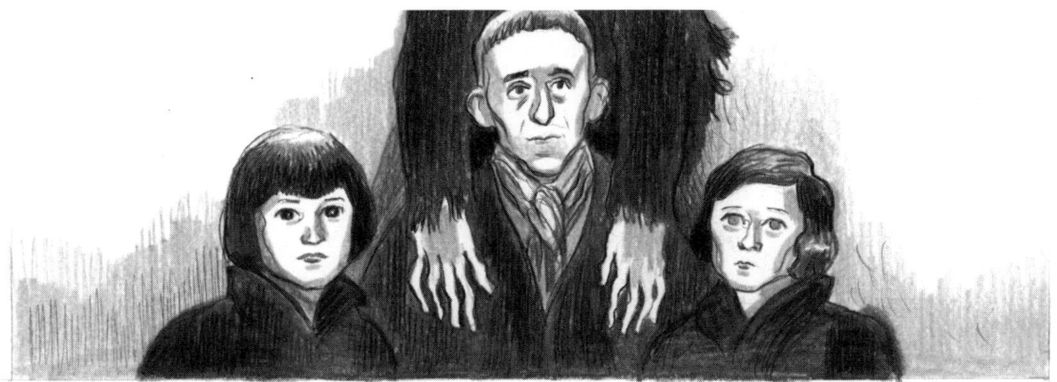

ER WAR GERADE BEI DEN VORBEREITUNGEN FÜR EIN BUCH ÜBER PSYCHOANALYSE UND HEXEREI. EIN LETZTER DADAISTISCHER AKT, WIE ICH FINDE.

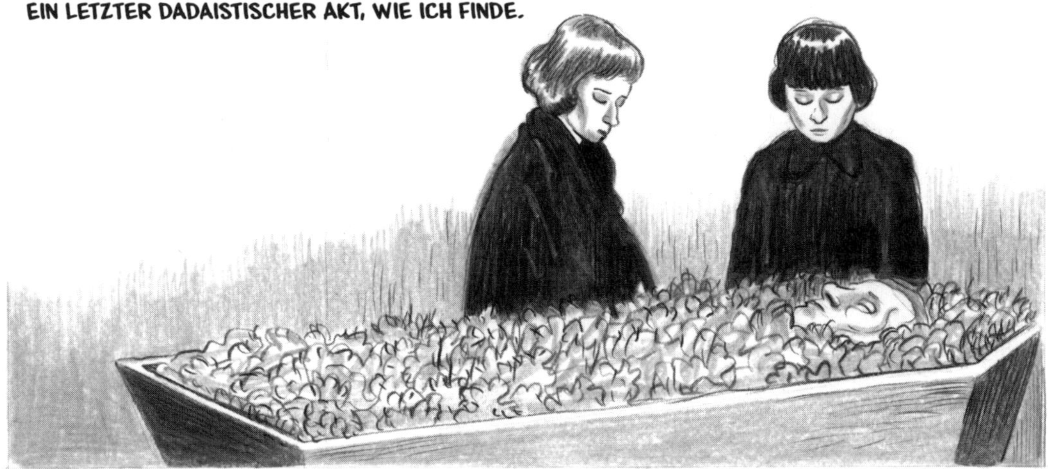

MEINE TOCHTER WAR SCHON EINE RICHTIGE FRAU.

EIGENTLICH WAR ICH VERWITWET.

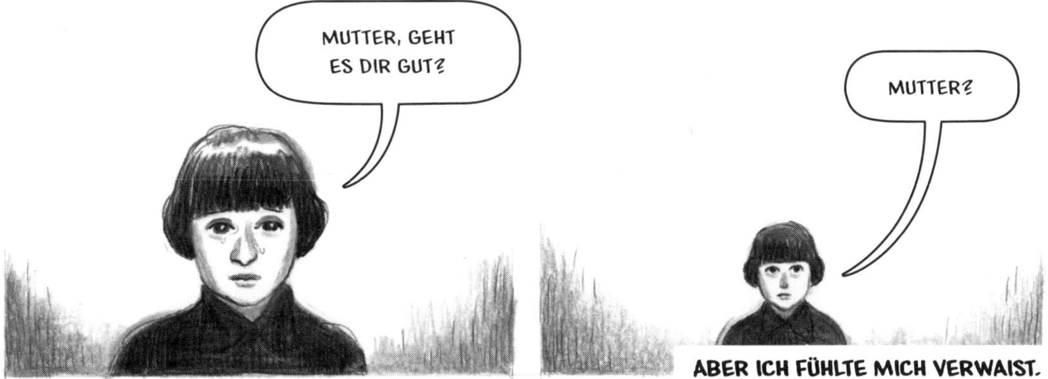

ABER ICH FÜHLTE MICH VERWAIST.

ICH VERBRACHTE MEINE LETZTEN 20 LEBENSJAHRE DAMIT, BALL SO TREU ZU SEIN, WIE ICH ES ZU SEINEN LEBZEITEN NICHT VERMOCHT HATTE. MEIN BUCH „RUF UND ECHO" IST EIN GUTES BEISPIEL DAFÜR.

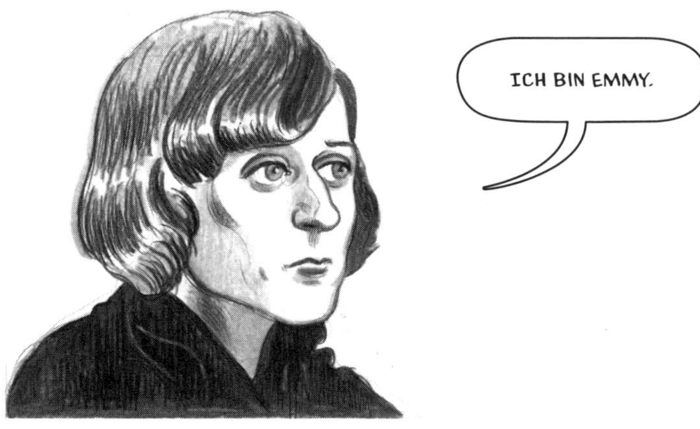

ÄHNLICH DEM TITEL VON BALLS MEMOIREN „DIE FLUCHT AUS DER ZEIT" WOLLTE ICH MEINER EIGENEN VERGANGENHEIT ENTFLIEHEN. DAS CABARET VOLTAIRE WAR EINE STERNSCHNUPPE IN MEINEN ERINNERUNGEN.

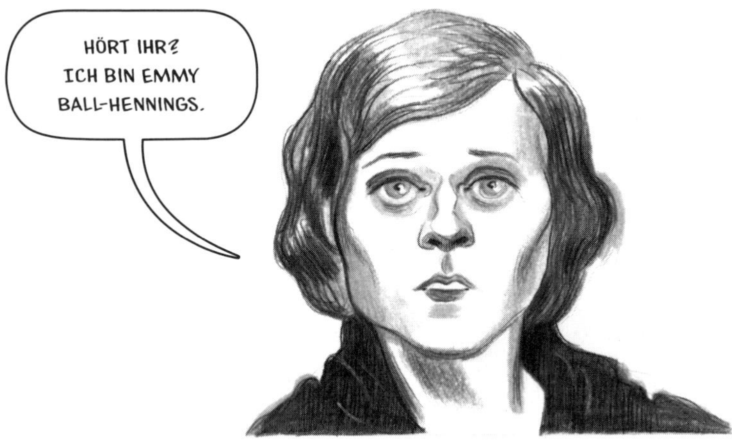

ABER DIE FLUCHT IST UNMÖGLICH. ICH BIN DIE SOUBRETTE AUS BALLS ROMAN „FLAMETTI", DIE MAGDA AUS JOHANNES R. BECHERS „ABSCHIED", BIN HARDEKOPFS „TÄNZERIN" UND DIE NACKTE MUSE VON JUNGHANNS UND VAN HODDIS. ICH WAR TEIL EINER WELT, DIE IMMER NOCH VIELE INSPIRIERT.

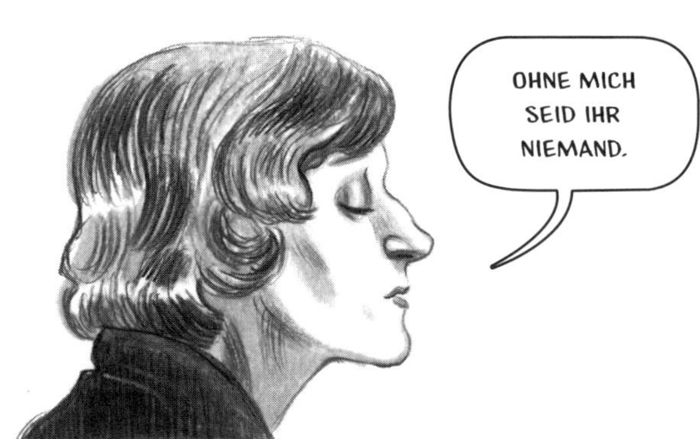

ICH VERMISSE DAS MEER UND DIE WOLKEN
ÜBER FLENSBURG.

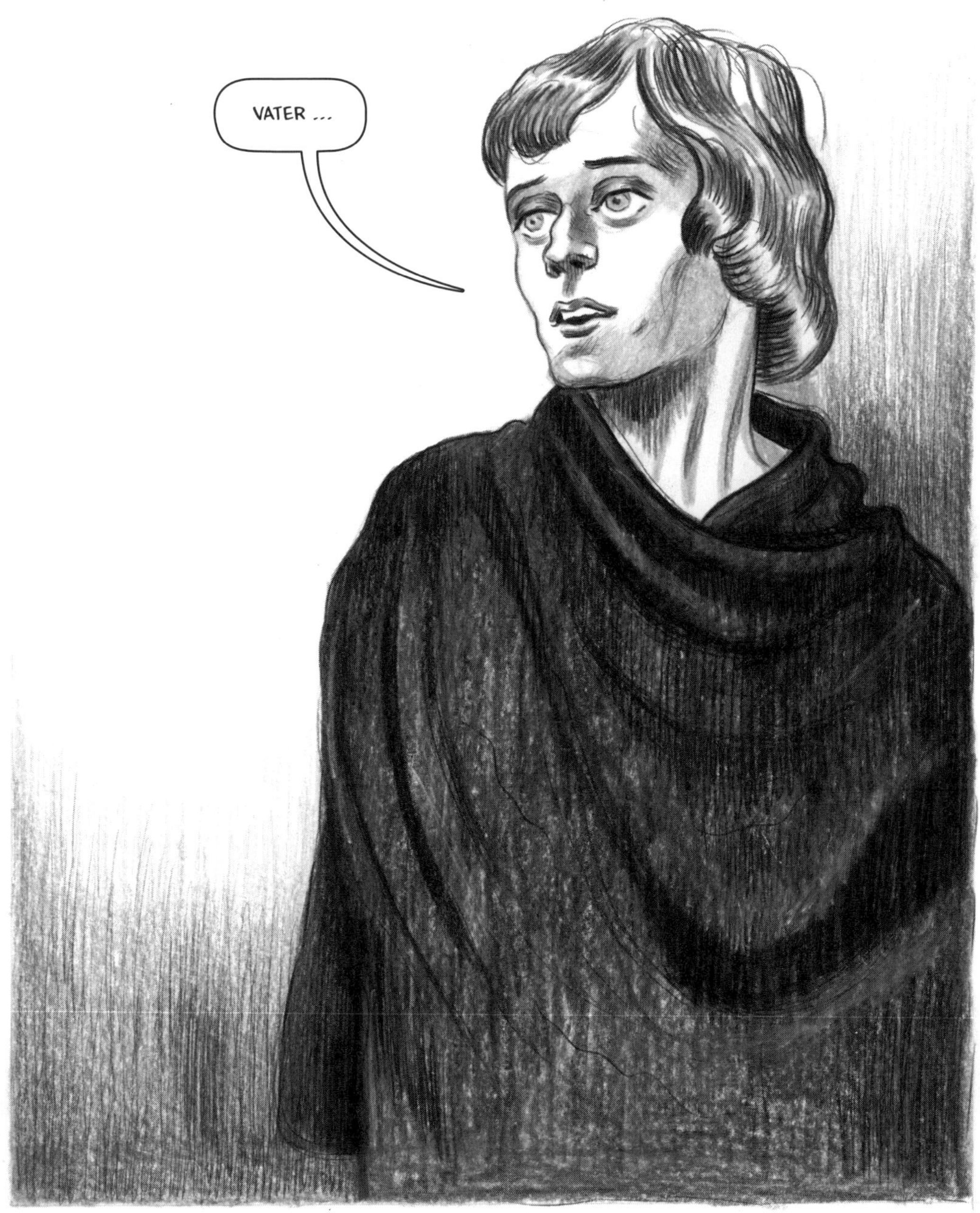

„DIE WELT BLEIBT WEIT ZURÜCK. ICH WEHE DURCH WEISSE WOLKEN IN OFFENE ARME.

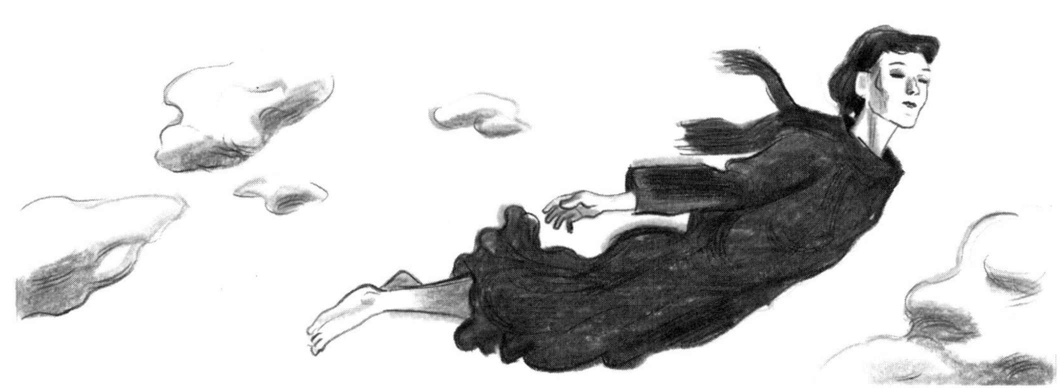

EIN ROSENREGEN FÄLLT MIR NACH UND KÜHLT MEINE KRANKEN AUGEN.

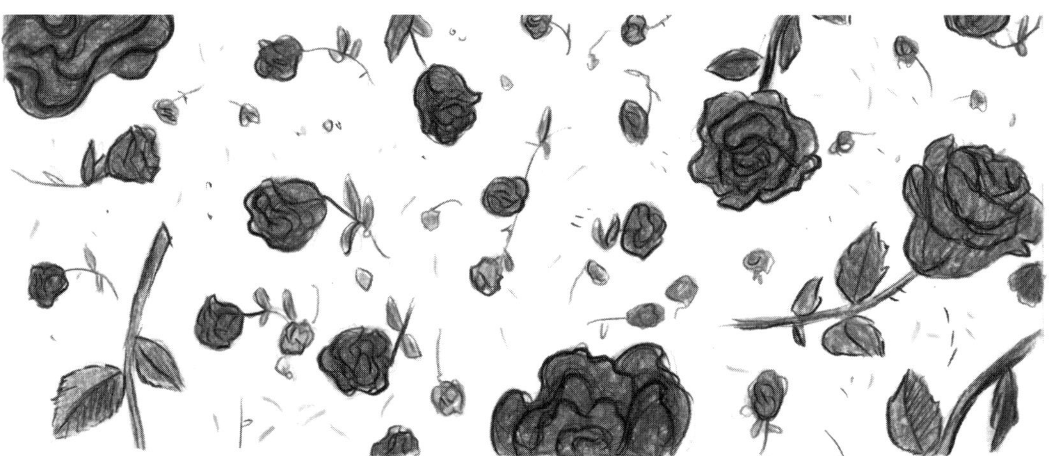

ALLES IST SO WEISS UND ZART. ACH SO SÜSS."[6]

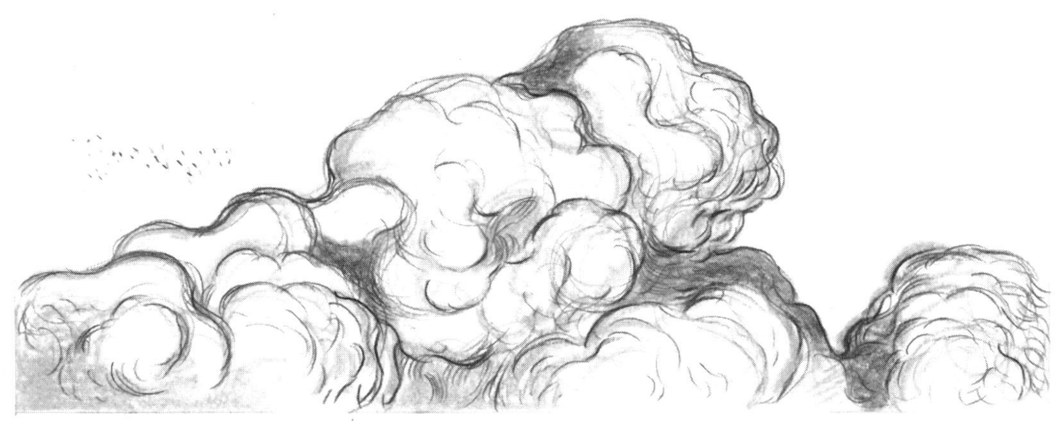

[6] *AUS EMMY HENNINGS' GEDICHT „NACH DEM KABARETT"*

ICH BEENDETE MEINEN AUFTRITT IN DIESER WELT AM 10. AUGUST 1948 IM ALTER VON 63 JAHREN IN LUGANO. MEINE TOCHTER UND MEINE ENKELKINDER BEGLEITETEN MICH IN MEINEN LETZTEN AUGENBLICKEN.

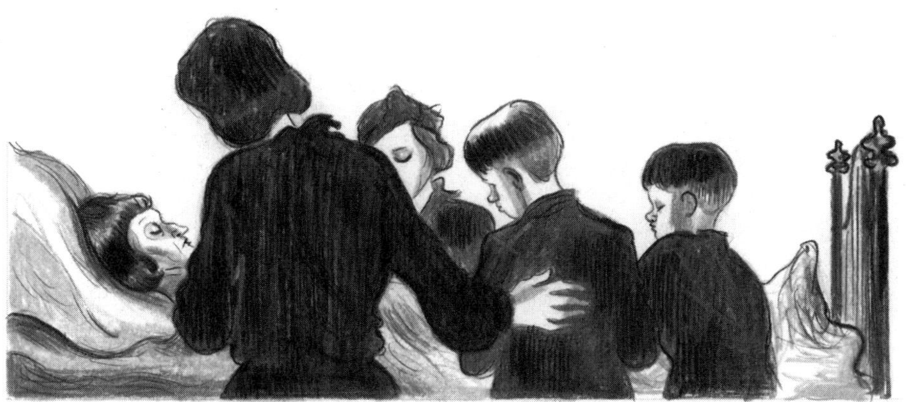

ICH WURDE IN SANT'ABBONDIO NEBEN HUGO BALL BEGRABEN. NICHT EIN DADAIST KAM ZU MEINER BEERDIGUNG, WOFÜR ICH VON GANZEM HERZEN DANKBAR BIN.

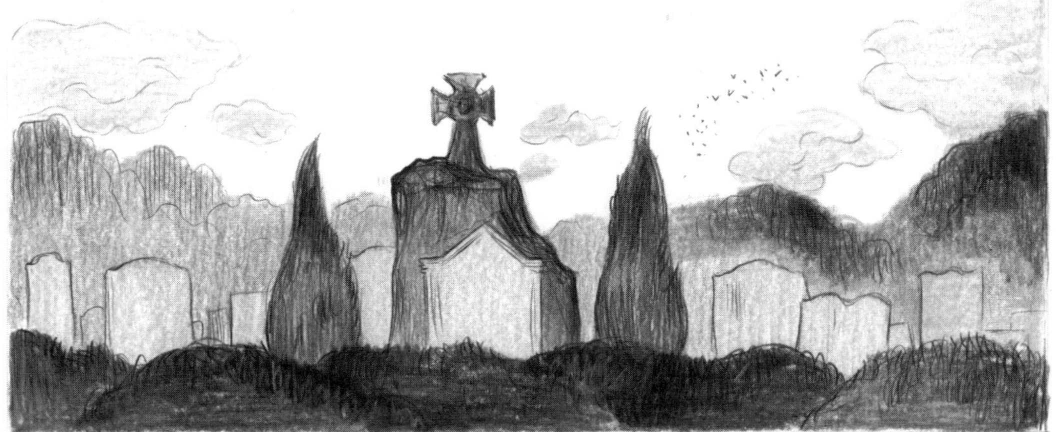

KEIN ENGEL WACHT ÜBER MEIN GRAB.

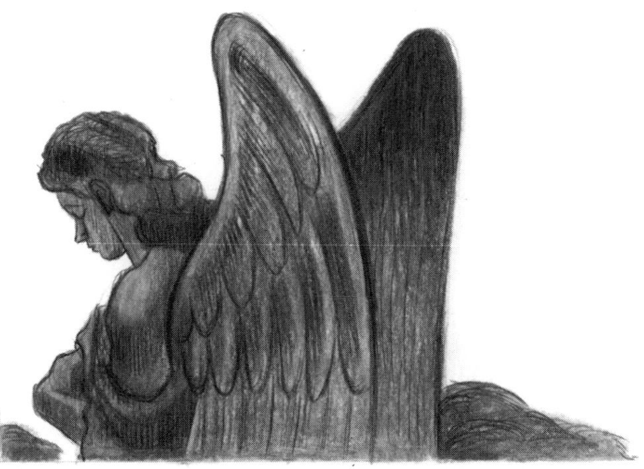

DIE VORSTELLUNG IST ZU ENDE.

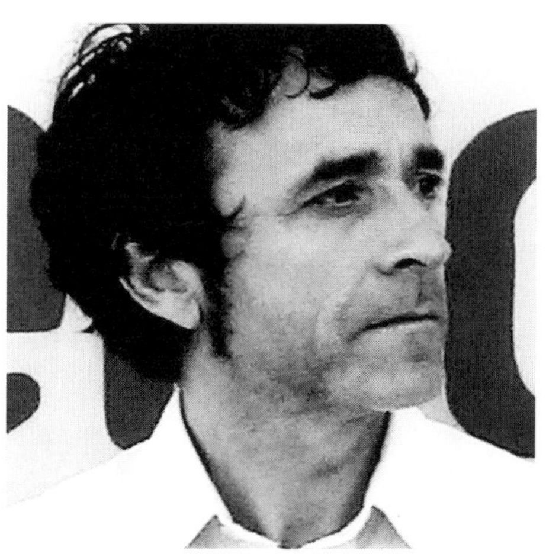

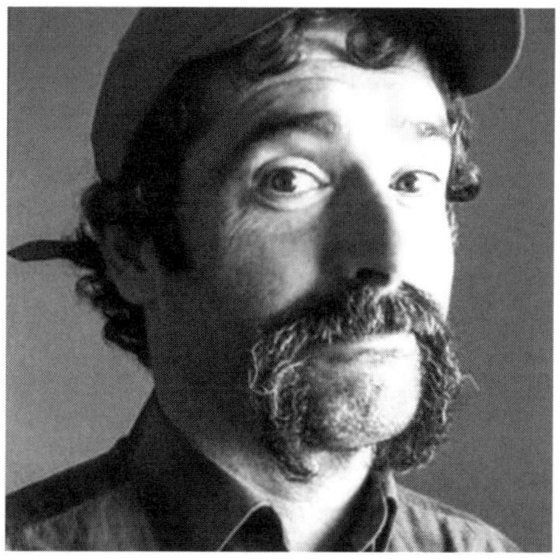

FERNANDO GONZÁLEZ VIÑAS

(Villanueva del Duque, Córdoba), Doktor der Geschichte, Schriftsteller, Übersetzer, Comicautor. Sein Graphic-Novel-Debüt gab er zusammen mit José Lázaro mit ***El último yeyé*** (2014). Er hat den Reiseführer ***Japón, un viaje entre la sonrisa y el vacío***, den Roman ***Esperando a Gagarin*** und mehrere Biografien veröffentlicht.

Als Übersetzer hat er unter anderem ***Der Spiegel im Spiegel*** von Michael Ende, ***Flametti oder Vom Dandysmus der Armen*** von Hugo Ball, den Essay ***Entwürfe gegen das etablierte Leben*** von Ulrike Voswinckel und den Roman ***Gefängnis*** von Emmy Hennings übersetzt.

JOSÉ LÁZARO

(Elda, Alicante) lebt seit mehreren Jahren in Córdoba, wo er als freiberuflicher Illustrator tätig ist. Er studierte Illustration an der Kunstschule Mateo Inurria. Einige von ihm illustrierte Publikationen sind ***El Flamenco contado a los niños*** (2013), ***Las Aventuras del Marqués*** (2013), ***El último yeyé*** (2014) und ***Escuela de Oratoria*** (2015).

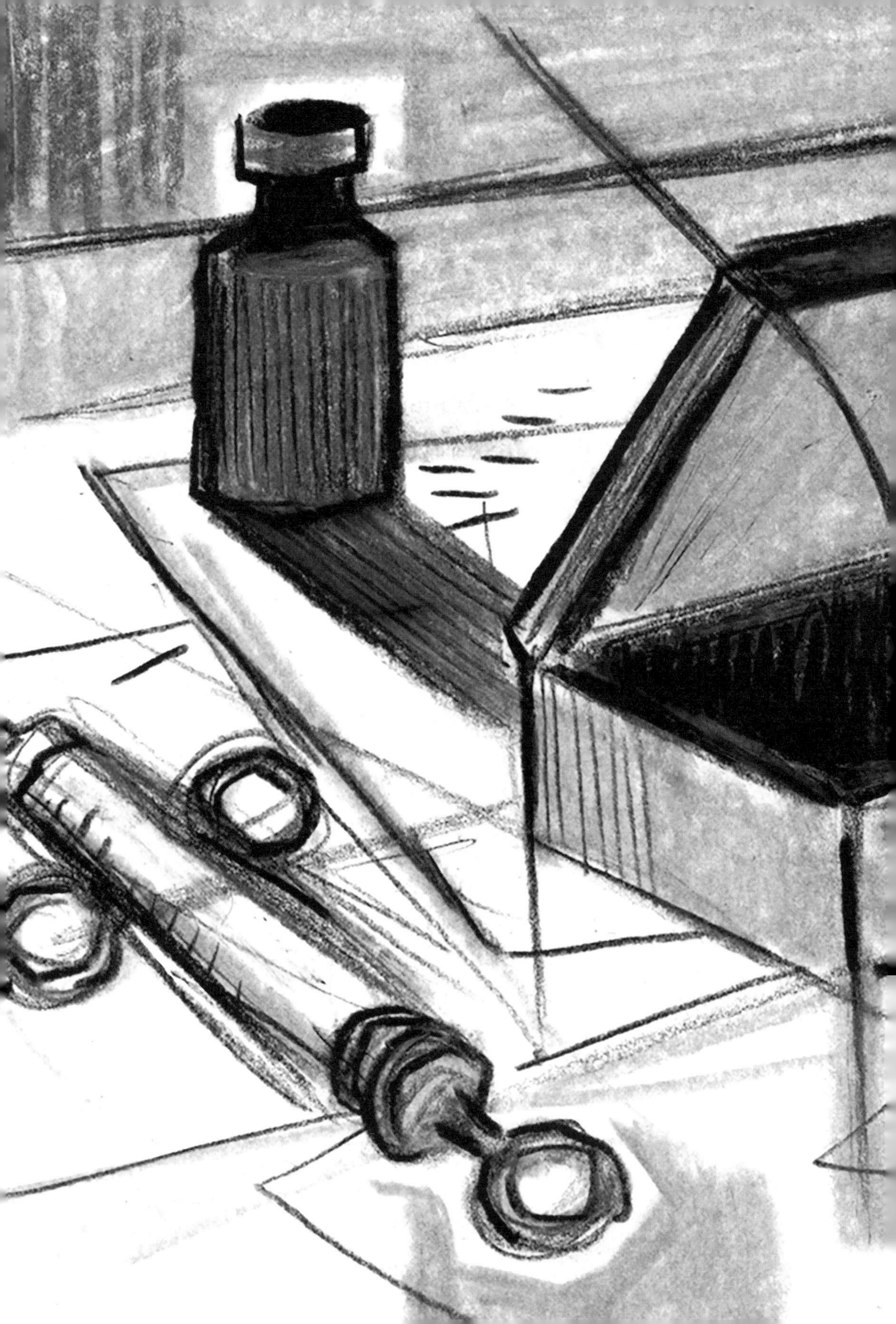